Michael Kraske
Der Riss

Michael Kraske

Der Riss

Wie die Radikalisierung im Osten unser
Zusammenleben zerstört

Ullstein

Besuchen Sie uns im Internet:
www.ullstein-buchverlage.de

ISBN 978-3-550-20073-1

Gesetzt aus der Quadraat Pro powered by pepyrus.com
Druck und Bindearbeiten: GGP Media GmbH, Pößneck

Inhalt

Beben im Osten

Ich bin ein Einheitsmensch. Kurz nachdem es wieder nur ein Deutschland gab, räumte ich mein geliebtes Jugendzimmer im Keller des Reihenhauses in Iserlohn, wo es immer nach Wald und Regen riecht, packte alles in einen gemieteten Lastwagen und fuhr nach Leipzig, um dort Politikwissenschaft zu studieren. Mittlerweile lebe ich länger in Leipzig, als ich im Westen war. Über ein Vierteljahrhundert.

Es war ein rauer Start damals, zwei Jahre nach der Wiedervereinigung. In Leipzig gab es viele marode Häuser mit beigegrauen Fassaden, so gut wie keine Telefonanschlüsse, und als ich am ersten Abend nach Licht und Leben suchte, kam mir die City zwischen Nikolai- und Thomaskirche verdunkelt und ausgestorben vor, weil ich die wenigen Cafés nicht kannte. Da alle Wohnungen in der Stadt entweder vermietet oder verfallen waren, zog ich mit meiner damaligen Freundin in ein abgelegenes Haus südlich von Leipzig. Dahinter dämmerte in einer verlassenen Gärtnerei Ödland, und dahinter wiederum öffnete sich die Erde zu einem monströsen Loch, das gierige Bagger auf der Suche nach Braunkohle in die Erde gefräst hatten. Ich fremdelte mit dieser Stadt ohne Lichter, ohne aneinandergereihte Konsum- und Amüsiermeilen, und die Leipziger fremdelten mit mir, dem vorlauten Wessi. Sobald mich mein Akzent als einen von drüben outete, sprang Misstrauen an, das ich mit meinem westlichen Maulheldentum fütterte, indem ich meine Kommilitonen mit meiner Meinung über die Stasi und Mauerschützen bedachte. Manchmal reichte es schon, sich über eine unbekannte Suppe namens »Soljanka« zu wundern, um ein Wortgefecht in einem Café zu entfachen. Einmal schlug mir eine Verkäuferin in einem Zelt, in dem ein provisorischer Supermarkt eröffnet hatte, auf die Finger, weil ich es gewagt hatte, eine noch nicht abkassierte Ware vom Band zu nehmen.

Es waren Jahre der Hyperempfindlichkeit, in denen sich Wessis und Ossis fremd blieben. Es war aber auch eine Zeit des Aufbruchs, in der sich Macher und Spinner, Träumer und Visionäre ausprobieren konnten. In Kellern und alten Fabriketagen entdeckte ich mir bis dahin vollkommen unbekanntes Leben. Das brutale Stroboskoplicht in der *Distillery*, dazu harte und unmelodische Beats, der Sound einer neuen Zeit. Im *St. Petersburg* schenkte Igor, der aus der Ukraine stammt, Rotwein an Anzugträger und Großstadtstreuner aus, und es kam vor, dass man mitten in der Woche Samba tanzend ins Morgengrauen trat. Meine große Freiheit. Igor gehört inzwischen das *Café Telegraph*, in dem ich später die Premiere meines ersten Romans feierte, und als er sich neulich zu mir an den Tisch setzte, erinnerten sich zwei Veteranen an die gute alte Zeit. Was ich erst später begriff: Diese vermeintlich gute Zeit bedeutete für viele im Osten totalen Verlust: Land, Job, Währung, Marken, Vertrautheiten – alles weg. Oder wie mein Freund Tom aus Thüringen es mal auf den Punkt brachte: »Von heute auf morgen konnte man nicht mal mehr die Fahrkartenautomaten bedienen.« Heute weiß ich das. Trotzdem vermisse ich manchmal die Aufbruchstimmung von damals, den Mut, die Neugier. Nichts war fertig, alles schien möglich.

Inzwischen sind in Leipzig Farben und Lebensformen explodiert. Die alte Uni, die aussah wie asbestversuecht, ist einem modernen Campus gewichen. Die kathedralenhaften Hallen des monumentalen Kopfbahnhofs beherbergen heute eine Shopping-Mall. Die alte *Blechbüchse* am Ring ist mit ihrer silbern glänzenden Haut jetzt Teil einer riesigen Einkaufspassage. Überall in der Stadt gibt es Bars, Cafés und Restaurants, die edel illuminiert sind und exotisch bekocht werden. Im *Barcelona* gibt es die besten Tapas, vor der *naTo* das letzte Krostitzer und verbale Weltrettungen mit den Jungs, mit denen ich schon vor fünfundzwanzig Jahren in meinen Politikseminaren gepredigt habe. Aus den Tiergefängnissen des Zoos sind Freigehege geworden, in denen sich die tierischen Bewohner vor neugierigen Blicken der Besucher verstecken können. Die hässlichen Braunkohlenarben im Süden der Stadt wurden erst kiessteinige Mondlandschaften und danach Badeseen mit Sandstränden und Häfen, in denen Segelboote ankern. Ein Stadtteil nach dem anderen ließ das Beigegrau hinter sich.

Auf der Karli, wie man die Karl-Liebknecht-Straße hier nennt, reihten sich zuerst Dönerläden, Plattenläden und Restaurants aneinander. Auf den Radwegen fahren Studenten und Lebenskünstler von der Uni zur WG und zurück. Mittlerweile ist die Szene vom Süden weiter in den Westen gezogen und besiedelt die alten Industriebrachen, wo vor der Wende Zehntausende malochten. In der alten Baumwollspinnerei teilen sich Hunderte Künstler aus aller Welt die Ateliers in Nachbarschaft zu Neo Rauch, der die Leipziger Schule mit Weltruhm schmückte.

Doch es waren nicht die Häutungen und Metamorphosen der Stadt, die mich ankommen ließen, sondern Begegnungen. Mit Anna, die als Kind mit einer Münze ins Treppenhaus geritzt hatte: »Weg mit dem Nato-Raketenbeschluss«. Die in einem Thüringer Internat Russischlehrerin werden sollte. Und mit der ich lernte, über DDR-Skurrilitäten wie den sozialistischen Jugendwettbewerb »Messe der Meister von morgen« genauso zu lachen wie über meine westdeutsche Sozialisation mit so verstörenden Ereignissen wie Schützenfesten inklusive Alkoholisierten in Uniform.

Humor war unser Schlüssel und unsere Sprache. Wir lachten über meine dicke Kinderhornbrille, die mich wie einen jungen Woody Allen hatte aussehen lassen. Und über die bescheuerten Liedtexte, die Anna als Kind singen musste, weil die SED das so wollte: »Nimm die Hände aus der Tasche, sei kein Frosch und keine Flasche ...« Ich zeigte ihr meine Kinderfotos, auf denen ich karierte Schlaghosen trug, und Anna fand auf einer Videokassette den Ausschnitt aus dem DDR-Fernsehen, wo sie im Blauhemd mit Engelsstimme für die sozialistische Sache auftritt. Auf diese Weise lernten wir unsere kindlichen Mikrotraumata kennen, mit einem tröstlichen und versöhnlichen Blick. Dass wir Freunde werden konnten, war nur möglich, weil wir uns schamlos Einblicke gewährten, weil wir neugierig verglichen, wie wir geworden waren, wer wir sind. Weder machte die realsozialistische Dauerberieselung aus Anna einen schlechteren noch die früh trainierte unbekümmerte Lust, meine Meinung immer und überall zu äußern, aus mir einen besseren Menschen. Diese Haltung schuf die Basis, kritische Fragen zu stellen: nach dem Leben im jeweils anderen Deutschland. Den eigenen Überzeugungen. Nie mussten wir uns voreinander rechtfertigen. Dadurch konnten wir uns viel erklären. Anna war eine der Ersten, mit der es egal wurde, in welchem Deutschland man groß geworden war. Weil Humor, Sympathie, Neugier, Offenheit und Respekt verbindender sein können als gleiche Herkunft. Anna lebt inzwischen als Lehrerin im Westen. Ich bin im Osten geblieben.

So wie mit Anna ging es mir nach und nach auch im Umgang mit Verkäuferinnen, Nachbarn, Handwerkern und Kellnern. Es wurde egal, wer woher kommt. Jedenfalls in den flüchtigen Begegnungen und kurzen Wortwechseln, die nicht mehr Misstrauen ausdrückten, sondern Normalität. Oft auch Augenzwinkern und einen derben Charme, den ich nur hier fand. Ich begann Wurzeln zu schlagen. Mich auf den intensiven Geruch von Bärlauch zu freuen, der in lauen Sommernächten aus dem Auwald in die Stadt zieht. Und ich begann erste Male zu sammeln. Mein Examen. Das erste Mal FKK am Kulki, dem See hinter den Plattenbauten. Die ersten hölzernen Tänze in vernebelten Kellergewölben zu elektronischer Musik. Meine erste Lesung in der rappelvollen Kellerbar vom *Café Telegraph*. Irgendwann begann ich auf die Frage, wo ich herkomme, zu antworten: aus Leipzig. Mehr noch: Ich erklärte Leipzig zu meiner neuen Heimat. Das ist ein großes Wort. Größer als zu Hause sein und sich heimisch fühlen. In Leipzig habe ich nachts mit einer Unbekannten vor dem Eingang von *Auerbachs Keller* Walzer getanzt. Hier habe ich meine große Liebe getroffen, an der Palmensäule vor der Nikolaikirche, die ursprünglich für die Helden der Montagsdemos errichtet wurde, dadurch aber zu meinem ganz persönlichen Denkmal der Liebe wurde. Hier bin ich Vater geworden. Über die holprigen Leipziger Bürgersteige habe ich den Kinderwagen geschoben und Wege und Stadtansichten verinnerlicht, sie zu meinen gemacht. In der Kita lernte ich warmherzige und mitfühlende Erzieherinnen kennen, die Rita, Hanni, Katrin und Corinna hießen. Die das strenge ostdeutsche Kita-Regiment durch offene Gruppen ersetzten, um kleine Abenteurer auf den Weg zu bringen. Meine Erfolge, Dramen, Euphorien und Abstürze spielen in Leipzig.

Meine Tochter ist hier geboren und aufgewachsen, bevor sie ein Jahr durch Australien reiste und danach in den Westen zog, um Lehrerin zu werden. Auch sie ist ein facettenreicher Einheitsmensch, der nunmehr merkwürdige Erfahrungen im Westen macht. Zwar sächselt sie nicht, auch wenn sie es ganz gut kann, aber wenn sie ihren Freund um die »Waschtasche« bittet, fragt der spöttisch zurück, ob sie vielleicht den »Kulturbeutel« meine. Sprachlich ist sie ein Kind des Ostens. Und nicht nur das. Es erstaunte sie zu erfahren, dass Schulsportstunden im Westen nicht mit dem von ihr für selbstverständlich gehaltenen, kollektiv ge-

11

brüllten Schlachtruf beginnen: »Sport frei!« Immer wieder reagieren Kommilitonen geradezu schockiert, wenn sie auf die obligatorische Frage, wo sie denn herkomme, antwortet: aus Leipzig. Dann fragen Studenten dreißig Jahre nach dem Mauerfall allen Ernstes, ob sie als Kind denn Bananen kannte. Ob es Clubs zum Ausgehen gebe. Es nervt sie, ihre ostdeutsche Herkunft ständig erklären und rechtfertigen zu müssen. Und wehe, sie bleibt dabei nicht cool. Wenn sie dann nachreicht, dass ihre Eltern aber aus dem Westen stammen, reagieren einige geradezu erleichtert. Das macht ihre ostdeutsche Herkunft offenbar erträglicher. Was mein Mädchen über westliche Blicke auf den Osten berichtet, zeigt, dass abfälliges Fremdeln mit »Ostdeutschen« auch in der westlichen Nachwende-Generation weit verbreitet ist. Und es zeigt, wie wenig hilfreich es ist, ständig auf seine Herkunft reduziert zu werden. Aus Herkunft lassen sich weder Haltungen noch Handlungen ableiten. Vielleicht ist die anhaltende westliche Überheblichkeit auch ein Grund für die Rückbesinnung auf das Eigene im Osten.

Mein eigenes Fremdeln löste sich in Leipzig nach und nach in Vertrautheit auf. Weil ich Orte und Menschen fand, mit denen ich mich wohlfühlte. Anders als auf staubigen westfälischen Ascheplätzen habe ich hier auf den schönsten Rasenplätzen Fußball gespielt. Wenn ich danach mit meinen Jungs beim Bier zusammensaß, war es egal, wo wir herkamen, denn Fußballer sprechen die gleiche Sprache, mit und ohne Dialekt. Wenn ich heute zufällig meinen alten Kapitän treffe, fragt er mich jedes Mal, ob ich nicht bei den alten Herren einsteigen will. Was ich jedes Mal empört zurückweise. Alter Herr. Ich.

Heimat – das sind die Abende mit Anja und Karsten, die aus Chemnitz stammen, sie Psychologin, er Theatermann. Neulich saßen wir an ihrem großen Küchentisch zusammen und wunderten uns mal wieder über ihre alte Heimatstadt. Da hatte der heimische *Chemnitzer FC* vor dem Spiel eine Schweigeminute für einen verstorbenen Rechtsextremisten abgehalten. Der Mann gilt als Mitbegründer einer Gruppe namens *HooNaRa*. Das steht für Hooligans, Nazis, Rassisten. Eigentlich keine Lebensleistung, die ein Fußballverein würdigen sollte. Doch der Verein ließ eine Trauerminute zu. Im Stadion rollten Fans in einer vorbereiteten Choreografie ein Transparent mit einem weißen Kreuz aus und brannten verbotene Pyros ab. Auf der Anzeigetafel erschien das Porträt des Verstorbenen. Der Stadionsprecher bekundete sein Beileid. Diverse Zeitungen berichteten anschließend über den Skandal. Und der Verein tat erst mal so, als hätte er damit nichts zu tun. Mit Anja und Karsten brauche ich nur einen kurzen Dialog und eine Portion beißender Ironie, um uns zu versichern, dass die sächsische Realität mal wieder jede Satire überholt hat. »War ja keine offizielle Trauerbekundung«, sage ich. »Keine Ahnung, wie sein Bild auf die Anzeigetafel gekommen ist«, sagt Anja. »Und der Stadionsprecher hat das nur zufällig durchgesagt«, fügt Karsten hinzu. Schließlich habe der Verein dann ja Strafanzeige gestellt: »Wegen aller möglicher infrage kommender Straftaten«, wie er genüsslich feststellt. Manchmal ist es hier am besten mit schwarzem Humor auszuhalten.

Heimat sind auch die ganz ironiefreien Küchengespräche mit Katrin, die sich nach einem Kinoabend, als wir zusammen den Film »Gundermann« über die Stasiverstrickungen des gleichnamigen »singenden Baggerfahrers« gesehen haben, beim zweiten Glas Wein an eine scheinbar unbeschwerte Fotosession mit Freunden in der Natur erinnert. Und wie sie einen dieser Freunde von damals später als IM in ihrer Stasiakte entdeckt hat. Heimat sind die Einladungen zu himmlischen Teigtaschen bei Ting, die Familienrezepte und ihre ganz eigene Liebenswürdigkeit aus China mit nach Leipzig brachte. Heimat ist, mit den richtigen Menschen auf der Picknickdecke zu sitzen oder den Volleyball in der Luft zu halten. Heimat ist der Moment, wenn sich an einem dunklen, kalten Montagabend plötzlich Dutzende Fenster gutbürgerlicher Wohnungen öffnen, um die Hassparolen des rechten Legida-Bündnisses mit Beethovens Neunter und der »Ode an die Freude« zu übertönen: Alle Menschen werden Brüder.

Auch die kleinen Begegnungen sind Heimat. Mit der Bäckerin, die sonntags fragt: »Und, noch 'ne Nacksche heute?« (Sie meint eine Laugenbrezel ohne Salz). Mit den Kfz-Mechanikern, die so lässig ihre Werkstatt betreiben, wie sie auf Kalendern vor Leipziger Wahrzeichen posieren. Oder mit der Paketbotin, die ihre Fracht bei allen Temperaturen über null Grad in kurzen Hosen ausliefert und den Kunden ihre gute Laune nur so um die Ohren haut: »Mir scheint de Sonne us m Arsch.« Heimat ist auch mein Journalistenbüro, wo ich lange der Einzige aus dem Westen war und es keinen großen Unterschied macht, dass Mark aus Mannichswalde (Thüringen), Christian aus Hohenmölsen (Sachsen-Anhalt), Ronny aus Crimmitschau (Sachsen) und ich eben aus Iserlohn zwischen Sauerland und Ruhrgebiet komme. Uns verbindet der Auszug aus einer engen Welt in eine große Stadt, die Suche nach der neuen und wichtigen Geschichte und seit einiger Zeit auch ein mulmiges Gefühl, wenn wir über den Ort sprechen, wo wir gut und gerne leben, um mal mit Angela Merkel zu sprechen. Denn in die Gespräche über Ronnys RB Leipzig und meinen BVB schlichen sich nach und nach auch solche von Familienfeiern, die meine Kollegen aus dem Osten zu meiden begannen, weil es zu vorgerückter Stunde doch wieder nur um Flüchtlinge ging. Ein Kollege vertraute mir in einem unserer zunehmend besorgten Gespräche an, er habe das Gefühl, seine Verwandten könnten Gemeinschaft und Lebendigkeit nur noch dann spüren, wenn sie zusammen auf »die da oben« schimpften. Zu solchen Familienfeiern habe ich keinen Zugang. Aber immer öfter höre ich, wie ein Riss durch ihre Familien geht. Kollegen beim Pausen-

gespräch, meine Physiotherapeutin bei der Massage, eine Flücht-
lingshelferin im Interview – sie alle erzählen, wie unversöhnlich
bei ihnen zu Hause gestritten wird. Diese Zerrissenheit spüre
mittlerweile auch ich, weil es um alles geht. Die Demokratie und
die Art, wie wir zusammenleben.

Meine Zweifel an der neuen Heimat kamen nicht abrupt, sondern schleichend. Zusammen mit einem Beben, das lange leise
war, kaum spürbar. Wie ein »Vorhofflimmern«, das man nicht bemerkt, bevor es zu spät ist. So beschrieb ich es in meinem gleichnamigen Roman über den sächsischen Ort Liebbrehna, der fiktiv ist, den ich so ähnlich aber ganz oft kennengelernt habe. In
dem rechtsextreme »Heimatschützer« jagen und schlagen und die
Mehrheit dazu schweigt. Mein mulmiges Gefühl resultiert aus einer wachsenden Kluft, die immer unerträglicher wird: zwischen
der Vertrautheit mit Kollegen und Freunden; dieser alltäglichen
Lust, in diesem Leipzig mit seinen urbanen Freiheiten und
Schönheiten zu leben. Einerseits. Auf der anderen Seite sind da
die unübersehbaren Anzeichen einer gesellschaftlichen Radikalisierung, die sich in den Namen sächsischer Städte ausdrückt, die
dafür eine traurige Berühmtheit erlangt haben: Heidenau, Clausnitz, Freital, Dresden, Chemnitz. Demos vor Asylunterkünften.
Unbescholtene Bürger, die gemeinsam mit Neonazis gegen Geflüchtete demonstrieren. Der als Sorge und Angst verniedlichte
Rassismus von Pegida. Bei der letzten Bundestagswahl wählten in
Sachsen ein Viertel der Leute die AfD. Nur noch 42 Prozent der
in Ostdeutschland Lebenden halten die Demokratie in der jetzi-
gen Form für die beste Staatsform. Es ist etwas ins Rutschen geraten, und das Unbehagen rückt näher. Ganz beiläufig erzählen
meine Freunde Anja und Karsten am Küchentisch, dass ihr Sohn
neuerdings vom Jugendtheater abgeholt werden muss. Einige seiner Mitspieler seien kürzlich auf dem Nachhauseweg überfallen
worden. Wegen ihres Aussehens, das die Angreifer offenbar für

»linksgrünversifft« hielten, wie es in rechter Hasssprache heißt. Die Neunziger sind zurück, denke ich, als ich das höre. Damals waren solche Überfälle alltäglich. Die Neunzigerjahre, das war die Zeit von Rostock-Lichtenhagen und Hoyerswerda. Lange her. Weit weg. Dachte ich.

Das Beben hat Leipzig erreicht – meine liberale, weltoffene und lebenswerte Insel. Ich frage mich seither, ob ich mich geirrt habe. War, was ich für hässliche Ausnahmen auf dem steinigen Weg zu einer demokratischen Gesellschaft hielt, der Vorbote eines Rückfalls in autoritäre Sehnsüchte? Wer ist die Mehrheit – wir, die Liberalen und Toleranten, oder diejenigen, die allen das Recht absprechen, hier zu sein, die keine »urdeutsche« oder »ursächsische« Herkunft haben? Ich dachte, wir wären weiter. Zwischen Ost und West und bei der Frage, wer eigentlich »Wir« ist und wie wir sein wollen. Das war ein Irrtum. Wer wir sein wollen und mit wem ist ganz und gar nicht Konsens, sondern heftig umstritten. Nirgendwo zeigt sich das so deutlich wie im Osten. Ich ahne, dass ich an den Menschen, die jetzt so wütend auf die da oben und all jene sind, die hier angeblich nicht hingehören, vollständig vorbeigelebt habe. Und gebe offen zu, dass mein Mitgefühl eindeutig denen gilt, für die es hier unerträglich geworden ist.

Vor einiger Zeit las ich, warum die Bloggerin Sophie Sumburane aus Leipzig weggezogen ist. Sie ist mit einem Mann aus Mosambik verheiratet und hat drei Töchter mit ihm. Sie hat aufgeschrieben, wie die Frau vom Pizzaservice rief, man solle doch den Schwarzen von draußen reinholen. Denn sie wollte schon immer »einen dressierten Affen«, der ihr das Bier bringe. Sophie Sumburane berichtet von Zoobesuchern, die riefen: »Schau, da ist einer aus dem Affenhaus abgehauen.« Und von der Mutter, die lacht, als deren Kind das von Sophie Sumburane als »Kaka« bezeichnet. Sie beschreibt viele solcher rassistischen Verletzungen. So viele, dass sie es mit ihrer Familie nicht mehr aushielt und Leipzig verlassen hat. Meine Insel. Das hat mir zu denken gegeben. Obwohl ich seit Langem weiß, dass es hier für andere längst nicht immer so tolerant und friedlich zugeht, wie ich es selbst erlebe. Vor einer Weile erzählte mir eine Sozialarbeiterin, die Opfer rechter Gewalt berät, von einem jungen Algerier, der in Leipzig dreimal von Neonazis angegriffen worden war. Bei einer Attacke sei er vor einem Einkaufszentrum mit einer Schusswaffe bedroht worden. Tagsüber, nicht nachts. Es bleibt nicht bei Drohungen. In Wurzen, eine halbe Autostunde von Leipzig entfernt, wird im Februar 2018 eine neunzehnjährige Eritreerin, die im siebten Monat schwanger ist, nach eigenen Angaben von zwei vermummten Männern beleidigt und angegriffen. Weil die Angreifer keine Ausländerbabys wollen. Die schwangere Frau wird verletzt und muss im Krankenhaus behandelt werden. Nur wenige Medien berichten darüber. [1] Es ist, als hätte man sich in der Region an gewalttätigen Rassismus gewöhnt. Für Asylsuchende ist es einer Studie zufolge zehnmal gefährlicher, in Ostdeutschland zu leben als im Westen. [2]

Was hier um mich herum geschieht, hat eine lange und lange ignorierte Vorgeschichte. Die begann nicht erst, als Geflüchtete kamen, sondern weit davor. Um sie zu verstehen, braucht es den ehrlichen Blick zurück. In die DDR. Aber auch in die Jahre nach '89, die viele im Osten nicht als Befreiung, sondern als Mischung aus Unsicherheit, Ungerechtigkeit und persönlichen Demütigungen erlebten. Zu einem vollständigen Bild gehören die permanenten Metamorphosen, die ostdeutsche Städte und Lebenswege ausmachen. Aber bei allen Veränderungen und Modernisierungen auch eine starke Kontinuität, was Rassismus, rechte Gewalt und den Umgang mit gesellschaftlichen Außenseitern angeht.

Der gesellschaftliche Klimawandel hat gravierende Folgen. Nicht nur für Sachsen oder den Osten, sondern für ganz Deutschland. Eine davon lernte ich schon vor einigen Jahren kennen, als ich in die sächsische Provinz nach Limbach-Oberfrohna oder Mügeln fuhr, um über Angriffe von Neonazis auf Jugendclubs zu berichten. Die Vereinsräume musste ich vor Ort nie lange suchen. Sie waren auf den ersten Blick gut erkennbar, weil die Fensterscheiben durch Bretterverschläge ersetzt waren, denn die rechten Angreifer hatten mehrfach die Scheiben mit Steinen demoliert. Für die Nachbarn und Behörden in jenen Städten war das normal geworden. Die Gewöhnung an unerträgliche Zustände führt jedoch dazu, dass die Missstände nicht mehr kritisiert und als Skandal benannt werden können. Als Ergebnis werden Opfer alleingelassen und Täter nicht konsequent verfolgt. Schlimmer noch, die Opfer werden für die Gewalttaten sogar verantwortlich gemacht. Nach dem Motto: Würdet ihr nicht provozieren, müssten die Nazis nicht zuschlagen.

Ich erinnere mich daran, wie ich 2011, im Jahr des Auffliegens der NSU-Terroristen, in Limbach-Oberfrohna bei Chemnitz in einer Küche mit Eltern zusammensitze, die nicht weiterwissen, weil deren fast erwachsener Sohn immer wieder von den örtlichen Neonazis gejagt und bedroht wird. Die Mutter erzählte, wie sie sich nachts oft unruhig im Bett wälzt und zu schlafen versucht. Wie sie wach liegt und horcht, bis sie den Schlüssel im Schloss der Haustür hört. Wie sie erst dann erschöpft einschlafen kann, weil sie weiß, dass ihr Sohn in Sicherheit ist. Bis zum nächsten Mal. Einmal, so erzählte sie es mit ihrem Mann, stand eine Gruppe schwarz vermummter junger Männer vor ihrem Haus und forderte den Sohn auf rauszukommen. Was er nicht tat, weil ihm die Eltern eingeschärft hatten, im Haus zu bleiben. Daraufhin hätten die Angreifer Fensterscheiben im Erdgeschoss eingeworfen. Die Mutter erzählte mir von der Scham, die sie empfand, als sie sich dabei ertappte, wie sie ihren Sohn anging: Warum musst du dir auch die Haare färben? Du legst es ja drauf an! Bist ja selbst schuld! Sozialarbeiter sprechen von Täter-Opfer-Umkehr. In vielen sächsischen Städten hat sich dieses Muster über Jahre eingeschliffen.

Eine rechtsstaatgefährdende Folge der Gewöhnung an rechte Gewalt, Ideologie und Strukturen sind beschädigte Institutionen. Oder, einfach gesagt: Polizei, Staatsanwaltschaften und Gerichte handeln mitunter nicht mehr so, wie sie sollten und wie der Rechtsstaat es vorsieht. Wenn wieder irgendwo im Osten Neonazis zuschlagen, bekomme ich häufig Anrufe von aufgeregten Redakteuren aus Köln, Hamburg oder München, die fragen: Sind die Behörden dort auf dem rechten Auge blind? Dann erkläre ich ihnen, dass es subtiler zugeht: Ja, nach Gewaltstraftaten wird ermittelt. Aber oft werden rechte Tatmotive im Laufe der Ermittlungen ignoriert oder vor Gericht missachtet. Sogar bei Tötungsdelikten, wie ich in diesem Buch zeigen werde.

Das Auffliegen des NSU hätte eine Zäsur sein können, ein Wendepunkt. Gerade in Sachsen, wo die NSU-Terroristen ihr Hauptquartier und ein breites, bis heute unbehelligtes Unterstützernetzwerk in der Region Chemnitz/Zwickau hatten. Leider muss gesagt werden: An der Praxis der Behörden hat sich bis heute nichts geändert. Nur ein Beispiel: Die rechte Hooligan-Bande *Faust des Ostens* aus der Fanszene des *Dynamo Dresden* ging mit brutaler Gewalt gegen Migranten und erklärte Feinde vor. Bereits vor mehr als sechs (!) Jahren hat die Staatsanwaltschaft Anklage wegen diverser Körperverletzungen vor dem Landgericht erhoben. Verhandelt wurde seither nicht. Das Gericht erklärte immer wieder, überlastet zu sein. Die mutmaßlichen Täter blieben durch die Untätigkeit des Gerichts unbehelligt. Sollte es doch noch irgendwann zu einem Prozess kommen, werden sich Zeugen kaum noch an Vorfälle erinnern können, die Jahre zurückliegen. Und den Tätern stehen milde Urteile zu, weil sie ein Recht auf schnelle Verfahren haben. So läuft das in Sachsen nicht zum ersten Mal.

Diese Zustände sind aber nicht »der Osten«. Den Osten gibt es genauso wenig wie »die Ostdeutschen« oder »die Westdeutschen« oder »die Sachsen«. Auch wenn es derzeit sogar unter Journalisten wieder schwer angesagt ist: Diese Kollektivgleichheit existiert nicht. Sie zu behaupten oder heraufzubeschwören, ist unheilvoll. Es geht nicht um einen herbeifabulierten Volkscharakter, um eine angeborene Mentalität, sondern um Einstellungen und Taten. Die kann man nämlich frei wählen. Es ist dringend nötig, Tacheles zu reden. Nicht darüber, wie Ossis oder Wessis oder Sachsen denn nun sind, sondern über Missstände, Entwicklungen und Unerträglichkeiten – denn nur so lässt sich etwas ändern.

Seit Jahren ist mindestens ein Drittel der Ostdeutschen studienbelegt fremdenfeindlich eingestellt. Die neuen Bundesländer liegen stabil bei rechten Gewaltstraftaten vorn. Einer Studie des Hannah-Arendt-Instituts zufolge waren es im Osten zwischen 2011 und 2016 dreimal so viele wie im Westen, obwohl dort nur etwa ein Fünftel der Bevölkerung lebt. [3] Der Verein *RAA Sachsen*, der Opfer rechter Gewalt berät, meldete für das Jahr 2018 einen alarmierenden Anstieg rechter Angriffe um 38 Prozent auf 317. [4] Fast jeden Tag wird also allein in Sachsen mindestens ein Mensch wegen seiner Hautfarbe oder anderer Merkmale attackiert. Mindestens 481 Menschen wurden in einem Jahr Opfer solcher Übergriffe. Wobei die Dunkelziffer hoch ist, denn viele trauen sich nicht, Gewaltstraftaten anzuzeigen. Weil sie nicht glauben, dass die Polizei ihnen hilft. Und aus Angst vor der Rache der Täter.

Ausgerechnet in Sachsen, wo die NSU-Terroristen Uwe Böhnhardt, Uwe Mundlos und Beate Zschäpe untergetaucht waren, haben die beiden Untersuchungsausschüsse des Landtages unter CDU-Führung nur zögerlich und schleppend aufgeklärt. Und die AfD mit ihren Machtergreifungsfantasien und NS-gefärbter Rhetorik ist auf dem Weg, in den ostdeutschen Ländern Volkspartei zu werden. Wer sich dem Rechtsruck entgegenstellt, wird schnell als Nestbeschmutzer abgestempelt. Aufrechte Demokraten, die sich für Pluralismus und politische Kultur engagieren, stehen in Städten wie Wurzen und Bautzen mit dem Rücken zur Wand. Ein Unbekannter drohte einer Menschenrechtsaktivistin in Bautzen mit einem Säureanschlag. In Sachsen antworten vor allem Politiker der dauerregierenden CDU auf berechtigte Kritik beispielsweise an Ermittlungen und Einsätzen der Polizei reflexartig mit der Floskel »Sachsen-Bashing«. Nach einem langen Interview habe ich den sächsischen Ministerpräsidenten Michael Kretschmer gefragt, warum das so ist. Seine Antwort: Man müsse sich vor Kollektivvorwürfen hüten. Also bleibt alles, wie es ist.

Warum ich nicht einfach weggehe? Weil ich hier lebe und liebe. Ich bin gekommen, um zu bleiben. Wie gesagt, dies ist meine neue Heimat.

Heimat – Sehnsuchtsort und toxischer Kampfbegriff

Nachdem ich in der Wochenzeitung *Die Zeit* das »laute Schweigen« über Rassismus und rechte Gewalt in meiner neuen Heimat beklagt habe, bricht ein Sturm los.[5] Der Essay wird online hundertfach kommentiert, Dutzende Leser schicken mir lange Mails. Darunter Empörung, Wut, Zustimmung, Dank, Anfeindungen. Gemeinsam ist den gegensätzlichen Kommentaren nur die Vehemenz. Anscheinend hat der Artikel einen Nerv getroffen, er polarisiert und reizt zu heftigen Reaktionen. Euphorische Zustimmung oder harscher Verriss – dazwischen gibt es kaum was. »Werter Zugezogener«, schreibt einer, »ich würde noch mal drüber nachdenken, dann doch wegzugehen, denn immer die gleiche Leier zu drehen und den Ossi zum Neonazi zu machen, ist langweilig. Also setzen Sie sich in Ihr schickes Auto, und fahren Sie dorthin, wo Sie vor 25 Jahren hergekommen sind.« Von dieser Sorte Kritik gibt es einige. Einheimische, die mir raten, doch zu verschwinden, wenn es mir nicht passe. Als hätte man als Zugezogener gesellschaftliche Missstände kritiklos hinzunehmen. Ganz so, als wären rechte Gewalt, grassierender Alltagsrassismus und institutionelles Versagen von Behörden etwas Quasinatürliches, das weder veränderbar ist noch korrigiert werden sollte. Ein Leserbriefschreiber wirft mir ein »verzerrtes Bild« vor. Er büße in Leipzig aufgrund der »massiven Gewaltexzesse der linken Szene« sein Heimatgefühl ein. Tatsächlich gibt es in Leipzig laut Verfassungsschutz eine starke linksextremistische Szene. Auch massive linke Gewaltstraftaten, wie mutmaßlich auch der Überfall auf die Mitarbeiterin einer Immobilienfirma zeigt, die im November 2019 von zwei Vermummten in ihrer Wohnung brutal angegriffen und verletzt wurde. In Sachsen dient das allerdings regelmäßig als Vorwand, die Gefahr des Rechtsextremismus mit dem Hinweis auf Linksextremismus zu verharmlosen. Dabei sind die Zahlen eindeutig. Zwei Drittel der politischen Straftaten in Sachsen entfielen im Jahr 2018 auf rechts, ein Drittel auf links. [6] 2800 Neonazis standen offiziell 785 Linksextremisten gegenüber. [7] Sächsische CDU-Politiker prangern jedoch oft »Extremismus von links und rechts« an, wenn es darum geht, auf zunehmende rechte Gewalt zu reagieren. Und der Szene-Stadtteil Connewitz mit kleinen Läden und Straßencafés wird als Hort des Linksextremismus dämonisiert, den man kaum gefahrlos betreten könne, was grober Unfug ist.

Neben harten Kritikern schreiben mir nach Veröffentlichung meines Artikels aber auch viele, die wie ich aus dem Westen in den Osten gezogen sind und meine Kritik teilen. Die nicht verstehen, warum der gesellschaftliche Aufschrei gegen zunehmende rechte Gewalttaten, AfD-Wahlerfolge und alltäglichen Rassismus ausbleibt. Eine Leserin berichtet, sie habe nach der Lektüre nicht aufhören können zu weinen. Weil ihre Entscheidung, sich im Osten heimisch zu fühlen, sich mittlerweile wie Selbstbetrug anfühle. Auch diese Bilanz überrascht mich. Es ist nicht meine. Nein, ich bin immer noch genau da, wo ich sein will. Mit den Menschen, die mir wertvoll und wichtig sind. Ich habe nicht vor, zu kapitulieren und in den Westen zu emigrieren. Die rechte Radikalisierung trübt meine Freundschaften nicht. Aber umgekehrt führen die philosophischen Ausflüge mit Katrin, die Taktikanalyse des letzten Bundesligaspieltags mit meinem Fußballfreund Bernd oder die Spieleabende mit Anja und Karsten nicht dazu, dass weniger bedrohlich erscheint, was um mich herum geschieht. Auch wenn die AfD in einer Regierung sitzt, wird es weiterhin Spaß machen, am See zu grillen, Volleyball zu spielen oder den Theaterabend mit einem Bier vor dem Pilot ausklingen zu lassen. Auch wenn die AfD sicher versuchen wird, Einfluss auf jene Bühnen zu nehmen, deren Inszenierungen ihr nicht deutschnational genug sind. Das lassen AfD-Kampagnen gegen Kulturschaffende erahnen. Dennoch – für alle, die deutsch, weiß, heterosexuell und irgendwie normal aussehen und sich nicht politisch engagieren, wird es einfach weitergehen wie bisher.

Ob die Leser meinen Befund über das »laute Schweigen« teilen oder verurteilen, hat übrigens längst nicht immer damit zu tun, ob sie selbst aus dem Osten oder Westen kommen. Eine Leserin aus Bautzen schreibt mir, sie stamme aus dem Osten und mache sich große Sorgen um alle, »die hier Frieden, Ruhe, Arbeit, Glück und Auskommen suchen«. Es erschrecke sie, dass auch viele, denen es wirtschaftlich gut gehe, die mit Job und Haus bestens versorgt sind, derart verächtlich über Geflüchtete sprechen. Sie habe lange mit Freunden geredet und darüber gerätselt, woher dieser Hass und der Rassismus kämen. Sie habe letztlich keine Antworten gefunden. Auch bei ihr gehe der Riss durch die Familie. Ich bitte sie darum, mir bei einem Treffen ihre Geschichte zu erzählen. Sie lehnt das ab. Das bringe nichts. Eine von denen, die resigniert haben.

Ein Grund für die heftigen Reaktionen auf meinen Essay ist sicher, dass ich Leipzig meine Heimat nenne. Ich, der Zugezogene, der Wessi. Heimat, dieses schöne und gefährliche Wort. Man kann öffentlich nicht unbedarft über Heimat reden, nicht in diesen Zeiten. Das Wort bedarf der Erklärung. Weil Heimat beides ist: Sehnsuchtsort und politischer Kampfbegriff. Ich habe eine neue und eine alte Heimat. Bis ich zum Studieren nach Leipzig aufbrach, war Iserlohn meine Heimat. Eine kleine Stadt, von

Wald umarmt, mit einer schicken Fußgängerzone. Irgendwo zwischen Sauerland und Ruhrgebiet. Da war der nie von Sonne beschienene Ascheplatz, wo der ruppige Platzwart Hubert mit seinem nicht weniger ruppigen Hund ein strenges, aber herzliches Regiment führte und wir vom TuS Iserlohn uns in den Pfützen des Sauerländer Dauerregens mit heiligem Ernst Wasserschlachten gegen unsere Rivalen vom VfK lieferten. Aus dem Fußballplatz haben sie mittlerweile einen Spielplatz gemacht, und mein alter Verein heißt nicht mehr TuS, sondern FC.

Iserlohn war für mich das Märkische Gymnasium, das wir nur MGI nannten. Wo unser Deutschlehrer mit uns eine wahnwitzige Tucholsky-Revue aufführte, in der wir Sandra als blonde Germania in der Aula mit einer Deutschlandfahne zudeckten und anflehten, sie möge doch bitte endlich aufwachen und die rechte Gefahr erkennen. Mein Iserlohn war die düstere katholische Kirche St. Michael, ein mystischer Ziegelbau mit bunten Glasfenstern, auf denen ein bedrohlicher Teufel hämisch grinste. Pastor Walter hatte einen roten Vollbart und sprach mit einer kräftigen, fröhlichen Stimme. Es hieß, er habe mit seiner Gitarre Protestgottesdienste vor NATO-Stützpunkten gegen die Stationierung amerikanischer Atomraketen gehalten. Zusammen mit ihm stand ich bei einem Gottesdienst im Poncho vor dem Altar, und wir sangen zur Melodie von »Guantanamera« einen Protestsong gegen die Ausbeutung südamerikanischer Bauern: Ich bin ein einsamer Bauer, doch langsam werde ich sauer ... Kurz danach wurde Pastor Walter ins tiefste Sauerland versetzt, was, wenn überhaupt, nur indirekt mit unserem Auftritt zu tun hatte. Mein Vater vermutete, der rothaarige Revoluzzer sei den alten Damen in der Kirche dann doch zu wenig katholisch gewesen, sodass er strafversetzt worden sei. Natürlich habe ich in diesem Iserlohn auch Erfahrungen gemacht, die denen der anderen glichen. Reihenhausidylle, Nachbarschaft zwischen Vertrautheit und der Sorge um Blumenbeete, die von Bällen und sich versteckenden Kindern bedroht wurden. Das Schützenfest. Mein erster Kuss, inmitten von grellen Kirmeslichtern und biertrinkenden Männern, die in ihren grünen Uniformen wie Jäger aussahen. Selbst kollektive Sozialisation unterscheidet sich ganz wesentlich je nach individuellem Erleben. Die Bolzplätze, das Wäldchen, in dem ich so oft im Schützengraben lag, dass ich für alle Zeit genug davon hatte und später den Kriegsdienst verweigerte. Mein Gymnasium, dieser riesige Betonkoloss auf dem Hemberg, war eine solide geführte Schule, in der es meistens um nicht viel mehr als um Mathe, Deutsch, Fremdsprachen und Sport ging. Für mich bleibt meine Schule der Ort, wo ich dem konservativen Schulleiter auf dem Abi-Ball in einer flammenden Rede vorhalte, in ähnlicher Weise das Freidenkertum zu unterdrücken wie jenes erzkonservative Eliteinternat im *Club der toten Dichter*. Erst viel später habe ich verstanden, wie groß die Freiheit war, die ich mir seinerzeit herausnehmen durfte. Das alles zusammen ist meine alte Heimat, sie besteht aus meinen ureigensten Erfahrungen. Kein anderer hat dieses Iserlohn erlebt wie ich. Nicht meine Schule, nicht meinen Fußballverein, nicht meine Kirche, meine Freundschaften. Schon gar nicht, wie es in meiner Familie zuging, wo sonntags zum köstlichen Schweinebraten meiner Mutter laut und vielstimmig über Helmut Kohl und Gott und die Welt gestritten wurde. Meinen Blick auf die Welt, das Selbstvertrauen und die Lust, mich einzumischen, habe ich von meinen Eltern mit auf den Weg bekommen.

Mein Vater verbrachte seine ersten Lebensjahre in einem kleinen Ort in Ostpreußen namens Kossin. Als die Rote Armee im Januar 1945 vorrückte, musste er mit meiner Oma und seiner Schwester Hanni flüchten. Mein Vater hat mir erzählt, wie sie bei Minusgraden frierend und ängstlich im Wald lagen und sich versteckten. Einmal nahmen ihn russische Soldaten mit an einen See, in den sie Handgranaten warfen, um anschließend die toten

Fische von der Wasseroberfläche zu fischen. Nach dem Krieg kam meine Oma mit ihren Kindern über Wussentin in Mecklenburg-Vorpommern nach Iserlohn am Rand des Sauerlands, weil sie da eine Tante Erika kannten, die sie zur Begrüßung als arme »Kaschuben« beschimpfte, die »nicht mal ein Scheißhaus« hätten. Sie kamen damals mit nichts als dem Rat »Sucht euch einen fetten Bauern, dann gibt's genug zu essen«. Bauer Humpert war dann nicht fett, sondern mager, und meine Oma arbeitete von morgens um sechs bis abends um zehn. Für vierzig Mark im Monat. Als Oma nach überstandenem Typhus und Gelbsucht aus dem Krankenhaus entlassen wurde, beschloss sie, mit meinem Opa, der aus der Kriegsgefangenschaft zurückgekehrt war, ein kleines Gartenhaus zu bauen. Das durfte nicht größer als vierundzwanzig Quadratmeter sein, und als es nach ungezählten Arbeitsstunden und mit der Hilfe von Nachbarn fertig wurde, kam ein Brief von der Stadt, das Häuschen sei sofort wieder abzureißen, weil es dafür keine Baugenehmigung gebe. »Der Erste, der es wagt, Hand an dieses Haus anzulegen, den erschlage ich eigenhändig mit der Spitzhacke«, habe meine Oma gesagt. Das Gartenhäuschen steht heute noch. Später zog meine Familie in ein Reihenhaus, wo wir mit drei Generationen wohnten.

In einer meiner ersten Erinnerungen an politische Diskussionen streitet mein Vater mit meinem Opa, während Schwarz-Weiß-Bilder über den Zweiten Weltkrieg unser Wohnzimmer hektisch beleuchten. Deutsche Soldaten im Schnee, Stalingrad, so was. Wie Papa vorwurfsvoll zu Opa sagt: »Hitler hat dir doch deine besten Jahre gestohlen!« Und Opa, der mit dem Fuß aufstampft und sagt: »Ihr könnt euch nicht vorstellen, wie das auf der Straße war, die Roten gegen die Braunen.« So war das bei uns. Laut und ehrlich. Mein Vater war Galvaniseur mit Meisterbrief. Später wechselte er zur Post und wurde Briefträger, weil meine Mutter ihn darum bat, mehr für die Familie da zu sein.

Meine Mutter. Sie kam 1964 aus Kresevo, einem kleinen bosnischen Dorf in der Nähe von Sarajevo, nach Deutschland zu ihrem Bruder Peter, der in Iserlohn lebte, weil er auf der Seite der kroatisch-faschistischen Ustascha gegen Titos Partisanen gekämpft und verloren hatte. Eigentlich hätte meine Mutter ihr Dorf vor den Wäldern und Bergen gar nicht verlassen dürfen, weil das in Titos Jugoslawien nicht vorgesehen war. Solange ich hier bin, kommst du hier nicht raus, habe der zuständige Funktionär in der Behörde gesagt. Aber Mama hatte einen Traum, vielmehr zwei Träume. Australien und Deutschland. Also blieb sie hartnäckig und versuchte es beim Leiter des örtlichen Klosters, der sich für sie einsetzte. So schaffte sie es schließlich raus aus Bosnien nach Deutschland, nach Iserlohn, wo sie im Krankenhaus und in einer Stofffabrik arbeitete, bevor sie meinen Vater kennenlernte und heiratete. Beide waren katholisch, aber in einer Weise, dass sie den Papst einen guten Mann sein ließen und meine Schwester und mich lieber mit dem Glauben an uns und das Gute im Menschen erzogen. Beide verband ihr Humor. Wenn ich morgens schlaftrunken zum Frühstück wankte, hörte ich sie schon flüstern und kichern. Von Mama lernte ich, was es heißt zu lieben, von Papa, Geschichten zu erzählen. Sie gaben mir Heimat, auch indem sie sich dafür entschieden, uns nicht zweisprachig zu erziehen. Heute bereue ich manchmal, nicht Serbokroatisch gelernt zu haben, aber meine Eltern wollten, dass ich erst mal eine Sprache richtig beherrsche.

Obwohl meine Familie zwei Migrationsgeschichten als Anfang hat, fühlte sich das nie so an. In meinem Selbstverständnis war ich Deutscher. Und Iserlohner. Wenn wir in unserem orangegefarbenen Opel Kadett über den flirrend heißen Autoput, diese rumpelnde Schnellstraße nach Bosnien, zu meinen Verwandten fuhren, freute ich mich, nachdem wir alle entgegenkommenden Lastwagen überlebt hatten, auf die Felsen, die aussahen wie in den Winnetou-Filmen. Ich freute mich darauf, im Wildbach Staudämme zu bauen und ein Lamm über dem Lagerfeuer zu drehen. Und auf die älteren Jungs, mit denen ich Fußball auf dem Schulhof spielen durfte. Ich mochte meine Onkels und Tanten, auch wenn die wenigen serbokroatischen Brocken nicht ausreichten, um sich über das Nötigste hinaus zu verständigen. Guten Morgen, guten Appetit, gute Nacht. Viel mehr ging nicht. Die überbordende Zuneigung, mit der mich meine Tanten herzten und mit feuchten Küssen überhäuften, blieb mir in meiner kindlichen Schüchternheit fremd. Erst viel später, als ich nach Jahren noch einmal bei Tante Luce und meiner Cousine Jelena im winzigen Wohnzimmer saß, das noch genauso aussah wie in meiner Erinnerung, erkannte ich die Wärme wieder, mit der Mama mich durch meine Kindheit begleitet hat.

In Iserlohn lebten wir ein ziemlich typisches westdeutsches Leben. Mein Vater verdiente das Geld, und meine Mutter war tagsüber für uns da und begleitete mich zu Schulausflügen in den Wuppertaler Zoo. Sie war das Licht und die Wärme, bevor sie viel zu früh starb. Die Geschichte meiner Familie erzählt davon, wie es ist, Wurzeln zu schlagen. Anzukommen und zu wachsen. Meine Schwester und ich waren die Ersten aus unserer Familie, die studierten. Beide Politik. Sie in Münster, ich in Leipzig. Wir wurden beide Journalisten. Und wuchsen aus Iserlohn raus, das uns zu eng wurde. Meine Geschichte ist mittlerweile eine typisch deutsche Geschichte. Denn Deutschland ist schon lange beides: Land der Hiergebliebenen und der Zugezogenen. Die kommen mal vom deutschen Osten in den Westen und umgekehrt. Oder von ganz woanders.

Iserlohn und Leipzig. Alte und neue Heimat. Wenn ich von Heimat spreche, dann von einem zutiefst individuellen Gefühl, von einer Sehnsucht und Verbundenheit. Als politische Kategorie ist sie ungeeignet, denn als Kampfbegriff wird Heimat toxisch.

Dazu muss man wissen, dass Heimat bis Mitte des 19. Jahrhunderts eine rechtliche Kategorie war. [8] Heimatrecht besaß, wer über Besitz verfügte. Damit ausgestattet, durfte man heiraten, sich niederlassen, Gewerbe treiben und wurde von der Gemeinde versorgt, wenn man verarmte. Erst später wurde der Begriff Heimat romantisch aufgeladen – mit Landschaftsverklärung und im Zuge der Industrialisierung als traditioneller Gegenentwurf zur Moderne. Die Nationalsozialisten verbanden Heimat mit Blut und Boden, indem sie Abstammung und Territorium zu einer vormodernen Einheit verschmolzen. In der alten Bundesrepublik versuchten später Bürgerinitiativen, dem Begriff eine emanzipatorische Bedeutung zu geben. Heimat sollte nicht mehr ein unter allen Umständen zu bewahrender, von Ursprünglichkeit und Tradition geprägter Zustand sein, sondern die Herstellung lebenswerter Verhältnisse. Doch erst mit dem weltweiten Siegeszug des Rechtspopulismus erlebt Heimat ein Comeback als politischer Begriff. Für die radikale Rechte ist Heimat ein Zauberwort. Weil sich mit dieser verführerischen und gefühligen Vokabel zum einen die gesellschaftliche Mitte ganz unradikal ansprechen lässt und weil sich damit zugleich vermeintlich Fremde ausgrenzen lassen. Wir von hier gegen die anderen. »Daham statt Islam«, hieß beispielsweise ein Wahlkampf-Slogan der rechtspopulistischen FPÖ in Österreich. So wabern völlig unterschiedliche Bedeutungen von Heimat durch den politischen Diskurs. Umgangssprachlich meinen die meisten damit wohl immer noch den Ort, in den sie hineingeboren wurden.

Bei den ostdeutschen Wahlkämpfen konnte ich im Jahr 2019 beobachten, wie alle auf Heimat setzen. Der sächsische Ministerpräsident Michael Kretschmer, CDU, sprach immer wieder allgemein davon, dieses oder jenes für »die Heimat« erreichen zu wollen. Er gebrauchte Heimat in Bürgerdialogen in seiner umgangssprachlichen Bedeutung, sprach damit also zu den »Ureinwohnern«. Der sächsische SPD-Chef Martin Dulig sagte: »Ich hab kein Problem mit dem Begriff Heimat, egal ob man hier geboren ist oder hierhergezogen ist.« Es ist der Versuch, den rückwärtsgewandten und herkunftsbezogenen Heimatbegriff durch einen zu ersetzen, der eine pluralistische Gesellschaft beschreibt. Und der damalige Parteichef Alexander Gauland rief seinen begeisterten Anhängern in Erfurt von der Bühne aus zu: »Wir wollen unsere Heimat behalten. Da gibt es nichts auszuhandeln. Punktum.« Heimat gelte es gegen die Bedrohung durch Fremde zu verteidigen: »Das hier ist Thüringen, das hier ist Deutschland und kein Basar.« Mehr noch, Gauland beschwor ein Bedrohungsszenario herauf, das an die neurechte Verschwörungstheorie vom »Großen Austausch« angelehnt ist. Jener Verschwörungstheorie, die auf den rechten französischen Aktivisten Renaud Camus zurückgeht, der behauptet hat, das französische Volk solle durch ein anderes ersetzt werden. In dessen kruder Vorstellung, die mittlerweile international zum Glaubensbekenntnis der radikalen Rechten geworden ist, soll das ursprüngliche Volk ausgetauscht werden, in diesem Fall die gewachsene französische Kultur durch Multikultur. Ganz so, als gäbe es einen geheimen Plan finsterer Mächte. Ein zerstörerisches Marionettenspiel. Bei Gauland hörte sich das so an: »Man kann nicht Menschen eine Heimat geben, indem man sie anderen wegnimmt.« In seiner Rede blieb er zwar die Antwort schuldig, wer denn wem hierzulande Heimat wegnimmt, um sie Migranten oder Flüchtlingen zu geben. Aber das brauchte er gar nicht zu begründen. Die Drohung wirkt. Er spricht erfolgreich die Verlustängste seiner Anhänger an. Es war die einzige Passage seines müden Vortrags, die Begeisterung unter den wenigen Hundert Zuhörern vor der Thüringenhalle auslöste.

Die Renaissance von Heimat als politischer Kategorie ist ein weltweiter Trend – egal, ob es in der jeweiligen Sprache eine wörtliche Übersetzung gibt oder nicht. In den USA unter Donald Trump geht es um »Homeland«, die FPÖ in Österreich hat die Bewahrung von Heimat und Identität im Parteiprogramm festgeschrieben. Als politischer Begriff ist Heimat aber eine Mogelpackung, aus der sich keineswegs automatisch ergibt, was politisch zu tun ist. Im Gegenteil verkleistert das Konzept unterschiedliche Interessen und behauptet einen einheitlichen Willen, der meistens gar nicht existiert. Als etwa in Sachsen, Sachsen-Anhalt und Thüringen die Autobahn A 38 gebaut wurde, gab es in der Bevölkerung sowohl Befürworter, die sich eine bessere Anbindung ihrer Gemeinden und schnellere Wege zur Arbeit erhofften, als auch Naturschützer, die das Projekt ablehnten. Alle wollten das Beste für ihre Heimat. Aus gemeinsamer Herkunft ergibt sich also keineswegs zwangsläufig ein gemeinsames Interesse, wie die AfD suggeriert. Ein Hartz-IV-Empfänger hat ganz andere Sorgen und wohl auch andere Wünsche an die Politik als der Besitzer diverser Eigentumswohnungen, auch wenn beide in der gleichen Region aufgewachsen sind und ähnlich sozialisiert wurden. Wie schwer es ist, mit Heimat Politik zu machen, lässt sich auch daran erkennen, dass Bundesinnenminister Horst Seehofer für sein Heimatministerium über ein Jahr lang keinen einzigen Gesetzentwurf in den Bundestag einbrachte.

In Sachsen bescherte der Rückgriff auf Heimat der rechtsextremistischen NPD lange vor dem weltweiten Siegeszug des Rechtspopulismus Wahlerfolge. Die selbst ernannte »Heimatpartei« zog im Jahr 2004 mit 9,2 Prozent in den Sächsischen Landtag ein. Mit der Wohlfühlvokabel ließen sich nationaler Sozialismus und Demokratiefeindlichkeit für jene Wähler abmildern, die nicht aus dem rechtsextremen Milieu kamen.

Im Wahlkampf des Jahres 2019 versuchte nun also der sächsische CDU-Ministerpräsident Kretschmer, getrieben von hohen Umfragewerten der AfD, mit seiner konservativen Variante von

Heimat zu punkten. Der Dresdner Politikwissenschaftler Werner Patzelt, der selbst aus Bayern stammt und als Spindoctor maßgeblich am CDU-Programmentwurf zur Landtagswahl mitgearbeitet hat, erklärte Heimat zur zentralen Kategorie für die sächsische CDU. Um die »engere Heimat« herum könne ein Zusammengehörigkeitsgefühl als Sachse, Deutscher und Europäer entstehen. Sachsen bringe ins vielgestaltige Deutschland seine besonderen kulturellen Prägungen ein: »Diese ganz besondere sächsische Identität verteidigen wir, indem wir unsere Kultur mit anderen teilen sowie ihren unerwünschten Wandel abwehren.« [9] Identität, Verteidigung, Abwehr. Das sind die Zutaten, mit denen Patzelt AfD-Wählern die sächsische CDU schmackhaft machen will.

Anstelle einer selbstbewussten Alternative zur selbst ernannten Alternative für Deutschland setzt die CDU in Sachsen auf inhaltliche Annäherung. Bezeichnenderweise durfte der ehemalige Chef des Bundesamtes für Verfassungsschutz, Hans-Georg Maaßen, als Wahlkämpfer für die sächsische CDU auftreten. So auch auf Einladung des langjährigen Landtagspräsidenten Matthias Rößler, der vor Jahren schon »positive nationale Wallungen« herbeisehnte. Der einflussreiche CDU-Politiker lud ausgerechnet jenen in den einstweiligen Ruhestand versetzten Provokateur ein, der angesichts massiver Gewalt gegen Migranten in Chemnitz nicht vor drohendem Rechtsterror gewarnt, sondern »Hetzjagden« bestritten hatte. Und der später sagte, er sei vor dreißig Jahren nicht der CDU beigetreten, damit heute 1,8 Millionen Araber nach Deutschland kommen. Maaßen war es auch, der die Seenotrettung im Mittelmeer in zynischer Menschenverachtung als »Shuttle-Service« bezeichnete. Folgerichtig kamen zu der Wahlkampfveranstaltung von Rößler und Maaßen in Radebeul vor allem auch Politiker und Anhänger der AfD.

Die CDU, die in Sachsen seit der Vereinigung der beiden

Deutschlands ununterbrochen regiert hat, vertieft weiter jenen Sonderweg, auf dem sie sich unbeirrt bewegt, seit sie Kurt Biedenkopf aus Nordrhein-Westfalen zum sächsischen Ministerpräsidenten machte. Seither sind Größe und Besonderheit Sachsens die zentralen Identitätsstifter im Land, das von den Regierenden nur »Freistaat« genannt wird. Stolz auf das Eigene ist der gesellschaftliche Kitt, und das Eigene ist an die richtige Herkunft geknüpft. »Wir Sachsen ...« – so beginnen viele Statements sächsischer CDU-Politiker. Häufig mit der kollektiven Zuschreibung verbunden, wie »die Sachsen« denn nun sind. Nämlich »konservativ in ihrer Grundhaltung, stolz auf das Erreichte und skeptisch vor dem Fremden«, wie es der sächsische CDU-Politiker Frank Kupfer im Herbst 2016 ausdrückte. Und das sei auch »ihr gutes Recht«. Damit erklärte er die Haltung gegenüber Fremden zu einer kollektiven Eigenart. In diesem Weltbild ist wenig Platz für Abweichung, Individualität und Differenz. Auch nicht für sachliche Kritik, weil die leicht als Angriff auf alle Sachsen diffamiert werden kann. Das in Sachsen kultivierte Wirgefühl ist exklusiv, es schließt andere mit der vermeintlich falschen Herkunft aus. Der ehemalige Ministerpräsident Stanislaw Tillich fand nie eine eindeutige Haltung zu Pegida. Er blieb erschreckend blass, als die Anti-Asyl-Proteste in Heidenau gewaltsam eskalierten. Stattdessen betonte Tillich im Angesicht grassierender Islamfeindlichkeit, dass der Islam nicht zu Sachsen gehöre.

Lange Zeit hat der Chauvinismus, den die dauerregierende CDU in Sachsen als Teil der politischen Kultur etabliert hat, demokratische Teilhabe ersetzt. Erschwerend kommt die Hypothek eines paternalistischen Regierungsstils hinzu. Der ehemalige Ministerpräsident Kurt Biedenkopf ist immer noch stolz darauf, dass er in Sachsen weiterhin »König Kurt« genannt wird. Bis heute hat er nicht verstanden, welchen Bärendienst er dem Land mit seinem autoritären und patriarchalischen Regierungsstil erwiesen hat, bei dem bürgerschaftliche Partizipation von Initiativen eher nicht vorgesehen war. Biedenkopfs großmäuliges Wort, wonach die Sachsen »immun gegen Rechtsextremismus« seien, hat lange Zeit die Richtung vorgegeben. Es konnte nicht sein, was nicht sein darf.

Seither hat sich viel getan, in Sachsen und in der sächsischen CDU. Nach den entpolitisierten Jahren unter Stanislaw Tillich, der konsequent gesellschaftlichen Debatten aus dem Weg ging, hat Michael Kretschmer als Ministerpräsident einen neuen Politikstil kultiviert. Er sucht Bürgergespräche, geht hin, erklärt, hört zu. Kritikresistenter Stolz ist gleichwohl aus der Biedenkopf-Ära konserviert worden. Gesellschaftlicher Zusammenhalt soll weiterhin aus den bekannten patriotischen bis nationalistisch angehauchten Zutaten angerührt werden. Ein Jahr bevor er sein Direktmandat für den Bundestag gegen einen AfD-Kandidaten verlor und kurz danach dennoch Nachfolger von Ministerpräsident Tillich wurde, hat Kretschmer ein gemeinsames Positionspapier von sächsischer CDU und bayrischer CSU mitverfasst. In diesem »Aufruf zu einer Leit- und Rahmenkultur« [10] fordert Kretschmer mit seinen sächsisch-bayrischen Parteifreunden mehr Patriotismus und »Stolz auf unsere Nation«. In »Zeiten gesellschaftlicher Unruhe« verordnen sie die »Symbole unseres Landes«, also Fahne und Hymne. Als hätte es daran in Sachsen seit Pegida gemangelt. Getrieben von der AfD, soll nun sogar noch die Dosis erhöht werden. Mehr Heimat, Stolz und Hymne.

Heimat ist ein Gefühl und Empfinden. Als öffentliche Kategorie, wenn Heimat also gemeinsame Erfahrungen und Traditionen einer Region erfassen soll, ist dafür die Gesellschaft zuständig: mit Vereinen, Museen und Traditionspflege. Wer mit Heimat Politik macht, neigt dazu, Menschen mit ihren unterschiedlichen Bedürfnissen und Interessen zu vereinnahmen und gleichzeitig Missstände und Fehlentwicklungen zu verharmlosen. Heimat suggeriert einfache Lösungen, die sich einzig aus gemeinsamer Herkunft ergeben sollen. Dieser Ansatz ist das Gegenteil eines demokratischen Willensbildungsprozesses, der ein gutes Ergebnis für unterschiedliche Interessengruppen aushandelt. In Sachsen hat Heimat als politische Kategorie – angereichert mit Regional- und Nationalstolz – seit Langem Hochkonjunktur.

Die Heimatliebende

Diese eine Mail war es, die mich traf. Mit ihrer Leidenschaft, dem respektvollen Ton, durch den hier und da mühsam unterdrückter Ärger schimmerte. Eigentlich, so stand am Ende langer Ausführungen, habe sie ihre Zeilen an mich so beginnen wollen: »Ihr Text hat in mir ein Gefühl des Bedauerns hervorgerufen. Ich bemitleide Sie, dass Sie Ihre Heimat in einem Land voll mit Nazis und deren Gleichgesinnten gefunden haben.«

Eine zwanzigjährige Jurastudentin hatte sich über meinen Essay und die Kritik am lauten Schweigen in meiner neuen Heimat geärgert. In diesem Buch wird sie Tanja heißen, weil sie lieber nicht mit ihrem richtigen Namen veröffentlicht werden möchte. Es drängte sie, mir zu widersprechen. Wir seien beide auf dieser Insel namens Leipzig gestrandet. Die wir allerdings ganz unterschiedlich erlebten. Ich als liberale Oase. Sie als »Stadt ohne Identität«, in der sie nichts an das Sachsen erinnere, das sie kenne. Ein wundervolles Land, das man lieben könne – wenn man es denn versteht. Das saß. Wohlgemerkt habe sie mit Pegida-Leuten nichts am Hut, die jeglichen Sinn für Anstand und Grundwerte des Diskurses verloren hätten. Aber immer wieder sei man im Osten gezwungen, sich zu rechtfertigen. »In Situationen der Bedrängung bilden Menschen eine ganz neue Form der Solidargemeinschaft«, schrieb Tanja. »Und genau dieses Phänomen beobachten wir, glaube ich, auch in Sachsen.« Am Ende wünschte sie mir weiterhin alles Gute auf meiner Insel. Ihr Sarkasmus ließ mir keine Ruhe.

Ich schrieb zurück. Und daraus entwickelte sich ein wilder Mailverkehr, ein hartes Ringen um Standpunkte und Haltungen. Wir verbissen uns in die großen Fragen von Heimat, Herkunft und Hass. Wer und was dieses Deutschland bedroht, vor allem im Osten. Und was zu tun ist, um den sich ausweitenden Riss zu kitten. An keiner Stelle gaben wir klein bei oder machten faule Kompromisse. Wir muteten uns harte Schlüsse zu und reagierten auf Widerspruch, indem wir noch leidenschaftlicher dafür eintraten, was uns unverhandelbar schien. Investierten Stunde um Stunde. Tanja schrieb mit heiligem Ernst und scharfer Intelligenz. Mit dem Selbstbewusstsein einer jungen Studentin, die weiß, wer sie ist und was sie weiß. Einige ihrer Argumente machten mich richtig wütend und stachelten mich an, sie zu widerlegen. Ihre Heimatbeschreibungen waren sinnlicher Impressionismus, tief empfunden und kraftvoll formuliert, beinahe Poesie. Was mich reizte, war, wie anders sie war. Ihr Blick auf den Osten. Traditionsbewusst und erdverwachsen. Wie offen sie die weitverbreitete Bunkermentalität rechtfertigte, mit der mehrheitlich Kritik am Rechtsruck abgewehrt wird.

Wenn ich ehrlich bin, machte ich unseren intellektuellen Ringkampf zu meinem privaten Experiment. Ich wollte diese junge, kluge, trotzige Frau für jenes demokratische Projekt gewinnen, das so aggressiv infrage gestellt wird: die offene, pluralistische Gesellschaft. Weil ich davon überzeugt bin, dass es viele wie Tanja braucht. Um bei Familienfeiern zu widersprechen. Oder radikale Freunde zu mäßigen. Ich wollte von ihr ein klares Bekenntnis. Für die richtige Seite und gegen die Gefahr von rechts. Gemessen an meinem unausgesprochenen Ziel bin ich gescheitert. Tanja ließ sich zu nichts bekehren, auf keine Seite ziehen. Unsere Suche nach dem gemeinsamen Nenner blieb bis zum Schluss ein zähes Ringen. Trotzdem hatten wir Erfolg. Nicht nur, weil wir unsere Verschiedenheiten aushielten. Es war mehr. Wir machten vor, wie Diskurs im Riss aussehen kann: mit Haltung, auf der Grundlage unverhandelbarer Prinzipen wie Menschenwürde. Das erscheint banal, ist es aber nicht in Zeiten, in denen nicht wenige die Würde von der vermeintlich richtigen Herkunft abhängig machen wollen. Es wurde aber auch deutlich, was uns trennt. Wir trafen uns in einem Café, lernten uns kennen, näherten uns an und blieben uns fremd. Die Grenze nach rechts, die ich mit ihr ziehen wollte, zieht sie so nicht mit. In unseren Gesprächen spiegelt sich vieles von dem Riss, der sich am sichtbarsten im Osten auftut. Auch von den Möglichkeiten und Unmöglichkeiten, sich auf einen Minimalkonsens zu einigen.

Tanja wuchs im Nachbarort einer Kleinstadt im Erzgebirge auf. Einer Stadt mit einer »endlos langen Geschichte«, wie sie schrieb. Siebenhundertfünfzig Jahre alt. Da ging sie aufs Gymnasium, das eine fünfhundertjährige Geschichte hat. »Meine Stadt besteht eigentlich nur aus Tradition«, berichtete Tanja. Bei Festlichkeiten erheben sich immer noch alle Gäste und singen das Bergmannslied. In meinem Essay hatte ich provokativ gefragt, wie sich denn die oft beschworene sächsische Gemütlichkeit von der westfälischen unterscheide, mit der ich aufgewachsen bin. »Dazu möchte ich Ihnen sagen«, entgegnete Tanja trotzig: »Der Osten muss sich nicht erklären, Sachsen muss sich nicht erklären.« Ihre Botschaft ist klar: Die von mir angezweifelte spezifisch sächsische Lebensart gebe es sehr wohl: »Wer etwas verstehen will, muss es selbst erfühlen.«

In ihrer ersten Nachricht an mich beschreibt sie einen Restaurantbesuch in Halle an der Saale. Es ist während der Hochkonjunktur von Pegida, sie ist mit ihrer Familie da, am Nebentisch unterhalten sich welche, die sie sofort als Wessis erkennt: »zu perfektes Hochdeutsch, zu laut für ein Restaurant«. Künstlermilieu, denkt Tanja. Einen Gesprächsfetzen hat sie nicht vergessen: »Ich bin sowieso davon überzeugt, dass die Ostdeutschen eine Neigung zum Rechtsextremismus haben.« Das traf sie. »Auf mich wirkte der Satz, als hätte man mir gerade ein Messer in die Brust gestochen«, erinnert sie sich. Sie empfand ihn als Demütigung. Als bände man jedem Ostdeutschen eine Hakenkreuzbinde an den Arm, wie sie es drastisch ausdrückt. Mit Menschen, die jeglichen Sinn für Anstand verloren haben, hat sie nichts am Hut. Das ist ihr wichtig zu betonen. Aber sie hat das Gefühl, immer wieder mit diesen auf eine Stufe gestellt zu werden.

Ich kann ihren Ärger verstehen. Ärgerte mich aber meinerseits auch, weil ich selbst niemals von einer Neigung sprechen würde und es mir fernliegt, Ostdeutsche pauschal zu Nazis zu erklären. Das wäre ja auch absurd. Allerdings halte ich es nicht für eine Zumutung, sondern für notwendig, darauf hinzuweisen, dass im Osten besonders viele mit einer rechtsextremen Gesellschaftsordnung, nämlich der Volksgemeinschaft, sympathisieren. Macht Ihnen das denn keine Angst, fragte ich Tanja. Und als wir beim Bier diskutierten: Warum ist eigentlich Ihre Solidarität mit dem vermeintlich angegriffenen ostdeutschen Kollektiv größer als mit den Opfern von Rassismus und rechter Gewalt? Da ist schon was dran, gab sie nach einem langen und wortreichen Abend zu. Erklären könne sie sich das selbst auch nicht.

Wir erklärten uns stattdessen unsere jeweilige Heimat. Ich erzählte, wie ich nach meiner journalistischen Ausbildung in Dresden, Erfurt, Frankfurt am Main, Hamburg und Berlin wieder nach Leipzig zurückgekommen war. Mir fiel kein besseres Bild ein als das von Flügeln und Wurzeln, die es braucht, um anzukommen. Tanja beschrieb, wie es ist, aus Leipzig nach Hause zu kommen, dort mit den alten Freunden zusammenzusitzen und wortlos Übereinstimmung zu spüren. Sie erklärte mir, wie wichtig ihr die Achtung vor Autoritäten ist. Vor ihrer Deutschlehrerin, deren Lob für einen Aufsatz über ein Strafverfahren gegen zwei KZ-Wärter sie in der Schulzeit mit Stolz erfüllt hatte. Zusammengehörigkeit und Sicherheit sind ihr wichtig. Zusammenhalt spürt sie im Fanblock eines Traditionsclubs, wo sie mit den anderen Fußballfans verschmilzt. Bedroht sieht sie ihre Sicherheit. Neulich habe sie mit drei Freundinnen im Park gegrillt. Dabei seien sie immer wieder gegen ihren Willen von ausländischen Männern, die auf einer Bank saßen, »vollgelabert« worden. Beim Nach-Hause-Gehen habe sie einen Umweg nehmen müssen, »nur um diesen Blicken und dummen Anmachsprüchen aus dem Weg zu gehen«. Ihr Heimatgefühl werde nicht dadurch bedroht, dass andere anders leben, erklärt Tanja. Sondern dadurch, »dass man das Gefühl hat, selbst nicht mehr so leben zu dürfen, wie man will«. Dieses Gefühl der Bedrohung habe sie bis 2015 nicht gekannt. Bis die Flüchtlinge kamen.

Wir sind mitten in der heikelsten aller deutschen Debatten gelandet. Bei jenen Fragen, die angeblich mit Tabus belegt sind, die aber seit der skandalösen Kölner Silvesternacht mit öffentlich begangenen Sexualverbrechen von Migranten hart und unversöhnlich tobt. Ausländische Männer, die deutsche Frauen belästigen. Ich verstehe ihre Wut und Ohnmacht, dass die Männer ihr den Grillabend verleidet haben. Aber Schuld bleibt immer individuell. Zwar resultieren Probleme im Zusammenleben auch aus kultureller Sozialisation, das darf man nicht wegreden, aber entscheidend ist das Verhalten jedes Einzelnen. Ich fragte Tanja, ob sich deutsche Männer, zumal wenn sie in Gruppen auftreten und Bier trinken, mitunter nicht auch unangemessen verhalten. Der Reflex, alle Fremden weghaben zu wollen, sei doch keine Lösung, schrieb ich. Auch in einer Gesellschaft ohne Migranten gäbe es Vergewaltigung und Mord.

Tanja fühlte sich missverstanden: »Aus meiner Angst resultiert nicht das Bedürfnis, alle Ausländer weghaben zu wollen.« Sie gab mir recht – die wenigsten ausländischen Männer verhalten sich Frauen gegenüber unangemessen, und sicher gibt es auch respektlose Deutsche. Aber dieses Wissen ändert nichts an ihrem mulmigen Gefühl. Ihrer schlechten Erfahrung war statistisch nicht beizukommen. Ich appellierte an die Ratio. Sie verteidigte ihr Bauchgefühl und warnte davor, einander Worte in den Mund zu legen. Es gab kaum Annäherung. Tanja beharrte auf ihrem Gefühl. Ich auf dem Grundsatz individueller Verantwortlichkeit. Dieser Konflikt ist im Osten vermintes Gelände. In Chemnitz hat sich gezeigt, wie die Gewaltstraftat Einzelner benutzt werden kann, um rassistischen Hass und Gewalt zu schüren. Immerhin – Tanja und ich hatten die Sprachlosigkeit über ein vermeintliches Tabu überwunden. Mehr aber auch nicht.

Unser größter Streitpunkt war die Frage nach Toleranz für Intoleranz. Tanja warf mir das Beispiel des ehemaligen Bundeskanzlers Kurt Georg Kiesinger hin, der NSDAP-Mitglied seit 1933 gewesen war. Hätte man es damals im Westen mit der Intoleranz gegenüber nationalsozialistischem Gedankengut ernst genommen, wäre er sicher nicht Bundeskanzler geworden. »Wieso hat man es denn damals akzeptiert?«, fragte sie. Ich wies darauf hin, dass die Toleranz gegenüber alten Nazis im Westen auf dem üblichen Pragmatismus nach Systemwechseln beruht: Die alten Eliten werden in das neue System integriert. Der notwendige Bruch mit dem alten, unheilvollen Denken war dann das Verdienst der Achtundsechziger. Wir stießen in unserem Diskurs auf ein weitverbreitetes Missverständnis, das im Osten oft zu hören ist: wonach es nämlich angeblich undemokratisch ist, Rechtsextremismus per se auszugrenzen. Doch die Frage, ob Nationalsozialismus und völkischer Nationalismus gut oder schlecht sind, ist durch Auschwitz für alle Zeit beantwortet. Diese Ideologie kann nicht beanspruchen, respektierter Teil der Gesellschaft zu sein. Oder wie Karl Popper es formuliert: Wenn wir nicht bereit sind, unsere tolerante Gesellschaftsordnung gegen die Intoleranz zu verteidigen, dann werden die Toleranten vernichtet werden und die Toleranz mit ihnen.

Diese eindeutige Grenze des Sagbaren ist Tanja nicht bereit mitzuziehen. Sie begründet das damit, keinen ausgrenzen zu wollen. Wir, das seien eben alle: »Ich dürfte im Notariat wahrscheinlich nicht mehr mit einigen Kollegen reden, ich müsste Teilen meiner Familie aus dem Weg gehen, wenn wir die Grenze tatsächlich ziehen würden. Aber das kann nicht das wahre Interesse sein. Also können wir auch keine Grenze ziehen.« Die einzige Grenze, die sie akzeptiert, ist die des Rechtsstaats. Und die Aufgabe des Rechtsstaats bestehe darin, jeden zu hören. Sie stimmt mit mir überein: Eine Gesellschaft, die die Würde jedes Einzelnen schützt, ist ein erstrebenswertes Ziel: »Ich bin stolz auf diese Verfassung. Auf die Mütter und Väter des Grundgesetzes. Und auf dieses Land.« Ja, die Verfassung ist unser Konsens. Darauf konnten wir uns einigen.

Aber unsere Vorstellungen von Demokratie gehen doch weit auseinander. Tanja kann, wie viele andere ihrer Generation, nicht viel mit Parteien anfangen. Vertrauen schwindet durch ständig nicht eingehaltene Politikerversprechen. So sieht sie das. Sie ist sich sicher, viele AfD-Wähler wollen vor allem ein Gefühl zum Ausdruck bringen, das sie so beschreibt: »Ich werde hintergangen, betrogen, verarscht.« Mich beunruhigte, dass sie jeden Mangel, egal ob es um fehlende Lehrer in der Lausitz oder Kitaplätze geht, dem »derzeitigen System« anlastet. Der Staat hat jederzeit perfekt zu funktionieren. Ein hoher Anspruch. Ich dagegen vergleiche die Demokratie mit einer Baustelle, die nie fertig wird. Tanja kritisiert, Demokratie könne nicht ans Ziel kommen, weil sie derzeit gar kein Ziel vorgibt. Ich verweise auf unterschiedliche gesellschaftliche Interessen, die es auszuverhandeln gilt. Sie vermisst das Bemühen um Gemeinsamkeit – und sei es mit Positionen der AfD. Ich halte einen solchen einheitlichen Kollektivwillen für unmöglich, ja sogar für gefährlich. So ging es hin und her. Ich erkannte bei der Jurastudentin Kritikmuster und Sehnsüchte wieder, die mir im Osten häufiger begegnen, aber auch die reiche Gedankenwelt einer jungen Frau, deren »größter Traum es ist, irgendwann einmal einen Eid auf unsere Verfassung leisten zu dürfen«.

Tanja ist nicht leicht zu verorten. Sie zeigt viel Verständnis für jene, die gesellschaftliche Lösungen weit rechts suchen. Zugleich tritt sie leidenschaftlich für den Rechtsstaat ein. Aber für große Koalitionen gegen rechts steht sie nicht zur Verfügung. Sie spricht sich dafür aus, Menschen, die ihre Heimat durch Krieg und Vertreibung verloren haben, hier ein sicheres Leben zu bieten: »Was zählt, ist die Leistung. Nicht die Herkunft.« Zugleich lehnt sie es ab, AfD-Wähler für ihre radikale Stimme zu kritisieren, weil sich viele schlicht »von der derzeitigen Regierung verarscht« fühlen. Sie hat einen Artikel über Oswald Spenglers »Untergang des Abendlandes« gelesen, dessen Untergangsszenarien ihr »ganz plausibel« erschienen. Spengler gilt als Vertreter der sogenannten »Konservativen Revolution«. Reaktionäre Intellektuelle, die gegen die Weimarer Republik angeschrieben hatten. Spengler hat die Weltkulturen mit einem Organismus verglichen, die in dessen Modell blühen, verwelken und vergehen. »Ich bin davon überzeugt, dass wir an einer Schwelle stehen«, schrieb Tanja. »Von *maximaler Entfaltung* zum *langsamen Verkümmern* des Organismus.« Ich habe Tanja als kluge Beobachterin kennengelernt, der ihre linken Kommilitonen ebenso suspekt sind wie enthemmte Pegida-Anhänger. Aus ihrem Kulturpessimismus spricht eine Distanz zur demokratischen Gesellschaft, die eben gerade nicht schicksalhaften Konjunkturen unterliegt, sondern von der aktiven Teilnahme der Bürger lebt. Die Menschen, speziell in Sachsen und Brandenburg, wollen Veränderung, behauptet Tanja:

»Aber eine andere, bevor sie für die Veränderung bereit sind, die du und viele andere von den Ossis fordern.«

Als in Chemnitz ein Fünfunddreißigjähriger von einem Migranten erstochen wurde und daraufhin Hooligans und die rechtsextreme Szene Demonstrationen initiierten, prallten unsere Gegensätze noch einmal aufeinander. Mich beunruhigte, dass in Chemnitz ein wichtiges gesellschaftliches Nachkriegstabu gefallen war: nämlich keine Gewalt gegen Sündenböcke zu akzeptieren. Obwohl bei einer ersten Demo Migranten gejagt und verletzt wurden, waren anschließend normale Bürger gemeinsam mit Neonazis auf die Straße gegangen. Tanja berichtete, einige ihrer engsten Bekannten teilten auf Facebook die Videos rechter »Rattenfänger«, wie sie es ausdrückte, die das Tötungsdelikt zum »Verbrechen am ganzen deutschen Volk« erklärten. »Die Leute sind wahnsinnig leicht zu verführen«, stellte sie fest. Auf der anderen Seite würden die Linken dagegen demonstrieren, dass Rechte Ausländer gejagt haben. Es schien, als wären ihr beide Positionen gleich fremd. Einmal mehr verwies sie auf den funktionierenden Rechtsstaat. Und verurteilte journalistische Kritik an der Polizei, die bei mehreren Einsätzen massiv unterbesetzt gewesen war und Körperverletzungen durch rechte Hooligans nicht verhindern konnte. Im Gegensatz zu Tanja halte ich diese Kritik für wichtig. Ich teilte auch nicht die weitverbreitete Einschätzung, dass Protest gegen die rechtsextreme Mobilisierung, die sich als Trauer ausgegeben hatte, ausschließlich die Sache von Linken ist. Für mich zeigt Chemnitz, dass es nicht ausreicht, allein Straftaten zu verfolgen. »Ausländer raus«, »Volksverräter«, »Lügenpresse«. »Frei, sozial und national« – all diese ausländerfeindlichen und rechtsextremen Parolen sind nicht strafbar, aber sie bereiten den Boden für rechte Gewalt und Rechtsextremismus. Wer sich ihnen anschließt, ist mindestens ein Mitläufer. Die Würde ist unantastbar, wiederholte ich mich. Sie wird aber täglich angetastet. Dagegen gilt es, die Grenze zu ziehen. Entschieden und eindeutig. Ich ahnte, dass längst alles gesagt war.

Wir waren an ein Ende gekommen. Hatten uns über Monate hinweg geschrieben, gestritten, getroffen. Waren vom Sie zum Du übergegangen. Wir hatten uns intellektuell entblößt, zugehört, angenähert und waren nach all den Worten, Erklärungen, Argumenten und Beispielen nicht viel weiter als am Anfang. Trotzdem, das alles war nicht umsonst. Ich habe viel von Tanja gelernt. Nie zuvor hat mir jemand so tiefe Einblicke in die Bedeutung von Tradition für das eigene Selbstbild gewährt. Ich kann mir die Reflexe, mit denen im Osten auf konkrete Kritik reagiert wird, nun besser erklären. Verstehe, warum Tanja meine Sicht nicht bedingungslos teilen kann. Bin aber mehr denn je davon überzeugt, dass eine demokratische Zukunft maßgeblich davon abhängt, wie sich die konservative Mitte positioniert.

Nach unserem Diskussionsmarathon bleiben Hoffnung und eine Befürchtung zurück. Hoffnung, weil ich eine junge Frau kennenlernen durfte, die an den Rechtsstaat glaubt und ihn sicher irgendwann als Staatsanwältin oder Richterin vertreten wird. Meine Befürchtung resultiert aus meinem Scheitern. Ich konnte Tanja nicht davon überzeugen, dass wir abseits vom Strafrecht Grenzen des Sagbaren brauchen. Dass es einen breiten Konsens gegen Rassismus und für eine pluralistische Gesellschaft braucht. Ich fürchte, dass Tanja und viele andere für ein solches gesellschaftliches Bündnis nicht zu gewinnen sind. Auch wenn ich sicher bin, dass auch sie etwas mitgenommen hat von unserem intellektuellen Ringkampf. Auf der Habenseite stehen größeres Verständnis, gegenseitiger Respekt und eine Vorstellung davon, wie Diskurs funktionieren kann. Ich dankte Tanja für ihre Offenheit, Ausdauer und Ehrlichkeit und wünschte ihr ein sicheres Gespür für das, was geht und was nicht geht. Tanja antwortete, es gelte, das Recht zu bewahren. Sie ist davon überzeugt: Sobald die Moral überhandnimmt, geben wir auf, was uns ausmacht. Ich hingegen glaube, dass wir unbedingt die Werte verteidigen müssen, auf denen unser Rechtsstaat fußt. »Ebenso wünsche ich dir die Kraft, die du brauchst, um deine Texte zu schreiben«, endete sie. »Auch wenn ich diese nicht immer gutheißen werde.« Das Schweigen haben wir überwunden. Von einem stabilen Konsens blieben wir weit entfernt.

Ein Erbe der DDR

Nein, Rechtsterrorismus, Rechtsextremismus, Rechtspopulismus und Rassismus sind keine exklusiven Probleme des deutschen Ostens. Das gesellschaftliche Klima hat sich nicht nur in vielen anderen Demokratien wie den Vereinigten Staaten, Frankreich, Italien, Polen, Ungarn oder Österreich spürbar verschärft. Bei der Europawahl im Mai 2019 wurde Marine Le Pens Rassemblement National in Frankreich ebenso stärkste Kraft wie die rechtsradikale Lega von Matteo Salvini in Italien. Wenn Rechtspopulisten regieren, legen sie Hand an die unabhängige Justiz wie in Polen oder schränken die Unabhängigkeit der Medien ein wie in Ungarn. Werden aus rechten Stimmungen Wählerstimmen, dann gerät die Demokratie massiv unter Druck.

Doch mit Stimmungen geht es los. Vor den Taten stehen Worte. Auch in Deutschland ist die Radikalisierung nicht nur im Osten spürbar. Die Grenzen des Sagbaren werden beharrlich ins Unsägliche verschoben, wie auch ich es immer wieder erlebe: Das Endspiel der Fußball-WM zwischen Frankreich und Kroatien schaue ich in der Nähe von Hamburg. Auf dem Rückweg nach Leipzig bleibe ich mit meinem Wagen auf der Autobahn liegen. Mitten in einer Baustelle, irgendwo im niedersächsischen Niemandsland. Schließlich kommt nach langer Wartezeit doch noch der Abschleppdienst. Es ist viel los, der Mann telefoniert mit zwei Telefonen gleichzeitig. Weit und breit gibt es keinen Mietwagen, und seine Kollegen sind eigentlich alle im Einsatz. Aber er macht es möglich und treibt doch noch einen Fahrer auf, der mich später samt defektem Fahrzeug auf dem Schlepper nach Leipzig bringen wird, mitten in der Nacht. Mein Retter ist hilfsbereit und freundlich, aber nicht zu jedem. Zwischendurch ereifert er sich über seinen letzten Kunden, »irgend so ein Achmet« oder was sonst für ein Mett, ist ihm auch egal, der sei ihm jedenfalls dumm gekommen, wie das bei »denen« eben so üblich ist, da habe er ihn einfach stehen lassen. Ein kurzer rassistischer Ausbruch. Er wollte es nur mal gesagt haben.

Mein Schulfreund in Iserlohn erzählt mir, wie er bei einem Jugendfußballspiel seines Sohnes von den Eltern des gegnerischen Vereins übel beschimpft wurde. »Scheißtürke« habe ihm eine Mutter zugerufen. Der Vater meines Freundes war Perser, seine Mutter kommt aus Bayern, er selbst hat mit Ausnahme seiner Studienzeit immer in Iserlohn gelebt. Aber sein schwarzes Haar macht ihn für manche zum »Scheißtürken«. Mein Vater erzählt mir bei einem Besuch in Iserlohn, wie verächtlich in der Nachbarschaft über Geflüchtete gesprochen wird, die ja angeblich alles kriegen, auf unsere Kosten. Und als er operiert werden muss, nennt sein hilfsbereiter Zimmernachbar im Krankenhaus den behandelnden Arzt einen »Bimbo«. Alltagsrassismus made in West-Germany.

Der gesellschaftliche Rechtsruck lässt sich im Jahr 2017 auch in Iserlohn am Ergebnis der Bundestagswahl ablesen. Auch hier, in der beschaulichen westdeutschen Provinz, haben 12,44 Prozent der Wähler für die AfD gestimmt – in etwa so viele wie im Bundesdurchschnitt. In Bayern und Nordrhein-Westfalen gibt es regelrechte AfD-Hochburgen. Im Duisburger Stadtteil Obermarxloh holt die AfD über 30 Prozent. Doch in Sachsen wird die Partei bei der Bundestagswahl mit 27 Prozent der Stimmen sogar landesweit stärkste Partei. Regelmäßig fällt Ostdeutschland durch massive rassistische und rechtsextreme Mobilisierung und Gewalt auf: Straßenkämpfe gegen das geplante Flüchtlingsheim in Heidenau im August 2015. Blockade eines Busses mit verängstigten Geflüchteten in Clausnitz im Februar 2016. Terroristische Vereinigung *Gruppe Freital*. Und schließlich massive Mobilisierung der Bürger zu Demonstrationen durch die rechtsextreme Hooligan-Szene nach dem Tötungsdelikt an Daniel H. in Chemnitz im Sommer 2018. Gefolgt von Demos mit rechtsextremen Hetzreden im sachsen-anhaltischen Köthen, nachdem dort ein Deutscher nach Schlägen und Tritten von zwei Afghanen an Herzversagen verstarb. David Köckert, Gründer des Pegida-Ablegers Thügida, fabulierte dort von einem »Rassenkrieg gegen das deutsche Volk«. Diesmal eskalierte die Lage nach einem tödlichen Gewaltverbrechen also nicht in Sachsen, sondern in Sachsen-Anhalt.

Oft nach solchen Ereignissen rufen mich aufgeregte Redakteure aus dem Westen an und fragen: Wie rechts tickt der Osten? Sind die Behörden auf dem rechten Auge blind? Ist der Osten braun? Die immer gleichen Fragen. Auf die ich immer wieder antworte: Nein, weder der Osten noch Sachsen sind braun oder voller Nazis, hier ist nicht Dunkeldeutschland, auf dem rechten Auge blind trifft es auch nicht, weil Neonazi-Konzerte, Angriffe auf Asylunterkünfte und rechte Aufmärsche ja nicht zu übersehen sind. Es ist komplizierter als in den holzschnittartigen Klischees, aber nicht weniger beunruhigend.

Die Sozialforschung registriert seit einigen Jahren zwei beunruhigende Entwicklungen. Die erste betrifft ganz Deutschland. Seit 2002 hat zunächst der Bielefelder Soziologe Wilhelm Heitmeyer »Deutsche Zustände« untersucht, genauer gesagt die sogenannte »gruppenbezogene Menschenfeindlichkeit«. Dafür wurden jährlich etwa zweitausend repräsentativ ausgewählte Personen nach ihren Einstellungen zu Ausländern, Langzeitarbeitslosen, Obdachlosen und anderen Gruppen befragt. Als er nach zehn Jahren Bilanz zog, sprach Heitmeyer von einem »entsicherten Jahrzehnt«. [11] Der beunruhigende Befund: Ausgerechnet die gesellschaftliche Mitte, ausgestattet mit Arbeit und ausreichend Einkommen, die lange als weitgehend unempfänglich für Menschenverachtung galt, hat sich radikalisiert. Es gebe eine zunehmend »rohe Bürgerlichkeit«, so Heitmeyer. Differenzierte Betrachtungen würden durch pauschale Abwertung ersetzt.

Die Forscher um Heitmeyer konnten zeigen, dass nicht alle Gruppen gleichermaßen von dieser Abwertung betroffen sind. So nahm der Hass auf Behinderte, Schwule und Lesben immer mehr ab. Immer stärker wurden jedoch Langzeitarbeitslose, Obdachlose und Ausländer zu Hassobjekten. Heitmeyer erklärte das mit einer zunehmenden »Ökonomisierung des Denkens«, die das Bürgertum zunehmend entsolidarisiert. Danach bemisst sich der Wert menschlichen Lebens für viele daran, ob jemand nützlich für die Gesellschaft ist. Vor allem Ausländer und alle, die als fremd gelten, werden immer stärker angefeindet. Allen voran Muslime. Fast die Hälfte der Befragten war am Ende der Langzeit-Untersuchung im Jahr 2012 der Meinung, dass in Deutschland zu viele Ausländer leben. Jeder Fünfte sprach sich dafür aus, dass Muslimen die Zuwanderung nach Deutschland untersagt werden solle. Auch Bildung, der klassische Protektor, schützt nicht mehr zuverlässig vor Islamfeindlichkeit. Die Erkenntnisse über die Radikalisierung der Mitte erschüttern die lange vorherrschende Theorie, wonach vor allem soziale Deprivation, also Ausgrenzung, der Treibstoff für Ressentiments und rechtsextreme Einstellungen ist.

Neben diesem deutschlandweiten Befund können die sogenannten Mitte-Studien der *Friedrich-Ebert-Stiftung* eine ostdeutsche Besonderheit zeigen. Die Sozialforscher messen rechtsextreme Einstellungen in sechs Dimensionen: Befürwortung einer rechtsautoritären Diktatur, Chauvinismus, Ausländerfeindlichkeit, Antisemitismus, Sozialdarwinismus und Verharmlosung des Nationalsozialismus. Bis heute ist der Anteil der Menschen mit einem geschlossen rechtsextremistischen Weltbild bundesweit zurückgegangen. Auch im Osten, wo es zwischen 2008 und 2012 zwischenzeitlich einen deutlichen Anstieg gab, sind es 2019 mit 2,4 Prozent wieder genauso wenig überzeugte Rechtsextremisten wie im Westen. [12] In einzelnen Dimensionen wie bei der Verharmlosung des Nationalsozialismus und dem Antisemitismus war die Zustimmung im Westen über Jahre hinweg sogar größer als im Osten. Vom braunen Osten zu reden ist also empirisch unhaltbar.

Es gibt jedoch eine Dimension, in der sich Ost und West dauerhaft deutlich unterscheiden: nämlich in der Ausländerfeindlichkeit. Dazu ein Rückblick ins Jahr 2010, vier Jahre nach dem »Sommermärchen« der Fußball-WM im eigenen Land, zwei Jahre nach dem Beginn der Finanzkrise durch den Zusammenbruch der Großbank Lehman Brothers und fünf Jahre vor der sogenannten »Flüchtlingskrise«. Eine Zeit, als im öffentlichen Diskurs eher Banker als Ausländer für Krisen verantwortlich gemacht wurden. In der Mitte-Studie von 2010 also gaben immerhin 30,8 Prozent der Westdeutschen an, dass »die« Ausländer nur hierherkämen, »um unseren Sozialstaat auszunutzen«. Im Osten war es jedoch mit 47,6 Prozent fast die Hälfte der Befragten. Und 43,3 Prozent stimmten im Osten (West: 33,6 Prozent) der Aussage zu: »Die Bundesrepublik ist durch die vielen Ausländer in gefährlichem Maß überfremdet.«

Diese Aussage hat es in sich. Man muss nämlich wissen, dass »Überfremdung« zunächst ein wirtschaftswissenschaftlicher Begriff war, der den Anteil des Fremdkapitals an einem Unternehmen bezeichnete. So tauchte das Wort 1929 erstmals im Duden auf. Es waren die Nationalsozialisten, die 1934 eine völkische Bedeutung als »Eindringen Fremdrassiger« in den Duden schreiben ließen. Das weiß heutzutage kaum jemand, und es ist gut denkbar, dass viele, die das Land als »überfremdet« empfinden, damit ein Unbehagen mit Fremdheit, mit anderen Sprachen, Kulturen, Religionen und Gewohnheiten meinen. Doch »Überfremdung« bedeutet mehr. Dieser Begriff behauptet, dass es einerseits einen Zustand ethnischer und kultureller Reinheit und Homogenität gebe. Und dass es andererseits ein objektives Maß für zu viele »Fremde« gebe, denn letztlich sind es ja Menschen, die für eine angebliche »Überfremdung« sorgen. Bezeichnenderweise erklärte eine Fachjury die Vokabel 1993 zum »Unwort des Jahres«.

Ob der Begriff nun bewusst oder unbewusst verwendet wird – »Überfremdung« bleibt ein rassistisches Konstrukt. Was genau das sein soll, lässt sich gar nicht definieren, geschweige denn operationalisieren. Wie geht eigentlich »überfremden«? Tun das Einzelne oder braucht es viele? Und wie viele Fremde sind nötig, um erfolgreich zu »überfremden«? Reicht die bloße Anwesenheit eines Migranten, oder braucht es eine Aktivität, etwa indem eine »fremde« Religion ausgeübt wird? »Überfremden« blonde Skandinavier weniger als schwarze Afrikaner? Wann genau ist eine Region eigentlich »überfremdet«? Wer oder was wird »überfremdet«? Ein Land, eine Kultur, ein Mensch? Und was sind die Folgen für den Betroffenen? Woran kann man merken, dass man überfremdet ist? Viele Fragen ohne vernünftige Antworten.

Der im Osten so gängige Kampfbegriff »Überfremdung« bildet die gefährliche Schnittmenge zwischen einer eher intuitiven Fremdenfeindlichkeit und rechtsextremer Ideologie. Sozialforscher Oliver Decker, der viele Jahre an den Mitte-Studien mitgearbeitet hat, nannte Ausländerfeindlichkeit einmal die »Einstiegsdroge« in den Rechtsextremismus. In dieser Frage haben unauffällige Bürger und Neonazis im Flüchtlingsdiskurs zusammengefunden. Solange kaum Geflüchtete kamen und es weder Pegida noch die AfD gab, blieben diese Einstellungen im Osten

Deutschlands in der öffentlichen Wahrnehmung Randnotizen. Nicht weiter erwähnenswert, denn die darin eingebettete rechte Alltagsgewalt, die immer als ausführender Arm solcher Stimmungen auftrat, blieb seinerzeit unterhalb des öffentlichen Radars.

Woher kommen diese rassistischen Einstellungen? In den Erzählungen meiner ostdeutschen Freunde über die DDR kommen Ausländer und Menschen anderer Herkunft nicht vor. »Ausländische Freunde? Mitschüler? Gab's bei mir nicht«, sagt Christian, mein langjähriger Freund und Kollege aus Hohenmölsen. Auch ich hatte in meiner Schulzeit zunächst nur eine türkische Mitschülerin: Isil. Auf dem Gymnasium gab es dann Maria, eine Griechin. Das war's. Aber in meiner Fußballmannschaft spielten zwei Marokkaner, zwei Griechen, ein Spanier und mehrere Türken. Ich konnte nicht fassen, dass Houssein und Mohammed im Sommer bei 30 Grad in der Halbzeitpause nichts trinken wollten. So lernte ich den Ramadan kennen. Bei meinem türkischen Mitspieler Aykan konnte ich sehen, wie schwierig es ist, seinen eigenen Weg zwischen verschiedenen kulturellen Sozialisationen zu finden. Er, der Mädchenschwarm, wollte seiner Schwester verbieten, Jungs zu mögen. Einmal schimpfte er über seinen Vater, diesen »Scheißtürken«, den er dabei erwischt hatte, wie er heimlich eine Currywurst aß, obwohl Schweinefleisch in ihrer Familie doch offiziell des Teufels war. Dimi und Christos, die Griechen, stänkerten unter der Woche beim Training gegen Ateş, Tunjai und Errol, die Türken. Und umgekehrt. Scheißtürke. Drecksgrieche. Es war nie ganz klar, wie ernst sie das meinten. Aber wenn wir dann am Wochenende ein Spiel hatten, waren wir ein Team. Jeder für jeden. Wir gewannen und verloren, feierten und litten zusammen. Die Erfahrung, dass es schön und anstrengend, lustig und nervig, fremd und vertraut mit Menschen anderer Herkunft zugeht, fehlt im Osten. Letztlich fehlt die Erfahrung einer gesellschaftlichen Normalität, dass nicht jeder die gleiche Herkunft haben muss, damit es friedlich bleibt und funktioniert.

Der Ausländeranteil in der DDR lag bei einem Prozent der werktätigen Bevölkerung. [13] Die Vertragsarbeiter aus Vietnam oder Mosambik, die in den volkseigenen Betrieben im Schichtdienst eingesetzt wurden, blieben in ihren Wohnheimen weitgehend von den Einheimischen isoliert. Diese Trennung von der eigenen Bevölkerung erfolgte systematisch und wurde von inhumanen staatlichen Regeln begleitet. Wenn beispielsweise eine Vietnamesin schwanger wurde, gab es bis in die Spätphase der DDR nur zwei Möglichkeiten: Abtreibung oder Abschiebung. Die vermeintlich so völkerfreundliche DDR hat ihre Vertragsarbeiter nicht wie sozialistische Schwestern und Brüder behandelt. Freundschaften oder gar Liebesbeziehungen waren unerwünscht.

Fehlende Alltagserfahrungen mit Ausländern und Migranten sind nicht die einzige Hypothek der DDR. Der öffentlichen Wahrnehmung zufolge wurde der Rechtsextremismus nach 1989 geradezu vom Westen in den Osten exportiert. Das ist aber nur ein Teil der Geschichte. Richtig ist, dass westdeutsche Neonazis, allen voran Michael Kühnen mit der Nationalen Alternative (NA) und der Deutschen Alternative (DA) schlagkräftige Neonazi-Strukturen in Ostdeutschland aufbauten. [14] In den Zweitausenderjahren marschierte der Hamburger Neonazi Christian Worch immer wieder mit seinen Anhängern durch Leipzig, wo sich ihnen regelmäßig Tausende Leipziger Bürger in den Weg stellten, oft angeführt von den jeweiligen Oberbürgermeistern wie Wolfgang Tiefensee. Die Deutsche Einheit war für die vor sich hin dümpelnde rechtsextreme Szene im Westen zugleich Weckruf und Frischzellenkur, der Osten für deren Aktivisten bevorzugtes Rekrutierungsgebiet. Dieser Prozess ist ausführlich beschrieben worden. Kaum bekannt ist hingegen, dass es auch in der DDR eine aktive rechtsextremistische Szene gab.

Der Historiker Harry Waibel hat nach eigenen Angaben etwa zweitausend unveröffentlichte Archivquellen ausgewertet und ist auf neuntausend neonazistische, rassistische und antisemitische Propagandadelikte in der DDR gestoßen. [15] In über zweihundert Fällen seien durch Pogrome und Angriffe Tausende Menschen aus über dreißig Ländern verletzt worden, bilanziert der Historiker. Mindestens zehn Personen seien durch Lynchjustiz getötet worden. In den allermeisten Fällen seien die Täter junge Männer gewesen. Opfer waren vor allem Mosambikaner, Osteuropäer, Kubaner. [16] Öffentlich bekannt wurde jener Überfall auf Konzertbesucher in der Ostberliner Zionskirche im Oktober 1987. Neonazis stürmten die Kirche mit Parolen wie »Sieg Heil« und »Judenschweine« und schlugen auf die Besucher ein. [17]

Waibel kann belegen, dass gewalttätiger Rassismus in der DDR ein flächendeckendes Phänomen war. In über vierhundert Städten und Gemeinden sei es zu derartigen Gewalttaten gekommen. [18] Neben Neonazis gab es bestens organisierte Hooligans, insgesamt weit mehr als hundert rechtsextreme Gruppen. SED und Stasi hätten die Szene nie kontrollieren können, so der Forscher. Kam es zu rassistischer Gewalt, wurde stets das Motiv vertuscht, weil in der antifaschistischen DDR nicht sein konnte, was nicht sein durfte. Meistens wurden die Ermittlungsverfahren wegen »Rowdytums« geführt. Als nach der Wiedervereinigung westdeutsche Neonazis den Osten für sich entdeckten, standen Waibel zufolge trainierte Straßenkämpfer zur Rekrutierung bereit, die bei der NVA oder den Grenztruppen militärisch ausgebildet worden waren. [19] Der staatlich verordnete Antifaschismus der DDR führte dazu, das massive Problem mit Rechtsextremismus zu vertuschen, und provozierte in der Bevölkerung Abwehrreaktionen. Neonazis und rechte Hooligans konnten sich als Rebellen gegen die SED-Diktatur aufspielen.

Wie wenig diese Tatsachen bekannt waren, zeigt sich mit

Blick auf die Revolution von 1989. Als Reporter habe auch ich ausschließlich jene Geschichten erzählt, die von den mutigen demokratischen Revolutionären erzählen. Etwa die des Umweltaktivisten Uwe Schwabe, der von Beginn an in der Nikolaikirche dabei war, wo die Leipziger Montagsgebete und Demos geplant wurden. Oder die der Ärztin Cornelia Matzke, die mir von ihrem damaligen Doppelleben erzählt hat. Tagsüber Ärztin, abends Revolutionärin, die im Oktober 1989 in der Poliklinik verletzte Demonstranten behandelt und die Verletzungen dokumentiert hat, um Beweise gegen das SED-Regime zu sammeln. Diese Geschichten erzählen von großem Mut, von Freiheitswillen und Lust auf Demokratie, Bürgerbeteiligung und auch von einer großen Sehnsucht nach einer besseren und gerechteren Gesellschaft. Sie sind richtig und wichtig. Die Revolution von 1989 war demokratisch, getragen von einer emanzipatorischen Bürgerbewegung. Aber zur historischen Wahrheit gehört auch, dass die erfolgreiche demokratische Revolution vielerorts zunehmend von aggressivem Nationalismus begleitet wurde. Diese hässliche Seite ist bis heute unterbelichtet. »Dresden erwache«, riefen Demonstranten dem Historiker Waibel zufolge im Oktober 1989 in Dresden, in Anlehnung an den Refrain des Sturmliedes der SA. In Plauen sangen Anwohner »Deutschland, Deutschland über alles«. Und im Februar 1990 zeigten Aktivisten der Republikaner an der Spitze der Leipziger Montagsdemo den »Hitlergruß«, so Waibel. [20]

Als ich in Dresden eine Gesprächsrunde über jene wilden Revolutionstage moderiere, erzählt ein ehemaliger Vertragsarbeiter aus Mosambik, wie es ihm erging, als er im Verlauf des Jahres 1990 immer häufiger schwarz-rot-gelbe Fahnen sah. Damals hätten Kollegen, mit denen er zuvor gut ausgekommen sei, aufgehört, ihn auf der Straße zu grüßen. Da habe er auch zum ersten Mal das Wort »Auschwitz« gehört, dessen Bedeutung er bis dahin nicht kannte. »Du gehörst nach Auschwitz«, habe ein Arbeitskollege zu ihm gesagt. Die rassistischen Pogrome der Neunzigerjahre im Osten, Rostock-Lichtenhagen und Hoyerswerda, haben eine lange, bis heute ausgeblendete Vorgeschichte. Die handelt von Rassismus und Neonazismus in der DDR. Stattdessen halten sich in Rückblicken auf die Jahre 1989/90 die seinerzeit von den Medien verbreiteten Erklärungen vom »Nachwendefrust perspektivloser Jugendlicher«.

Seit den Neunzigerjahren hat sich die Gesellschaft in Ostdeutschland grundlegend verändert, sie ist pluralistischer, moderner, liberaler, bunter und individueller geworden. Dass kollektive ostdeutsche Sozialisation in der DDR und danach heute gleichwohl weiterwirkt, lässt sich immer gut im Mai beobachten, wenn Mädchen in opulenten Abendkleidern und Jungs im Anzug vor Festsälen stehen, um Jugendweihe zu feiern. Aus vielen Gesprächen weiß ich, dass das heute nichts mehr mit den antichristlichen Motiven der SED zu tun hat, sondern ein lieb gewordenes Familienritual ist. An das sich die Eltern gern erinnern, an ihre Kinder weitergeben und mit eigenen Inhalten füllen. Mir ist diese ritualisierte Aufnahme in den Kreis der Erwachsenen bis heute fremd geblieben, da bin ich ganz Kind des Westens. Aber ich verstehe mittlerweile, warum das hier vielen so viel bedeutet.

Ähnlich prägend ist offenbar die Erfahrung, weitgehend ohne Migranten aufgewachsen zu sein, mit Menschen, die allesamt ähnlich aussehen und sprechen wie man selbst. Immer wieder ist in Gesprächen zu hören, Verhältnisse wie in westdeutschen Städten wolle man hier bitte schön nicht haben. Gemeint ist dann stets: mit so vielen Ausländern. Als bei einer Geburtstagsfeier ein junges Paar, beide entsprechen dem Typ des linksalternativen Ökos, davon erzählt, dass sie sich bei einem Besuch in Frankfurt am Main wie Fremde im eigenen Land gefühlt hätten, erinnere ich mich spontan an die Grüppchen türkischer Jungs in der Fußgängerzone von Iserlohn. Wie normal deren Anblick für mich war. Das junge Paar braucht gar nicht zu erklären, wie es sich den gesellschaftlichen Idealzustand vorstellt: Deutsche, ohne Kopftücher, nicht zu dunkle Haut oder Haare. Sie sind ganz sicher keine Nazis, den Vorwurf des Rassismus würden sie empört zurückweisen. Aber ihre Vorstellung, wie Deutschland auszusehen hat, ist geprägt von einem rassistischen Reinheitsgebot.

Dieses Ideal einer ethnisch weitgehend homogenen Gesellschaft hat im Osten in der Flüchtlingsfrage Bürger und Neonazis zusammenfinden lassen. Die seit Jahren vorhandenen Einstellungen fanden nun einen Anlass, ein Feindbild und ein Ziel. Bereits zwei Jahre vor dem Krisenjahr 2015 und noch vor den »Abendspaziergängen« von Pegida gab es im sächsischen Schneeberg Ende 2013 sogenannte »Lichtläufe«. Demonstranten zogen durch den Ort, riefen: »Wir sind das Volk!« Auf Plakaten war zu lesen: »Nein zum Heim« und »Wir sind nicht das Sozialamt der Welt.« Einige Teilnehmer trugen Fackeln.

Sie seien zusammengekommen, »weil uns die Sorge eint, wie es mit unserer Heimat weitergeht«, sagte ein Redner im November 2013. [21] Man wolle »gegen Asylmissbrauch und die Einwanderung in unsere Sozialsysteme protestieren«. Mit demselben Recht, mit dem die »Überfremdungspolitiker« Zuwanderung in die Sozialsysteme forderten, »mit demselben Recht fordern wir ein Ende von Asylmissbrauch, Überfremdung und Ausländerkriminalität«. Im Laufe seiner Rede wurde der Mann, der anfangs noch gefühlig davon sprach, man sei dem Ruf des Herzens gefolgt, immer radikaler. Es ging immer weniger um Schneeberg und gar nicht um konkrete Befürchtungen bezüglich der geplanten Asylunterkunft. Stattdessen: Zuständen, wie sie leider in den meisten Städten Westdeutschlands traurige Realität seien, werde man in »unserer Heimat« keine Chance geben. Der Redner forderte: »Keine deutschen Soldaten für amerikanische Interessen am Hindukusch, um mit deutschem Blut amerikanisches Öl zu bezahlen.« Und Volksentscheide für harte Strafen gegen »Kinderschänder« und »unkontrollierte Masseneinwanderung«. Ein ganzes Arsenal extrem rechter Parolen. Der Redner, dem viele in Schneeberg begeistert zujubelten, war nicht irgendein Bürger, sondern der NPD-Politiker Mario Löffler.

Die »Lichtläufe« in Schneeberg sind zur Blaupause für Pegida und die Anti-Asyl-Bewegung geworden. Pegida habe die Konstellation, dass Bürger gemeinsam mit Neonazis gegen Fremde, Flüchtlinge und Migranten demonstrieren, zur Regel gemacht, analysiert Sozialarbeiter Michael Nattke. [22] Er hat die Entwicklung für das Kulturbüro Sachsen, das seit vielen Jahren Kommunen mit mobilen Beratungsteams über das Thema Rechtsextremismus aufklärt, beobachtet: »Zwischen einem Teil der Bürgerschaft und neonazistischen Strukturen ist bezüglich ihrer politischen Forderungen, ihrer Wortwahl und ihres Auftretens kein Unterschied mehr zu erkennen.«

Zwischen November 2013 und November 2016 zählte das Kulturbüro achthundert asylfeindliche Demos und Kundgebungen allein in Sachsen. In Chemnitz-Einsiedel beteiligten sich von Beginn an viele Anwohner an den Protesten. Gleichwohl waren diverse rechte Akteure stark miteinander vernetzt und wurden durch asylfeindliche Gruppen unterstützt, die *Roßwein wehrt sich!* oder *Flöha sagt NEIN zum Heim* hießen. Von Anfang an seien in Chemnitz-Einsiedel auch organisierte Neonazis und Rechtsextremisten beteiligt gewesen, so Nattke. Aktivisten der neonazistischen Partei »Der Dritte Weg« ebenso wie solche der *Identitären Bewegung*. Nachdem Protestanten versucht hatten, den Bezug der Erstaufnahmeeinrichtung durch Straßenblockaden zu verhindern, stilisierte der neurechte Vordenker Götz Kubitschek Chemnitz-Einsiedel zum Vorbild für eine rechte Widerstandsbewegung. Unter der Überschrift »Ernst machen« beschwor er auf seinem Portal *Sezession* folgendes Szenario herauf: »Wenn es

Einsiedel 20x gäbe und an jedem Abend in Sachsen (...) Leute (...) verhinderten, dass die Busse durchkommen – was dann? Endlich ein Effekt?«[23] Die Neue Rechte hat versucht, die Anti-Asyl-Proteste zum Fanal zu erklären.

Der sächsische Verfassungsschutz unterschied derweil in völliger Verkennung gleicher Ziele und Parolen von bürgerlichen Demonstranten und Neonazis zwischen »asylkritischen« und »asylfeindlichen« Demos. Die Behörde ignorierte, dass sich der Protest in den Orten ja nicht allgemein gegen das Asylrecht richtete, sondern immer auch gegen Menschen. Wie im Fall von Clausnitz in Sachsen, als eine aggressive Menschenmenge im Februar 2016 einen Bus mit ankommenden Flüchtlingen aufhielt. Im Bus verängstigte Kinder, Frauen und Männer. Draußen die drohend gegrölte Parole »Wir sind das Volk!«. Der Videomitschnitt, der einen Polizeibeamten zeigt, der nicht etwa gegen die Blockierer vorgeht, sondern einen fünfzehnjährigen Jungen im Schwitzkasten vom Bus in die Unterkunft zerrt, verstörte ganz Deutschland.

Einige sächsische Orte wurden kurzzeitig zu Synonymen für enthemmte Radikalisierung: eben Clausnitz, Freital, Heidenau. Auch in Heidenau protestierten, organisiert von lokalen NPD-Politikern, Bürger zusammen mit Neonazis gegen eine Notunterkunft, die in einem ehemaligen Baumarkt untergebracht werden sollte. Im August 2015 griffen schließlich an zwei aufeinanderfolgenden Nächten rechtsextreme Gewalttäter die Polizei an und verletzten mehr als dreißig Beamte. Auffällig ist, dass die Polizei auch in der zweiten Nacht nicht genügend Beamte vor Ort einsetzte, um den Angriff auf den Rechtsstaat konsequent zu unterbinden. Die rechtsextremen Straßenkämpfer rühmten sich mit selbst gedrehten Videos, in denen Feuerwerkskörper abgeschossen werden. Deren Inhalt: ein Trümmerfeld auf der Straße – und Ohnmacht der Staatsmacht, die CDU-Ministerpräsidenten in Sachsen mantrahaft als stark und entschlossen preisen. Drei

Jahre nach Heidenau wird sich diese selbst verschuldete staatliche Ohnmacht in Chemnitz wiederholen.

Einige Zeit nach den Straßenschlachten von Heidenau treffe ich Bürgermeister Jürgen Opitz, CDU, auf einer Demokratiekonferenz in Leipzig, wo er Jugendlichen in einem Workshop erklärt, die Unterbringung von Flüchtlingen in Heidenau sei für viele Bürger eine »unglaubliche Zumutung« gewesen. Außerdem hätten die Medien mit den immer gleichen Bildern von den gewalttätigen Ausschreitungen einen ganz falschen Eindruck erweckt. Die Jugendlichen hören sich das an und schweigen. Als Moderator des Workshops schalte ich mich ein und frage nach: Worin besteht eigentlich die Zumutung, Menschen in Not vorläufig in einem leer stehenden Baumarkt unterzubringen? Und sind die Bilder von den Straßenschlachten etwa gefälscht? Opitz kommt anschließend zu mir und erzählt sichtlich angefasst, wie er in Heidenau für einen anständigen Umgang mit Flüchtlingen geworben habe. Wie er dafür selbst als »Volksverräter« beschimpft worden sei. Ich verstehe den Druck, unter dem er in jenen Tagen stand. Aber die Haltung, die er den Schülern gegenüber zeigte, ist leider typisch für Sachsen: Verständnis für Menschenfeindlichkeit und der Vorwurf an die Medien, zu übertreiben und auf diese Weise eine sächsische Stadt in ein schlechtes Licht zu rücken.

Der Vorwurf, von den Medien ungerecht behandelt zu werden, wiederholte sich auch in Freital. Obwohl sich dort beobachten ließ, wie aus aggressiver Asylfeindlichkeit letztlich rechter Terror werden kann. In Freital gründete sich zu Beginn des Jahres 2015 die Initiative *Freital wehrt sich – nein zum Hotelheim*. Im ehemaligen Hotel Leonardo sollte eine Unterkunft für Geflüchtete eingerichtet werden. Bei den folgenden Demos trafen sich von Beginn an auch jene, die später als terroristische *Gruppe Freital* verurteilt werden sollten. Darunter der Busfahrer Timo S., der aus Hamburg nach Sachsen gezogen war. Der Kopf der späteren Terrorgruppe. »Die haben sich in großer Geschwindigkeit zu Hobbyterroristen entwickelt«, sagt der Kieler Rechtsanwalt Alexander Hoffmann, der im Prozess vor dem Oberlandesgericht Dresden ein Anschlagsopfer als Nebenkläger vertrat. Sein syrischer Mandant habe sich bei einem Sprengstoffanschlag nur retten können, weil er den Sprengkörper am Fenster rechtzeitig bemerkt hatte. Bilder vom Tatort zeigen eine massive Sprengwirkung. Glas- und Rahmenteile seien wie Geschosse umhergeflogen.

»Die Radikalisierung vollzog sich im Rahmen der Anti-Asyl-Demos«, sagt Anwalt Hoffmann. Ab der ersten Demo hätten die späteren Terroristen versucht, den Widerstand zu radikalisieren und zu eskalieren: »Sie provozierten Rangeleien mit der Polizei und versuchten, an die Unterkunft ranzukommen. Der Prozess hat eine Wechselwirkung der Anti-Asyl-Demos und der terroristischen Aktivitäten offengelegt.« Rund um die Anti-Asyl-Initiative habe es in Freital etliche Straftaten wie Beleidigung, Vermummung und Volksverhetzung gegeben. Nach Gründung der *Bürgerwehr FTL 360*, die Patrouillen gegen Ausländerkriminalität angekündigt hatte, seien es sogar noch mehr geworden. Schließlich verurteilte das Dresdner Oberlandesgericht die Mitglieder der *Gruppe Freital* unter anderem wegen Sprengstoffanschlägen auf Asylunterkünfte und einen Angriff auf das Wohnprojekt *Mangelwirtschaft* in Dresden, das sich für Flüchtlinge engagierte. Das Muster von Freital sei kein Einzelfall, so Anwalt Hoffmann: »Wo es viele Anti-Asyl-Demos gibt, kommt es häufiger zu Anschlägen.« Aus den Erfahrungen von Freital müssten Konsequenzen gezogen werden: bessere Informationen über geplante Asylunterkünfte, aber auch strengere Auflagen für Demos in deren Umfeld. Vor allem aber konsequentere Verfolgung von Straftaten. »Wird das wie in Freital nicht von Beginn an konsequent verfolgt, wirkt das für rechte Straftäter wie eine Ermutigung.«

Ich habe versucht zu zeigen, dass es ähnlich wie im Westen

auch im Osten eine Kontinuität rechtsextremer Einstellungen bis hin zu Gewaltstraftaten und Rechtsterrorismus gibt. Im Westen gab es nicht nur immer wieder Wahlerfolge von NPD, Republikanern und DVU, sondern bis heute existiert auch eine hochgradig gewaltbereite Neonaziszene. Zur langen Geschichte rechten Terrors zählt der Anschlag auf das Münchner Oktoberfest im September 1980 mit dreizehn Toten sowie der Brandanschlag in Mölln (Schleswig-Holstein), bei dem 1992 drei Türkinnen starben. Nur ein halbes Jahr später kamen bei dem Brandanschlag von vier Rechtsextremisten auf ein von Türken bewohntes Haus in Solingen fünf Menschen ums Leben.

Anfang Juni 2019 wurde in Kassel Regierungspräsident Walter Lübcke auf der Terrasse seines Wohnhauses mit einer Schusswaffe hingerichtet. Lübcke hatte den Hass der rechten Szene auf sich gezogen, weil er im Herbst 2015 auf einer Bürgerversammlung rechte Störer zurechtgewiesen hatte. Als dringend tatverdächtig wurde der seit vielen Jahren als Rechtsextremist bekannte Stephan E. in Kassel festgenommen, der bereits in den hessischen NSU-Akten aufgetaucht war. Zwar hat der Tatverdächtige ein frühes Geständnis widerrufen, doch wurden nach dessen Hinweisen ein mutmaßlicher Waffenhändler und ein weiterer Mann festgenommen.

Der Generalbundesanwalt geht von einem rechtsextremistischen Hintergrund aus. Der Mord zeigt einmal mehr, dass die rechtsextreme Szene, die den Tag X für einen politischen Umsturz herbeisehnt, bundesweit agiert. Einige Aktivisten wollen nicht bis zur »nationalen Revolution« warten und schlagen schon jetzt zu. Bundesinnenminister Seehofer bezifferte die Zahl der Rechtsextremisten auf bundesweit etwa vierundzwanzigtausend Personen, die Hälfte davon sei gewaltbereit.

Auch in der DDR hat es wie in der Bundesrepublik eine gewalttätige rechtsextremistische Szene gegeben, die nach 1989 mit westdeutschen Neonazis zusammenwuchs und sich bis heute beständig weiter vernetzt und vielfältig organisiert ist. Die Allgegenwart dieses gewaltbereiten Neonazi-Milieus für ostdeutsche Jugendliche ist in Büchern und Filmen episch erzählt worden. In dem Kinofilm *Wir sind jung, wir sind stark* rund um den Pogrom von Rostock-Lichtenhagen, vor allem aber von Autoren wie Clemens Meyer (*Als wir träumten*) und Peter Richter (*89/90*). Neonazis im Osten sind ein Topos der Gegenwartsliteratur, allerdings verharren die meisten Stoffe in der Nachwendezeit. Die späteren Rechtsterroristen des NSU, Uwe Mundlos, Uwe Böhnhardt und Beate Zschäpe, wurden bekanntlich in Thüringen zu Neonazis. Als Mitglieder der Kameradschaft Jena innerhalb des »Thüringer Heimatschutzes« verfolgten sie bereits gewaltsam Andersdenkende wie die Mitglieder der Jungen Gemeinde von Jugendpfarrer Lothar König in Jena, bevor sie als Terroristen in den Untergrund gingen und zu morden begannen. Diese Kontinuitäten und Entwicklungen sind weit weniger gut erzählt.

Auffällig ist, dass sich seit Jahren viele Eskalationen und Radikalisierungen ausgerechnet in Sachsen ereignen. Bis hin zum Rechtsterrorismus. Neben der *Gruppe Freital* agierten nach Auffliegen des NSU noch zwei weitere Terrorgruppen in Sachsen: die *Old School Society*, deren Mitglieder unter anderem einen Anschlag auf eine Flüchtlingsunterkunft in Borna planten. Und *Revolution Chemnitz*, die dem Generalbundesanwalt zufolge durch Anschläge bürgerkriegsähnliche Zustände entfachen wollten, um den Umsturz des demokratischen Systems einzuleiten. Das ist kein Zufall. Es hat auch damit zu tun, wie Sachsen regiert wird. Es hat mit politischer Kultur, der Interpretation rechtsstaatlicher und demokratischer Standards und schließlich mit der Praxis staatlicher Institutionen zu tun.

Die sächsischen Zustände sind nicht naturgegeben, sondern das Ergebnis konkreter Regierungspolitik, die ja seit der Vereinigung maßgeblich von der CDU bestimmt wird. Der Rechtsruck und das wiederholte Staatsversagen haben System.

Sächsische Zustände

Sein Körper war unter Spannung, der Ton schneidig. Sachsens Justizminister Sebastian Gemkow wippte beim Sprechen vor und zurück und ließ sich von seinen eigenen Worten mitreißen. Im April 2019 stand er zusammen mit seinen sächsischen Ministerkollegen in einer Mehrzweckhalle in Ostsachsen und erzählte den Besuchern in den Stuhlreihen, was er zuvor mit Bürgern im Gespräch diskutiert hatte. [24] Gemkow erklärte, wer Bagatelldelikte begehe, könne in Sachsen nicht länger auf Nachsehen hoffen: »Das wird nicht mehr eingestellt.« Es war nicht ganz klar, welche Delikte er damit meinte. Schwarzfahren? Ladendiebstahl? Gemkow erzählte dann von einer Briefträgerin, die in Görlitz geschlagen worden sei. Es gelte, kriminelle Karrieren frühzeitig zu stoppen. »Am Anfang steht eine Körperverletzung, am Ende vielleicht ein Tötungsdelikt«, sagte der Minister und bekam dafür kräftigen Applaus. Härte, Durchgreifen, null Toleranz. Das kam gut an. Man habe unlängst zweihundertfünfzig junge Proberichter eingestellt, so der Minister. Es gebe jetzt beschleunigte Verfahren. Am Ende seines kurzen Vortrags ließ er die Teilnehmer des Bürgerdialogs in der Überzeugung zurück: In Sachsen wird hart durchgegriffen. Kein Delikt bleibt ungestraft. Alles wird verfolgt.

So ist das Selbstverständnis der CDU in Sachsen. Da lohnt ein Blick in die Realität der sächsischen Strafverfolgung. Im Jahr 2010 gründete sich nach Erkenntnissen von Dresdner Ermittlern die rechtsextreme Hooligan-Gruppierung *Faust des Ostens*. Bis mindestens Oktober 2012 sollen der Bande im Umfeld von Dynamo Dresden bis zu achtzig Mitglieder angehört haben. Ihr Ziel war es, vor allem rund um Fußballspiele Fans gegnerischer Vereine, Polizeibeamte und unbeteiligte Menschen anzugreifen, die sie aufgrund ihres Aussehens für Ausländer hielten. Die Staatsanwaltschaft legt der Gruppierung unter anderem zur Last, im April 2011 mit etwa fünfzig Tätern in der Nähe zweier Diskotheken eine Gruppe von zehn bis fünfzehn Migranten angegriffen zu haben, darunter Türken, Vietnamesen und Libanesen. Dabei sollen die Angreifer rechtsradikale Parolen gerufen und drei Männer mit Schlägen und Tritten verletzt haben. Am Dresdner Hauptbahnhof sollen die rechten Hooligans mehrere Fans eines gegnerischen Vereins verletzt haben.

Die Staatsanwaltschaft erhob im Juli 2013 Anklage gegen fünf Mitglieder von *Faust des Ostens*. Sechs Jahre lang hat das zuständige Landgericht Dresden den Prozess seither nicht verhandelt. Die Akten liegen seitdem unbeachtet bei Gericht, die Angeklagten sind derweil in Freiheit. Mitglieder von *Faust des Ostens* sollen später beim Angriff von Neonazis auf den linksalternativen Leipziger Stadtteil Connewitz im Januar 2016 beteiligt gewesen sein. Auf Anfrage, warum denn bis heute nicht verhandelt wurde und wann endlich der Prozess gegen die mutmaßlichen Straftäter von *Faust des Ostens* stattfinde, antwortete Thomas Ziegler, Sprecher des Landgerichts Dresden, im Mai 2019: »Eine Hauptverhandlung konnte bislang aufgrund der fortlaufenden hohen Belastung der Kammer – insbesondere mit Haftsachen – nicht erfolgen. Es ist derzeit auch nicht absehbar, ab wann die Verhandlung beginnen wird.« Mit anderen Worten: ob überhaupt. Sollte der Prozess je stattfinden, steht den Angeklagten aufgrund der langen Verfahrensdauer längst ein Abschlag beim Strafmaß zu. Ganz abgesehen davon, dass sich nach mehr als sechs Jahren kaum noch ein

Zeuge an Details der brutalen Überfälle erinnern dürfte. Vor diesem Hintergrund wirkt die vollmundige Ankündigung des Justizministers, schnell und hart gegen Bagatellstraftäter vorgehen zu wollen, wie eine Farce. Trotz der vielen neuen Proberichter wird der Prozess gegen eine rechtsextreme Hooligan-Bande weiter verschleppt. Auf rechte Täter muss diese staatliche Tatenlosigkeit wie eine Ermutigung wirken.

Im Mai 2019 habe ich in der überfüllten Alten Handelsbörse in Leipzig ein Streitgespräch zwischen Ministerpräsident Michael Kretschmer (CDU) und seinem Stellvertreter Martin Dulig von der SPD moderiert. Kurz zuvor war die Kriminalstatistik des Jahres 2018 für Sachsen veröffentlicht worden. Demnach war die Kriminalität in vielen Bereichen zurückgegangen, Einbrüche ebenso wie Straftaten von Migranten. Nur bei der politischen Kriminalität gab es einen deutlichen Anstieg um etwa sechs Prozent, zwei Drittel davon entfielen auf rechte Täter. [25] Auf meine Frage, ob er angesichts des erneuten Anstiegs rechter Straftaten erklären könne, warum seine Regierung ausgerechnet einen Schwerpunkt auf Bagatelldelikte lege, reagierte Ministerpräsident Kretschmer angefressen. Er lasse das eine nicht gegen das andere ausspielen. Und überhaupt lasse er sich nicht vorwerfen, zu wenig gegen Rechtsextremismus zu tun. Er wies darauf hin, dass er beim Friedensfest gegen das Neonazi-Musikfestival in Ostritz klar Stellung bezogen habe, was für seine Vorgänger in der Tat undenkbar war. Dennoch: Zwischen Anspruch und Realität klafft eine gewaltige Lücke.

Dass die sächsischen Sicherheitsbehörden bisweilen durchaus das ganze Arsenal des Rechtsstaats auffahren, zeigen sie regelmäßig vor allem dann, wenn sie gegen vermeintliche Linksextremisten vorgehen. Zwei Jahre vor der Podiumsdiskussion traf ich einen Redakteur der *Leipziger Volkszeitung* in einem Café zum Interview. Er wollte nicht, dass sein Name veröffentlicht wird, weil er fürchtete, künftig keine Gesprächspartner mehr zu finden. Denn der Reporter war im Rahmen eines Ermittlungsverfahrens abgehört worden, obwohl er als Journalist zur Gruppe der Berufsgeheimnisträger gehört. Die Dresdner Generalstaatsanwaltschaft ermittelte im Umfeld des Fußballvereins *Chemie Leipzig*, der ähnlich wie der FC St. *Pauli* als links gilt, weil er sich beispielsweise deutlich gegen Rassismus positioniert. Im Rahmen von richterlich angeordneten Telekommunikationsüberwachungen (TKÜs) wurden insgesamt 240 Bürger über mehrere Monate hinweg abgehört. 56.118 sogenannte Verkehrsdatensätze. Darunter Standortdaten zu Mobiltelefonen und deren Kartennummern. Und 838 Bestandsdatensätze mit Telefonnummern, Geburts- und Vertragsdaten. Das gesammelte Material füllte einundvierzig Aktenbände. Der Journalist, der über den Verein recherchierte, wurde seinen Angaben zufolge erst nach Monaten darüber informiert, dass er selbst von dem schweren Eingriff in seine Privatsphäre betroffen war. Erst habe ihm ein Staatsanwalt versichert, alle Datensätze seien vernichtet worden, später stellte sich heraus: Nicht alle Gespräche wurden wie üblich gelöscht. Angeblich wegen eines Personalwechsels.

Die Dresdner Ermittler vermuteten eine kriminelle Vereinigung im Umfeld von *Chemie Leipzig*. Ein Sprecher des Generalstaatsanwalts musste jedoch einräumen, dass konkrete Gewaltdelikte von Anhängern des Vereins keine Rolle für die Ermittlung spielten. Vielmehr löste offenbar eine vage Verbindung die umfangreichen Strukturermittlungen aus. Denn die Security-Firma, die seinerzeit bei dem soziokulturellen, ebenfalls linksalternativ verorteten Verein *Werk II* den Einlass organisierte, war zwischenzeitlich auch für die Sicherheit bei *Chemie Leipzig* verantwortlich. Das Justizministerium erklärte, dass etwa sechzig Ermittlungsverfahren im November 2016 zu der aufwendigen Strukturermittlung gebündelt worden seien. Der Polizei sei bei sechzehn gewalttätigen Überfällen ein ähnliches Vorgehen aufgefallen: Nachdem Security-Mitarbeiter Besuchern wegen Tragens angeblich rechter Bekleidung den Zutritt zum *Werk II* verweigert hätten, seien die Abgewiesenen von vermummten Schlägern überfallen worden. Der Verdacht lag also nahe, dass organisierte linke Täter zuschlugen.

Doch im Umfeld von *Chemie Leipzig* fanden die Ermittler die vermutete kriminelle Gruppenstruktur trotz intensiver Suche nicht. Nachdem über Monate Vereinsmitglieder, Fans und eben auch Berufsgeheimnisträger wie ein Anwalt und der Lokalreporter abgehört worden waren, gab es schließlich keine Anklage. Nichts. Der Bielefelder Rechtswissenschaftler Christoph Gusy erklärte, derartige Strukturermittlungen basierten immer auf einer Vermutung, die Raum für politische Intentionen lasse. Wo vermutet eine Staatsanwaltschaft eine kriminelle Organisation? Auffällig ist, dass die Dresdner Staatsanwaltschaft einige Jahre zuvor schon einmal ergebnislos eine kriminelle Vereinigung im linken Spektrum gesucht hat. Seinerzeit fahndeten die Ermittler vergeblich nach einer sogenannten *Antifa-Sportgruppe*, die man für Überfälle auf Neonazis verantwortlich machte. Dazu wurden 250.000 Mobilfunkanschlüsse mit mehr als einer Million Datensätzen abgegriffen. Darunter auch die von Abgeordneten, Journalisten und Anwälten.

Auch Jugendpfarrer Lothar König, langjähriger Aktivist gegen Rechtsextremismus, der mit seiner *Jungen Gemeinde* in Jena mehrfach von der *Kameradschaft Jena* mit den späteren NSU-Terroristen Uwe Mundlos und Uwe Böhnhardt angegriffen worden war, sollte angeblich Mitglied der ominösen *Antifa-Sportgruppe* sein. Sächsische Polizeibeamte rückten im August 2011 im thüringischen Jena ein und durchsuchten Königs Wohn- und Arbeitsstätte. Schließlich wurde ihm in Dresden der Prozess gemacht. Der Vorwurf: schwerer Landfriedensbruch. Die Staatsanwaltschaft warf dem

Pfarrer vor, Teilnehmer einer Demo aus seinem VW-Bus heraus zu Gewalttaten angestachelt zu haben. Nachdem die Ermittler mit großem Eifer versucht hatten, den politisch aktiven Pfarrer zu überführen, wurde das Verfahren schließlich nach über einem Jahr gegen Zahlung einer Geldauflage eingestellt. Das Ergebnis umfangreicher Ermittlungen: keine Verurteilung eines vermeintlich kriminellen Pfarrers. Keine Antifa-Sportgruppe.

Während die Dresdner Staatsanwaltschaft also mit großem Aufwand kriminellen Vereinigungen in linken Milieus nachspürte, für die es letztlich keine stichhaltigen Beweise gab, erkannte die Behörde in Freital keine Gruppenstruktur, obwohl sich dort rechtsextreme »Freizeit-Terroristen« mit ihren Mobiltelefonen über Anschlagspläne austauschten und mit anderen Rechtsextremisten aus Dresden vernetzt hatten. Die Bundesanwaltschaft, die den Fall an sich zog, kam zu ganz anderen Schlüssen als ihre Dresdner Kollegen und klagte acht Rechtsextremisten der Gruppe Freital schließlich erfolgreich wegen Bildung einer terroristischen Vereinigung an. Eine Ohrfeige für die sächsische Justiz.

Wie lässt sich erklären, dass in Sachsen immer wieder Links und Rechts gleichgesetzt werden? Dass angesichts einer rechten Gewaltspirale unbeirrt die Gefahr von links beschworen wird? Die sächsische CDU als prägende Regierungspartei verortet den politischen Gegner und Gefahren für die Demokratie traditionell links. Die Partei positioniert sich deutlich weiter rechts als die meisten anderen Landesverbände. Dafür stehen Politiker wie der spätere Landtagspräsident Matthias Rößler mit seiner Sehnsucht nach »positiven nationalen Wallungen«. Als der ehemalige Ministerpräsident Stanislaw Tillich im Landtag angesichts massiver Gewalt gegen Flüchtlinge endlich Rassismus als Problem benannte, wurde er von seinem Fraktionsvorsitzenden Frank Kupfer sofort ausgebremst: »Die muslimische Religion ist keine Religion, die hier in Sachsen ihre Heimat hat.« Nachdem Unbekannte im Sommer 2015 einen Brandanschlag auf eine Asylunterkunft in Meißen verübt hatten, verbat sich CDU-Landrat Arndt Steinbach kritische Journalistenfragen: »Die rechten Umtriebe sehe ich nicht, die Sie meinen. Ich weiß auch nicht, Sie werden es wahrscheinlich auch nicht beurteilen können. Sie kommen gar nicht von hier.« In diesem politischen Klima agieren auch die Institutionen. Den kategorischen Rahmen liefert die sogenannte Extremismustheorie.

In Sachsen ist Staatsräson, was maßgeblich von den Politikwissenschaftlern Uwe Backes und Eckhard Jesse ausgearbeitet wurde. In dem Konzept wird Extremismus als ein Phänomen verstanden, das es in einer linken und rechten Variante gibt. Danach gibt es eine demokratische Mitte sowie linke und rechte Ränder, die den demokratischen Verfassungsstaat ablehnen. Extremisten erkennt man demzufolge am totalitären Denken. Nur die eigene Weltsicht sei absolut wahr. Darin seien sich, so die Befürworter der Theorie, linke, rechte und auch islamistische Extremisten einig.

Die Extremismustheorie neigt dazu, Gemeinsamkeiten überzubetonen und weist einige eklatante Schwächen auf, die in Sachsen regelmäßig fragwürdige Gleichsetzungen von Links und Rechts begünstigen. Der Ansatz blendet aus, dass rechtsextreme Ideologie, wie in den »Mitte-Studien« der *Friedrich-Ebert-Stiftung* deutlich wird, auch von Bürgern geteilt wird, die soziologisch der Mitte der Gesellschaft zugerechnet werden. Diese sind beispielsweise ausländerfeindlich eingestellt, ohne eine Diktatur zu befürworten. Zudem reduziert der Ansatz das Problem auf einen Gegensatz zwischen demokratisch und extremistisch. [26] Extremist ist demnach jemand, der gegen die freiheitlich-demokratische Grundordnung vorgeht. Damit bleibt jedoch die Ideologie des jeweiligen Extremismus weitgehend ausgeblendet. Der Soziologe Wilhelm Heitmeyer hat darauf hingewiesen, dass sich Rechtsextremismus sowohl im Verhalten als auch in Einstellungen zeigt. Rechtsextremisten sind eben nicht bloß diffuse Verfassungsfeinde, sondern befürworten oder propagieren Ausländerfeindlichkeit, Chauvinismus, Antisemitismus, Sozialdarwinismus und eine vom vermeintlichen Volkswillen legitimierte Diktatur. In Sachsen führt die Fixierung auf die Extremismustheorie immer wieder dazu, dass einerseits Menschen, die sich gegen Neonazis engagieren, leicht in den Verdacht geraten, selbst Extremisten zu sein, weil sie ja rigide Position beziehen, was andernorts Haltung heißt. Andererseits werden Rassismus und völkischer Nationalismus als wichtigste Ideologiebausteine des Rechtsextremismus von sächsischen CDU-Politikern und Behörden traditionell ausgeblendet. Diese Praxis führt zu einer verzerrten Wahrnehmung und zu Abwehrreflexen. Sie hat maßgeblich dazu beigetragen, dass die Probleme in Sachsen seit Jahren kleingeredet und verharmlost werden. Immer wieder führt der Extremismusfilter zu absurden Einschätzungen. Nach den rechtsextremen Demos in Chemnitz mit fremdenfeindlichen Parolen, Hitlergrüßen und gewalttätiger Jagd auf Journalisten und Migranten hatten 65.000 Menschen beim Konzert »Wir sind mehr« friedlich dagegen demonstriert. Der sächsische Verfassungsschutz erwähnte in seinem jährlichen Bericht den Auftritt der vermeintlich linksextremistischen Punkband »Feine Sahne Fischfilet« und hielt auch die skandierten Parolen »Nazis raus« und »Alerta, alerta, Antifacista« für berichtenswert. Das Anliegen des Konzerts sei zwar unterstützenswert, aber es sei in »einzelnen Fällen für extremistische Agitation benutzt worden«, erklärte die Behörde. Einmal mehr wurde Antifaschismus in Sachsen als linksextrem stigmatisiert. Das fand nicht nur Amnesty International in Sachsen besorgniserregend.

Wie Rassismus als Motiv für rechte Gewalt ignoriert wird, lässt sich beispielhaft an der sogenannten »Hetzjagd von Mügeln«

studieren. Im Sommer 2007 geriet der kleine Ort, nur wenige Kilometer von Leipzig entfernt, weltweit in die Schlagzeilen: Bei einem Volksfest waren mehrere Inder zunächst in eine Schlägerei verwickelt. Nachdem sie sich in eine Pizzeria geflüchtet hatten, versuchte ein hasserfüllter Mob, das Lokal zu stürmen. Die Politikwissenschaftlerin Britta Schellenberg hat alle verfügbaren Polizeiakten zu dem Fall ausgewertet. Sie kommt in ihrer Studie zu einem eindeutigen Befund: [27]

Dem Einsatzbericht der Polizei zufolge kam es in der Nacht vom 19. August 2007 beim Mügelner Stadtfest vor dem Festzelt zu einem Kampf. [28] Eine Gruppe von sieben Indern habe das Zelt, in dem sie zuvor getanzt hatten, mit ihren beiden deutschen Begleitern verlassen und sei dort von deutschen Angreifern mit Fäusten attackiert worden. Einer der geschlagenen Inder sei zu Boden gestürzt und weiter getreten worden. Daraufhin seien einige der Angegriffenen geflüchtet, andere schlugen Flaschenhälse ab, um sich zu verteidigen. Auch einige der Angreifer hielten abgebrochene Flaschenhälse in der Hand. Später sagten die angegriffenen Inder aus, man habe sie im Zelt aufgefordert, mit dem Tanzen aufzuhören und rauszugehen. Da seien sie dann von vier Männern mit Reizgas angegriffen, geschlagen und getreten worden. Zeugen aus der anderen Gruppe sagten dagegen aus, die Inder hätten beim Tanzen Frauen und Männer belästigt. Tatsächlich zeigen Fotos aus dem Festzelt den Recherchen von Schellenberg zufolge, dass rechtsradikale Jugendliche in schwarzer Kleidung sich der Gruppe der Inder und zwei Deutschen schon im Festzelt genähert haben. Der Kapuzenpulli einer schwarz gekleideten Person trug die szenetypische Drohung: »Good night left side«.

Nach dem Kampf, bei dem es Verletzte auf beiden Seiten gab, flüchteten sich einige der angegriffenen Inder in die nahe gelegene Pizzeria *Picobello*, die einem der Inder gehörte, und verbarrikadierten sich in ihr. Nicht allen gelang aber die Flucht. Ein Inder wurde verfolgt, eingeholt und so brutal zusammengeschlagen, dass Passanten den Rettungswagen riefen, der ihn ins Krankenhaus brachte. Im weiteren Verlauf der Nacht belagerten vierzig bis fünfzig gewaltbereite Jugendliche die Pizzeria, umgeben von etwa zweihundert Schaulustigen.[29] Die Polizei registrierte rassistische und rechtsextreme Parolen wie »Deutschland den Deutschen, Ausländer raus«, »Hier kommt der nationale Widerstand«, »Bambule, Randale, Rechtsradikale«, »Sieg Heil« und »Türkenschweine«.[30] Die eingesetzten Beamten vor Ort, die selbst angegriffen wurden, stellten aggressive rechtsradikale Täter fest. Sie erstatteten Anzeigen wegen gefährlicher Körperverletzung und Landfriedensbruch, aber auch wegen Volksverhetzung. Es war alles da für ein eindeutiges Lagebild: ein rassistisches und rechtsextremes Tatmotiv, entsprechende Parolen, szenetypische Bekleidung mit Aufschriften wie »Thor Steinar« und »White Power«.

Vor der Pizzeria wurde die Stimmung unter den Belagerern immer aggressiver. Irgendwann schmiss ein Angreifer das Eisengitter einer Gullyabdeckung in die Scheibe der Pizzeria. Später war ich Prozessbeobachter beim Berufungsprozess gegen diesen Mann vor dem Leipziger Landgericht. Der Richterin zufolge war es nur einem mutigen Polizisten, der den Angreifern den Zugang zur Pizzeria verstellt hatte, zu verdanken, dass in jener Nacht kein Pogrom vollendet wurde. Sie redete dem dreiundzwanzigjährigen Angeklagten ins Gewissen und verurteilte ihn zu einer Bewährungsstrafe. Die Richterin hob damit das Urteil des Amtsgerichts Oschatz auf, das ihn zu einer Haftstrafe ohne Bewährung verurteilt hatte. Während weitere Angreifer vom Amtsgericht unter anderem wegen gefährlicher Körperverletzung, aber auch wegen Volksverhetzung verurteilt wurden, stellte die Staatsanwaltschaft die Ermittlungen gegen vier Inder letztlich ein, weil sie sich in Notwehr gegen Angreifer verteidigt hatten.

Trotz der im Einsatzbericht der Polizei dargestellten Fakten und Abläufe hat die Staatsanwaltschaft Leipzig später behauptet, von einem fremdenfeindlichen Hintergrund könne nicht gesprochen werden. Landespolizeipräsident Bernd Merbitz stellte Rassismus als Tathintergrund infrage. Die Politikwissenschaftlerin Schellenberg hat minutiös rekonstruiert, wie im Laufe der Ermittlungen das rassistische und rechtsextreme Motiv immer stärker beiseitegeschoben wurde. Zeugen seien einseitig befragt, die angegriffenen Inder mehr und mehr wie Täter behandelt worden, obwohl sie sich in Notwehr verteidigt hatten. So sei Zeugen mitunter nur eine Lichtbildmappe mit Fotos der angegriffenen Inder gezeigt worden. Aussagen von Zeugen zu Tatverdächtigen seien »teilweise abgeblockt« worden, so Schellenberg. Einer Zeugin, die eine Parole ihres Bekannten einräumte (»Bambule, Randale, Rechtsradikale«), diese aber auf »Dummheit und Alkohol« schob, sekundierte der Vernehmungsbeamte mit der Aussage: »Der Anlass stimmt nicht, wie er in der Zeitung steht.« [31]

So wurde aus einem rassistisch motivierten Angriff am Festzelt nach und nach eine normale Schlägerei bei einem Volksfest. Keine Rede davon, so die Politikwissenschaftlerin, dass der Angriff durch rassistische Neonazis erfolgte und sich die Inder lediglich verteidigt hatten. Auch nicht davon, dass später vor der Pizzeria eine von rechtsextremen Parolen aufgeheizte Pogromstimmung herrschte. Schellenberg fasst die fragwürdigen Ermittlungsergebnisse so zusammen: Die Inder haben ein gewalttätiges Szenario in Mügeln provoziert. Ihr eigenes Fazit nach Studium der Akten lautet: Es handelt sich um einen rassistischen und rechtsextremen Vorfall. Den Ermittlern wirft sie eine »unwahre Rekonstruktion der Ereignisse« vor. [32]

Nach der Gewaltnacht kamen Dutzende Reporter und Kamerateams nach Mügeln. Bürgermeister Gotthard Deuse (FDP) widersprach in etlichen Interviews dem Vorwurf, es handle sich bei den Ereignissen um Rechtsextremismus. Das sei nur richtig, wenn etwas »auf den Sturz unserer Verfassung zielt«. Da war sie wieder: die Extremismustheorie. Stattdessen kritisierte Deuse Vorurteile gegen die Mügelner, Ostdeutsche und national gesinnte Deutsche. Diese erstaunliche Argumentation formulierte Deuse ausgerechnet in der neurechten Wochenzeitung *Junge Freiheit*. Bürgermeister und Stadtrat zeigten sich »erschüttert« über die »Ausschreitungen« und verurteilten »jede Art von Gewalttätigkeit«. Alkohol und Gewalt wurden verurteilt. Rassismus und Rechtsextremismus blieben außen vor. Täter und Opfer waren in diesen Erklärungen nicht mehr zu unterscheiden.

Schließlich war es der damalige Ministerpräsident Georg Milbradt (CDU), der auf dem Landesparteitag in Mittweida behauptete, es habe keine »Hetzjagd in Mügeln« gegeben, sondern »eine Hetzjagd auf Mügeln und die Mügelner«. Damit setzte Milbradt fort, was Bürgermeister Deuse vorgab: Ganz Mügeln wurde zu einer ethnischen Wir-Gruppe erklärt, zu der die indischen Bürger offenkundig nicht dazugehörten. Durchaus aber die rechtsradikalen Angreifer, wie Britta Schellenberg bemerkt. Milbradt erklärte den ganzen Ort zum Opfer einer Medienkampagne. Mit seinem kollektiven Freispruch waren die rassistischen und rechtsextremen Motive der Täter kein Thema mehr. Milbradt hat ein fatales Schlusswort gesprochen. Dass sich die Justiz dem aufgrund der Erkenntnisse aus den Strafprozessen nicht anschließen konnte, sagt alles über dieses durchsichtige Ablenkungsmanöver.

An Mügeln zeigt sich exemplarisch, wie in Sachsen systematisch vertuscht und verharmlost wird, wenn es um Rassismus und Rechtsextremismus geht. War die Polizei auf dem rechten Auge blind? Anfangs ausdrücklich nicht! Die eingesetzten Beamten vor Ort verhinderten unter Einsatz ihrer Gesundheit, dass der rassistische Gewaltexzess weitere Opfer forderte. Die Beamten, die sich vor der Pizzeria den gewaltbereiten Angreifern in den Weg stellten, haben mutig das Schlimmste abgewendet. Ihre Kollegen haben in jener Nacht Rassismus und rechtsextremistische Parolen protokolliert und angezeigt. Danach aber sind die Ermittlungen ganz offenkundig mit dem politischen Interesse geführt worden, diese Motive zu entkräften. Mutmaßlich, um den Ruf von Mügeln und Sachsen zu beschützen. Diese verhängnisvolle Praxis machte die Opfer zu Tätern und verhinderte eine ehrliche Ursachenforschung. Über gewalttätigen Rassismus wurde wieder mal nicht gesprochen. Dieses Muster zeigt sich in Sachsen trotz vieler positiver Entwicklungen durch landeseigene Demokratieprogramme bis heute.

Zwei Jahre später, im Spätsommer 2009, als die Reporter längst weitergezogen waren, wiederholte sich in Mügeln verdrängte Geschichte. Unweit der Pizzeria *Picobello* sammelten sich an drei Wochenenden in Folge erneut Angreifer in der Ernst-Thälmann-Straße, »teilweise aus dem rechten Spektrum«, wie die Polizei feststellte. Es flogen Bierflaschen und Feuerwerkskörper auf eine Fassade. Dahinter traf ich nach einem dieser Angriffe an einem Septembersonntag die Mitglieder des Vereins *Vive le Courage*. Sie saßen in einem kahlen Raum auf alten Sofas, einige trugen Kapuzenpullis, einige bunt gefärbte Haare. Das Spätsommerlicht blieb draußen, weil Bretterverschläge die zerstörten Fensterscheiben ersetzten. Roman, der einundzwanzigjährige Vereinsvorsitzende, erzählte, wie sie nach jenem Stadtfest vor zwei Jahren versucht hatten, mit den Mügelnern über Rassismus ins Gespräch zu kommen. Wie sie nun selbst angefeindet wurden. Ihre Geschichte zeigt, was passieren kann, wenn man in Sachsen den Finger in die Wunde legt.

Die jungen Leute erzählten von »Sieg Heil«-Rufen auf der Straße. Der einundzwanzigjährige Philipp schilderte, wie er im April im Ort von mehreren Angreifern, die aus verschiedenen Richtungen kamen, gejagt und geschlagen wurde. Julia, neunzehn, berichtete, wie sie sich an den Wochenenden nachts im Vereinsheim schlafen legte, weil ihr rechte Schläger auf dem Nachhauseweg auflauerten. In den Morgenstunden schleiche sie sich dann heim. In der Online-Community *Studi-VZ* hatten sich siebenundachtzig Mitglieder einer Gruppe namens *Vive le Courage leckt uns am Arsch* angeschlossen. In Posts verhöhnten junge Frauen und Männer die *Courage*-Mitglieder als »Larven« und »Schweine«. Als der Verein in die Gaststätte *Sachsenkrone* einlud, um sich vorzustellen, kamen nicht die eingeladenen Stadträte und der Bürgermeister, auch keine Lehrer und Schulleiter, sondern rechtsextreme Störer, die versuchten, sich Zutritt zu dem Lokal zu verschaffen. »Am Ende mussten wir unter Polizeischutz das Gebäude verlassen«, erinnerte sich die Sozialarbeiterin Solveig Höppner vom *Mobilen Beratungsteam gegen Rechtsextremismus.*

Auf meine Interviewanfrage teilte mir Bürgermeister Deuse mit, er »verzichte auf ein Interview«. Der Mügelner Pfarrer sagte mir am Telefon: »Ich möchte mich zu der Thematik auf keinen Fall äußern.« Im März war einem der Inder, die zwei Jahre zuvor Opfer der rassistischen Angriffe geworden waren, in der Nacht die Nase gebrochen worden. Offenbar hatte zuvor jemand gegen die Tür der Pizzeria getreten. Als der indische Gastronom rausging, um den Ruhestörer zu stellen, wurde er ins Gesicht geschlagen. Der Schläger wurde später vor Gericht freigesprochen, weil er angeblich in Notwehr zugeschlagen hatte. Sozialarbeiterin Höppner nannte das eine »typische Täter-Opfer-Umkehr«.

Ein Jahr später, im Jahr 2010, hatten Gespräche zwischen dem Verein *Vive le Courage* und der Stadt nicht etwa dazu geführt, dass dem Verein geholfen wurde. Vielmehr zeigte die Stadt den Verein beim Landratsamt wegen illegaler Nutzung des Gebäudes an, weil der Treffpunkt nicht offiziell als Vereinshaus ausgewiesen war. Sogar die Toten wurden gegen die jungen Leute aufgeboten, wie mir Roman, der junge Vereinsvorsitzende, am Lagerfeuer hinter dem Haus seiner Eltern erzählte. Da das Gebäude immer wieder nachts angegriffen werde, sei die Totenruhe gestört, habe man ihnen mitgeteilt. Hinter dem Grundstück mit den Vereinsräumen befindet sich nämlich der Friedhof. In einem Telefonat sagte mir Bürgermeister Deuse, er wolle in Mügeln vor allem Ruhe haben. Roman, Julia, Philipp und die anderen wollten das Schweigen im Ort aufbrechen. Das machte sie zu Ruhestörern. Und zu Nestbeschmutzern, weil sie es wagten, die Probleme öffentlich zu machen.

Schließlich begleitete ich im September 2010 den Autor Günter Wallraff zu einer Lesung nach Mügeln. Freunde von einem Leipziger Demokratieverein hatten ihm von der Situation im Ort berichtet. [33] Wallraff zeigte im ausverkauften Ratssaal Ausschnitte aus seinem Film *Schwarz auf Weiß*, für den er als Schwarzer maskiert durch Deutschland gereist war und an vielen Orten rassistisch diffamiert worden war. Der Enthüllungsjournalist redete den Mügelnern ins Gewissen: »Sie können das nicht den Jugendlichen überlassen. Die alteingesessenen Mügelner müssen sich zusammentun. Das Problem ist, dass sich die Mehrheit vor den Rechtsextremen wegduckt.« Bei der anschließenden Diskussion meldete sich ein Vater zu Wort, der eine amerikanische Austauschschülerin zu Gast gehabt hatte, der man die indigenen und mexikanischen Vorfahren ansah. »Es gab vier radikale Übergriffe gegen das Mädchen und viele, viele Sticheleien«, erzählte der Gastvater. Er schäme sich dafür, aber er habe darum gebeten, beim nächsten Mal ein weißes Mädchen aufnehmen zu dürfen. Es war ein Moment brutaler Ehrlichkeit im Ratssaal von Mügeln. Endlich ging es um Rassismus. Paare, Eltern, Rentner und junge Leute waren gekommen. Einer sagte, im Ort herrsche Angst. Einer fragte, warum denn der Bürgermeister nicht gekommen sei. Es war ein Anfang, aber der Verein *Vive le Courage* war bald danach am Ende. Der engagierte junge Vereinsvorsitzende, der eine Ausbildung beim Landratsamt machte und so gar nicht dem Klischee vom linken Bürgerschreck entsprach, das dem Verein anhaftete, gab wenig später auf und zog aus Mügeln weg. In Leipzig könne er sich endlich frei bewegen, erzählte er mir. Ohne Angst, ohne sich nachts ständig nach Verfolgern umdrehen zu müssen. Ein mutiger Demokrat weniger in Mügeln.

Diese Geschichten aus Mügeln liegen mittlerweile zehn Jahre zurück. Aber sie zeigen wie unter einem Brennglas Probleme, die bis heute existieren. Zwar brachte die sächsische Koalition aus CDU und SPD bereits im Jahr 2005 das Programm »Weltoffenes Sachsen« auf den Weg, das Initiativen und Vereine fördert, die sich gegen Rechtsextremismus und Rassismus engagieren.[34] Doch das grundsätzliche Misstrauen gegenüber diesen zivilgesellschaftlichen Akteuren blieb bestehen. Als letztes Bundesland hielt Sachsen bis 2015 an der sogenannten Extremismusklausel fest, die finanzielle Förderung von Projekten davon abhängig machte, dass sich die engagierten Demokraten per Unterschrift zum Grundgesetz bekennen mussten. Ganz so, als hätte das Land keine Probleme mit gewalttätigen Rechtsextremisten, sondern mit Demokraten. Viele engagierte Bürger fühlten sich dadurch unter Generalverdacht gestellt.

Währenddessen erfolgte in Sachsen eine schleichende Gewöhnung an rechtsextreme Ideologie. In Dresden missbrauchten Neonazis die alliierten Luftangriffe auf die Stadt im Februar 1945 für Demos gegen den »Bombenholocaust«, denen die Stadtgesellschaft lange kaum etwas entgegensetzte. Die Vorsitzende der jüdischen Gemeinde in Dresden, Nora Goldenbogen, erzählte mir, wie sie in den ersten Jahren mit wenigen Gemeindemitgliedern und der Antifa allein gegen die Nazi-Demos protestiert hatte. Es hat lange gedauert, bis das öffentliche Gedenken in Dresden auch eine entschiedene Haltung gegen die Neonazis zeigte.

Die NPD verlegte vor einigen Jahren ihren Verlag *Deutsche Stimme* ins sächsische Riesa, das darauf reagierte, indem man die

Verlagsanschrift subversiv kaperte und die Mannheimer Straße in Geschwister-Scholl-Straße umbenannte. Im Jahr 2004 erreichten die Rechtsextremisten bei der Landtagswahl 9,2 Prozent. Obwohl viele NPD-Kader aus dem Westen stammten wie Holger Apfel und Vordenker Jürgen Gansel, gelang es der NPD, sich in einigen Regionen mit ihrem nationalen Sozialismus und Kandidaten wie dem mittlerweile verstorbenen Fahrlehrer Uwe Leichsenring zu etablieren. Im Jahr 2009 schaffte die NPD mit 5,6 Prozent erneut den Einzug in den Landtag. Zudem florierte eine freie Kameradschaftsszene, die vielerorts massive Gewalt gegen Andersdenkende ausübte und Parolen wie »Nationaler Sozialismus jetzt« auf Aufklebern und Fassaden nahezu unwidersprochen verbreiten konnte. Bis heute ist Sachsen für die rechtsextreme Szene ein bevorzugtes Aufmarschgebiet geblieben. Am 1. Mai 2019 marschierte die rechtsextreme Partei »Der Dritte Weg« mit Trommeln, einheitlichen T-Shirts und Pyrotechnik durch Plauen, was an Aufmärsche der SA erinnerte. Das zuständige Gericht konnte im Vorfeld keine Uniformierung erkennen und genehmigte das martialische Schauspiel. Wieder mal war es in Sachsen nicht gelungen, eine juristische Grenze zu ziehen. Bei den Kommunalwahlen zeigte sich der Gewöhnungseffekt dann in Wählerstimmen. Fast vier Prozent der Wähler in Plauen gaben ihre Stimme dem »Dritten Weg«, einer Partei, die sich selbst als »nationalrevolutionär« beschreibt. Unterhalb des öffentlichen Radars zogen in Sachsen bei der Kommunalwahl 2019 diverse Kandidaten der extremen Rechten über freie Listen in die Lokalparlamente ein. In Geithain der ehemalige NPD-Kader und Jurist Manuel Tripp. Im Erzgebirge jener Mario Löffler von der NPD, der seinerzeit bei den Vorläufern der Anti-Asyl-Proteste im Erzgebirge als Redner aufgetreten war. Eine rechtsextreme Vita ist vielerorts kein Aufreger mehr.

Die ideologische Abgrenzung gegen völkischen Nationalismus und Rassismus bleibt in Sachsen häufig aus. Ein umfassendes Konzept aus Prävention und Repression gegen Rechtsextremismus existiert bis heute nicht. In der Vergangenheit schmückte sich die Landesregierung lange mit der angeblich so schlagkräftigen Sonderkommission Rechtsextremismus (*Soko Rex*). Dabei war diese schon vor Jahren zusammengekürzt und in die Polizeidirektionen eingegliedert worden. Es folgten diverse Strukturreformen, vor allem aber ein drastischer Personalabbau bei der Polizei unter Innenminister Markus Ulbig (CDU), dessen Folgen jetzt mühsam korrigiert werden sollen.

Während die langjährigen Autoren der »Mitte-Studien« Elmar Brähler und Oliver Decker eine stärkere demokratische Erziehung bereits im Vorschulalter anregten [35], wurde politische Bildung in Sachsen lange vernachlässigt. Frank Richter, ehemaliger Chef der Landeszentrale für politische Bildung und mittlerweile SPD-Politiker, kritisiert, dass Sachsen lange »mit Abstand Schlusslicht beim internationalen Jugendaustausch« gewesen sei. Das fiel auch deshalb nicht auf, weil Sachsen immer stolz auf Spitzenplätze bei PISA-Tests verweisen konnte. Hervorragende Ergebnisse in Mathe und Naturwissenschaften sind bis heute der Ehrgeiz sächsischer Bildungspolitik. Politische Bildung sei dagegen zu lange auf Wissensvermittlung verengt gewesen, so Richter. Meinungsstreit als demokratisches Grundprinzip sei nicht vermittelt worden. »Die kulturelle, musische, ethische Bildung – all das ist vernachlässigt worden, all das, was bei Pisa nicht gemessen wird«, sagte Richter bei einem Bürgerdialog in Böhlen bei Leipzig. Viele Ehrenamtliche, die sich überall in Sachsen engagieren, würden alleingelassen bis zur Erschöpfung. Das Land sei äußerlich demokratisiert, »aber innerlich noch nicht«. Ein dramatischer Befund.

Immer wieder kommt es zu gravierenden Verletzungen rechtsstaatlicher Prinzipien. Wie in der Affäre um jenen pöbelnden Pegida-Anhänger in Dresden, der aufgrund seiner schwarz-rot-gelben Kopfbedeckung bundesweit als »Hutbürger« bekannt wurde. Der Fall ist nur auf den ersten Blick eine harmlose Provinzposse. Ein Mann, der einem Kamerateam vom ZDF ohne rechtliche Grundlage verbieten will, ihn am Rand einer Demo zu filmen. Später stellt sich heraus: Der Hutträger ist LKA-Mitarbeiter. Hinzu kommen Polizeibeamte, die das Kamerateam fast fünfundvierzig Minuten lang daran hindern, seine Arbeit zu tun. Die das zunächst mit einer »polizeilichen Maßnahme« rechtfertigen, die sie auf Nachfrage des Reporters Arndt Ginzel gar nicht begründen können.

Nachdem Ginzel ein Video von dem Vorfall veröffentlicht hat, schlug sich Ministerpräsident Michael Kretschmer via Twitter auf die Seite der Polizeibeamten. Nur die hätten seriös gehandelt. Auch nachdem das ZDF mitteilte, der Dresdner Polizeichef habe sich nach einer Aussprache entschuldigt, blieb Kretschmer bei seiner Haltung. »Auf mich hat es so gewirkt, wie ich es geäußert habe«, antwortete er im Interview auf meine Frage, ob er sein Urteil über die Journalisten korrigieren wolle. [36] Diese Resistenz gegenüber berechtigter Kritik ist fester Bestandteil der politischen Kultur in Sachsen. Sie hat zur Folge, dass Kritik allzu oft als »Sachsen-Bashing« abgetan wird. Das fällt umso leichter, wenn ein Skandal wie der um den »Hutbürger« etwa in der »heute-show« satirisch ausgeschlachtet wird. Gern verbunden mit Häme über den sächsischen Akzent. Der Preis für die billigen Lacher ist, dass sich Abwehrhaltungen in Sachsen verfestigen und eine ernsthafte Debatte über rechtsstaatliche Prinzipien ausbleibt.

Die wäre aber dringend nötig, denn der gesellschaftliche Klimawandel verändert in Sachsen längst die Verfassungswirklichkeit. In einem Interview erzählte mir Reporter Arndt Ginzel, wie vertraut es ihm sei, dass sich »Polizisten zu Gehilfen der Demonstranten von Pegida und AfD machen«. [37] In Großenhain sei sein

Kameramann von einem Beamten am Hals gepackt und auf die Straße gezogen worden. In Meißen habe er erlebt, wie ein bekannter Pegida-Anwalt die Polizeibeamten aufforderte, die Personalien von Journalisten zu kontrollieren. Die Beamten machten das dann auch, so der Reporter. Anhänger von AfD und Pegida fühlten sich dadurch bestärkt, verbal und mit Strafanzeigen gegen Journalisten vorzugehen, sagte Ginzel. Ministerpräsident Kretschmer hat sich zwar allgemein zur Pressefreiheit bekannt und angekündigt, künftig sei politische Bildung wieder Teil der Polizeiausbildung, was offenkundig wenig bewirkt. Bezeichnenderweise beschloss die Koalition aus CDU und SPD ein neues Polizeigesetz, das zwar die Möglichkeit zur anlasslosen Überwachung von Gefährdern erweitert, nicht aber eine anonyme Identifizierung von Polizeibeamten beinhaltet. Polizeiliches Fehlverhalten effektiv zu kontrollieren, ist nicht vorgesehen. Und offenkundig auch nicht gewollt.

Derweil gibt es immer wieder Konflikte zwischen Beamten und Reportern. Als ein Reporter der »Freien Presse« am 1. Mai 2019 das Bürgerfest von *Pro Chemnitz* dokumentieren wollte, wurde er zunächst von Teilnehmern bedroht. Anschließend forderte ihn ein Polizeibeamter auf, seine Fotos zu löschen, und sprach einen Platzverweis aus, obwohl er sich durch einen Mitarbeiterausweis seines Arbeitgebers als Pressevertreter ausweisen konnte. Die Polizei hat sich dafür entschuldigt und sprach später von einem Missverständnis. Der *Deutsche Journalisten-Verband* (DJV) in Sachsen kritisierte, offenbar reichten Schulungen und Anweisungen an die Beamten noch immer nicht aus.

Die Politikwissenschaftlerin Britta Schellenberg von der Universität München stellt fest, mindestens in Teilen von Sachsen herrsche der Eindruck, dass rechtsstaatliche Selbstverständlichkeiten nicht gelten. [38] Über viele Jahre etablierte Deutungsmuster führten dazu, dass tatsächliche Probleme mit Rassismus, Rechtsextremismus und Verstöße gegen das Recht nicht erkannt werden: »Die fehlende Normendurchsetzung durch politische und behördliche Verantwortungsträger führt zu einer zunehmenden Erosion des demokratischen Rechtsstaats und einer immer deutlicher werdenden Eskalation von Vorurteilskriminalität in Sachsen.« [39] Das sind die Zustände hinter der glänzenden Fassade eines Bundeslandes, das im Selbstverständnis seiner Repräsentanten der Vorreiter im Osten ist. Anders als gern behauptet wird, sind diese nicht das Ergebnis einer wie auch immer gearteten sächsischen Mentalität, sondern politischer Prozesse und gravierender Versäumnisse.

Bruchstellen und Wutquellen

Nach der Jahrtausendwende habe ich begonnen, als freier Reporter aus Ostdeutschland zu berichten. Ich war viel unterwegs, und wohin ich auch kam, erzählten mir Menschen davon, wie sie nach dem Ende der DDR neu anfangen mussten. Wie ihr Betrieb abgewickelt worden war. Arbeit sicherte in der DDR nicht nur die Existenz, sondern war mehr, wie ich lernte: Identitätsstifter, Mittelpunkt des sozialen Lebens, Sportstätte. Ich erfuhr oft ganz beiläufig von harten Brüchen, geplatzten Lebensplänen und erzwungenen Richtungswechseln. Keiner konnte einfach weitermachen, viele mussten eine Arbeit annehmen, die sie weder gelernt noch gewollt hatten. Wenn sie denn überhaupt eine fanden. Meine Gesprächspartner erlebte ich nicht hadernd, sondern pragmatisch. Selbst diejenigen, die keine neue Arbeit gefunden hatten. Darunter vor allem jene Generation der Mittelalten, die schon auf ein halbes Arbeitsleben zurückblickte. Ich habe großen Respekt davor, wie sie mit diesem Bruch umgingen.

Einige dieser Begegnungen sind mir besonders in Erinnerung geblieben. Wie die mit Gerd, den ich in einem gelben Einfamilienhaus in Nordhausen, Thüringen, besuchte, wo er ehrenamtlich Jugendliche betreute, die straffällig geworden waren. Mittlerweile war der Mann mit dem grauweißen Haar und Schnauzbart Anfang sechzig. In seinem Berufsleben hatte der Diplom-Ingenieur Softeismaschinen produziert. Wie so viele andere auch wurde seine Firma nach dem Ende der DDR abgewickelt. Seine letzte Aufgabe war, den Abriss der eigenen Arbeitsstätte zu überwachen. Als er arbeitslos wurde, war er Mitte fünfzig. Arbeit war in der strukturschwachen Region für einen wie ihn weit und breit nicht zu finden. Über eine ABM kam er zu dem Wohnprojekt für jugendliche Straftäter, und nach Auslaufen der Maßnahme machte er ehrenamtlich weiter.

Ich traf damals einen einfühlsamen Mann, der mit sich im Reinen war. Der nicht verbittert zurückblickte, sondern akzeptiert hatte, dass das neue Deutschland ihm zwar eine Beschäftigung, aber keine bezahlte Arbeit bieten konnte. Gerd erzählte von Wutausbrüchen der Jugendlichen. Ein Junge hatte ihm sogar eine Bierflasche an den Kopf geworfen. Nachdem die Platzwunde im Krankenhaus genäht worden war, ging er zu seinen Jungs zurück, denen er Verständnis und Konsequenz mit auf den Weg gab. »Papa« nannten sie ihn oder »Opa«. Ich erzählte die Geschichte des Ingenieurs, der seinem Leben als freiwilliger Sozialarbeiter einen neuen Sinn gegeben hatte, im *Reader's Digest*.

Es gab viele solcher Geschichten. Ein vormals Arbeitsloser, der nunmehr Familien durch den Bärenpark Worbis im Norden Thüringens führte und anrührende Anekdoten von Kreaturen erzählte, die früher in Zirkuskäfigen eingesperrt waren, bevor sie in den Freigehegen neben Wölfen ein Asyl fanden. Oder die Geschichte von Jörg, der als Sozialarbeiter Jugendlichen in einem Container beibrachte, wie man trotz Rückschlägen nicht aufgibt. Irgendwo hinter der Ausfahrt Alsleben an der A14 in Sachsen-Anhalt. Er ermutigte die Mädchen und Jungen aus der Region, sich bei der Suche nach Arbeit auch von noch so vielen Absagen nicht entmutigen zu lassen. Die eigenen Ansprüche an die Möglichkeiten anzupassen, denn ein luxuriöses Leben müsse man sich verdienen. Ich fühlte mich an die Nehmerqualitäten eines Boxers erinnert. Die Frau des Sozialarbeiters hatte versucht, sich mit einem Callcenter selbstständig zu machen. Aber ein Mitarbeiter vom Ordnungsamt machte das Büro wegen angeblicher Baumängel dicht. Zurück blieben Schulden, die das Paar seither abbezahlte. Diese Beharrlichkeit und den Realismus, so schien es mir, hatte Jörg sich in einer typisch ostdeutschen Biografie erkämpft. Wo Brüche dazu zwingen, immer wieder von vorn anzufangen.

Durch diese Begegnungen lernte ich, wie radikal sich das Leben im Osten geändert hatte. Wie unerbittlich der Systemwechsel vielen Biografien Veränderungen und Flexibilität aufzwang. Die Menschen, die ich traf, hatten sich trotz unfreiwilliger Wendungen standhaft mit der neuen Zeit arrangiert. Sie arbeiteten lieber ehrenamtlich als gar nicht. Die anderen, die gar nicht klarkamen, traf ich eher nicht, weil die Frustrationen in jener Zeit nicht nach außen getragen wurden und eher in den Familien und unter Freunden kursierten. Da ich immer wieder über die gebrochenen Biografien von Stehaufmenschen schreiben durfte, blieb mir aus dieser Zeit ein doppelter Irrtum. Zum einen verwechselte ich meinen eigenen Blick mit dem meiner Branche. Dass ich diese Geschichten in meinen publizistischen Nischen, bei *Reader's Digest* und auf den Reportageseiten von Tageszeitungen erzählen konnte, bedeutete nicht, dass die ganze Branche das tat. Erst viel später, mit Pegida und der anschwellenden Wut, wurde vielen Leitmedien klar, dass in der Umbruchphase mehr passiert war als ein politischer und wirtschaftlicher Systemwechsel. Die Geschichten von denen, die das erlebt haben, sind noch lange nicht auserzählt, wie ich geglaubt hatte.

Mein zweiter Irrtum betraf die Wirkung dieser ostdeutschen Erfahrung. Wie tief sich bei vielen die Erschütterung darüber eingebrannt hat, dass von heute auf morgen alles anders und wertlos werden kann, habe ich trotz meiner Recherchen unterschätzt. Der aus Thüringen stammende Leiter des Dresdner *Spiegel*-Büros, Steffen Winter, erklärte es mir in einem Interview so: »Tatsächlich ist es notwendig, noch mal zu erklären, wie gewaltig die Brüche nach '89 waren.« In seiner Familie und von seinen Freunden habe niemand im gleichen Beruf arbeiten können wie vorher. »Der Bruch war in allen Lebenslagen radikal«, sagte Winter. Es sei erst mal verständlich, dass die Leute nun, da sie wieder halbwegs festen Boden unter den Füßen hätten, Angst spürten, wenn neue Menschen ins Land kämen. Auch sei das Gefühl nachvollziehbar: Die kriegen was, das eigentlich mir zusteht. Von diesem Gefühl ist es allerdings nur ein kleiner Schritt zu Abwehrreflexen gegen alle, die als fremd und nicht zugehörig empfunden werden.

Wie groß die Wut im Osten ist und welche Richtung sie einschlägt, konnte ich im Frühjahr 2017 im sächsischen Plauen erleben. Ich war zu einer Podiumsdiskussion eingeladen, um im urigen *Malzhaus*, wo nebenan in einer Ausstellung Lithografien von Pablo Picasso hingen, anhand meines Romans *Vorhofflimmern* darüber zu sprechen, wie aus hasserfüllten Worten brutale Taten werden. Die Sozialwissenschaftlerin Daniela Krause erklärte die Ergebnisse der Studie »Gespaltene Mitte«, die zeigten, dass Vorurteile gegenüber Geflüchteten und Muslimen massiv zugenommen haben. Der Politikwissenschaftler Stefan Kausch stellte die Ergebnisse des »Sachsen-Monitors« vor, der im Auftrag der Landesregierung erstmals die politischen Einstellungen in Sachsen gemessen hatte. Die Studie zeigte ein widersprüchliches Bild. Einerseits waren die meisten Sachsen mit ihrer persönlichen Situation sehr zufrieden. Doch das Vertrauen in die demokratischen Institutionen war gering. Weniger als die Hälfte der Befragten vertraute dem Landtag. Nur jeder Zweite war damit zufrieden, wie die Demokratie in der Praxis funktioniert. 58 Prozent hielten Deutschland durch Ausländer »in gefährlichem Maß überfremdet«. Fast die Hälfte (48 Prozent) empfand die Zustände im Land als ungerecht. Eine Mehrheit war sogar der Meinung, Deutschland brauche eine starke Partei, die »die Volksgemeinschaft insgesamt verkörpert«. Mithin eine rechtsextreme Forderung. Die Ergebnisse der Studie offenbarten neben empfundener Ungerechtigkeit eine beunruhigende Sehnsucht nach Homogenität und Autorität.

Nach den Vorträgen fragte die Moderatorin, ob es Fragen zur Methodik gebe. Da meldete sich im Publikum ein Mann im glatten hellblauen Hemd. Es drängte ihn zu sprechen. Als hätte er lange auf diesen Moment gewartet. Seine Stimme war zu laut für das Saalmikrofon. Mit jedem Satz wurde er noch angefasster. Er erzählte von einer alten Dame, Eigentümerin eines kleinen Häuschens, der die Kommune vorschreibe, eine offenbar viele Tausend Euro teure Abwasseranlage einzubauen. Lebensleistungen würden auf diese Weise zerstört, sagte der Mann. Das sei die Demokratie. Seine Stimme war voller Abscheu, seine Mimik drückte Verachtung aus. Übergangslos erzählte er vom Sohn eines Bekannten, der sich in Mecklenburg-Vorpommern Neonazis angeschlossen habe. Mittlerweile beteilige er sich an Aktionen in ganz Deutschland. In der Dramaturgie seiner Geschichte war diese Entwicklung geradezu zwangsläufig. Mir als Zuhörer blieb als Ergebnis seiner Wortmeldung in etwa die Formel: Weil »die Demokratie« Hausbesitzer zu horrenden Ausgaben zwingt, muss man sich nicht wundern, dass junge Menschen zu Neonazis werden. Ich hätte gern nachgefragt, ob er denn wirklich glaube, dass der alten Dame von einer rechtsextremen, autoritären Regierung geholfen würde. Doch dazu kam ich nicht, weil der Mann einfach aufstand und den Saal verließ. Er hatte gesagt, was er loswerden wollte. An Gegenargumenten war er nicht interessiert. Für eine kommunalpolitische Sachentscheidung machte er das demokratische System verantwortlich. Und sympathisierte offenkundig mit autoritären Lösungen.

Im Laufe der Diskussion meldete sich eine Frau mit bebender Stimme zu Wort, die offenbar schon lange auf Hartz IV angewiesen war. Sie prangerte die schreiende Ungerechtigkeit an und fragte in die Runde, wann »die Politik« das denn endlich korrigiere. Die Plauener Bürgerin machte ausdrücklich Gerhard Schröder und dessen Agenda-Politik verantwortlich, aber ihren Unmut richtete sie eben auch gegen die Politik allgemein. Eine Frau, ebenfalls mittleren Alters, entgegnete, warum sie denn nicht selbst aktiv werde, in einer Partei oder Initiative, irgendwo vor Ort. Politik sei doch nicht die Sache von denen da oben, sondern von uns allen. Diese Aufforderung schien die Angesprochene zu überraschen. Sie hörte sich das an. Ihre gefühlte Ohnmacht wirkte erschüttert. An diesem Abend im sächsischen Vogtland wurde sichtbar, was zunehmend ganz Deutschland beschäftigen sollte: Wut auf die da oben. Liebäugeln mit rechtsextremen Lösungen. Aber auch die Kraft selbstbewussten demokratischen Widerspruchs.

Nachdem die AfD bei der Bundestagswahl 2017 zur stärksten Kraft in Sachsen geworden war, war die Frage plötzlich allgegenwärtig: Woher kommt die Wut im Osten? Sie wurde in Lesungen, Podiumsdiskussionen und Bürgerdialogen gestellt. Politiker wie Sachsens Ministerpräsident Kretschmer versuchten in die Bevölkerung hineinzuhorchen: Was sind die Sorgen? Wünsche? Welche erlittenen Verletzungen und unerhörte Sehnsüchte treiben die Menschen um?

Einer der Ersten, die in Sachsen versuchten, regelmäßig mit Bürgern ins Gespräch zu kommen, war Martin Dulig. Der sächsische SPD-Chef ließ seinen alten Küchentisch durchs Land fahren, um ihn in Gemeindesälen aufzustellen und dort mit Leuten über alles zu sprechen, was sie an Kritik und Forderungen mitbrachten. Weil es am Küchentisch, wo er mit seiner Familie gespielt, gestritten und den nächsten Urlaub geplant habe, eine andere Nähe gebe, wie Dulig vor jeder dieser Gesprächsrunden erklärte. Ich erlebte ihn im Kulturhaus von Böhlen, südlich von Leipzig, wo dem Boden einst Braunkohle entrissen und die Narben mancherorts in Sandstände umgewandelt worden waren. Der riesige Konzertsaal im Kulturhaus Böhlen sieht so aus, als wäre die DDR nie untergegangen. Als Duligs Tour im Frühjahr 2019 in einem Nebenraum Station machte, hatte er schon fünfundfünfzigmal in Sachsen Tischgespräche geführt. Eine Weile wollten die Menschen mit ihm über nichts anderes reden als über Flüchtlinge. Danach überhaupt nicht mehr. Es gab Runden, in denen der Tisch von »freien Kameraden« aus der rechtsextremen Szene belagert wurde, aber der Küchentisch sorgte stets für einen respektvollen Umgang miteinander. Aus der Anonymität eines Saals lässt sich leichter pöbeln als gegen einen Tischnachbarn.

In Böhlen waren etliche Bürger aller Altersgruppen gekommen, denen Dulig zur Begrüßung sagte: »Objektiv geht es dem Land so gut wie noch nie, aber die Stimmung ist so schlecht wie seit dreißig Jahren nicht.« Im Laufe des Abends ging es dann um die schlechte Verkehrsanbindung an Nachbarorte und Schwierigkeiten, die viel befahrene Bundesstraße zu überqueren. Es ging um den Tourismus der Seenlandschaft, der nicht nur die Braunkohlegruben verwandelt hatte, sondern auch das Lebensgefühl der Einheimischen, die nunmehr von Busladungen mit Tagesbesuchern heimgesucht wurden. Kleine Probleme mit einer jeweils großen individuellen Bedeutung. Irgendwann setzte sich ein kleiner Mann mit Vollbart zu Dulig an den Tisch. Er erzählte von seinem Arbeitsleben im Tagebau. Dass er in der DDR Meister gewesen war, aber nur die Rente eines Steigers erhalte. Er fragte den sächsischen Wirtschaftsminister Dulig bescheiden, fast schüchtern, ob er denn mit einer höheren Rente rechnen könne. Doch der Minister konnte ihm keine Hoffnung machen. Das sei eine offene Wunde, ja, aber das Thema sei ausgeurteilt. Die Kohlekumpel erhielten keine Zusatzrente, genauso wenig wie elf andere Berufsgruppen der DDR. Wie so oft in diesen Diskussionen war man in der Nachwendezeit angekommen. Bei Ungerechtigkeiten. Und einem Schlagwort, das immer wieder fällt: die »Anerkennung von Lebensleistungen«.

Dass die sogenannte »Flüchtlingskrise« der Auslöser für die große Wut im Osten war, ist weitgehend Konsens. Mehr und mehr rückt im öffentlichen Diskurs aber die sogenannte »Nachwendezeit« mit ihren teils traumatischen Erfahrungen in den Vordergrund. Es gibt neue Diskussionen um längst geheilt geglaubte Wunden. Diverse Akteure, von der basisdemokratischen, studentisch geprägten Gruppe *Aufbruch Ost* bis zu Björn Höcke von der AfD, prangern einmal mehr die Treuhand als Symbol für einen desaströsen Einigungsprozess an und erhalten dafür in der Bevölkerung viel Zustimmung.

Der investigative Journalist und Autor Dirk Laabs hat in seinem Buch *Der deutsche Goldrausch* schon vor Jahren kritisiert, dass Bundesregierung und ehemalige Treuhänder die Arbeit der Behörde bis heute fatalerweise unter rein betriebswirtschaftlichen Aspekten betrachten. [40] Der Verkauf der gesamten ostdeutschen Wirtschaftsbetriebe brachte nur 34 Milliarden Euro ein. Insgesamt machte die Treuhand einen Verlust von mehr als 120 Milliarden Euro. »Psychologisch ist dieser Ansatz jedoch verheerend«, so Laabs. Denn man gebe damit den Ostdeutschen zu verstehen, dass ihre Heimat und ihre Lebensleistungen nichts wert gewesen seien. »Je stärker betont wird, das Land sei Schrott gewesen, desto stärker identifizieren sich viele Ostdeutsche aus Trotz mit der alten DDR«, analysiert Laabs treffend. [41] Da die allermeisten großen Betriebe von kapitalstarken Eigentümern aus dem Westen übernommen wurden, ist die vorherrschende Meinung im Osten die eines Ausverkaufs der eigenen Volkswirtschaft zu Schleuderpreisen. Für westdeutsche Investoren sei das ein »gigantisches Geschäft« gewesen, so Laabs.

Der Autor weist auf einen folgenschweren Konstruktionsfehler hin: Die Superbehörde wurde ganz bewusst nicht der Kontrolle des Parlaments unterstellt. Sie sollte als »Sündenbock« und »Ziel aller Enttäuschungen« herhalten. Diese Strategie ging nur teilweise auf. Ja, die Treuhand ist im Osten verhasster denn je, Zielscheibe für Unmut und Ärger über den Einigungsprozess. Aber sie hat es nicht geschafft, die parlamentarische Demokratie zu schützen. Im Gegenteil hat die Kombination aus beruflicher Verlusterfahrung, Intransparenz und einseitigem Transfer der Produktionsstätten maßgeblich dazu beigetragen, bei vielen eine Identifikation mit der Demokratie zu verhindern. Wer mit der Demokratie Verlust und Ungerechtigkeit verbindet, baut keine feste Bindung auf und ist im Zweifel eher bereit, das politische System infrage zu stellen. Einer Allensbach-Umfrage zufolge gaben im Januar 2019 nur 42 Prozent der Ostdeutschen an, dass die in Deutschland praktizierte Demokratie die beste Staatsform sei. Im Westen waren es 77 Prozent. [42] Demokratien stehen und fallen aber nicht zuletzt mit dem Maß an Unterstützung, wie das Ende der Weimarer Republik zeigt.

Tatsächliche und empfundene Benachteiligung der Ostdeutschen werden immer wieder als Erklärung für die rechte Radikalisierung bemüht. Die Berliner Soziologin Naika Foroutan hat die These aufgestellt, dass Ostdeutsche und Muslime in gleicher Weise benachteiligt würden. Ostdeutsche wählten auch deshalb antidemokratisch, weil sie sich nicht gleichwertig fühlten. Stärker als Westdeutsche sähen Ostdeutsche ihren Status durch den Aufstieg von Muslimen bedroht: »Sie nehmen sich und Muslime zu gleichen Anteilen als Bürger zweiter Klasse wahr.«

Die Gleichsetzung von Ostdeutschen und Muslimen ist fragwürdig. Foroutans Forschergruppe vom *Deutschen Zentrum für Integrations- und Migrationsforschung* (DeZIM) hat Muslime als besonders diskriminierte Untergruppe innerhalb der migrantischen Bevölkerung untersucht. [43] Im Endeffekt erscheinen bei dem

Vergleich aber Muslime und Migranten als nahezu identisch. Die Abwertungserfahrungen der Ostdeutschen ähnelten nun denen der Migranten, so die Forscher. Sie fühlten sich in ähnlicher Weise als Bürger zweiter Klasse, auf der gleichen unteren Stufe wie Muslime. Aber im Unterschied zu vielen muslimischen Migranten sind Ostdeutsche ja nicht nur formal besser gestellt, weil sie deutsche Staatsbürger sind, sondern auch, weil sie eben keine Minderheit sind, die aufgrund äußerer Merkmale oder einer bestimmten Religionszugehörigkeit stigmatisiert wird. Auch wenn sie in Führungspositionen von Politik und Wirtschaft drastisch unterrepräsentiert sind. Zudem ist fraglich, ob der Verlust eines Staates und sämtlicher Alltagsnormen bei allen Parallelen wirklich mit dem Weggang aus der vertrauten Heimat gleichzusetzen ist.

Foroutan konstruiert ein Kollektiv, das trotz vieler Gemeinsamkeiten gar nicht so homogen ist: die Ostdeutschen. Sie übersieht, wie heterogen und ausdifferenziert die ostdeutsche Gesellschaft mittlerweile ist. Wie weit Lebenswege im Osten auseinandergedriftet sind. Ja, es gibt objektive Benachteiligungen. Ein geringeres Lohnniveau, für viele weniger Rente, so gut wie keine ostdeutschen Chefs in großen Unternehmen. Aber wenn ich mich unter meinen Freunden umschaue, fühlt sich niemand in ähnlicher Weise diskriminiert wie ein Migrant: nicht mein Sportfreund Dieter, der als Ingenieur alle paar Wochen für ein Projekt nach Südafrika fliegt. Auch Christian nicht, mein Freund und Kollege, der eine Firma namens *L.E. Filmfactory* gegründet hat. Mein Fußballfreund Bernd ebenfalls nicht, der mit seiner guten Rente jährlich mehrere schöne Urlaube macht. Das mag daran liegen, dass sie alle einem gut situierten Milieu angehören, aber auch die selbstbewussten Handwerker und Verkäuferinnen, die ich treffe, entsprechen so gar nicht dem Bild von Benachteiligten, die sich als Opfer sehen.

Wenn ich die Erzählungen meiner Freunde über die DDR höre, verbietet es sich, eine einzige kollektive Erfahrung anzunehmen. Weil es sehr wohl gravierend ist, ob man mit dem SED-Regime in Konflikt geriet oder nicht. Da ist das glückliche Arbeitsleben von Bernd in der Metallproduktion inklusive Fußballerleben in Sachsen. Katrin dagegen, die als Kind einer christlichen Familie in einer Schule in Sachsen-Anhalt beständig kleinen und größeren Schikanen ausgesetzt war. Die von Lehrern beständig zu hören bekam: »Glauben ist nicht wissen.« Der später bei einem »Berufslenkungsgespräch« gesagt wurde: »Wir werden zu verhindern wissen, dass Sie als Christin an einer sozialistischen Schule Lehrerin werden.« Und schließlich Anna, deren Vater als Hochschulprofessor tätig war, die schon früh lernte, dass es zwei Arten zu sprechen gab: ein offizielles draußen und ein ungeschöntes zu Hause. Diese Erfahrungen in der DDR sind facettenreich und auch widersprüchlich. Dass alle die gleiche »Ost-Identität« haben sollen, egal ob sie regimekritisch oder angepasst waren, ist abseitig.

Große Unterschiede bestehen auch zwischen den Generationen. Weil Anna in ihrer Russisch-Klasse eine der Besten war, kam sie in der DDR auf ein Elite-Internat im thüringischen Wickersdorf. Ihre Klasse machte 1991 Abi, nach westdeutschen Regeln. Ihr Jahrgang hatte alle Chancen, es gab kein vorheriges Arbeitsleben, das entwertet werden konnte. Ich durfte damals als Reporter über ihr zehnjähriges Abi-Treffen in einem Leipziger Lokal schreiben. Neun Schüler aus ihrer Klasse waren im Osten geblieben und sechs in den Westen gegangen. Sabine hatte einen amerikanischen Soldaten geheiratet und war mit ihm in die USA gezogen. Eine Mitschülerin nur wenige Kilometer weiter in den Nachbarort. Die ehemaligen DDR-Eliteschüler waren Rechtsanwalt, Kulturwissenschaftlerin und arbeitslos geworden. Mit ihrer Ausbildung war alles möglich gewesen und nichts. Sie erzählten Anekdoten aus ihrer Schulzeit. Über den angeblich sicheren Atom-schutzkeller, den ein Lehrer mit seinen Marmeladengläsern voll-gestellt hatte. Sie lachten über Absurditäten und schwelgten in Erinnerungen. So wie ich es von meinen eigenen Abi-Treffen kannte. Und auch wenn Anna mir später erzählte, wie ihre ost-deutsche Herkunft im Westen in Gesprächen lange als eine Art persönliche Hypothek beargwöhnt wurde – die ehemaligen Mus-terschüler der DDR waren alles andere als Opfer. Sie hatten sich auf den Weg gemacht. Viele waren in einem glücklichen Leben angekommen. Dieser Generation boten sich in dem neuen Deutschland vor allem Chancen, die sie mehrheitlich nutzten.

Die Sozialwissenschaftlerin Naika Foroutan liegt da richtig, wo sie für Abwertungserfahrungen und Ungerechtigkeiten sen-sibilisiert, die Ostdeutsche erlebt haben. Ihre Analogie wird un-scharf, wenn sie eine Art ostdeutsches Opferkollektiv konstruiert. Richtigerweise hat sie darauf hingewiesen, dass es zwar verständ-lich sei, gegen Diskriminierung aufgrund einer ostdeutschen Herkunft zu demonstrieren. Dies mittels der Abwertung anderer Gruppen zu tun, sei jedoch »nicht der automatische Weg«. Genau dieser Kurzschluss geistert aber beständig durch den deutschen Diskurs: die rechte Radikalisierung als folgerichtiges Ergebnis realer Ungerechtigkeit. Das ist schon deshalb zu einfach, weil so-wohl Pegida-Anhänger als auch AfD-Wähler mehrheitlich eben nicht dem Bild des sozial abgehängten Verlierers entsprechen. Studien des *Instituts der Deutschen Wirtschaft* (IW) zufolge sind AfD-Wähler in etwa so gebildet wie der Bevölkerungsdurchschnitt und verdienen ähnlich gut. [44] Es ist nur viel schwieriger, gesellschaft-lich mit prägenden Ohnmachtserfahrungen aus den Transforma-tionsjahren umzugehen, als ungerechte Löhne anzugleichen. Ver-gessen wird oft, dass nicht nur schlechte wirtschaftliche Erfah-rungen gemacht wurden, sondern auch zu wenig demokratische. In Sachsen, Thüringen und Brandenburg wurden die noch jungen

Bundesländer maßgeblich von paternalistischen Politikertypen wie Kurt Biedenkopf, Bernhard Vogel und Manfred Stolpe geprägt. Die Hypothek dieser von oben nach unten durchregierenden Politik ist bis heute spürbar. Zivilgesellschaftliche Partizipation hat es in diesen Bundesländern lange schwer gehabt. Heute sind die drei Länder Hochburgen der AfD. Wo Demokratie über Jahre mit mangelhafter Teilhabe praktiziert wurde, gerät sie jetzt verstärkt unter Druck.

An einem sommerwarmen Tag im Mai 2019 ging es auch im Militärhistorischen Museum in Dresden wieder um die Frage: Woher kommt die Wut im Osten? Im Vorraum warteten Polizisten in Kampfanzügen. Offenbar rechneten die Veranstalter angesichts des Themas sogar mit Randale, die aber ausblieb. Auf dem Podium saß auch Ines Geipel. Die ehemalige Weltklasse-Sprinterin lebt als Hochschulprofessorin und Schriftstellerin in Berlin. Ihr Staffel-Gold hat sie zurückgegeben, um das Dopingsystem der DDR anzuprangern. Überhaupt ist sie eine scharfe Kritikerin der DDR, was ihr bisweilen selbst harsche Ablehnung einbringt. An diesem Abend ging es um ihr Buch *Umkämpfte Zone*, in dem sie ihre Familiengeschichte mit einer Geschichte der Gewalt in der DDR verknüpft. Geipel erzählte von ihren Großvätern, die beide in der SS waren und von der Stasitätigkeit ihres Vaters. In der *Sächsischen Zeitung* wurde Geipel nach einer Rezension ihres Buches von Leserbriefschreibern wüst beschimpft, nach dem Motto: Was fällt Ihnen ein, die DDR schlechtzumachen?

Für viele Ostdeutsche ist Ines Geipel offenbar eine Zumutung. Weil ihre Kritik radikal ist. Weil sie schonungslos auf die DDR blickt, an die sich viele nicht als Diktatur, sondern als Heimat erinnern möchten. Bei einer Lesung habe ein Mann angedroht, dass er schreien werde, wenn sie etwas gegen die DDR sage, bestätigte Geipel die vom Moderator kolportierte Anekdote. Im Militärhistorischen Museum sagte sie nun Dinge, die für einige schwer auszuhalten waren: »Wir reden immer über die Demütigungen ab '90. Wenn wir halbwegs ehrlich miteinander umgehen wollen, müssen wir doch auch anfangen, über die Demütigungen vor '90 zu reden.« Große Opfergruppen wie ehemalige Heimkinder oder Betroffene des Dopingsystems erführen bis heute kaum Solidarität. Geipel forderte eine ostdeutsche Auseinandersetzung mit der »langen Diktaturgeschichte« und »Kontinuitäten von Gewaltgeschichten«. Im Westen habe es gesellschaftlichen Druck zur Aufklärung solcher Kontinuitäten gegeben: »Wir haben nur ein abgewürgtes '68 in Prag gehabt«, sagte Geipel.

Auch wenn der Journalist Ulrich Wolf von der *Sächsischen Zeitung* auf dem Podium seine Perspektive als Zugezogener aus dem Westen einstreute – es war eine Debatte unter Ostdeutschen. Die mir einmal mehr zeigte, wie unterschiedlich auf die DDR zurückgeblickt wird, je nach eigener Erfahrung. Als die Fragerunde eröffnet wurde, stellte der erste Besucher lapidar fest: »Wir sind die Verlierer, wir sind die Kolonne. Und der Sieger ist der Westen.« Errungenschaften der DDR wie die Polikliniken seien abgewickelt worden, auch wenn man sie später ganz ähnlich neu geschaffen habe. Ines Geipel antwortete, sie habe die Realität der Polikliniken noch gut vor Augen: »Wir tun gut daran, nicht alles hochzujubeln, was in der DDR stattfand.« Sie mutete ihren Zuhörern einiges zu. Als es um den Kahlschlag durch die Treuhand ging, stellte sie fest: »Die DDR-Wirtschaft war bis ins letzte Dorf hinein im Arsch.« Daraufhin meldete sich ein Herr, sechzig Jahre alt, ein Ur-Dresdner, wie er selbst über sich sagte. Seine Mutter habe als Stationsschwester in einer Poliklinik gearbeitet. Er habe absolute Hochachtung vor ihrer Lebensleistung. Der Mann sprach ganz ruhig und respektvoll. Wenn er später seiner Mutter davon erzähle, wie sie, Ines Geipel, über die Polikliniken spreche, dann werde auch sie wütend sein.

Ines Geipel wurde nun sehr eindringlich. Sie wolle mit einem

»Dauermissverständnis« aufräumen. Mit keinem Wort habe sie
die Lebensleistung seiner Mutter wegreden wollen. Ja, man habe
in der DDR glücklich gelebt und geliebt, aber: »Wir können nicht
ewig unterwegs sein mit der Loyalität gegenüber einer Diktatur.«
An diesem Abend im Militärhistorischen Museum glomm eine
leise, wenngleich spürbare Wut. Eine tiefe Kluft tat sich auf zwischen denen, die in der DDR vor allem ihren früheren und prägenden Lebensort sehen, und den wenigen, die vor allem über
die Folgen von Diktatur sprechen wollen. Ich kam mir vor wie
ein Zaungast, außen vor, weil Ostdeutsche hier miteinander ihr
Geschichtsbild und ihr Selbstverständnis diskutierten. Sie taten
das so leidenschaftlich, dass wohl jeder, der dabei war, das große
Bedürfnis nach Austausch und Diskurs spürte. Zugleich machten
die Wortmeldungen klar, wie vermint unsere deutsch-deutsche
Geschichte bis heute ist. Wie sehr persönliche Befindlichkeiten
politische Haltungen beeinflussen. Doch die einander widerspre-
chenden Aussagen über Wutgründe und deren Wirkungen machen auch deutlich, wie notwendig ein gesellschaftlicher Minimalkonsens ist. »Worauf verständigt sich denn nun eine Gesellschaft, und was ist ein No-Go?«, wie Ines Geipel anmahnte. »Das
müsste im Osten diskutiert werden.« Diese gesellschaftliche
Übereinkunft zu suchen und zu organisieren, ist die Aufgabe aller, die hier leben. Die notwendige Debatte unter Ostdeutschen
ersetzt nicht den Diskurs der gesamten Bürgerschaft, unabhängig
von der Herkunft.

Denn Wut ist kein Argument. Wer sie rauslässt, hat nicht per
se recht. Entscheidend ist, wie die Wut wirkt. Wie sie die Gesellschaft verändert, gegen wen sie sich richtet, und welcher Partei
sie zu Stimmen verhilft. Danach wird bei der Ursachenforschung
der Radikalisierung im Osten zu selten gefragt. Das gilt insbesondere auch bezüglich der Wählerstimmen für die AfD, der es offenbar gelingt, diverse ostdeutsche Unzufriedenheiten in Wahl-

erfolge umzuwandeln. Wer die Konsequenzen der Entscheidung, AfD zu wählen, ausblendet, kommt zu gefährlichen Kurzschlüssen. Bei einer Podiumsdiskussion in Leipzig stellte der Soziologe Holger Lengfeld die wichtigsten Ergebnisse seiner Studie über AfD-Wähler im Osten vor. Die seien eben nicht unterprivilegiert, sondern kämen aus allen sozialen Schichten. AfD zu wählen habe wenig mit der eigenen wirtschaftlichen Situation zu tun, ob man also arm oder reich sei. Es gehe vielmehr um das Gefühl, von einer gesellschaftlichen Entwicklung überholt zu werden. Er würde diese Wähler, die sich nicht mit liberalen Entwicklungen wie der Ehe für gleichgeschlechtliche Paare abfinden wollten, als wertkonservativ bezeichnen. Man könne auch davon sprechen, dass sich diese Wähler »kulturell abgehängt« fühlen. Für sie gebe es vor allem zwei Motive, die AfD zu wählen: erstens eine kritische Haltung zur Zuwanderung und zweitens Unzufriedenheit mit der demokratischen Praxis. Der Soziologe erkannte sogar einen positiven Nebeneffekt. Immerhin habe sich die Wahlbeteiligung dank der AfD wieder erhöht, so Lengfeld.

Sind AfD-Erfolge also geradezu eine Frischzellenkur für die Demokratie? Der Soziologe verlor an diesem Abend kein Wort darüber, wofür die AfD inhaltlich steht. Dass wichtige Repräsentanten völkischem Nationalismus das Wort reden und den Nationalsozialismus verharmlosen. Wie sinnstiftend Rassismus und Antipluralismus für die Partei sind. Was Lengfeld als »kritische Haltung zur Zuwanderung« verharmlost, nennen Kollegen wie die Sozialforscher Elmar Brähler und Oliver Decker schlicht Ausländerfeindlichkeit. In deren Leipziger Autoritarismus-Studie im Auftrag von *Heinrich-Böll-Stiftung* und *Otto-Brenner-Stiftung* konnten sie im Jahr 2018 zeigen, dass der Anteil der Ausländerfeinde unter AfD-Wählern mit 55,6 Prozent mehr als doppelt so hoch war als bei anderen im Bundestag vertretenen Parteien, die nur auf elf bis 22,8 Prozent kamen. [45] Der Marburger Soziologe Martin Schröder überschrieb eine Studie zum Thema mit der griffigen Formel: »AfD-Unterstützer sind nicht abgehängt, sondern ausländerfeindlich.« Ausländerfeindlichkeit sei die Einstiegsdroge in den Rechtsextremismus, betont wiederum Studienleiter Decker und fasst wichtige Forschungsergebnisse so zusammen: Wer rechtsextrem sei, finde seine neue Heimat bei der AfD.

Zwar versuche die Partei auch das konservative Milieu zu bedienen, doch die Einstellungen der Wählerschaft sprechen der Autoritarismus-Studie zufolge dafür, dass vor allem extrem rechte Rhetorik gut ankomme. Die AfD wird demnach nicht trotz, sondern wegen ihrer radikalen Inhalte gewählt. Doch selbst wenn man dem Soziologen Lengfeld darin folgt, dass sich AfD-Wähler von liberalen gesellschaftlichen Modernisierungen kulturell abgehängt fühlen, lässt sich davon nicht auf die Harmlosigkeit der AfD schließen. Persönliche Motive von Wählern sollten nicht mit den politischen Motiven einer Partei verwechselt werden, in der Björn Höcke und dessen Flügel die radikale Richtung vorgeben. Wer AfD wählt, gibt seine Stimme einer Partei, die unsere pluralistische Demokratie unverhohlen infrage stellt und grundlegende gesellschaftliche Übereinkünfte angreift.

Die schwierige Aufgabe der demokratischen Parteien besteht darin, aus den diversen ostdeutschen Wutquellen jene Missstände herauszudestillieren, die politisch gelöst werden können und müssen: fehlende Repräsentanz von Ostdeutschen in Politik und Wirtschaft, Anpassung von Lohnniveaus, Beseitigung von Ungerechtigkeiten bei den Renten. Aber es wäre falsch zu verkennen, dass viele Wählerstimmen für die AfD nicht in erster Linie das Ergebnis ungerechter Sozialpolitik sind, sondern eine bewusste Entscheidung für rechtsradikale, rassistische und autoritäre Botschaften. Weil sie zu weitverbreiteten Vorurteilen ebenso passen wie zu einem Homogenitätsideal, das noch aus DDR-Zeiten stammt. Es sind Botschaften wie die des sächsischen AfD-

Generalsekretärs Jan Zwerg, der seinen Anhängern zum Auftakt des Wahlkampfs zurief, die Landtagswahl werde zur Volksabstimmung darüber, ob Sachsen deutsch bleibe. Er fügte die Drohung hinzu: »Die Jagdsaison ist eröffnet.«

Am Tag vor der Europawahl im Mai 2019 traf ich am Infostand der Grünen in Bautzen die fünfunddreißigjährige Steffi. Die Biotechnologin hatte fünf Jahre in Braunschweig gelebt, ein halbes Jahr auch im französischen Nancy. Ihre Eltern wohnten noch immer in Spremberg in Brandenburg. Steffi erzählte, der Vater habe in der DDR Fernseher repariert und das dann nach 1989 fortsetzen können. Später habe er sich erfolgreich fortgebildet und immer Arbeit gehabt. Ihre Mutter habe weiter als Krankenschwester gearbeitet. Ihre Eltern hätten ein schönes Haus, ein großes Auto, glückliche Töchter. Doch wenn sie ihre Eltern in der alten Heimat besuche, bekomme sie zu hören, »dass die Ausländer alles von unserem Geld kriegen«. Dabei gebe es in Spremberg kaum Ausländer. »Ich verstehe nicht, warum«, sagte Steffi Neubauer. »Aber ich bin mir sicher, dass meine Eltern AfD wählen.« Bei diesen Wählern geht es für die demokratischen Parteien nicht um die Korrektur erlittener Ungerechtigkeiten, sondern darum, für ein attraktives, demokratisches, solidarisches Gesellschaftsmodell mit effektiven Lösungen zu werben. Dafür müssen die demokratischen Parteien mobilisieren. Und sich mit ihrem Angebot vor allem an jene Mehrheit der Bürger wenden, die sich zur liberalen Demokratie bekennt. Um mit guter Politik alle zu überzeugen, die für rationale Argumente, demokratische Spielregeln und sachorientierte Problemlösung aufgeschlossen sind. Nur mit eigenen Konzepten können sie auch wieder für einen Teil von denen attraktiv werden, die momentan der AfD zuneigen. Anpassung und Anbiederung an rechtsradikale Losungen und Lösungen sind der falsche Weg.

Die Zuhörerin

Sie hat einen Nerv getroffen. Petra Köpping, sächsische Ministerin für Gleichstellung und Integration von der SPD, hat eine neue Debatte über Ostdeutschland entfacht. Nicht nur das. Sie ist durch hartnäckige Tiefenbohrung auf unerhörte Geschichten und unverarbeitete Geschichte gestoßen. Auf Verletzungen, die fast drei Jahrzehnte zurückliegen, aber bis heute nachwirken. Seit vielen Jahren führt sie Gespräche mit Bürgern. In ihrem Wahlkreisbüro, auf der Straße, bei Demos, bei Veranstaltungen. Insgesamt waren es wohl einige Tausend, so schätzt sie selbst. Als 2015 immer mehr Menschen auch in Sachsen Zuflucht suchten, drehten sich ihre Gespräche nur noch um ein einziges Thema: Flüchtlinge. Wie viele kommen. Was die alles kriegen. Wie falsch das ist. Petra Köpping stellte ihren Gesprächspartnern dann immer eine Frage: »Wer sind Sie denn eigentlich?« Das änderte alles.

Denn danach ging es in den Unterhaltungen nicht mehr um Asyl und unerwünschte Migranten, sondern um die eigene Lebensgeschichte. Um Arbeit und den Verlust von Arbeit. So unterschiedlich diese Biografien auch sind, eines haben viele gemeinsam: Die Geschichten, die ihr erzählt werden, spielen in der »Nachwendezeit«. Jener Phase in den frühen Neunzigerjahren, als alle, die in der DDR gelebt hatten, neu anfangen mussten. Die Ministerin hört von Kränkungen, die offenbar auch nach all den Jahren nicht verwunden sind. Erstaunlicherweise spielt dabei kaum eine Rolle, ob jemand in dieser schwierigen Anfangszeit Erfolg gehabt hatte oder gescheitert war. Die Ministerin hat mit ihrer politischen Graswurzelarbeit einen blinden Fleck in der deutschen Debatte aufgespürt.

Am 31. Oktober 2016 hat Petra Köpping in Leipzig eine viel beachtete Rede zum »Politischen Reformationstag« gehalten. [46] Ausdrücklich stellte sie die »Nachwendezeit« in den Mittelpunkt. Die Lebensgeschichten einer ganzen Generation. Niemand habe denen, die sie erlebt hatten, zugehört. Das wollte sie ändern. Köpping sprach davon, dass sie bei vielen im Osten eine Kränkung spürt, die bis heute wirkt. Auf diese Zeit der persönlichen Verletzungen wollte sie schauen. Nicht wie üblich aus einer rein wirtschaftlichen und politischen Perspektive, sondern mit Blick auf die Menschen. Sie nannte ein Beispiel. Nach dem Abbau der »desolaten DDR-Industrie«, in ihrer Analyse war sie durchaus schonungslos, habe die Politik der Treuhand eine »entwurzelte Arbeiterschaft« zurückgelassen, der keine »Trauerarbeit« zugestanden wurde. Sie erinnerte sich, wie sie als Bürgermeisterin am späteren Störmthaler See südlich von Leipzig die »feierliche Sprengung« der monströsen Bergbaugeräte miterlebte, die wie tote Rieseninsekten in der Landschaft standen. Den anwesenden Bergleuten sei dabei gar nicht nach Feiern zumute gewesen. »Denen standen Tränen in den Augen«, erinnerte sich Köpping. Viele hätten diesen Verlust nie verarbeitet und seien fortan arbeitslos geblieben. Mehr noch: »Sie waren einstmals Helden, und nun nannte man sie Umweltzerstörer.« Köpping leugnet in ihrer Rede nicht, dass die DDR-Wirtschaft am Ende gewesen war, aber sie kritisiert, wie sich der »Turbokapitalismus« im Transformationsprozess ausgetobt hatte.

Sie hat persönlich miterlebt, wie das vielfach ablief. In der Kleinstadt Colditz arbeitete sie an einem Konzept zum Erhalt der dortigen Emaille-Fabrik mit. Letztlich sei die Rettung nicht an falscher Planung gescheitert, sondern daran, Kredite zu bekommen. Schließlich habe die Treuhand das Werk an einen westdeutschen Unternehmer verkauft: für eine Mark. Köpping kennt viele Beispiele dafür, wie Ostdeutsche seinerzeit über den Tisch gezogen wurden. Dieser »Stachel der Demütigung im Fleisch vieler Ostdeutschen« sitzt tief. Sie ist davon überzeugt: Die damals erlebte wirtschaftliche Unsicherheit hat das Vertrauen in die Demokratie nachhaltig beschädigt. Frauen, die im Osten viel emanzipierter gewesen seien als im Westen, wurden nach der Wende dazu degradiert, zu Hause zu bleiben, weil die vorhandenen Arbeitsplätze meistens mit Männern besetzt wurden. Die »basisdemokratische Sternstunde« der runden Tische, wo es um Partizipation und Mitbestimmung ging, wurde ignoriert. Gefühle von Kränkung, Demütigung und Wut gibt es ihr zufolge übrigens nicht nur bei denen, die despektierlich »Wendeverlierer« genannt werden. Ihre Forderung bündelte sie zu drei Schlagworten: Ehrlichkeit. Anerkennung. Aufarbeitung.

Die Ministerin hat in ihrer Rede versucht, das diffuse Misstrauen und Unbehagen gegenüber der Demokratie im Osten zu ergründen. Mit eindringlichen Bildern. Die Gefühle und Erlebnisse der Nachwendezeit hingen »vielen wie ein Klotz am Bein«. Das erklärt für die Ministerin viel von dem heutigen Misstrauen. Zugleich erteilt sie aber jenen eine Absage, die dieses Misstrauen weiter schüren und gegen die soziale und liberale Demokratie hetzen, indem sie an ostdeutsche Gefühle appellieren. Wer versucht, Menschen gegeneinander auszuspielen, ist bei ihr fehl am Platz: »Wer mit Rassismus und Fremdenhass agiert, hat mich als Gegner.«

Die Rede von Petra Köpping ist eine Gratwanderung. Ihr Verständnis für Gefühle der Demütigung und Kränkung drückt sie auch aus, indem sie von den »kleinen Leuten« spricht, was jeden Einzelnen kleiner macht, als er ist. Aber sie spricht offenbar vielen aus der Seele, wie die große Resonanz auf ihre Rede zeigt. Ihr Appell, zunächst einmal nur zuzuhören, erscheint banal, doch das enorme Interesse für die in der Folge eingerichteten Dialogforen lässt erahnen, dass sich offenbar viele von der Politik nicht wahr- und ernst genommen fühlen. Es gibt im Osten einen enormen, lange ignorierten Mitteilungsbedarf. Zugleich macht Köpping aber auch klar, wo ihre Grenze verläuft. Dass sie erlittene Kränkung und Wut nicht als Legitimation für rassistische Abwertung und Ausgrenzung akzeptiert. Ihre Rede war eine niedrigschwellige Einladung zum politischen Diskurs, die von vielen bereitwillig angenommen wurde. Damit verbunden ist die Erkenntnis, dass ein weitverbreitetes Unbehagen im Osten über Jahre politisch weder wahrgenommen noch im politischen Alltagsgeschäft berücksichtigt worden ist.

Zuhören ist die große Stärke von Petra Köpping. Die zeigt sie etwa in den »Sachsengesprächen«, bei denen sich das Kabinett den Fragen und Diskussionen der Bürger in wechselnden Städten stellt. In Löbau setzt sich eine junge Frau mit der Bitte um Rat an ihren Tisch in der großen Mehrzweckhalle. Sie hat in einem kleinen Ort einen Verein gegründet und beklagt nun mangelnde Unterstützung. Die Ministerin hört lange zu. In einer Weise, die signalisiert, dass sie in diesem Moment nichts anderes tut. Mit ihrer Antwort macht sie es sich nicht leicht, verspricht nichts, was sie nicht halten kann. Im Gegenteil mutet sie der jungen Frau eine unangenehme Wahrheit zu. Dass sie sich Vertrauen und Unterstützung vor Ort mühsam erarbeiten muss. Und dass sie darauf als Ministerin von Dresden aus wenig Einfluss hat. Aus dieser Ehrlichkeit speist sich ihre Glaubwürdigkeit. Andererseits wird in solchen Gesprächen deutlich, wie begrenzt ihre Möglichkeiten sind, die ganz individuellen Probleme, die an sie herangetragen werden, politisch zu lösen.

Die Erfahrungen ihrer ostdeutschen Mitbürger und ihre eigene Geschichte haben Petra Köpping zu einer Streitschrift inspiriert. Auf einer Demo bekam sie nämlich zu hören: »Sie immer mit Ihren Flüchtlingen.« Eine dieser impulsiv geäußerten Beschwerden ist zum Titel ihres Buches geworden: *Integriert doch erst mal uns*. Darin hält sie die wichtige Erkenntnis fest, dass bei vielen das allgegenwärtige Thema »Flüchtlinge« offenbar nur eine Projektionsfläche für tiefer liegende Wut und Kritik ist. Geflüchtete dienen demnach nur als Sündenböcke. Ihre zentrale These: Nur wenn die Ungerechtigkeiten der Nachwendezeit endlich als solche benannt werden, können die erlittenen Demütigungen und die daraus resultierende Verweigerungshaltung gegenüber dem demokratischen System überwunden werden.

Nach einer schonungslosen Abrechnung mit der Treuhandpolitik und westlicher Arroganz formuliert Köpping konkrete Folgerungen und Forderungen für den Osten. Sie appelliert an die Ostdeutschen, selbst Verantwortung zu übernehmen und in Parteien einzutreten. Und sie fordert eine Aufarbeitung der Nachwendezeit in Ost und West. Außerdem habe der Osten einen Zukunftsentwurf bitter nötig. Eine Vision. »Was können wir tun?«, fragt Petra Köpping, und ihre konkreten Antworten zeigen, wie schwierig es ist, aus richtigen Erkenntnissen konkrete Konzepte und Strategien zu entwickeln.

Köpping regt an, die Nachwendezeit in Schulen und Erwachsenenbildung zu behandeln. Ihre Forderung nach umfassender wissenschaftlicher Aufarbeitung des Wirkens der Treuhand deutet an, dass bei diesem sensiblen Thema keine rechtlichen Korrekturen längst getroffener Entscheidungen zu erwarten sind. Die von ihr angeregte bundesdeutsche *Kommission zur Aufarbeitung des Unrechts der frühen Nachwendezeit* könnte allenfalls dazu beitragen, etwaige Ungerechtigkeiten festzustellen und offiziell anzuerkennen. Der langjährige *Spiegel*-Redakteur Norbert F. Pötzl kommt nach umfangreicher Archivrecherche zu einem ganz anderen Befund über die Treuhand als Köpping. [47] Er warnt vor populistischer Legendenbildung und einem ostdeutschen Opfermythos. So sei die Darstellung eines nahezu vollständigen Ausverkaufs nicht zutreffend. Kritiker argumentierten, dass 80 Prozent des verwalteten ostdeutschen Produktionsvermögens in westdeutschen und weitere 14 Prozent in ausländischen Besitz übergingen. Was die Zahl der Betriebe angehe, seien Ostdeutsche aber sehr wohl zum Zuge gekommen. Die meisten Geschäfte, Gaststätten, Hotels, Apotheken, Buchhandlungen und Kinos blieben nämlich in ostdeutscher Hand, so Pötzl. Genauso wie dreitausend kleinere und mittelgroße Betriebe. Pötzl bestreitet nicht, dass es beim Verkauf ehemaliger DDR-Betriebe bisweilen kriminell zuging. Auch nicht, dass sich betrügerische Investoren erst staatliche Subventionen erschlichen, um anschließend gekaufte Unternehmen auszuplündern. Aber er wendet sich gegen Pauschalurteile und wirbt dafür, im Osten neue, unbequeme Erkenntnisse über die Treuhand zuzulassen. Die Kontroverse verdeutlicht, wie notwendig eine umfassende wissenschaftliche Untersuchung ist: um auf sicherer Faktenbasis einerseits tatsächliche Fehler und falsche Entscheidungen der Treuhand festzustellen. Um aber andererseits auch mit unberechtigten Dämonisierungen aufzuräumen.

Über die Aufarbeitung der Nachwendegeschichte hinaus fordert Petra Köpping, zu reparieren, »was irgend möglich ist«. Beispielsweise Ungerechtigkeiten bei Löhnen und Renten. Fast ein Drittel der Beschäftigten im Osten verdient weniger als zehn Euro pro Stunde. Köpping stellt gleichwohl klar, dass viele dieser Ungerechtigkeiten nicht einfach per Gesetz korrigiert werden können. Zwar kritisiert sie, dass Ostdeutsche in Leitungspositionen von Politik und Wirtschaft unterrepräsentiert sind. Die viel diskutierte »Ost-Quote« hält sie aber für ungeeignet, allein schon deshalb, weil gar nicht bestimmt werden kann, wer eigentlich »ostdeutsch« ist. Nur ehemalige DDR-Bürger? Alle, die im Osten leben? Auch jene, die nach 1990 kamen? Die Ministerin baut nicht auf schnelle Scheinlösungen. Darin liegt das Verdienst ihrer Streitschrift. Köpping verzichtet ganz bewusst auf populistische Wucht. Die Folge ihrer differenzierten Gesellschaftskritik: Ihre Partei, die sächsische SPD, kann von ihrer Popularität nicht profitieren und stürzt bei der Landtagswahl im Sommer 2019 sogar auf unter zehn Prozent ab.

Dennoch ist ihr Ansatz richtig und wegweisend. Weil er hilft, Quellen der Wut im Osten zu erkennen und Kritik zu adressieren. Petra Köpping kann das, was ihr Menschen auf der Straße oder im Bürgerbüro anvertrauen, so gut verstehen, weil sie es ganz ähnlich selbst erlebt hat. Zur Leipziger Buchmesse 2019 saß ich mit ihr zusammen auf einem Podium. Eingeladen hatte uns die Leipziger Initiative *Aufbruch Ost*, die ebenfalls versucht, die Nachwendezeit kritisch aufzuarbeiten. »Friede, Freude, Einheit?« hieß die Veranstaltung. Köpping sollte über Gründe für die grassierende Wut sprechen, ich über die Folgen. An diesem Abend lernte ich viel darüber, wie unterschiedlich wir die Wendezeit erlebt hatten. Wie wenig meine Sicht auf die Befreiung von der SED-Diktatur dem Lebensgefühl der Menschen im Osten entsprach. Sie gewannen zwar politische Freiheit, büßten aber in ihrer Wahrnehmung auch individuelle Autonomie ein, weil Arbeit, Wohnung und soziales Leben plötzlich nicht mehr garantiert waren. Die Ministerin fasste das so zusammen: Fragt man einen Westdeutschen, was ihm die Wiedervereinigung praktisch gebracht hat, sagt der: den Soli. Fragt man einen Ostdeutschen, was sich geändert hat, lautet die Antwort: alles.

Vor der Revolution 1989 war Petra Köpping Bürgermeisterin von Großpösna, einem kleinen Ort bei Leipzig. Als die Leiterin des Kindergartens auch noch in den Westen floh, schickte Köpping der SED einfach ihr Parteibuch zurück. An diesem Abend in einem kleinen Theater im Leipziger Osten erinnerte sie sich auf dem Podium daran, wie sie nach dem »Beitritt« zur Bundesrepublik dastand. Mit drei Kindern und ohne Perspektive. Denn sie hatte Staatsrecht in Potsdam studiert, das war jetzt nichts mehr wert. Zunächst habe sie sich gar nicht getraut, sich zu bewerben. Schließlich habe sie doch einen Job gefunden, als Außendienstmitarbeiterin einer Krankenkasse. Ihr Chef aus Bayern wollte sie erst gar nicht einstellen. Mit drei Kindern, das geht doch nicht, habe er gesagt. Sie wettete dann mit ihm, wer im ersten Jahr seltener krank sein werde. Sie oder er. Petra Köpping bekam den Job und gewann die Wette. Auf dem Podium schilderte sie, wie sie langsam Fuß fasste, zugleich aber wie viele andere eine Arbeit unter ihrer Qualifikation annehmen musste. Die Selbstmordrate sei in jener Zeit deutlich angestiegen. Sie sprach ruhig und besonnen über jene Zeit, aber das eigene Erleben gab ihrer Analyse eine biografische Kraft. Es war ganz still im kleinen Theatersaal, alle hörten zu.

Köpping wurde 2004 wieder Bürgermeisterin von Großpösna, später Landrätin und Landtagsabgeordnete, 2014 sogar Ministerin in der Koalition von CDU und SPD. Der biografische Bruch hat ihr letztlich den sozialen Aufstieg geebnet, weil sie sich in der neuen Gesellschaftsordnung für politisches Engagement entschieden hat, aber auch sie hat die Erfahrungen der Wendejahre nicht vergessen. Die Degradierung als Frau, der plötzlich eine Rolle als Hausfrau und Mutter zugewiesen wurde. Gegen die sie zwar erfolgreich aufbegehren konnte. Aber das seinerzeit mächtige Rollenbild empfindet sie bis heute als Zumutung. Sie erinnert sich noch gut an ein Wort von Kurt Biedenkopf, der davon sprach, dass die Erwerbsquote der ostdeutschen Frau überdimensional hoch gewesen sei. Offenbar hielt er mehr Heim und Herd für den Normalzustand. Überhaupt, die westdeutsche Abschätzigkeit mit ihren Floskeln: Lernt doch erst mal arbeiten. Viele schämen sich im Osten bis heute für ihre Herkunft, so Köpping. Das will sie ändern. Sie wirbt für ein ostdeutsches Selbstbewusstsein: »Bleiben wir Ossis. Seien wir stolz darauf.«

An diesem Punkt wird es schwierig. Denn Stolz ist keine politische Lösung. Und eine ostdeutsche Identität ebnet ein, dass es nicht nur ganz unterschiedliche ostdeutsche Lebenswege gibt, sondern auch Interessen. Unternehmer, Arbeitslose, alleinerziehende Mütter, IT-Spezialisten, Handwerker und ungelernte Geringverdiener – diesen ganz unterschiedlichen Gruppen hilft das Label »ostdeutsch« nicht, eigene Bedürfnisse zu artikulieren. Köppings Verdienst besteht jedoch darin, den bislang weitgehend übersehenen persönlichen Folgen des Einigungsprozesses eine selbstbewusste Stimme gegeben zu haben. Den Zusammenhang zwischen den vielen sich ähnelnden Negativerlebnissen nach 1989 und der ostdeutschen Gesellschaft von heute herzustellen.

Demütigung und Kränkung sind aber Erfahrungen, die politisch kaum zu heilen sind. Petra Köpping regt an, den Gründen für weitverbreitete Unzufriedenheiten nachzuspüren und politische Wut richtig zu adressieren. Das ist nicht wenig, wie der grassierende Rassismus zeigt, der sich lieber Sündenböcke sucht als rationale Antworten. Köppings Ansatz ist dagegen emanzipatorisch. Er setzt auf Teilhabe. Versucht, aus dem diffusen Gefühl erlittener Ungerechtigkeit konkrete politische Forderungen abzuleiten. Zwischen politisch möglichen Korrekturen und historischer Aufarbeitung zu unterscheiden. Sie wendet sich damit sowohl an ostdeutsche Mitbürger als auch an Westdeutsche und Politiker. Trotz der großen Resonanz auf ihre Streitschrift fällt Köppings Bilanz allerdings gemischt aus. Ja, sie hat die richtigen Fragen gestellt. Blinde Flecken der jüngsten deutschen Geschichte für alle sichtbar gemacht. Wutquellen freigelegt. Aber politisch profitiert hat sie davon nicht. Auch weil sie keine einfachen Lösungen für komplexe Probleme anbietet. Entscheidende sozialpolitische Korrekturen zur Angleichung der Lebensverhältnisse in Ost und West konnte sie nicht anschieben. Also reist sie weiter herum, diskutiert, sammelt Geschichten. Sie ist vor allem Zuhörerin geblieben. Dass ihr das nicht reicht, hat sie mit ihrer Kandidatur für den Parteivorsitz der SPD im Duo mit Boris Pistorius gezeigt. Auch wenn es nicht gereicht hat. Sie hat auf sich und ihr Anliegen aufmerksam gemacht. Der Osten soll endlich gehört werden, auch in Berlin.

Unterwegs in Kontrastland

Frühmorgens fuhren wir auf der A 14 Richtung Südosten, Tina und ich, mit gemischten Gefühlen. Tina ist in Gera, Thüringen, aufgewachsen, lebt wie ich in Leipzig und hat in der Psychiatrie und auf einer Berufsfachschule gearbeitet, bevor sie ihren ersten Roman schrieb. Sie unterstützte die Leipziger Schriftstellerin Anna Kaleri bei ihrem Projekt »Literatur statt Brandsätze«. Das war ganz wörtlich gemeint. Vielerorts gab es Anschläge auf Asylunterkünfte, Schriftsteller aus Sachsen wollten mit Worten dagegen aufbegehren, auch ich. Tina und ich waren im September 2016 ins Glückauf-Gymnasium nach Dippoldiswalde eingeladen, und während wir durch weiches Morgenlicht fuhren, überlegten wir, was uns erwartet. Tina ist als gebürtige Ostdeutsche genauso über grassierenden Rassismus, zunehmende rechte Gewalt und ausbleibende staatliche und zivilgesellschaftliche Reaktionen besorgt wie ich als Zugezogener. Dippoldiswalde, unweit von Dresden, war Pegida-Land, dachten wir und machten uns auf vorurteilsgetränkte Diskussionen mit den Schülern gefasst.

Jugendliche sind für einen Autor das denkbar ehrlichste Publikum. Sie machen dir nichts vor. Heucheln kein Interesse, das sie nicht haben. Ich las der Klasse des Glückauf-Gymnasiums vor, was Milan und David in Liebbrehna widerfährt. Milan ist aus Hamburg in die sächsische Provinz gezogen. Wo er sich mit David anfreundet, einem Stotterer mit blau gefärbter Haarsträhne.

Die beiden treffen sich mit ihren Freunden in der *Roten Zora*, einem alternativen Jugendclub, in dem der Nikotingestank nicht mehr aus den abgewetzten Sofas entweicht. Sie haben eine Nische gefunden, in der sie sein können, wie sie wollen, bis sie von den sogenannten *Heimatwächtern*, einer rechten Kameradschaft, gejagt werden. Auf einem Volksfest wird ein Freund zusammengeschlagen. Danach sind Milan und David verschwunden. Es gibt dieses Liebbrehna nicht. Und doch gibt es solche Orte dutzendfach. Auch Milan und David, die Figuren meines Romans *Vorhofflimmern* sind fiktiv, aber gezeichnet aus unzähligen realen Erlebnissen und Erfahrungen, die mir Jugendliche anvertraut haben. In sächsischen Orten wie Mügeln, Geithain und Limbach-Oberfrohna.

Die Geschichte der Außenseiter, die nicht sein dürfen, was und wer sie sind, machte etwas mit den Schülern in Dippoldiswalde. Sie begannen zu diskutieren, wie sie auf die Angriffe reagieren würden. Eltern informieren, sich wehren, anpassen. Sie fühlten empathisch mit den Opfern, wogen Mut und Feigheit ab und versuchten, die Reaktionen von Lehrern und dem Bürgermeister zu erahnen. Sie konnten sich gut in die Lage von Milan hineinversetzen. Wie es ist, neu irgendwohin zu kommen. Wie wichtig es ist, von anderen auf- und angenommen zu werden, aber auch sich einzufügen. Tina und ich fragten nach ihren eigenen Plänen. Sie mochten ihre Heimat sehr, wollten nach dem Abi aber trotzdem erst mal weggehen. Raus, woandershin, um Neues kennenzulernen. Für die allermeisten stand fest: Sie würden irgendwann zurückkommen. Mit neuen Erfahrungen und Sichtweisen. Es war ein ermutigender Tag in Dippoldiswalde, der meine Befürchtungen und Vorurteile widerlegte. Diese Schüler waren heimatverbunden, aber aufgeschlossen. Aus ihren reflektierten Wortmeldungen sprachen humanistische Bildung und ein eigenständiger Blick auf die Welt. Bildung bleibt der wichtigste

Puffer gegen Vorurteile. Viele Lehrer, so wird aus Fortbildungen berichtet, trauen sich im Osten nicht, Position für die Demokratie zu beziehen. Um nicht in den Verdacht zu geraten, auf ähnliche Weise zu manipulieren wie zu DDR-Zeiten im Fach Staatsbürgerkunde. Der Deutschlehrer in Dippoldiswalde gehörte zu denen, die sich nicht davor scheuen, politisch motivierte Gewalt, mangelnde Toleranz und kollektives Schweigen über Neonazismus zu thematisieren.

Einige Zeit nach dieser Lesung ist aus dem Projekt gegen Brandsätze ein Verein geworden: *Laute Leise*. Ziel ist es, Kultur und politische Bildung mit ganz verschiedenen Stilmitteln in die Provinz zu tragen. Eigentlich war sie eher unpolitisch, sagt Vereinsgründerin Anna Kaleri, als wir uns persönlich kennenlernen. Die Radikalisierung von rechts hat aus der Schriftstellerin eine Aktivistin für die Demokratie gemacht. Mittlerweile ist sie bei den Grünen. Mutige Bürger, die sich in Demokratievereinen engagieren, gibt es auch in Sachsen überall: in Borna *Bon Courage*, *Bündnis für Demokratie und Zivilcourage* in Meißen, *Bürger Courage* in Dresden. Viele dieser Initiativen und Vereine haben sich im Netzwerk *Tolerantes Sachsen* zusammengeschlossen. [48] Sie bleiben in der medialen Wahrnehmung meistens unsichtbar, weil Wut und Aggression spektakulärer sind als Lesungen, Ausstellungen und Workshops.

Zu einer Ehrung für demokratische Initiativen, die ich im sächsischen Borna moderiert habe, kamen weder Reporter noch Lokalpolitiker. Als alle Geehrten mit ihren Blumensträußen vorn in einer Reihe standen, waren vor ihnen fast alle Stühle leer. Eine traurige, surreal anmutende Szene. Die Engagierten blieben mal wieder unter sich. Dieses Aufmerksamkeitsdefizit führt fatalerweise dazu, dass der Rechtsruck unaufhaltsamer erscheint, als er ist. Über die »Sorgen und Ängste« von Menschen, die sich vor Fremden fürchten, ist ausführlich berichtet worden. Über die Sorgen derer, die mit ihrer Graswurzelarbeit die pluralistische Demokratie stützen, erfährt man in der Presse genauso wenig wie bei Maybrit Illner und Sandra Maischberger. Im Ergebnis ist dieser mediale Mechanismus ein Verstärker für rassistische Diskurse.

Im Mai 2018 war ich wieder mit meiner Autorenkollegin Tina unterwegs. Diesmal auf dem Weg ins Berufsschulzentrum nach Bautzen. Das Thema der Veranstaltung hieß »Arrive«. [49] Ankommen. Die Schule wurde von einem Team starker Frauen geleitet, die uns freundlich begrüßten und erklärten, dass nach unserer Lesung in Gruppen diskutiert werden soll. Tina und ich suchten uns nach dem Lesepart einen Platz im Hof. Unter einem schattenspendenden Baum diskutierten wir mit den Berufsschülern über ihre und unsere Erfahrungen mit dem Ankommen. Tina erinnerte sich, wie es war, nach der Sozialisation in der DDR in der Bundesrepublik anzukommen, wo alles neu und anders war. Ich berichtete von dem Kulturschock nach meiner Auswanderung in den Osten.

Schülerinnen erzählten uns dann von den Problemen am Bautzener Kornmarkt, wo immer wieder minderjährige Geflüchtete mit einheimischen Jugendlichen aneinandergeraten waren, mit Schlägereien und Verletzten. Als die rechtsextreme Szene mobilisiert wurde, eskalierte die Situation im September 2016. Neonazis jagten Geflüchtete durch die Straßen bis zu ihrer Unterkunft, nachdem die Polizei am Kornmarkt Platzverbote gegen die Asylsuchenden ausgesprochen hatte. Videoaufnahmen von dem Gewaltausbruch sorgten landesweit für Entsetzen. Eine Schülerin sagte, sie sei hin- und hergerissen und wisse nicht, was sie darüber denken solle. Einerseits hätten sich diejenigen, die herkommen, zu benehmen. Andererseits fand sie die rechte Gewalt auch nicht gut. Das Bedürfnis, darüber zu reden, war groß. Die Unsicherheit auch.

Während wir in unserem Sitzkreis unter dem Baum darüber sprachen, blieb eine kleine Gruppe von Jungen demonstrativ abseits und wandte uns den Rücken zu. Ich fragte, ob sie nicht mitreden wollten. Daraufhin erklärte einer von ihnen, er sei bei der *Jungen Alternative*, der Jugendorganisation der AfD, und er werde ganz sicher nicht seine Meinung ändern. Ich erklärte, dass ich nicht gekommen sei, um Meinungen zu ändern, sondern erst mal gern seine kennenlernen würde. Doch der junge Mann lehnte ab und blieb mit seinen Freunden lieber abseits. Seine Sicht und Argumente wären spannend gewesen, aber er entzog sich lieber. Der Riss hat längst Kinder und Jugendliche erreicht. Mitunter spaltet er auch Schulklassen.

In unserer Runde im Gras meldete sich eine Jugendliche zu Wort. Sie wisse einfach nicht weiter. Ob wir ihr einen Rat geben könnten. Sie erzählte von ihrer Mutter, die in einem Mietshaus wohnt und einer benachbarten muslimischen Familie Sprachunterricht gibt. Einmal pro Woche lässt sie sich danach auf einen Tee einladen und sitzt dann eine Weile mit ihren Gastgebern beisammen. Trotzdem ziehe ihre Mutter später aufs Übelste über Flüchtlinge her. Das Pack gehört abgeschoben – so was bekommt sie regelmäßig zu hören. Ob wir ihr das erklären könnten. Wir konnten das nicht. Es machte uns ratlos. Bei der Mutter ging der Riss offenbar durch die Persönlichkeit. Mitgefühl und Abwertung, Hilfsbereitschaft und Rassismus. Alles in einer Person. Wir rieten der Schülerin, mit ihrer Mutter im Gespräch zu bleiben, sie auf den Widerspruch zwischen ihrem Verhalten und den Wutausbrüchen hinzuweisen, was sie ja auch schon tat. Die Geschichte ging mir lange nach. Wie unter einem Brennglas veranschaulicht sie die allgegenwärtige Zerrissenheit. Und wie beim Blick auf das große gesellschaftliche Ganze gibt es auch hier keine einfachen Lösungen.

Im Jahr 2019 ist die ganz große Wut verflogen. Das ist auch beim sogenannten »Sachsengespräch« in Löbau, einer kleinen Stadt nahe Bautzen in Ostsachsen, deutlich zu spüren. Seit einiger Zeit reist die sächsische Regierung von Stadt zu Stadt, um sich die Sorgen und Probleme der Bürger anzuhören und darüber ins Gespräch zu kommen. Diese Bemühungen scheinen mit jedem guten Umfragewert für die AfD intensiver zu werden. Die Partei war drauf und dran, der CDU und Ministerpräsident Kretschmer, der ja schon sein Bundestagsdirektmandat an den Rivalen von der AfD verloren hatte, die bis dahin unangefochtene Vormachtstellung im Land zu entreißen. Derart getrieben suchte Kretschmer zunehmend den Dialog mit Bürgern. In einer modernen Mehrzweckhalle stand er nun im April 2019 mit einem Mikrofon in einem Stuhlkreis und antwortete sich durch Fragen nach Abwanderung, Schulsystem und Strukturwandel. Ostsachsen ist eine schrumpfende Region. Etlichen Bürgerfragen war zu entnehmen, wie schwierig es ist, Unternehmen, Lehrer und Ärzte in die sächsische Provinz zu locken.

»Die Jugend verlässt uns«, sagte ein Rentner. Wie er es denn angesichts dieser Entwicklung mit Fachkräften aus dem Ausland halte, wollte er vom sächsischen Regierungschef wissen. Kretschmer entgegnete, es gebe Leute, die seien sehr offen, was Einwanderung angehe: »Damit habe ich ein großes Problem.« Andere wiederum seien in dieser Frage sehr restriktiv. Auch das teile er nicht. »Ich bin für flexiblere Zuwanderung«, sagte der sächsische Regierungschef. Und erklärte, was er damit meinte. Um Fachkräfte anzuwerben, müsse man ja nicht gleich nach Afrika gehen. Vielmehr gebe es in der Ukraine viele, die »von der Religion und Kultur zu uns passen«.

Diese Antwort ist typisch für Kretschmer. Er bemüht sich, beim heiklen Thema Arbeitsmigration einen Mittelweg zwischen radikalen Positionen zu finden, versucht es allen recht zu machen. Denjenigen, die realistischerweise erkannt haben, dass die heimischen Betriebe auf Fachkräfte aus dem Ausland angewiesen sind, ebenso wie jenen, die möglichst überhaupt keine Fremden wollen. Allerdings bediente Kretschmer rassistische Stereotype, indem er zwischen guten und schlechten Migranten unterschied. Gut sind demnach Osteuropäer aus einem ähnlichen »Kulturkreis«, wie er es nannte. Per se ungeeignet sind in seiner Sicht Menschen aus Afrika. Es sind diese Zugeständnisse an kollektive Vorurteile, die den öffentlichen Diskurs nach rechts verschieben und ein christliches Menschenbild in der sächsischen CDU vermissen lassen.

Während ostdeutsche Unternehmen vielerorts Arbeitskräfte suchen, brüstete sich die sächsische Landesregierung mit einer rigiden Abschiebepraxis. Wie unsinnig und unmenschlich das sein kann, habe ich im Mai 2018 in einer kleinen Küche in Leipzig erfahren. Da saß der Tunesier Yassine in grauer Arbeitshose neben seiner deutschen Freundin und schlug immer wieder weinend die Hände vors Gesicht. Er habe doch alles richtig gemacht, jammerte er. Wie ein Deutscher, wie ein Deutscher. Leise wünschte er sich, tot zu sein. An diesem Morgen hatten Polizisten vor seiner Wohnung gestanden, um ihn zu seinem Abschiebeflug zu bringen. Aber da war er gerade bei seiner Freundin. Die Abschiebung platzte.

Yassine erzählte mir seine Geschichte. Wie er im tunesischen Küstenort Sfax zum christlichen Glauben gefunden und heimlich gebetet habe. Wie er sich Freunden anvertraute. Wenig später wurde sein Laden, in dem er Fisch verkaufte, zerstört. Bei der Polizei, von der er sich Hilfe erhoffte, sei er stattdessen mit Handschellen an einem Haken aufgehängt und geschlagen worden. Immer wieder.

Am Telefon habe ihn später jemand anonym bedroht: Du bist der Nächste. Da sei er nach Deutschland geflohen. So erzählte er es. Beweisen konnte er seine Geschichte nicht. Mit seinem Asylverfahren war er daher in allen Instanzen gescheitert. Aber auf Facebook gab es Fotos, die sein altes Leben zeigten. Mit einer hübschen Frau und einem gemeinsamen Kind im Urlaub. Er hatte ein gutes Leben in Tunesien. Früher.

Als ich Yassine an diesem Tag traf, verzweifelt und ängstlich, hatte er einen festen Arbeitsvertrag. Er arbeitete für ein Logistik-Unternehmen im Leipziger BMW-Werk. Der Vorarbeiter, den ich telefonisch nach ihm fragte, fiel aus allen Wolken: »Das wäre ja hirnrissig, den abzuschieben. Wir brauchen den definitiv. Wir wollen den langfristig behalten. Das ist ein richtig guter Mann.« Aber für einen wie Yassine gab es keine Ausnahme. Nordafrikanische Männer gehörten zu denen, für die Politiker wie Bundesinnenminister Horst Seehofer die letzten Schlupflöcher schließen wollten. Ich fragte auch bei Pfarrer Stief in der Leipziger Nikolaikirche nach, wo Yassine ehrenamtlich ältere Menschen betreut hatte. Der Pfarrer sprach davon, dass Menschen auf diese Weise regelrecht zerstört werden, sah sich aber nicht in der Lage, etwas für sein Gemeindemitglied zu tun. Für Yassine, der so vielen in seiner Freizeit geholfen hatte, gab es keine Hilfe.

Wenige Tage später musste ich mit dessen Freundin in die Psychiatrie fahren, um Yassine zu besuchen. Mittlerweile litt er an einer Depression und war suizidgefährdet. Als wir auf die Station kamen, kauerte der stämmige Mann mit angewinkelten Beinen in einer Ecke des Flurs. Als ihn seine Freundin umarmte, begannen beide still zu weinen. Nach wenigen Minuten mussten wir wieder gehen. Die sächsische Härtefallkommission verweigerte eine erneute Prüfung des bereits abgelehnten Falls. Der Arbeitgeber kündigte schließlich seinen Arbeitsvertrag. Der Mann war gefangen. Laut ärztlichem Attest war er nicht reisefähig. Depression korreliert mit einer hohen Selbstmordrate. Yassine konnte nicht gehen und durfte nicht bleiben. Er, der bereits eine feste Arbeit, eine Wohnung, Freunde in der Kirchengemeinde und eine Freundin hatte. Der gebraucht und gemocht wurde. An ihn musste ich denken, als sich Ministerpräsident Kretschmer in Löbau pauschal gegen Arbeitsmigranten aus Afrika aussprach. Der Fachkräfte-mangel zwingt sächsische Betriebe bisweilen dazu, Aufträge ab-zusagen. Die rigide Abschiebepraxis reißt auch in Sachsen immer wieder gut integrierte Menschen aus funktionierenden Arbeits-verhältnissen heraus. Siebzig Unternehmen werben zwar als »Wirtschaft für ein weltoffenes Sachsen«, aber sie dringen mit ih-rer Botschaft nicht durch. [50]

Das ostdeutsche Superwahljahr 2019 war eine politisierte Zeit. Überall Demos und Kundgebungen, kaum ein Monat ohne Wahlplakate in den Städten. Am 1. Mai sah ich mir in Erfurt an, wie die AfD versuchte, den traditionellen Tag der Arbeit für sich zu instrumentalisieren. Die Partei kündigte Parteiprominenz an. Einige Hundert Anhänger versammelten sich schließlich an die-sem Sonntag nach einer Demo vor der Bühne an der Thürin-genhalle. Darunter viele ältere Männer, einige davon mit Deutschlandfahnen. Ein vornehmer Mann im Anzug mit Ein-stecktuch, ein Vater mit kleinem Kind auf den Schultern. Ein mo-dern gekleidetes Pärchen. Daneben aber auch eine junge Frau im T-Shirt mit dem Aufdruck »Deutschland – Stolz und Ehre«. Einige Reihen hinter ihr ein bärtiger Mann mit einem martialischen Be-kenntnis auf seinem T-Shirt: »Division Thüringen«. Ein bemer-kenswertes Publikum – von bieder bis rechtsextrem. Die ersten Redner wärmten ihre Anhänger mit markigen Worten auf. Flücht-linge bräuchten keine schönen Unterkünfte, sondern Zeltlager, hieß es. Fremdenfeindliche Polemik gehört bei der AfD zum be-jubelten guten Ton.

Nach der betulichen Rede des Parteivorsitzenden Alexander Gauland trat der eigentliche Star der Veranstaltung ans Mikrofon, von den Anhängern überschwänglich mit »Höcke, Höcke«-Rufen begrüßt. Der Chef der Thüringer AfD-Fraktion, im westfälischen Lünen geboren und viele Jahre im Westen lebend, sprach ganz selbstverständlich darüber, »wer uns damals über den Tisch gezogen hat«. Gemeint war die Treuhand. Als hätte Björn Höcke, der Lehrer aus Westdeutschland, diese Erfahrung im Osten persönlich gemacht. Interessanterweise lassen ostdeutsche AfD-Anhänger dem Politiker aus dem Westen diesen Etikettenschwindel durchgehen. Ideologie verbindet.

An diesem warmen Maitag ließ sich gut die Strategie des starken Mannes des radikalsten Teils innerhalb der ohnehin radikalen Partei beobachten. Höcke, Chef des mächtigen völkisch-nationalistischen Flügels der AfD, umschmeichelte zu Beginn seiner Rede die »fleißigen und gewissenhaften Arbeiter«, Angestellten und Handwerker. Seine Agenda: national und sozial. In typischer Diktion erklärte er »die Altparteien«, also alle anderen demokratischen Parteien, pauschal zum Gegner, und unterstellte ihnen nicht weniger als die Zerstörung des Landes. Diese Parteien, so Höcke, »lösen ganz Deutschland auf wie ein Stück Seife unter einem lauwarmen Wasserstrahl«. Dieses vermeintlich harmlose Bild hat es in sich. Genauer betrachtet ist es zutiefst bedrohlich, geradezu apokalyptisch. Deutschland löst sich auf. Schuld sind die demokratischen Parteien. Wer eine solche existenzielle Bedrohung heraufbeschwört, stellt das gesamte demokratische Spektrum an den Pranger und stilisiert sich zugleich selbst als einzigen Retter. Wenn die Gefahr so groß ist, erscheint jeder Widerstand legitim.

In seiner Erfurter Rede streute Höcke die demokratiefeindlichen und antipluralistischen Botschaften nur ganz vereinzelt in sein gefühliges nationalsoziales Pathos ein. Wer Höcke jedoch beim Wort nimmt, kann keinen Zweifel daran haben, was mit den Drohungen gemeint ist, man werde sich das Land und das Volk zurückholen. Nachdem die AfD-Redner am Ende der Mai-Kundgebung in Erfurt gemeinsam mit ihren Anhängern die Nationalhymne gesungen hatten, ging ich, vorbei an Polizeisperren, einige Hundert Meter weiter zu der großen Bühne des Deutschen

Gewerkschaftsbundes. Da hörten achttausend Menschen Rednern und Musikern zu, picknickten und tanzten. Die Demokraten brachten ein Vielfaches der AfD-Anhänger zusammen. Wenig später wurde die AfD bei der Europawahl in Thüringen, wo Höcke wie beschrieben den Ton angibt, mit 22,5 Prozent der Stimmen zweitstärkste Kraft, knapp hinter der CDU. Jeder fünfte Wähler in Thüringen hielt die Mischung aus nationalsozialen Wohltaten, EU-Feindlichkeit und Verachtung für Demokraten für die beste Wahl. Bemerkenswert an diesem Erfolg: Es gab vor der Wahl keine Krisen, keine Aufreger, wenig Arbeitslose. Die AfD braucht im Osten keine neuen Sündenböcke, um sich zu etablieren und zu gewinnen.

Das Erstarken der AfD ist als Hintergrundkulisse allgegenwärtig. In Leipzig mobilisierte es vor der Europawahl Tausende, auf dem Leuschner-Platz gegen Nationalismus und für ein vereintes, demokratisches Europa zu demonstrieren. Überhaupt war Leipzig im ostdeutschen Superwahljahr einmal mehr Hauptstadt einer demokratischen Gegenbewegung. Zum Beispiel in Gestalt des ehemaligen Pfarrers der Thomaskirche, Christian Wolf, der seit Jahren immer wieder gegen Neonazi-Aufmärsche demonstriert und mobilisiert. Er ist Mitinitiator der Initiative »Aufbruch 2019«, die Großdemonstrationen für die Werte des Grundgesetzes vorbereitet und sich dezidiert gegen Pegida und AfD positioniert. Leipziger Schüler forderten die regierenden Politiker bei den »Fridays for Future« auf, sich endlich um die wirklich wichtigen Fragen wie den Klimawandel zu kümmern. An einem Freitag im Juni zogen mehrere Tausend Schüler mit ebenso kämpferischen wie fröhlichen Parolen über den Ring, auf dem die Montagsdemonstranten 1989 erfolgreich Revolution gemacht hatten. Plakate von Schülern forderten dreißig Jahre später nicht nur einen Ausstieg aus der Braunkohle, sondern wie seinerzeit die Revolutionäre ebenfalls »ein offenes Land mit freien Menschen«. Es schien, als wären ganz unterschiedliche gesellschaftliche Akteure aufgewacht und bereit, ihre demokratischen Forderungen in das bisher vorherrschende Schweigen zu rufen.

Der Aufstieg der AfD zwingt dazu, Position zu beziehen. Beim Bürger-Dialog in Löbau fragte eine Bürgerin den sächsischen Ministerpräsidenten, ob es nicht undemokratisch sei, vor den Wahlen eine Koalition mit der AfD auszuschließen: »Ist das Demokratie?« Kretschmer antwortete, er persönlich sei für eine solche Koalition nicht zu haben. Wenn sie selbst die Abschätzigkeit der AfD im Landtag erleben würde, käme sie sicher zum gleichen Ergebnis wie er. In Dresden seien Kanzlerin Merkel und er bei einer Demo als Volksverräter diffamiert worden. Eine Koalition mit der spalterischen AfD »ist mit mir nicht zu machen«, sagte Kretschmer. Das war klare Kante, auch wenn er hinzufügte, dass andere zu anderen Ergebnissen kommen könnten. Ein Hintertürchen also. Im Klartext: Kretschmer schloss für sich zwar ein Bündnis mit der AfD aus, nicht aber für seine Partei. Der Regierungschef bekam in Löbau übrigens viel Applaus für seine Absage an die AfD. Die Wahlerfolge der Partei gingen auch in Sachsen durchaus mit einer gesteigerten Sorge vieler Bürger vor einem Regierungswechsel einher. Und mit einem fragwürdigen Spagat des Ministerpräsidenten. Denn einerseits lehnte er persönlich ein Bündnis mit der selbst ernannten einzigen Alternative zu den »Altparteien« ab, andererseits umwarb er rechte Wähler immer wieder, indem er etwa dem ehemaligen Bundespräsidenten Joachim Gauck beisprang, als der »erweiterte Toleranz in Richtung rechts« einforderte. Der Wut gegen »die da oben« versuchte Kretschmer entgegenzukommen, indem er einen sogenannten »Volkseinwand« vorschlug. Per Volksabstimmung sollten künftig im Landtag beschlossene Gesetze gekippt werden können. Der durchsichtige Versuch, sich populistischen Positionen anzubiedern. Dafür war Kretschmer sogar bereit, eine Delegitimierung der parlamentarischen Demokratie in Kauf zu nehmen. Ein gefährlicher politischer Eiertanz. CDU-Kollegen aus Sachsen-Anhalt gingen mit ihren Gedankenspielen über eine Koalition mit der AfD sogar noch viel weiter. In einer »Denkschrift« der Vize-Fraktionschefs Ulrich Thomas und Lars-Jörn Zimmer ist davon die Rede, »das Soziale mit dem Nationalen versöhnen« zu wollen.[51] Eine Zukunftsvision, die nicht nur sprachlich an unheilvolle Vergangenheit erinnert.

Auch im liberalen und toleranten Leipzig sind seit einiger Zeit Anpassungsprozesse an den neurechten Zeitgeist wahrnehmbar. Weil die Verschärfung des politischen Klimas zunehmend auch Vereine und Kirchengemeinden zu zerreißen droht. Der katholische Propst Christian Giele hat mitten in der aufgeheizten Flüchtlingsdebatte in der neuen Kirche mit der roten Natursteinfassade aus Rochlitzer Porphyr eine flammende Predigt gehalten, in der er seiner Gemeinde erklärt, wie radikal die christliche Botschaft ist: Liebe deinen Nächsten. Dass damit nicht gemeint sei, einen ohnehin abgetragenen Mantel zu teilen, um sein Gewissen zu beruhigen. Seine Predigt war ein leidenschaftliches Plädoyer für Nächstenliebe und gegen rassistische Reflexe. Nach seinen eindringlichen Worten war es lange still in der Kirche.

Giele selbst stand an einem Abend mit Gemeindemitgliedern als Ordner in einer Warnweste am Leipziger Ring, um eine Menschenkette für Menschenrechte abzusichern. Ein überzeugter Christ also, ein demokratisches Vorbild. Gleichwohl befand er es für nötig, einen Schritt auf die wachsende Anzahl von AfD-Wählern in seiner Gemeinde zu zu machen. In einem Radio-Interview kündigte er an, mit diesen verstärkt ins Gespräch kommen zu wollen, um zu verstehen, was für ihn schwer verständlich sei.[52] Damit sei nicht Akzeptanz gemeint. Er kündigte an, seine christliche Position weiterhin selbstbewusst und vehement zu verteidigen. Aber zugleich betonte er, dass es zuallererst darum gehe, hinzuhören. Wer mit einem vorgefertigten Urteil in solche Gespräche gehe, verprelle seine Gesprächspartner.

Ich wundere mich über diesen Kurswechsel. Zum einen hat es in Sachsen seit den Anfängen von Pegida unzählige Diskussionsforen und runde Tische gegeben. Keinem gesellschaftlichen Akteur wurde mehr Aufmerksamkeit geschenkt als den Anhängern von Pegida und AfD. Zum anderen frage ich mich, wie die angekündigte Unvoreingenommenheit aussehen soll. Im öffentlichen Diskurs mangelt es eben gerade nicht an Aufmerksamkeit, sondern an fundiertem Widerspruch. In dem Gesprächsangebot an die rechten Gemeindemitglieder fehlt mir die unmissverständliche Botschaft, dass christlicher Glaube schlicht unvereinbar mit einem rassistischen Menschenbild ist. So notwendig es ist, im Gespräch zu bleiben: Gerade die Kirchen sind gefragt, der Popularisierung neurechter Ideologie mehr entgegenzusetzen als offenen Dialog. Gefragt ist ein Diskurs, der Menschenwürde und Grundrechte vehement verteidigt und prinzipienfest für sie streitet. Und der ganz klar sagt: Nein, Rassisten können kein Verständnis für sich beanspruchen.

Ich war als Referent zu einer Tagung in die Propsteikirche eingeladen, in der diskutiert wurde, wie der Aufstieg der AfD zu bewerten ist. Ein hochrangiger Leipziger Polizeibeamter erklärte dort, dass er voll und ganz hinter den Zielen der AfD stehen könne. Ich erinnerte ihn an die völkisch-nationalistischen und rassistischen Botschaften der Partei, die gerade für einen Polizeibeamten unvereinbar mit seiner Aufgabe sein müssten, jeden gleich zu behandeln, unabhängig von seiner Herkunft. Wir wurden uns nicht einig. Ich konnte ihn sicher nicht überzeugen. Aber seine Sympathiebekundung für die AfD blieb auch nicht unwidersprochen.

Wer im Osten unterwegs ist und sich umhört, landet irgendwann unweigerlich bei Flüchtlingen und der AfD. Mein Vermieter an der Ostsee war ein aufgeschlossener, freundlicher und hilfsbereiter Mensch, der mir sofort sympathisch war. Als der Fernseher nicht funktionierte, schloss er eine zweite Wohnung zum Fernsehen auf. Er war mit einer späteren Abreise einverstanden und bot jede erdenkliche Hilfe an. Kurz vor der Abfahrt erzählte er, dass er sich neuerdings bei der AfD engagiere. Er ist aus Nordrhein-Westfalen nach Mecklenburg-Vorpommern gezogen. Früher war die CDU seine Partei. Ich sagte, dass ich die Ziele und die Politik der AfD für gefährlich halte. Er habe sich den Ortsverband angesehen, wandte er ein. Das seien alles anständige Leute. Auf meine Frage nach den Gründen für seine neue politische Heimat erklärte er, dass er gern wisse, wer in sein Land kommt.

Später erkenne ich den Vermieter auf dem Foto von einer rechten Demo wieder. Er läuft in erster Reihe hinter einem Spruchband. Reporter haben berichtet, dass am Rande dieser Demo Fotografen von rechtsextremen Hooligans attackiert wurden. Mein Vermieter war nett und sympathisch, aber er war eben auch bereit, mit Rechtsextremisten zu demonstrieren. Genau darum geht es. Wer politisch handelt, egal ob als Demonstrant oder auch nur als Wähler, trägt eine Verantwortung. Der Hinweis auf persönliche Sympathie macht die Unterstützung für Rassismus und Nationalismus nicht weniger kritikwürdig. Doch genau dieser Trugschluss begleitet seit Jahren den Aufstieg der AfD: dass die Partei allein deshalb weniger gefährlich sei, als ihre Kritiker behaupten, weil sie von Bürgern aus der Mittelschicht unterstützt wird, von Familienvätern, Polizeibeamten, Lehrern. Nichts spricht für diese unterstellte politische Harmlosigkeit. Im Gegenteil. Begegnungen wie die mit meinem Vermieter an der Ostsee zeigen, dass sich etwas verschoben hat in der bürgerlichen Vorstellung darüber, was geht und was nicht.

Der gesellschaftliche Klimawandel hat auch Leipzig verändert. Als zwei Kitas beschließen, künftig kein Schweinefleisch mehr auf den Speiseplan zu setzen, machen AfD und auch CDU daraus einen Kulturkampf. Kritiker stilisieren die Entscheidung der Kitas zu einem Akt der kulturellen Unterwerfung. Doch es bleibt nicht beim bizarren Streit um ein angebliches Recht auf Schweinefleisch. Gegen die Leiterinnen der Kitas hagelt es Beleidigungen, sogar Morddrohungen. »An den Galgen mit dir oder standrechtlich erschießen«, schreibt einer. Ein anderer droht, die Kita abzubrennen, »wenn auch zum Nachteil der Kinder«. Oberbürgermeister Burkhard Jung zeigt daraufhin einmal mehr Haltung. [53] Er stellt klar, dass die Gefahr nicht von einer anderen Ernährungskultur ausgeht, sondern von jenen, »denen jeglicher moralischer Kompass und der Anstand verloren gegangen ist«. Der SPD-Politiker macht für diese Enthemmung maßgeblich AfD-Politiker verantwortlich, die seiner Meinung nach »verbal auf Schwächere eindreschen«. Der Leipziger Bürgermeister richtet einen eindringlichen Appell an seine Mitbürger: »Wir dürfen nicht wegschauen, nicht wegschweigen, uns nicht wegducken.«

Immer häufiger schleicht sich die Radikalisierung in beiläufige Alltagsgespräche. In Geschäften, beim Sport. Ein Rentner erklärt am Rand eines Fußballspiels, angesichts ungerechter Ost-Renten müsse man sich ja nicht über Stimmen für die AfD wundern. Ich frage ihn, warum er ausgerechnet der einzigen Partei das Wort rede, die überhaupt kein Rentenkonzept hat. Ein älterer Freund wiederum spricht mich mit der Bemerkung an, er wisse ja, dass ich viel über rechts schreibe. Nun habe ihm aber ein Bekannter ausführlich erklärt, was es mit der Volksgemeinschaft auf sich habe. Und da müsse er schon sagen, da sei er doch sehr angetan davon. Ich verzichte darauf zu erklären, dass die Volksgemeinschaft die Gesellschaftsordnung der Nationalsozialisten war. Gebe nur zu bedenken, dass ich als vermeintlicher »Lügenpresse«-Journalist sicher nicht dabei sein würde. Die von rechts betriebene Spaltung führt zu spürbaren Dominoeffekten. AfD zu wählen entspricht mittlerweile einem verbreiteten Lebensgefühl. In Görlitz unterlag Bürgermeisterkandidat Sebastian Wippel von der AfD in der Stichwahl nur deshalb, weil die anderen demokratischen Parteien den CDU-Kandidaten Octavian Ursu unterstützten. Doch fast 45 Prozent der Görlitzer wählten AfD.

Angesichts der fortschreitenden gesellschaftlichen Polarisierung gerät leicht aus dem Blick, dass es weiterhin auch ganz andere Zerrissenheiten gibt. Die des Erwachsenwerdens etwa. Andere Sehnsüchte als die nach Homogenität. Neulich fuhr ich ins Theatrium, ein Jugendtheater, das mein Navi im Leipziger Plattengebiet Grünau mit seinen aufgetürmten und ineinander geschachtelten Wohnkomplexen nur mühsam finden konnte. In dem kleinen Bühnenraum gaben Jugendliche die Premiere des Stücks »Ja natürlich nur ironisch und nur so nebenbei«. Ein wilder szenischer Gedankenstrom entlang von Textzeilen aus den Songs diverser Bands. Es geht um die Frage, wie Jugendliche heutzutage überhaupt noch rebellieren können. »Egal, wo wir hinkommen, unsere Eltern warn schon eher hier«, heißt es an einer Stelle. Wohin also mit den großen Fragen und der Sehnsucht nach einer besseren Welt. Ins Netz, auf die Straße? Die jungen Schauspieler spielten sich die Seele aus dem Leib. Das war kein Jugendtheater, sondern große Kunst auf einer kleinen Bühne. Eltern und Kinder verließen die Premiere berührt und angeregt. Mehr geht nicht.

Es sind solche Theaterstücke, Lesungen, Konzerte, Ausstellungen und Kinderprojekte, die Leipzig zu dem machen, was es ist. Eine kulturelle Wundertüte, mit der Hochkultur des Gewandhauses und der Thomaner, aber auch mit wilden, experimentellen, gesellschaftskritischen Ausdrucksformen. Vor den Kommunalwahlen hat die AfD dieser freien Kulturszene in Leipzig den Kampf angesagt. Geld gebe es nur noch, wenn sie sich zum Grundgesetz bekennt. Damit stellt ausgerechnet die AfD die Kulturschaffenden unter Extremismusverdacht. Die freie Szene in Leipzig versteht das zu Recht als Drohung. [54] Die radikale Rechte führt einen Kulturkampf. Alle, die nicht ins rechte Weltbild passen, werden bekämpft. Oder wie AfD-Politiker Marc Jongen nach seiner Wahl zum Chef des fraktionsinternen AfD-Arbeitskreises »Kultur und Medien« im Bundestag in rechter Hasssprache mitteilte: »Es wird mir eine Ehre und Freude sein, dieses Amt auszuüben und die Entsiffung des Kulturbetriebs in Angriff zu nehmen.« Was über Jahre gerade im Osten mühsam gewachsen ist, will die AfD niederreißen. Auch in Leipzig. Kritische Kultur wie im Theatrium ist nicht länger eine Selbstverständlichkeit. Im Wahlprogramm für die sächsische Landtagswahl 2019 polemisiert die Partei »gegen ein vorrangig politisch motiviertes, propagandahaft-erzieherisches Musik- und Sprechtheater«. Eine Kampfansage an sozialkritische Kunst.

In Freiberg wurde ein Streitgespräch mit der Publizistin Liane Bednarz kurzerhand aus dem Mittelsächsischen Theater in den Festsaal des Rathauses verlegt. [55] Die liberalkonservative Autorin hat mit dem Freiberger Pfarrer Michael Stahl in der Reihe »Dialog« über ihr Buch *Angstprediger* diskutiert, in dem sie den wachsenden Einfluss der Neuen Rechten in den Kirchen beschreibt. Schon im Vorfeld der Diskussion gab es wütende Kritik von rechts. Dem parteilosen Bürgermeister Sven Krüger zufolge verletzte die Veranstaltung ein angebliches Neutralitätsgebot, er untersagte künftige Diskussionen im Theater. Die Stadt ist einer von drei Gesellschaftern der Bühne. Die künstlerische Leitung des Hauses verwahrte sich wiederum gegen die politische Einflussnahme. Und bekam dafür landesweit viel Zustimmung. Der Freiberger Theaterskandal wirkt wie eine böse Vorahnung. Der sich ausbreitende Riss bedroht zunehmend Pluralismus und Vielfalt.

Lange vor den Flüchtlingen

Radikalisierung und rechte Gewalt im Osten kamen mit den Flüchtlingen und sind eine Reaktion auf Merkels Flüchtlingspolitik. So in etwa lässt sich ein populäres Narrativ zusammenfassen, das rechte Gewalt bisweilen als geradezu zwangsläufige Folge erscheinen lässt. Richtig ist, dass die Flüchtlingsfrage ein Katalysator war, der latente Einstellungen sichtbar gemacht hat. Bis hin zu den beschriebenen lokalen Interessengemeinschaften von etlichen Bürgern mit Neonazis in der Anti-Asyl-Bewegung und einer Gewaltspirale mit einem deutlichen Anstieg rechter Straftaten. Doch die Eskalation hat eine Vorgeschichte. Sie handelt im Osten von der Gewöhnung an rechte Alltagsgewalt, rechtsextreme Strukturen sowie einer Staatsmacht, die Täter zu lange gewähren lässt und Opfer nicht wirksam schützt. Diese Vorgeschichte blieb erstaunlicherweise weitgehend unerzählt, obwohl das Thema nach dem Auffliegen des *Nationalsozialistischen Untergrunds* (NSU) medial ungewöhnlich lange Konjunktur hatte. Doch durch die Fixierung auf das sogenannte »Terror-Trio« Zschäpe, Mundlos und Böhnhardt konnte der NSU als Einzelfall verbucht werden. Der NSU-Komplex hat die Schwelle zur Berichterstattung absurderweise sogar noch erhöht, weil vielen Redaktionen alles unterhalb der Terrorgrenze als nicht relevant erschien.

Wer also bei der Analyse erst im Krisenjahr 2015 ansetzt, bei Geflüchteten und Angela Merkel, der entschuldigt Rechtsextremisten, verkennt deren Entschlossenheit und ignoriert die Kontinuität ihrer ideologisch motivierten Aktivitäten. Anders gesagt: Rechtsextremisten brauchen keine Flüchtlingskrise, um zu sein, wer und was sie sind. Vielmehr instrumentalisieren sie solche gesellschaftlichen Aufreger für ihre Ziele. Ein Rückblick also. Nach Mittweida in Sachsen im Jahr 2006.

An einem Märzwochenende trifft sich dort im alten Bauhof in der Chemnitzer Straße eine Gruppe junger Männer. Einige von ihnen waren zuvor schon als Neonazis aktiv. In einer Kameradschaft, die sich *Division Sächsischer Sturm* nannte. Bereits seit zwei Jahren registriert der Staatsschutz der Chemnitzer Polizei einen Anstieg rechter Straftaten in der Region. Bei dem Treffen im März steigt nun Alexander G., Spitzname »Stürmer«, der aus Ravensburg nach Mittweida kam und früher nach Angaben eines Zeugen bereits bei den *Skinheads Oberschwaben* war, auf einen Tisch und verkündet die Gründung einer neuen Kameradschaft: Sturm 34, benannt nach einer SA-Einheit aus der Region. Das Ziel der Neonazi-Bande: mit systematischer Gewalt gegen Ausländer und Andersdenkende vorzugehen. Oder, wie sie es selbst ausdrücken: die Region »zeckenfrei« zu prügeln. So berichtet es einer, der dabei war: Matthias R., den sie »Joker« nennen und der sich nach der Gründungsveranstaltung der Polizei als V-Mann zur Verfügung stellt.

Fortan treffen sie sich in dem alten Gebäude, das ihnen von dem deutlich älteren Rudolf S. überlassen wird, der zeitweilig Mitglied der NPD war und den Kameraden auch Geld für Kleidung, Ausstattung und Benzin zusteckt. Die jungen Neonazis kommen aus der gesamten Region, aus Mittweida, aber auch aus Stollberg, Geringswalde, Burgstädt und Geithain. Sie trinken in der heruntergekommenen Halle Bier und hören Nazirock. Üblicherweise begrüßen sie sich mit »Sieg Heil« oder »Heil Hitler«. Die Kameradschaft gibt sich eine hierarchische Struktur, mit »Offizieren« und Fußvolk. Schlagkräftiger Anführer ist Tom W., ihm zur Seite steht sein Bruder Peter. Alexander G., der »Stürmer«, ist für die Ideologie zuständig, und Nico T., genannt »Hetzer«, steuert mit seiner Band rechtsextreme Musik bei. Ein Informant benennt Silvio B. als Kassenwart. Frauen sind auch dabei, dürfen aber keine Mitglieder werden oder an Aktionen teilnehmen. Wer in die Kameradschaft aufgenommen werden möchte, muss sich im »Fronteinsatz« bewähren. Also zuschlagen. Ihre Ideologie bezieht die Gruppe aus dem Nationalsozialismus. Für Fotos posieren die Mitglieder abwechselnd mit Feuerwaffen, die sie sich an den Kopf halten oder aufeinander richten. Auf einem Gruppenfoto heben sie den Arm zum Hitlergruß. Als Dekoration für solche Inszenierungen wählen sie schon mal Fahnen mit SS-Runen.

Vom Bauhof rücken die Neonazis an den Wochenenden zu Kontrollfahrten mit ihren Autos aus, die sie »Skinhead-Kontroll-Runden« nennen, kurz »SKR«. Entdecken sie bei diesen Patrouillen Personen auf der Straße, die sie für »Zecken«, also Linke, halten, ziehen sie Sturmhauben über die Gesichter, steigen aus und schlagen zu, meistens mit Handschuhen, die mit Quarzsand gefüllt sind. Vor dem Amtsgericht Chemnitz beobachte ich später in einem Prozess, wie schwierig es ist, die Täter für diese Überfälle zu verurteilen. Die Opfer, eine Gruppe Abiturienten, können einzelne Schläge und Tritte vielfach nicht eindeutig den größtenteils maskierten Schlägern zuordnen. Das Gericht verurteilt die Angreifer zwar nach Jugendstrafrecht – der Straßenterror geht weiter.

Ihr Hauptquartier hat die Kameradschaft in dem Flachbau in Mittweida, aber ihren Machtanspruch versucht die Neonazi-Bande in der gesamten Region herbeizuprügeln. Nach einem Anruf, so wird es später ein Zeuge vor dem Landgericht Dresden aussagen, schickt Tom W. ein Kommando zum Dorffest in das kleine Breitenborn los. Um die zwanzig Mann, in vier bis fünf Autos.

Vor der *Alten Schmiede* in Rochlitz, einem Jugendclub, dessen Besucher auf dem Nachhauseweg immer wieder von *Sturm 34* angegriffen wurden, erinnert sich später eine junge Frau im Interview an den Angriff auf das Dorffest: an vermummte Männer mit Sturmhauben auf den Köpfen, die in einer langen Reihe aufmarschieren. Anfangs schlagen sie auf jene ein, die sie für Punks und Linke halten, danach auf alle, die sich einmischen. Dabei tragen die Neonazis wieder ihre Schlaghandschuhe. Sie verletzen neun Festbesucher, ein älterer Mann bleibt nach brutalen Tritten schwer verletzt am Boden liegen. »Joker«, der V-Mann, schildert den Ermittlern, wie die Neonazis ihre Machtfantasien ausleben. Wie Peter W. einmal nachts, als sie eigentlich die *Alte Schmiede* angreifen wollen, mit einer Axt über den Marktplatz in Rochlitz patrouilliert. Niemand hält ihn auf oder schreitet ein. Sinnbild staatlicher Ohnmacht.

Am 20. Mai 2006 ist die Kameradschaft nach Stollberg eingeladen. Ein Freund von »Hetzer« hat dafür einen Jugendclub angemietet. Sie fahren in mehreren Autos, auf denen Aufkleber mit Slogans wie »Skrewdriver« kleben. Das ist die von Neonazis verehrte Band von Ian Stuart Donaldson, Gründer des in Deutschland verbotenen rechtsextremen Netzwerks *Blood & Honour*. In Stollberg wärmen sie sich mit einigen Bieren auf, bevor sie nach Einbruch der Dunkelheit von ihrem Gastgeber nach draußen gebeten werden. Auf einem kleinen Spielplatz hat er zusammen mit »Stürmer« ein Holzkreuz aufgestellt. So wie der rassistische Ku-Klux-Klan das macht. Das Kreuz ist mit in Brandbeschleuniger getauchten Lappen umwickelt. Anfangs gibt es Probleme, das Kreuz brennt einfach nicht. Erst als jemand flüssigen Grillanzünder drüberschüttet, gibt es eine Stichflamme, und das Kreuz geht in Flammen auf, wie man es aus Filmen über die amerikanischen Rassisten kennt. Dazu singen sie ein Lied vom Ku-Klux-Klan, einige heben den rechten Arm zum Hitlergruß.

Nach dem rassistischen Ritual wollen sie zu Fuß noch eine Runde durch den Ort drehen, also zieht eine Gruppe von etwa fünfundzwanzig Neonazis los. An einer Tankstelle treffen sie auf junge Leute, die mit ihren Autos dort sind. Einer von *Sturm 34* sucht sich willkürlich einen jungen Mann aus, dem er mehrfach mit der Faust ins Gesicht schlägt. »Hetzer« kommt dazu und prügelt ein weiteres Opfer zu Boden. Den wehrlosen Mann treten sie dann gegen den Kopf. Wie gegen einen Fußball, so heißt es später vor dem Landgericht Dresden. Der Richter stellt fest, das Opfer habe die entfesselte Gewalt nur mit viel Glück überlebt. »Hetzer« sei außer Rand und Band gewesen, so ein Zeuge. An jenem Abend nach dem Gewaltexzess werden die Neonazis in einer Seitenstraße von der Polizei kontrolliert, die Personalien werden aufgenommen, danach dürfen sie zum Clubhaus zurückgehen und weiterfeiern.

Die Staatsanwaltschaft Dresden leitete aufgrund der auffälligen Zunahme rechter Straftaten eine Strukturermittlung ein. Der Verdacht: Bildung einer kriminellen Vereinigung nach Paragraf 129 StGB. Das erlaubt den Ermittlern, das ganze Arsenal der Strafverfolgung aufzubieten: Telefonüberwachung, Hausdurchsuchungen, Observationen. Einige Jahre zuvor war auf diese Weise die brutale Kameradschaft *Skinheads Sächsische Schweiz* (SSS) erfolgreich verfolgt worden. Bei *Sturm 34* stießen die Ermittler auf einen harten Kern von etwa vierzig Rechtsextremisten und ein noch weit größeres Unterstützerumfeld von Sympathisanten. Bei Hausdurchsuchungen stellten die Beamten umfangreiches Beweismaterial sicher. Szene-Bekleidung mit Aufschriften wie »Schöner leben mit Naziläden« oder »Division Germania«. Schreckschusswaffen, Sturmhauben, Helme, Würgehölzer. Doch nach einer Großrazzia im Juli 2006 verging ein Dreivierteljahr, bevor der sächsische Innenminister Albrecht Buttolo *Sturm 34* als kriminelle Vereinigung verbot. Viele Monate also mit regelmäßigen Skinhead-Kontroll-Runden, Menschenjagd und neonazistischer Propaganda.

In dieser Zeit sprach ich mit vielen, die beispielsweise in Orten wie Rochlitz selbst ins Visier von *Sturm 34* geraten waren. Von dem angeblichen »Verfolgungsdruck« durch die Polizei spürten sie nichts. Für Besucher der *Alten Schmiede* in Rochlitz blieb es weiterhin gefährlich, den Jugendclub zu besuchen. Bei der Recherche zu *Sturm 34* fand ich heraus, dass die Sonderkommission Rechtsextremismus, kurz *Soko Rex*, die sich seit der Gründung im Jahr 1991 bundesweit einen legendären Ruf als effiziente Spezialeinheit erarbeitet hatte, klammheimlich zusammengekürzt worden war. Mehr noch, die *Soko Rex* war längst vom Landeskriminalamt ausgegliedert und deren Beamte auf verschiedene Polizeidirektionen verteilt worden. De facto war die schlagkräftige Sonderkommission also zerschlagen worden. Gebetsmühlenartig priesen CDU-Landesregierungen die *Soko Rex* gleichwohl öffentlich als Vorbild und scharfe Waffe im Kampf gegen Rechtsextremismus an. Im Nachhinein stellt es sich so dar, dass die *Soko Rex* phasenweise zum PR-Instrument degradiert wurde. Erst nach dem Verbot von *Sturm 34* kündigte das sächsische Innenministerium an, die Personalzahl der Einheit wieder aufstocken zu wollen. Vom vorherigen Personalabbau auf nur noch achtzehn Beamte und von der Umstrukturierung hatte die Öffentlichkeit nichts erfahren.

Nachdem Mittweidas Bürgermeister Matthias Damm (CDU) immer wieder vergeblich ein schnelles Verfahren gegen *Sturm 34* einforderte, gewährte der Prozess vor dem Dresdner Landgericht tiefe Einblicke in das Innenleben und den Alltag der rechtsextremen Kameradschaft. Wie normal es für die jungen Männer war, Jagd auf Opfer zu machen, brutale Gewalt anzuwenden und dabei billigend den Tod von Menschen in Kauf zu nehmen. Wie üblich es in ihrer Welt war, Adolf Hitler zu huldigen, hasserfüllte neonazistische Propaganda zu horten und zu konsumieren. Auf die Frage des Richters, ob er denn auch Nazi-Devotionalien wie Fahnen und Abzeichen möge, antwortete Peter E., der die Neonazis als Fahrer zu ihren Einsätzen brachte: »Dafür interessiert sich doch eigentlich jeder.«

Der Prozess belegte eindeutig das kriminelle Ziel der Kameradschaft, gewaltsam eine »national befreite Zone« zu schaffen. Er zeigte die Arbeitsteilung und den verbindlichen, hierarchisch durchgesetzten Gruppenwillen sowie die Finanzierung durch Eintrittsgelder für Kameradschaftsabende mit Bier und Musik sowie Geldzuwendungen des rechten Gönners Rudolf S. Dennoch sprach das Dresdner Landgericht die mutmaßlichen Rädelsführer von *Sturm* 34 im August 2008 vom Hauptvorwurf der kriminellen Vereinigung frei. Anführer Tom W. wurde zwar wegen der begangenen Überfälle auf Andersdenkende zu einer Jugendstrafe von dreieinhalb Jahren verurteilt. Sein Bruder Peter zu drei Jahren. Ein weiteres Mitglied erhielt lediglich eine Bewährungsstrafe. Zwei Angeklagte, darunter V-Mann Matthias R., genannt »Joker«, wurden freigesprochen.

Bilanz der Mammutermittlungen nach dem Prozess gegen die Rädelsführer: wenige Strafen, Freisprüche. Vor allem: Die Bande, die organisiert und systematisch erklärte Feinde gejagt, verletzt und in einigen Fällen beinahe getötet hatte, sollte keine kriminelle Vereinigung sein. Die Staatsanwaltschaft legte dagegen Revision ein. Der Bundesgerichtshof hob das Urteil im Dezember 2009 als fehlerhaft auf und verwies das Verfahren zurück an das Landgericht Dresden, das neu verhandeln musste. Dort blieben die Akten erst mal liegen. Über zwei Jahre lang wurde der Revisionsprozess nicht eröffnet. Mit schwerwiegenden Folgen.

Sommer 2011. Nach einem Hinweis fahre ich zum Bodensee. Auf einem malerischen Hof in einem kleinen Ort bei Ravensburg treffe ich ein Paar, er Küchenbauer, sie Bürokraft, das sich hier gemeinsam mit einer Investorin den Traum vom eigenen Hof erfüllt hat. Ein Fachwerkhaus, ein prächtiger Nussbaum davor, Obstbäume auf einer Wiese. In der Ferne ein schmaler silberner Streifen – der Bodensee. Doch die Idylle ist vergiftet. Seit sie im Winter durch die Tür einen Blick in das Wohnzimmer des jungen Mieters der Miteigentümerin geworfen und eine Hakenkreuzfahne an der Wand gesehen haben. Der Küchenbauer ging daraufhin zurück in seine Wohnung und setzte sich an den Computer. Nach wenigen Klicks wusste er, wer der bis dahin so freundliche junge Nachbar war. Alexander G., der als »Stürmer« die Kameradschaft Sturm 34 gegründet hatte.

Als ich das Paar besuche, lässt sich Alexander G. zunächst nicht blicken. Mein Plan ist es, seine Aktivitäten zu beobachten und zu dokumentieren. Am Tag zuvor seien noch Neonazis mit Kampfhunden da gewesen, erzählen meine Gastgeber. Sie zeigen mir Fotos von T-Shirts, die auf der Wäschespinne im Garten trocknen. Mit Aufdrucken rechtsextremer Parolen und Symbole wie »Blood & Soil« (Blut und Boden), »White Power« und einem Reichsadler.

Das Paar erzählt, wie sie versucht haben, die Polizei einzuschalten. Der Küchenbauer telefonierte mit einem Staatsschützer, der für politische Kriminalität zuständig ist. Er bittet darum, seinen Anruf vertraulich zu behandeln. Als er von der Arbeit kommt, prostet ihm Alexander G. höhnisch zu und spricht ihn mit dem Namen des Oberkommissars an. Auf Nachfrage bestätigt mir der Beamte, dass er G. tatsächlich informiert habe. Das sei so üblich. Die Polizei kann potenzielle Straftäter für eine Gefährderansprache aufsuchen. Um zu signalisieren: Wir wissen, was du tust, und sind notfalls sofort zur Stelle. Bei dem Gründer von Sturm 34 hält der Beamte das nicht für nötig.

Seinen Mut muss das Paar teuer bezahlen. Fortan werden sie auf dem Hof bedroht und drangsaliert. Ihre Version über das Zusammenleben auf dem Hof nach ihrem Kontakt mit der Polizei geht so: Nach der Arbeit erwartet sie zu Hause ein regelrechtes Spießrutenlaufen. Regelmäßig werden sie als »Stasischweine« beschimpft. Sie sollen im Haus bleiben, sonst gebe es was auf die Fresse. Abends kämen junge Männer mit rechtsextremen Szene-Shirts auf den Hof. Beim Bier mit Alexander G. ginge es dann um ausländische Schmarotzer, die Deutschen die Arbeit wegnehmen. Dafür habe es ja schon mal Lösungen gegeben. Solche Gespräche hören sie mit an, erzählen sie. Am Karfreitag sei »Stürmer« im Tarnanzug herumgelaufen. Mit einem Gegenstand, der wie eine Maschinenpistole ausgesehen habe. Daraufhin forderten sie die Miteigentümerin auf, ihrem Mieter zu verbieten, Waffen zu tragen. Der Küchenbauer und seine Frau zeigen mir den Briefwechsel. Anwaltsschreiben. Ihr Anwalt hat Anzeigen wegen Zeigen des Hitlergrußes und Waffenbesitzes gestellt. Doch der subtile Psychoterror, dem sie ausgesetzt sind, lässt sich nicht beweisen. Mal ist der Schlauch, den sie zum Bewässern ausgelegt haben, am Tag darauf verschwunden. Mal die Heizung abgestellt. Oder das warme Wasser zum Duschen.

Als ich die beiden in ihrem zerstörten Traum besuche, treffe ich zwei Menschen, die mit dem Rücken zur Wand stehen. Zermürbt, verzweifelt, ängstlich. Sie hat seit einiger Zeit Schlafstörungen, muss sich grundlos übergeben. Er fragt sich, wie lange sie noch durchhält. Sie sind gereizt und dünnhäutig. Gehen nicht mehr wandern, fahren nicht mehr mit dem Cabrio. Verharren in Erwartung neuer Nadelstiche und Drohungen. »Wir schlafen damit ein und wachen damit auf«, sagt sie, während wir spätabends um ein Feuer sitzen. »Das ist kein Leben mehr.« Irgendwann stellt der Küchenbauer fest, dass jemand die Radmuttern seines Kleintransporters gelockert hat. An jenem Abend sitzen wir lange ums Feuer. Zwischendurch wirken sie beinahe gelöst, erzählen Anekdoten, lachen. Bis sie sagt: »Die Ruhe ist gespenstisch.« Als Alexander G. in der Nacht doch noch mit seinem Hund aus dem Haus kommt, schrecken beide hoch. Aber er geht nur eine Runde, bevor er wieder im Haus verschwindet.

Alexander G. ließ meine Interviewanfrage unbeantwortet. Zu Beginn der Recherche fragte ich außerdem beim Landgericht Dresden nach, warum der Revisionsprozess gegen *Sturm 34* auch nach zwei Jahren immer noch nicht verhandelt werde. Wann denn damit zu rechnen sei. Das Gericht sei derzeit mit anderen Verfahren überlastet, sagte mir ein Gerichtssprecher am Telefon. Außerdem sei keine Eile geboten. Wäre noch jemand von *Sturm 34* als Neonazi aktiv, würde man das mitkriegen. Zwischenzeitlich zeigte Mittweidas Bürgermeister Matthias Damm erfolglos den Dresdner Gerichtspräsidenten wegen versuchter Strafvereitelung im Amt an. Weil der Prozess immer weiter verschleppt wurde. Für Verzögerungen steht Angeklagten bekanntlich ein milderes Urteil zu. Als der Revisionsprozess im Mai 2012 schließlich doch noch verhandelt wurde, korrigierte die 4. Strafkammer des Dresdner Landgerichts den früheren Freispruch und stellte fest: *Sturm 34* war sehr wohl eine kriminelle Vereinigung. Doch die angeklagten Rädelsführer, darunter auch »Stürmer« Alexander G., kamen mit einer Bewährungsstrafe davon. Informant Matthias R. sogar mit einer Geldstrafe. Die fatale Botschaft der sächsischen Justiz: Rechtsextremer Straßenterror hat keine Priorität und kann auf Nachsicht hoffen.

Einige Jahre nach den milden Urteilen sollte der gewalttätige Kopf von *Sturm 34* wieder in Erscheinung treten. Im September 2018 wurde Tom W. festgenommen. Der Generalbundesanwalt warf ihm und sieben anderen vor, eine terroristische Vereinigung gegründet zu haben. Deren Name: *Revolution Chemnitz*. Die Ermittler schlugen zu, weil sie davon überzeugt waren, dass die Neonazis mit Attentaten jene Situation schaffen wollten, auf die die Szene seit Jahren sehnsüchtig wartet: den Tag X. Den Tag, an dem das verhasste demokratische System gewaltsam beseitigt werden soll.

Vor dem Auffliegen des NSU

Im November 2011 wurden die Rechtsterroristen des *Nationalsozialistischen Untergrunds* (NSU) Uwe Mundlos und Uwe Böhnhardt tot in einem Wohnmobil in Eisenach aufgefunden. Am gleichen Tag hatte ihre Komplizin Beate Zschäpe deren Wohnung und Rückzugsort in der Frühlingsstraße in Zwickau in Brand gesetzt. Das Oberlandesgericht München verurteilte Zschäpe wegen schwerer Brandstiftung, aber auch wegen zehnfachen Mordes und Mitgliedschaft in einer terroristischen Vereinigung zu einer lebenslangen Freiheitsstrafe. Im Nachhinein stellt sich die Frage, wie die Rechtsterroristen vom NSU in Sachsen mehr als zehn Jahre im Untergrund leben konnten, ohne entdeckt zu werden. Dazu muss man sich jedoch vergegenwärtigen, wie sehr man sich in Sachsen sogar an offen zur Schau gestellten Rechtsextremismus gewöhnt hatte. Wie nachsichtig vielerorts auf ritualisierte rechte Gewaltstraftaten reagiert wurde. Wie wenig Solidarität von Bürgermeistern, Polizei und Politikern jene erhielten, die gejagt, verletzt und bedroht wurden. Und wie diejenigen, die sich Neonazis mit Zivilcourage entgegenstellten, allzu oft als Nestbeschmutzer oder gar Linksextremisten diffamiert wurden. Dieses Muster lässt sich sehr gut am Beispiel von Limbach-Oberfrohna zeigen, einer Kreisstadt mit 25.000 Einwohnern, nur wenige Kilometer von Chemnitz und Zwickau entfernt.

Ein Jahr vor dem Auffliegen des NSU, als die Terroristen noch

im Untergrund in Zwickau lebten, traf ich in Limbach-Oberfrohna Moritz. Der junge Mann war Vorsitzender eines Vereins
mit dem hölzernen Namen *Soziale und politische Bildungsvereinigung
Limbach-Oberfrohna*. Darin organisierten sich Jugendliche, die Lesungen, Konzerte und Diskussionsrunden veranstalten wollten.
Einige von ihnen färbten sich die Haare, einige hatten wie Moritz
Piercings, alle zogen sich an, wie sie wollten. Von Soziologen werden diese jungen Leute bisweilen als nicht rechte Jugendliche bezeichnet. Moritz machte mit mir eine kleine Stadtführung. Die
erste Station war ein kleines Haus, dessen Fenster mit Bretterverschlägen verrammelt waren. Hier war ihr erstes Vereinsheim gewesen, erzählte Moritz. *Schwarzer Peter* hatten sie es genannt. Aber
nachdem rechte Angreifer mehrfach Türen und Fensterscheiben
zerstört hatten, schickte ihnen der Vermieter die Kündigung. Wir
gingen weiter zu einem mehrgeschossigen Haus, das ebenfalls
verbarrikadiert war wie ein Bunker. Das *Doro 40*, ihr neues Domizil
in der Dorotheenstraße. Moritz erzählte, dass Neonazis auch hier
die Scheiben mit Steinen demoliert hätten. Einmal habe ein
Nachbar die Polizei gerufen. Allerdings nicht, weil das Haus angegriffen wurde, sondern als sie später den Schaden reparieren
wollten. Der Nachbar zeigte den jungen Vereinsvorsitzenden wegen Ruhestörung an.

Wenn ich in kleinen Orten zu den Treffpunkten solcher Vereine und Jugendinitiativen wollte, musste ich nie lange suchen.
Ich musste nur nach einem Haus ohne Fensterscheiben Ausschau
halten, das mit Bretterverschlägen gegen Regen und Angreifer
gesichert war. Moritz schloss eine Hintertür auf, und wir betraten
eine ausgebrannte Ruine. Überall Reste der zerstörten Einrichtung. Ein Sofa, ein Tisch, Müll. Es stank noch immer nach Rauch.
Vor Kurzem hatte ein Brandstifter das Haus angezündet. Ein älterer Nachbar musste evakuiert werden. Der Oberbürgermeister
empörte sich im Amtsblatt darüber, dass mit der Brandstiftung

»eine Gefährdung Unbeteiligter« billigend in Kauf genommen wurde. Als wären nicht auch die Jugendlichen, denen der Anschlag galt, unschuldige Opfer. Der Verein der jungen Leute, die politische Bildung organisieren wollten, war ein weiteres Mal gewaltsam um seinen Treffpunkt gebracht worden.

In einer Seitenstraße trafen wir Daniel, der die Vorgeschichte zu der Brandstiftung erlebt hatte. Der Neunzehnjährige studierte in Chemnitz Politikwissenschaft und war ebenfalls Mitglied im Verein. Schwarz gefärbte Haare, die er an einer Seite länger trug als an der anderen, schwarzer Kapuzenpulli – der junge Mann pflegte einen Stil, der ihn zum Hassobjekt machte. Am Tag, als das Feuer die neuen Vereinsräume zerstörte, seien sie hier von einer Gruppe Rechter verfolgt worden, sagte er. Sie seien als »scheiß Zecken« beschimpft und danach angegriffen worden. Als er einen Freund wegziehen und in Sicherheit bringen wollte, war er selbst dran. Er habe Schläge ins Gesicht abbekommen und sei zu Boden gegangen. Nachdem er sich aufrappeln konnte, habe er sich mit Pfefferspray gewehrt. Daniel schilderte einen Angriff von rechten Gewalttätern, gegen den er sich in Notwehr verteidigt hatte. Die Polizei machte daraus eine Auseinandersetzung »zwischen zwei Personen aus dem linken und rechten Spektrum«. Wer Täter und wer Opfer war, ließ sich in dieser Darstellung nicht mehr erkennen. Auf meine Nachfrage räumte ein Polizeisprecher allerdings ein, dass der Angriff von dem Mann aus der rechten Szene ausging. Immer wieder stieß ich bei der Recherche auf offizielle Versionen, in denen nicht zwischen Täter und Opfer unterschieden wurde und die die Öffentlichkeit damit täuschten.

Mir fiel auf, wie ruhig, ja fast emotionslos Daniel erzählte, wie es ihm in der Stadt erging. Er schätzte, dass er schon etwa zwanzigmal angegriffen und geschlagen worden war. Das war für ihn normal, keine große Sache. Er hatte sich daran gewöhnt wie an schlechtes Wetter. Als er wieder mal einen rechtsextremen Gewalttäter wegen Körperverletzung anzeigen wollte, habe ihn der Beamte gefragt, ob er denn keinen Gameboy habe. Er riet ihm, einfach zu Hause zu bleiben, um künftige Angriffe zu vermeiden. Die unausgesprochene Botschaft: Bist ja selbst schuld, wenn du auf die Straße gehst. Ermittlern gelang es gleichwohl, den Brandstifter zu stellen, der das Haus mit den Vereinsräumen angezündet hatte. Das Amtsgericht Zwickau verurteilte später den zwanzigjährigen Nico D. wegen Brandstiftung, Körperverletzung und Verwendung verfassungswidriger Kennzeichen zu einer Haftstrafe von zwei Jahren und sechs Monaten. Er war nach dem Überfall auf Daniel und dessen Freunde mit acht bis zehn Kameraden zum *Doro 40* gezogen und hatte dort Feuer gelegt. Der Staatsanwalt stellte vor Gericht klar, dass in Limbach-Oberfrohna kein diffuser Bandenkrieg herrsche. Vielmehr kenne er nur Fälle mit rechten Tätern und linken Opfern. Der verurteilte Täter galt als Rädelsführer der rechtsextremen Szene im Ort.

Die machte aus ihrer Ideologie kein Geheimnis. Im Gegenteil. Rechtsextremisten besprühten Wände mit eindeutigen Parolen wie »Nationaler Sozialismus jetzt!«. Immer wieder fanden sich auch Hakenkreuze. Und die Stadt? Oberbürgermeister Hans-Christian Rickauer, CDU, und der Stadtrat verurteilten »Gewaltanwendung durch linke und rechte Straftäter«. Obwohl die Polizeistatistik für das Jahr 2010 eindeutig war. Demnach hatte es in der Stadt vierundfünfzig rechte Straftaten gegeben. Aber nur eine linke. Nicht nur, dass die Stadtpolitiker rechtsextreme Parolen und Gewaltstraftaten relativierten. Mehr noch, sie versuchten darüber hinaus, die jungen Leute vom politischen Bildungsverein zu kriminalisieren. Die Stadt hatte ein Gremium ins Leben gerufen, den sogenannten *Kriminalpräventiven Rat*, dem auch Bürgermeister Hohlfeld und der stellvertretende Leiter des Polizeireviers angehörten. Einem geheimen Protokoll zufolge regte der Polizeibeamte bei einer Sitzung an, Moritz wegen »mehrfachen Notrufmissbrauchs« anzuzeigen. Dem jungen Vereinsvorsitzenden sollten die Kosten für die Einsätze der Polizei in Rechnung gestellt werden. Der Bürgermeister sprach in der exklusiven Runde über den jungen Mann wie über einen gefährlichen Kriminellen: »Er ist ideologisch festgefahren und provoziert gezielt.« Während also junge Rechtsextremisten den Ort mit Gewalt überzogen und ihre neonazistische Gesinnung offen zeigten, überlegten Kommunalpolitiker und Polizeibeamte, wie sie deren Opfer gefügig machen konnten. Der örtliche Polizeichef bezeichnete die Lage im Ort als ruhig: »Man darf und sollte eine Gefährlichkeit auch nicht herbeireden.«

Es war nicht leicht, mit den Verantwortlichen der Stadt ins Gespräch zu kommen. Oberbürgermeister Rickauer beschrieb sich auf seiner Website als »tatkräftig, aufmerksam, christlich«. Aber für ein Interview stand er nicht zur Verfügung. Stattdessen empfing mich Kulturdezernent Dietrich Oberschelp im Rathaus in seiner Funktion als »Präventionsbeauftragter« der Stadt. Er gab sich größte Mühe, das Problem Rechtsextremismus nicht beim Namen zu nennen und ideologische Tatmotive kleinzureden. Er verstieg sich gar zu der Aussage: »Die Opfer interessiert weniger, ob das linke oder rechte Täter waren.« Nun interessierte es die verprügelten Jugendlichen sehr wohl, dass die Täter der lokalen Neonazi-Szene angehörten. Aber für die Erfahrungen und Nöte von Betroffenen rechter Gewalt waren die politischen Repräsentanten taub. Das mobile Beratungsteam gegen Rechtsextremismus vom Kulturbüro Sachsen hatte der Stadt mehrfach schriftlich Hilfe angeboten. Ohne Resonanz. Eine Anekdote ist mir aus dem Gespräch mit Herrn Oberschelp, der wie ich aus Westfalen stammt, besonders in Erinnerung geblieben. Einmal hatten die jungen Leute vom Bildungsverein mit Kreide die Umrisse menschlicher Körper auf den Gehweg gemalt. Zur Erinnerung an die Opfer rechter Gewalt in Deutschland. Die Stadt rief daraufhin die Feuerwehr, ließ die Kreidezeichnungen entfernen und zeigte die jungen Leute wegen Sachbeschädigung an. Ich fragte den »Präventionsbeauftragten« Oberschelp, ob das wirklich nötig war. Ob es nicht auch der nächste Regen getan hätte. Seine Antwort sagt viel über die Haltung gegenüber unbequemen zivilgesellschaftlichen Akteuren aus: »Das weiß ich nicht, weil ich die meteorologische Ansage aus dieser Zeit nicht im Kopf habe.« Mehr demonstrative Verächtlichkeit geht nicht.

Immer wieder saß ich in Wohnzimmern und Küchen und hörte mir an, wie ohnmächtig sich die Mütter und Väter der verfolgten Jugendlichen fühlten. [56] Sie hatten Briefe an die Stadt geschickt, um auf die Notlage ihrer Kinder aufmerksam zu machen. Manchmal erhielten sie nicht mal eine Antwort. Im Wohnzimmer eines Architekten und einer Ingenieurin, deren Sohn ebenfalls beim Bildungsverein mitmachte, traf ich auch die Eltern von Daniel. Dessen Mutter erzählte, wie sie nachts wach liege und auf eine SMS von ihrem »Dani« warte. Erst wenn sie wisse, dass ihm nichts passiert sei, könne sie einschlafen. Bei einer Gesprächsrunde im Rathaus habe man ihr gesagt, die Bürger seien der Meinung, dass die Eltern der Kinder mit den bunten Haaren erst mal ihre Familienverhältnisse in Ordnung bringen sollten. Sie war empört, den Tränen nahe, als sie sich daran erinnerte: »Wie kommen die darauf, dass bei uns etwas nicht in Ordnung ist?« Ihr Mann, ein Lehrer, erzählte, er werde an seiner Schule mittlerweile als »Zecke« begrüßt. Ihm war wichtig zu betonen, dass er überhaupt kein Linker sei.

Die Gastgeberin erzählte, wie sie versucht habe, die Probleme ihrer Kinder in ihrer katholischen Kirchengemeinde anzusprechen. Nach ihrer Schilderung habe langes Schweigen geherrscht. Keiner habe etwas gesagt. In diesem Gespräch im Wohnzimmer wurde ein Muster deutlich: Im Ort gab es eine große Sehnsucht nach Konformität und Homogenität. Viele regten sich offenbar weniger über nationalsozialistische Parolen und rechte Gewalt auf als über jene, die von einer unausgesprochenen bürgerlichen Norm abwichen. Das große Problem hinter den Konflikten in Limbach-Oberfrohna war ein pluralismusfeindlicher Grundkonsens in der Stadtgesellschaft. Als die verzweifelten Eltern das *Bunte Bürgerforum für Demokratie* gründeten, um endlich Gehör für die Nöte ihrer Kinder zu finden und der rechtsextremen Szene etwas entgegenzusetzen, konterte CDU-Politiker Jan Hippold mit einer eigenen Initiative, die er *Bündnis gegen Extremismus* taufte. Dem gehörte anfangs auch ein Stadtrat von der NPD an.

Nachdem ihr zweites Vereinsheim durch Brandstiftung ebenfalls zerstört worden war, suchten sich Moritz, Daniel und die anderen eine neue Bleibe, die sie in der Sachsenstraße fanden und herrichteten. Wieder renovieren, gebrauchte Möbel organisieren, malern. Bei einem weiteren Besuch bot sich mir der schon bekannte Anblick. Fenster ohne Scheiben. Bretterverschläge. Im Verlauf des Jahres 2011 versammelten sich an den Wochenenden immer wieder junge Neonazis vor der neuen Bleibe. Sie riefen »Sieg Heil«, ab und zu warfen sie Steine und Flaschen auf das Gebäude und versuchten gewaltsam einzudringen. Die jungen Leute zeigten mir, wie sie sich nachts zu zweit oder dritt gegen die Hintertür stemmten, um das zu verhindern. Ich malte mir aus, was wohl passieren würde, wenn es den anderen gelänge, das Haus zu stürmen.

Als ich mit einem Kollegen und einem Kamerateam vor dem Haus drehte, beobachtete uns ein Nachbar aus dem Fenster. [57] Er kam runter, stellte sich als FDP-Mitglied vor und sagte ins Mikrofon: »Störenfriede sind das. Die gehören weg.« Er meinte damit nicht die »Sieg Heil« grölenden Neonazis, sondern die mit den bunten Haaren. Am Pfingstwochenende hatte es vor dem Haus eine Schlägerei gegeben. Zwei Neonazis und zwei vom Verein waren verletzt worden. Die Polizei teilte in einer Pressemeldung mit, eine Gruppe Rechter sei aus dem Haus heraus angegriffen worden. Das kam mir komisch vor. Ich fragte mich, was die Rechtsextremisten wohl nachts vor dem Haus zu suchen hatten. Die Vereinsmitglieder erzählten, sie seien in jener Nacht zweimal angegriffen worden. Die Belagerer seien mit Holzlatten bewaffnet gewesen und hätten Steine und Bierflaschen gegen die Fassade geworfen. Daraufhin seien sie selbst aus dem Haus gestürmt und hätten sich gewehrt. Sie gaben zu, mittlerweile auch Schlagwerkzeuge zur Selbstverteidigung zu besitzen. Die permanente Bedrohung hatte eine Gewaltspirale in Gang gesetzt.

Von wem war also die Gewalt ausgegangen? Wir sprachen mit einem Nachbarn, in dessen Fenster in der ersten Etage ein rundes Loch zu sehen war, groß wie ein Golfball. Der Anwohner bestätigte, dass die Neonazis zuerst das Haus angegriffen hatten, bevor es eine Schlägerei auf der Straße gab. In jener Nacht durchsuchte die Polizei die Vereinsräume und stellte ein Pulver sicher. In einer Pressemitteilung hieß es, man habe bei der Hausdurchsuchung offenbar »Sprengstoffmaterial« gefunden. Im Ort kursierte seither die Geschichte vom Sprengstofffund bei den Linken. Moritz, Daniel und die anderen beteuerten ihre Unschuld. Erst viele Wochen später musste die Staatsanwaltschaft einräumen: Bei den gefundenen Substanzen handelte es sich nicht wie anfangs behauptet um Sprengstoff, sondern um Quarzsand und Kaliumnitrat. Die jungen Leute und ihre Eltern waren im Ort gleichwohl immer stärker isoliert. Eine Mutter erzählte, ihre Tochter sei im Supermarkt in ein Kühlregal gestoßen worden. Ihr Mann werde auf der Straße als »Vater der Zecke« beschimpft. Junge Männer hätten gedroht, den Hund auf ihn zu hetzen.

Ein Jugendlicher, der auch beim Verein mitmachte, musste die Schule wechseln, weil er in Limbach-Oberfrohna vor dem Unterricht immer wieder mit »Sieg Heil« begrüßt worden war. Der Familie, in deren Wohnzimmer mir die Eltern von ihrer Angst um die Kinder erzählt hatten, warf ein Unbekannter nach einem Podiumsgespräch eine Flasche in die Wohnzimmer-Fensterscheibe. Auf dem Briefkasten klebte ein Aufkleber, auf dem ein Strick abgebildet war. Dazu die hämische Aufforderung: »Selbstmord gegen rechts«. Darunter stand: »Nationaler Widerstand Limbach-Oberfrohna«. Als die Familie eine Anzeige gegen unbekannt wegen Bedrohung stellen wollte, habe der Beamte erklärt, er könne darin bestenfalls eine Sachbeschädigung erkennen.

Als unser Kamerateam Moritz, Daniel und deren Freunde auf das Stadtparkfest begleitete, waren sie nervös, wollten nicht an den Buden und Karussells stehen bleiben. Während um sie herum laute Kirmesmusik tobte, in die sich begeisterte Schreie von Gästen der bunt beleuchteten Fahrgeräte mischten, wurden die jungen Leute von Besuchern an den Buden abschätzig beäugt. Mit Blicken, die sagten: Ihr habt hier nichts zu suchen. Wir hatten eine schnelle Runde über die Kirmes gemacht, der Kameramann filmte gerade das Kettenkarussell, als drei junge Männer hinter uns herrannten. Mit schwarzen Pullis, auf denen »Stahlgewitter« und »Anti-Antifa« stand. Sie schrien Beleidigungen, schlugen nach der Kamera, bauten sich vor Daniel auf, drohten ihm. Es gab ein Gerangel. Die Security-Männer, die das sahen, schauten zunächst mal nur zu und griffen erst ein, als ein Angreifer mehrmals handgreiflich wurde. Zwei Jahre zuvor waren Vereinsmitglieder am Rande des Stadtfests zusammengeschlagen und schwer verletzt worden. Auch an diesem Tag war es ihnen nicht möglich, das Fest zu besuchen, ohne angegriffen zu werden.

Einige Zeit nach diesen Vorkommnissen war ich als Sachverständiger in den Sächsischen Landtag eingeladen, um die Abgeordneten über die Ergebnisse meiner Recherchen in Limbach-Oberfrohna zu informieren. [58] Mittlerweile hatte die Polizei die Lage in der Kleinstadt mit massiven Kontrollen beruhigt. Bei der Anhörung wurde deutlich, wie groß das Problem war und wie hilflos die Stadt lange versucht hatte zu verharmlosen. Der Leiter der Polizeidirektion Chemnitz-Erzgebirge, Uwe Reißmann, erklärte, dass in der Region bereits seit 2008 verstärkt rechte Kriminalität registriert wurde. Verantwortlich dafür seien die *Autonomen Nationalisten Limbach-Oberfrohna* gewesen, die später als *Nationaler Widerstand Limbach-Oberfrohna* weitermachten. Deren erklärtes Ziel sei es gewesen, gewaltsam eine »national befreite Zone« zu schaffen. Obwohl zwischenzeitlich das Führungspersonal der verbotenen Kameradschaft *Sturm 34* in der Stadt gesichtet wurde, hätten die Erkenntnisse nicht ausgereicht, um die Neonazis als kriminelle Vereinigung zu verbieten. Er räumte ein, dass der geplante Stellenabbau der Polizei problematisch sei. Vor allem fehle es an der nötigen Stärke, wenn Einsatzzüge von außen angefordert werden müssten.

Während der Anhörung wurde Reißmann auf einen Polizeieinsatz in Limbach-Oberfrohna angesprochen. Rechte Täter hatten auf eine Motorhaube ein Hakenkreuz geritzt. Da sie aber einen Strich des verbotenen Symbols vergessen hatten oder nicht rechtzeitig fertig geworden waren, hatten die vom Besitzer gerufenen Beamten bei der Anzeige nur eine Sachbeschädigung aufgenommen, keine Verwendung von Kennzeichen verfassungswidriger Organisationen. Nach Paragraf 86a des Strafgesetzbuches ist es strafbar, in der Öffentlichkeit ein Hakenkreuz zu zeigen. Doch wer kein Hakenkreuz erkennt, muss auch keine politische Straftat verfolgen. Der Polizeidirektor verteidigte im Landtag dieses obskure Vorgehen der Beamten. Die Kollegen vor Ort seien gar nicht dafür zuständig, eine rechtliche Bewertung vorzunehmen. Die werde erst nachträglich vorgenommen. Es hätte ihn nichts gekostet, die seinerzeit zur Schau gestellte Ignoranz gegenüber nationalsozialistischer Propaganda als Fehler zu bezeichnen. Das wäre souverän gewesen. Und ein Zeichen für eine intakte Fehlerkultur. Stattdessen demonstrative Rückendeckung. Reißmann war es auch, der im Jahr 2016 auf einer Pressekonferenz den Polizeieinsatz während der Ausschreitungen gegen Geflüchtete in Clausnitz rechtfertigte. Dort hatte ein Beamter einen Jungen, der den Belagerern den Stinkefinger gezeigt hatte, im Schwitzkasten vom Bus zum Haus gezerrt. Bei der Anhörung im Landtag zur Eskalation in Limbach-Oberfrohna konnte Reißmann auch angesichts einer langen Chronologie rechter Gewaltstraftaten und permanenter Bedrohung der Betroffenen keine Fehler in der Polizeiarbeit erkennen. Stattdessen verwies er auf Tausende Einsatzstunden und Hunderte Personenkontrollen. Der Justiz warf er allerdings vor, nicht schnell genug zu arbeiten. Schuldzuweisungen anstelle selbstkritischer Aufarbeitung.

Politikwissenschaftler Hajo Funke, emeritierter Professor der Freien Universität Berlin, der die Vorgänge in Limbach-Oberfrohna untersucht hatte, stellte der Kommune und der Polizei bei der Anhörung im Landtag ein vernichtendes Zeugnis aus. Eine konsequente Strafverfolgung sei sträflich vernachlässigt worden. Wenn der Rechtsstaat derart auf dem Rückzug sei, bestehe die Gefahr, dass »aus Alltagsterror Schlimmeres wird«. Die Aussagen von Innenminister Markus Ulbig, CDU, wonach die getroffenen Maßnahmen ausreichend seien, nannte Funke unangemessen und verharmlosend. Neonazis seien in der Region immer noch zu massiver Gewalt in der Lage. Angst und Drohräume machten das Klima in der Stadt kaputt. So der Befund des Politikwissenschaftlers zu Beginn des Jahres 2012. Der NSU war gerade aufgeflogen. Das Land tief erschüttert über die Mordserie. In diesem Moment sah es so aus, als würde sich endlich etwas ändern. Die Gefahr von rechts war erkannt. Notwendige Konsequenzen würden gezogen. Das glaubten jedenfalls viele. Es sollte anders kommen.

Der NSU-Komplex: offene Fragen, falsche Konsequenzen, neue Gefahren

Der mörderische Terror des *Nationalsozialistischen Untergrunds* (NSU) hätte eine Zäsur bewirken können, ja müssen. Die Mordserie an neun Migranten und der Polizistin Michèle Kiesewetter hat den traurigen Anlass für einen überfälligen Kurswechsel geboten. Hin zu größerer Sensibilität gegenüber Rassismus und Neonazismus, effektiverer Strafverfolgung rechter Gewaltstraftaten und erhöhter Wachsamkeit gegenüber rechtsterroristischen Tendenzen. Verbunden mit rückhaltloser Aufklärung des NSU-Komplexes. So versprachen es ja auch Angela Merkel und andere hochrangige Politiker. Gemessen an der Ungeheuerlichkeit, dass Neonazis viele Jahre lang im Untergrund leben und morden konnten, ohne von den Sicherheitsbehörden gestoppt zu werden, ist es niederschmetternd, was die Geschichte des NSU bewirkt hat. Die Zäsur ist ausgeblieben. Trotz der zunächst heftigen gesellschaftlichen Erschütterung, eines Mammutprozesses vor dem Oberlandesgericht München und mittlerweile dreizehn Untersuchungsausschüssen von Bund und Ländern.

Wichtige Lektionen wurden bis heute nicht verstanden. Der ungewöhnlich lang anhaltende öffentliche Druck durch Journalisten hat nicht ausgereicht, offenkundige Defekte innerhalb der Sicherheitsstruktur zu beseitigen. Bis heute darf beispielsweise der Schutz zwielichtiger Quellen über eine Mordermittlung gestellt werden wie im Fall des ermordeten Halit Yozgat in Kassel. Der damalige Innenminister und heutige hessische Regierungschef Volker Bouffier (CDU) hatte seinerzeit die Vernehmung von V-Leuten durch die Polizei verhindert. Was mindestens genauso schwer wiegt: Im Umgang mit rassistischer und rechtsextremistischer Ideologie als Motiv für schwere Gewaltstraftaten und Entstehungsbedingung für Rechtsterrorismus lässt sich bundesweit bei Verfassungsschutzämtern, Innenministerien, Staatsanwaltschaften, Polizeibehörden und Gerichten kein entscheidender Paradigmenwechsel feststellen. Bis heute werden rechte Tatmotive bei Gewaltverbrechen missachtet. Rechtsextremistische Netzwerke bleiben unterbelichtet. Hass und Menschenverachtung als Triebfedern für Gewaltstraftaten werden weiter verharmlost. Das hat zum einen damit zu tun, dass sich das gesellschaftliche Klima seit der Selbstenttarnung des NSU rund um die Themen Flucht und Migration radikalisiert hat. Aber auch damit, dass ausgerechnet in Sachsen, wo der NSU bis zum Jahr 2011 seine operative Basis und seinen Rückzugsort im Untergrund hatte, Aufklärung, Selbstkritik und Konsequenzen besonders lücken- und mangelhaft geblieben sind.

Mittlerweile hat das Oberlandesgericht München die Hauptangeklagte Beate Zschäpe unter anderem als Mittäterin an den Morden zu einer lebenslangen Freiheitsstrafe verurteilt. Ralf Wohlleben, André Eminger und zwei weitere Angeklagte wurden wegen Beihilfehandlungen zu Freiheitsstrafen bis zu zweieinhalb Jahren verurteilt. [59] Alle Angeklagten haben Revision eingelegt. An 438 Verhandlungstagen hörte das Gericht 541 Zeugen. Bis zum Prozessende wuchs der Aktenberg auf 1200 Ordner mit mehreren Hunderttausend Seiten an. Die Aufgabe des Gerichts war es nicht, den gesamten NSU-Komplex aufzuklären, sondern zehn Morde, zwei Sprengstoffanschläge, fünfzehn Raubüberfälle und dreiundvierzig Mordversuche. Eine Mammutaufgabe. Die Nebenklagevertreter haben die Bundesanwaltschaft gleichwohl heftig dafür kritisiert, bis zum Prozessende an der sogenannten »Trio-These« festgehalten zu haben. [60] Laut Anklage bestand der NSU nur aus drei Personen, nämlich Uwe Mundlos, Uwe Böhnhardt und Beate Zschäpe. Die Anwälte der Opferfamilien sehen sich dagegen durch den Prozess darin bestätigt, dass der NSU tatsächlich ein rechtsextremistisches Netzwerk war. »Im Prozess wurde offenkundig, dass die Gruppe derjenigen, die direkte Unterstützung geleistet haben, mehr als fünfzehn Leute umfasste«, sagt der Kieler Nebenklagevertreter Alexander Hoffmann. Die Chemnitzer Ortsgruppe von Blood & Honour um Jan W., die den drei untergetauchten Neonazis half, sei sogar noch größer gewesen. Die Helfer organisierten nicht nur Unterkünfte für das Trio, sondern auch gefälschte Ausweispapiere. »Im Prozess hat sich gezeigt, dass Zschäpe, Mundlos und Böhnhardt in Chemnitz Teil der rechtsextremistischen Szene waren«, sagt der Anwalt. »Mundlos hat beispielsweise das Layout für ein Skinzine geliefert und ein T-Shirt entworfen. Das Bild von einer abgeschotteten, isolierten Terrorzelle ist also falsch.« [61]

Das Münchner Urteil gegen Zschäpe und die Mitangeklagten bezeichnen Nebenklagevertreter in einer gemeinsamen Erklärung als »Schlag ins Gesicht« all derer, die sich um eine wirkliche Aufklärung der Straftaten des NSU und ihrer Hintergründe bemühten. Die Aufklärungsbemühungen beschränkten sich auf eine harte Verurteilung Beate Zschäpes, argumentieren die Anwälte. Zugleich würden Tatbeiträge und Ideologie der Unterstützer verharmlost und die Rolle von Polizei und Geheimdiensten vollständig außen vor gelassen. [62] Trotz andauernder Ermittlungen der Bundesanwaltschaft geht Rechtsanwalt Hoffmann nicht mehr davon aus, dass weitere Personen aus dem NSU-Komplex angeklagt werden: »Das sächsische Unterstützer-Umfeld des NSU wird unbehelligt bleiben.«

Sachsen war nicht nur Rückzugsort, sondern bot den drei Neonazis im Raum Chemnitz/Zwickau auch ein dichtes Unterstützernetzwerk. [63]

Darüber hinaus war Sachsen auch Tatort mehrerer Raubüberfälle der NSU-Terroristen, mit denen sie sich finanzierten. Das Land hat also allen Grund, den NSU-Komplex besonders gründlich aufzuklären, die weiterbestehenden rechtsextremistischen Netzwerke auszuleuchten und Konsequenzen daraus zu ziehen, dass die späteren Mörder hier offenkundig ideale Bedingungen für ihr Leben im Untergrund fanden. Doch der Umgang mit dem NSU-Komplex in Sachsen ist geprägt von Selbstgefälligkeit, mangelndem Aufklärungswillen, Schuldzuweisungen an das Nachbarland Thüringen und Nachsicht mit der eigenen Sicherheitsstruktur, die daran zweifeln lässt, dass die Landesregierung verstanden hat, dass Sachsen nicht zufällig zum Hauptquartier von Rechtsterroristen wurde.

Die offizielle Reaktion auf den NSU aus Sachsen war eine Farce. Mundlos und Böhnhardt waren im November 2011 tot in einem ausgebrannten Wohnmobil im thüringischen Eisenach gefunden worden. Beate Zschäpe saß bald darauf in Haft. Der NSU hatte sich in zynischen Bekennervideos mit der Zeichentrickfigur Paulchen Panther selbst enttarnt.

Im Schutt des von Beate Zschäpe angezündeten Wohnhauses im sächsischen Zwickau fand ein junger Polizist die Tatwaffe, jene Ceska, nach der die Mordserie an Migranten benannt wurde, wenn gerade nicht zynisch von »Döner-Morden« die Rede war. Früh stand fest: Zschäpe, Mundlos und Böhnhardt sind zwar im thüringischen Jena zu Neonazis sozialisiert worden. Dort haben sie sich im Umfeld des *Thüringer Heimatschutzes*, einer rechtsextremen Kameradschaftsstruktur, radikalisiert. Nach ihrer Flucht aus Jena, wo sie zuletzt eine Kofferbombe mit zehn Gramm TNT vor dem Theater deponiert hatten, lebten sie von 1998 bis 2011 in

Sachsen. Zunächst in Chemnitz, später in Zwickau. Von hier aus brachen Mundlos und Böhnhardt auf, um zu morden.

Der sächsische Innenminister Markus Ulbig (CDU) legte früh einen Abschlussbericht zum »Fallkomplex NSU« vor, der ganze 23 Seiten lang war. [64] Der Tenor: Sächsische Behörden trifft keine Schuld. Die schob der Minister auf das Nachbarland Thüringen ab, das unzureichend über die untergetauchten Neonazis informiert habe. Thüringen ging von Beginn an anders mit der eigenen Verantwortung um. Der Bericht der sogenannten Schäfer-Kommission kritisierte auf 273 Seiten massiv die unkoordinierte und ineffiziente Suche der Thüringer Zielfahnder nach dem untergetauchten Trio. Im Abschlussbericht des zweiten Thüringer NSU-Untersuchungsausschusses, der im September 2019 vorgestellt wurde, weisen die Abgeordneten sowohl Polizei und Justiz als auch dem Landesverfassungsschutz gravierende Fehler nach. Die Parlamentarier kritisieren die Arbeit der Behörden vor und nach Auffliegen des NSU: das unprofessionelle Vorgehen bei der Fahndung nach den untergetauchten Rechtsterroristen ebenso wie eklatante Fehleinschätzungen, was die Gefährlichkeit und Vernetzung der rechtsextremen Szene angeht. Der Ausschuss hat zudem das Thüringer Innenministerium dafür gerügt, ihm wichtige Akten vorenthalten zu haben. [65] Eine so schonungslose Selbstkritik hat es in Sachsen trotz zwei folgender Untersuchungsausschüsse nie gegeben.

Die Landtagsabgeordnete Kerstin Köditz hat für ihre Partei Die Linke federführend beide sächsische Untersuchungsausschüsse begleitet. Im Untersuchungsausschuss »Neonazistische Terrornetzwerke in Sachsen« war sie sogar Stellvertreterin des Ausschussvorsitzenden der CDU. Ich treffe Köditz in ihrem Bürgerbüro in Grimma, wo sie von der Arbeit des Ausschusses berichtet. Eingesetzt wurde das Gremium durch die Grünen und die Linke – nicht mit den Stimmen der regierenden CDU. Auch nicht mit denen der mitregierenden SPD, die den ersten Ausschuss noch mit auf den Weg brachte. Da ein Untersuchungsausschuss Fehler und Versäumnisse der Staatsregierung und ihrer Behörden aufklären soll, ist dies die parlamentarische Stunde der Opposition. Gleichwohl haben die NSU-Ausschüsse des Bundes gezeigt, dass engagierte Zusammenarbeit um der Sache willen über Parteigrenzen hinweg möglich ist. Kerstin Köditz betont, dass auch der zweite sächsische Ausschuss einige wichtige Ergebnisse liefern konnte. So habe man diverse kursierende Verschwörungstheorien entkräftet. Immer wieder wird etwa in Internetforen diskutiert, ob denn tatsächlich Waffen, wie offiziell dargestellt, zweifelsfrei im Brandschutt in der Zwickauer Frühlingsstraße gefunden wurden. Diverse Zeugen bestätigten dem Ausschuss, dass der Tatort lückenlos bewacht wurde. Es gab also gar keine Gelegenheit für Sabotage.

Trotz wichtiger Erkenntnisse stellt Köditz selbstkritisch fest: »Wir waren ein fauler Ausschuss.« Während die Sitzungen im Bundestag mit diversen Zeugen oft bis tief in die Nacht dauerten, lud der sächsische Ausschuss pro Sitzungstag oft nur einen oder zwei Zeugen vor. Die Sitzungen in Dresden begannen um zehn. Dann war bald Mittagspause. Um sechzehn oder siebzehn Uhr war schon Schluss. »Die CDU-Fraktion wollte das so«, sagt Köditz. »Viele Ausschussmitglieder saßen gelangweilt da rum, einige lasen während der Befragungen sonst was, die allerwenigsten haben selbst Fragen gestellt. Üblicherweise wurde ich gefragt: Frau Köditz, wie lange brauchen Sie denn für den Zeugen? Ist das ein Ein- oder Zwei-Stunden-Zeuge? So lief das ab.« In dreiundvierzig Sitzungen wurden nicht mehr als neunundsechzig Zeugen gehört.

So bleiben auch nach Abschluss des zweiten sächsischen U-Ausschusses zum NSU wichtige Fragen weiter offen. Eine lautet: Warum wurde das Trio nicht gefasst, obwohl es umstellt war und dessen Helfer beobachtet wurden? Im September 2000 hatte das sächsische Landesamt für Verfassungsschutz (LfV) den »Fall Terzett« gestartet. Hierfür wurden vor allem Wohnungen des Chemnitzer Unterstützernetzwerks observiert. Dabei entstanden Aufnahmen, die mutmaßlich Uwe Böhnhardt und Beate Zschäpe zeigen. Ein Zugriff gelang nicht. Die Abgeordnete Köditz kritisiert, dass diese Operation ohne Analyse und Lagebild durchgeführt wurde. Geleitet von einer jungen, unerfahrenen Beamtin. »Der ganze Fall hatte im Amt den Stellenwert eines Praktikantenjobs«, sagt Köditz. Die Information des Brandenburger V-Manns mit dem Tarnnamen Piatto, wonach das Trio einen Überfall begehen wolle und sächsische Neonazis versuchten, eine Waffe für sie zu beschaffen, war der Beamtin gar nicht bekannt.

Nach wie vor ist ungeklärt: Warum wurde nur wenige Wochen nach der »Operation Terzett« die intensive Suche nach den drei Neonazis eingestellt? Ist das Trio daraufhin tatsächlich regelrecht vergessen worden, obwohl es ja von V-Leuten wie Thomas Starke (V-Mann für das LKA Berlin) in Chemnitz und Ralf »Manole« Marschner (V-Mann »Primus« für das Bundesamt für Verfassungsschutz) in Zwickau regelrecht umstellt war? In Marschners Bauservice-Firma soll neben anderen Neonazis zeitweilig auch Uwe Mundlos gearbeitet haben. [66] Kerstin Köditz sagt, der Ausschuss habe keinen Hinweis darauf gefunden, dass eine sächsische Behörde Infos von V-Leuten über den genauen Aufenthaltsort der NSU-Terroristen oder gar bevorstehende Morde erhalten habe. Offen bleibt auch, warum genau die richtige Personengruppe unter den sächsischen Neonazis, also die Mitglieder des sächsischen Arms von Blood & Honour, als mutmaßliche Unterstützer überhaupt ins Visier der Thüringer Zielfahnder und damit auch sächsischer Behörden geriet. Warum haben sächsische Behörden mit Ausnahme von »Terzett« keinerlei Eigeninitiative entwickelt, obwohl die NSU-Terroristen ja tatsächlich wie vermutet im Raum Chemnitz untergetaucht waren und auch dortblieben? Haben die Behörden von den diversen V-Leuten rund um das Trio tatsächlich keine Hinweise auf die Morde erhalten? Fragen über Fragen. Die Behörden waren nicht auf dem rechten Auge blind, wie häufig behauptet wird, sondern lagen mit wichtigen Vermutungen richtig, waren ganz nah dran und scheiterten dennoch total. Warum?

Mittlerweile haben die Themen Flucht, Migration und Kriminalität angefeuert von der AfD den NSU-Komplex vollständig aus den Schlagzeilen und dem öffentlichen Bewusstsein verdrängt. Es wurden vonseiten des Staates durchaus Konsequenzen aus dem NSU-Terror gezogen. Wenn auch zum Teil sehr fragwürdige. In Bund und Ländern wird trotz des offensichtlichen Desasters am System der V-Leute festgehalten. Thüringen hat seinen kurzzeitigen Alleingang, es künftig ohne V-Leute versuchen zu wollen, schnell wieder korrigiert. [67] Nach wie vor werden überzeugte Neonazis angeworben und für irgendwelche Informationen bezahlt. Diverse Untersuchungsausschüsse haben gezeigt, wie die angeworbenen Neonazis lügen, verheimlichen und manipulieren. Dass sie nicht aufhören, wie Neonazis zu denken und zu handeln. Der V-Mann Tino Brandt hat mit seinem Spitzellohn den *Thüringer Heimatschutz* überhaupt erst finanzieren können. Trotzdem haben sich letztlich SPD und CDU im Bund darauf verständigt, an dem gescheiterten Spitzelsystem festzuhalten. Unter vier Augen fragt ein Spitzenpolitiker aus den Kreisen der Großen Koalition in Berlin, als ich ihn auf die V-Leute anspreche: »Ja, wollen Sie denn, dass wir blind werden?« Also honorieren Verfassungsschützer weiterhin ideologisch gefestigte Rechtsextremisten – für was auch immer.

Völlig unbefriedigend ist auch die Aufarbeitung der groß angelegten Aktenvernichtungen durch Verfassungsschützer im Bund und in einigen Ländern. Der Hauptverantwortliche der

Schredderaktionen beim Bundesamt für Verfassungsschutz mit dem Tarnnamen Lothar Lingen wurde weich ins Bundespräsidialamt versetzt. Die Kölner Staatsanwaltschaft stellte Ermittlungen gegen ihn ein. In Sachsen kam der Datenschutzbeauftrage zu dem Ergebnis, die im Landesamt für Verfassungsschutz erfolgten Aktenvernichtungen seien nicht zu beanstanden. [68] Obwohl ein Bezug der vernichteten Akten zum NSU ausdrücklich nicht ausgeschlossen werden kann. Absurderweise sind die Kompetenzen des Bundesamtes für Verfassungsschutz im Zuge des NSU trotz Totalversagens sogar noch gestärkt worden. In Sachsen mussten mit Reinhard Boos und Uwe Vahrenhold die beiden ranghöchsten Verfassungsschützer gehen. Eine Kommission unter der ehemaligen Generalbundesanwältin Monika Harms regte nicht mehr als technokratische Korrekturen für Sachsens Geheimdienst an. Die eklatante Schwäche bei der Analyse blieb außen vor.

Der neue Chef des sächsischen Verfassungsschutzes, Gordian Meyer-Plath, ist trotz seines geschmeidigen Auftretens ein Mann der alten Schule. Als junger Verfassungsschützer war er in Brandenburg einer der V-Mann-Führer der Quelle »Piatto«, jenes Neonazis, der wegen versuchten Mordes an einem Nigerianer zu acht Jahren Haft verurteilt worden war und in der Haft vom Verfassungsschutz als Spitzel angeworben wurde. Dass Meyer-Plath neuer Chef des sächsischen Geheimdienstes werden durfte, spricht nicht für einen ernsthaften Neuanfang. Unter seiner Leitung ist es dem Landesamt nicht gelungen, ein effektives Frühwarnsystem für rechtsextremistische Gefahren zu entwickeln. Anders als in anderen Bundesländern wurden Pegida und auch der Leipziger Ableger Legida nicht von der Behörde beobachtet, obwohl regelmäßige Legida-Demonstranten bei dem generalstabsmäßig geplanten Überfall vermummter Neonazis auf den Leipziger Szene-Stadtteil Connewitz im Januar 2016 beteiligt waren. Anstatt vor der rassistischen Mobilisierung der Anti-Asyl-Bewegung zu warnen, die in Freital in rechtem Terror endete, entwickelte der sächsische Verfassungsschutz die absurde Unterscheidung zwischen »asylkritisch« und »asylfeindlich«. Bis heute wird ignoriert, dass Gewalt und Terror maßgeblich von rassistischer Ideologie befördert werden.

Im Juli 2019 saß ich auf der Zuschauertribüne, als im sächsischen Landtag die Ergebnisse des Untersuchungsausschusses »Neonazistische Terrornetzwerke in Sachsen« debattiert wurden. Es war eine nachdenkliche Aussprache. Viele Redner bekundeten ihr Mitgefühl mit den Familien der Opfer. Aber der NSU-Ausschuss und etwaige Konsequenzen waren nur ein Tagesordnungspunkt unter vielen. Die Landesregierung sah sich bestätigt: Sächsische Behörden wussten nichts vom NSU. Sie trifft keine Schuld. Bei der länderübergreifenden Zusammenarbeit der Sicherheitsbehörden gab es Probleme, die aber erkannt und behoben wurden. So der Tenor von CDU und SPD. Linke und Grüne stellten ein abweichendes, um ein Vielfaches längeres Votum vor und sprachen sich für sechsundvierzig konkrete Konsequenzen aus dem NSU-Komplex aus. [69]

Die beiden Parteien stellten damit ein umfassendes und ambitioniertes Maßnahmenpaket vor. Sie forderten ein Gesamtkonzept gegen Rechtsextremismus, eine langfristige Absicherung von Projekten wie den Opferberatungen und den Mobilen Beratungsteams, die Kommunen im Umgang mit rechtsextremen Akteuren und Aktivitäten beraten. Des Weiteren forderten sie, diskriminierende und antidemokratische Einstellungen von Mitarbeitern im öffentlichen Dienst untersuchen zu lassen. Akten zum NSU sollten dauerhaft gesichert und ein Dokumentationszentrum zum Thema eingerichtet werden. Rechtsmotivierte Straftaten müssten besser erfasst und die rechtsextreme Szene systematisch entwaffnet werden. Neben Aufarbeitung und besserer Strafverfolgung regten die sächsischen Oppositionsparteien vor allem langfristige Prävention an. Durch ein Landesgesetz zur Demokratieförderung und institutionalisierter Förderung engagierter Demokraten. Das Paket enthielt viele sinnvolle, ja überfällige Anregungen, um die politische Bildung zu verbessern, ein realistisches Lagebild rechtsextremer Gefahren zu erhalten und rechte Straftaten effektiver verfolgen zu können. Es versteht sich, dass die Regierung nicht alle Forderungen der Opposition einfach abnicken konnte. Aber der gesamte Sechsundvierzig-Punkte-Plan wurde ohne intensive Debatte kurzerhand mit den Stimmen von CDU, SPD und AfD abgelehnt. Der sächsische Landtag hat per Handzeichen eine große Chance auf einen nachhaltigen Kurswechsel im Umgang mit Rechtsextremismus vertan.

Stattdessen hat Innenminister Roland Wöller (CDU) eine Strukturreform der Polizei vorgestellt. Mal wieder. Erst vor wenigen Jahren wurde der Öffentlichkeit das *Operative Abwehrzentrum* (OAZ) als scharfe Waffe gegen politische Kriminalität präsentiert. Das wurde bald darauf schon wieder zerschlagen und durch das *Polizeiliche Terrorismus- und Extremismus-Abwehrzentrum* (PTAZ) ersetzt. Diese Einheit soll künftig durch eine alte Bekannte verstärkt werden. Innenminister Wöller hat eine neue *Soko Rex* angekündigt, mit fünfundvierzig Ermittlern, unterstützt durch dreiunddreißig Beamte der *Mobilen Einsatz- und Fahndungsgruppen* (MEFG). Damit kommt die sächsische Regierung nach diversen Umstrukturierungen auf jenes Instrument zurück, das man jahrelang als Wunderwaffe gegen rechts verkaufte, dann klammheimlich rasierte, wiederaufstockte und schließlich abschaffte. Die sächsischen Endlosreformen sind der Gegenentwurf zu einer umfassenden und langfristigen Strategie.

Dass es nicht allein auf Strukturen, sondern zuallererst auf professionelle Polizeiarbeit und uneingeschränkten Aufklärungswillen ankommt, zeigen die Ermittlungen gegen die *Gruppe Freital*. Die Geschichte der Asylfeinde, die in ihrer Freizeit zu Terroristen wurden, zeigt, wie wenig in Sachsen aus der NSU-Katastrophe gelernt wurde. Und wie wenig die vollmundigen öffentlichen Selbstbelobigungen sächsischer Regierungspolitiker der Realität entsprechen.

In Freital hatte sich rund um die Anti-Asyl-Initiative *Nein zum Heim* zunächst eine rassistische Bürgerwehr gebildet: FTL/ 360. Benannt nach dem Freitaler Autokennzeichen und einer Buslinie. Spätestens ab Juli 2015 haben dann der aus Hamburg stammende Busfahrer Timo S. und der gelernte Lagerist und Pizzabote Patrick F. mit Mitgliedern der Bürgerwehr die terroristische *Gruppe Freital* gegründet. Sie trafen sich an einer Tankstelle und planten beim Bier Sprengstoffanschläge auf Asylbewerber und Andersdenkende. Um »Naziterror« zu verbreiten, wie sie es untereinander ausdrückten. Damit Migranten aus Angst um ihr Leben die Region verlassen. Dazu besorgten sie sich illegale Sprengsätze aus Tschechien, deren Zerstörungskraft sie in Experimenten weiter steigerten. Die Gruppe, die aus sieben Männern und einer Frau bestand, verhielt sich konspirativ. Für ihre Planungen verwendeten sie verschlüsselte Messenger-Dienste und Sprachcodes. Sprengkörper nannten sie in ihren Chats »Obst«. Mit »BS« meinten sie Buttersäure. Zu einem sogenannten »schwarzen Chat« hatten »ausschließlich die Terroristen« Zugang, wie sie selbst ihren harten Kern nannten.

Die Feierabend-Terroristen arbeiteten für ihre Anschläge eng mit Rechtsextremisten aus der Region zusammen. Dresdner Neonazis hatten im Oktober 2015 das linksalternative Wohnprojekt »Mangelwirtschaft« ausgekundschaftet. Nachts schlugen die Dresdner und Freitaler Kameraden gemeinsam los, mit zwanzig bis dreißig Angreifern, die sich unter einer Brücke sammelten und Sprengsätze präparierten. Die Dresdner griffen das Haus wie besprochen von vorn an. Aber das war nur ein Ablenkungsmanöver. Auf der Rückseite des Gebäudes schleuderten die Freitaler gleichzeitig zahlreiche Sprengsätze und Steine auf die Fenster. Die Sprengkörper hatten sie mit Buttersäure versetzt, um das Haus unbewohnbar zu machen. Den Tod der verhassten linken Bewohner nahmen sie billigend in Kauf. Nachbarn sprachen angesichts der Wucht der Detonationen aufgeregt von Granaten, als sie die Polizei riefen. Nur durch einen glücklichen Zufall gab es keine Todesopfer. Die sächsische Polizei nahm Ermittlungen auf. Wegen Sachbeschädigung.

Bereits im September brachte Patrick F. einen Sprengsatz vom Typ Cobra 12 von außen am Küchenfenster einer Asylunterkunft in Freital an. Die Explosion zertrümmerte die Fensterscheibe. Glassplitter und Kunststoffteile flogen wie Geschosse durch die Küche und schlugen in der gegenüberliegenden Wand ein. Die acht Bewohner überlebten den Anschlag nur, weil sie zur Tatzeit in anderen Räumen schliefen. Bei einem weiteren Anschlag auf eine Asylunterkunft, die sie an der Tankstelle verabredet und geplant hatten, zündeten die Rechtsterroristen fast zeitgleich drei Sprengsätze auf Fensterbrettern. Den Tätern war bewusst, dass hinter zwei Fenstern Menschen schliefen. Die Explosion katapultierte Splitter durch die Räume, teilweise handtellergroß. Ein schlafender Bewohner wurde von herumfliegenden Splittern schwer an der Stirn verletzt. Drei weitere Bewohner blieben unverletzt, weil einer von ihnen eine brennende Lunte bemerkt und die anderen gewarnt hatte. Sie konnten sich im letzten Moment retten. Bei einem weiteren Anschlag sprengten die Rechtsterroristen den Golf eines Freitaler Linken-Abgeordneten in die Luft, der sich für Geflüchtete engagierte.

Trotz des eskalierenden Terrors in Freital konnte und wollte die Generalstaatsanwaltschaft Dresden keine Gruppenstruktur erkennen, sondern ermittelte lediglich wegen einzelner Straftaten. So klagten die Dresdner Ermittler den Sprengstoffanschlag auf die Asylunterkunft, bei dem ein Mann verletzt wurde, am Jugendschöffengericht des Dresdner Amtsgerichts an. Wäre dort verhandelt worden, hätte die Höchststrafe bei vier Jahren gelegen. Doch dazu kam es nicht.

Denn der für Terrorismus zuständige Generalbundesanwalt erkannte im Gegensatz zu seinen Dresdner Kollegen sehr wohl eine Gruppenstruktur in Freital und zog den Fall an sich. [70] Die Täter wurden schließlich wegen Bildung von und Mitgliedschaft in einer terroristischen Vereinigung angeklagt – und auch verurteilt. »Es ist ein Skandal und nicht nachvollziehbar, dass die Generalstaatsanwaltschaft in Dresden den Sprengstoffanschlag nicht als versuchtes Tötungsdelikt verfolgt hat, sondern lediglich als versuchte gefährliche Körperverletzung«, sagt Rechtsanwalt Alexander Hoffmann, der ein Anschlagsopfer aus Syrien vor dem Oberlandesgericht als Nebenkläger vertrat. »Ohne die Intervention des Generalbundesanwalts wäre die *Gruppe Freital* auch nicht als terroristische Vereinigung abgeurteilt worden.« Das Gericht verurteilte die Täter schließlich im März 2018 zu langen Haftstrafen, die beiden Rädelsführer Timo S. und Patrick F. zu zehn sowie neuneinhalb Jahren Haft. Unter anderem wegen Bildung und Mitgliedschaft in einer terroristischen Vereinigung und sechs der Angeklagten auch wegen versuchten Mordes.

Der Prozess gewährte Prozessbeobachtern erschütternde Einblicke in die Ermittlungsarbeit sächsischer Polizeibeamter und Staatsanwälte. Rechtsanwalt Hoffmann erinnert sich daran, wie ein Durchsuchungsbeamter vor Gericht allgemein und umständlich von einer Fahne mit einem Kreuz auf weißem Grund sprach, die bei der Hausdurchsuchung eines Verdächtigen gefunden wurde. Erst auf mehrmalige Nachfrage habe der Polizist eingeräumt, dass es sich bei diesem Kreuz um ein Hakenkreuz handelte. Das seinerzeit zuständige *Operative Abwehrzentrum* (OAZ), eine Spezialeinheit für politische Kriminalität, interessierte sich bei den erfolgten Razzien zwar für Computer und Datenträger, aber nicht so sehr für einschlägiges Propagandamaterial. »Die Stichwortliste, mit der die Beamten die Wohnungen der Verdächtigen durchsuchen sollten, war so kurz gehalten, dass Nazi-Propagandamaterial gar nicht erfasst werden sollte«, sagt Anwalt Hoffmann. Das rechtsextremistische Tatmotiv konnte so gar nicht registriert werden. Eine Reichskriegsflagge wurde ebenso ignoriert wie eine CD der Rechtsrockband *Gigi und die braunen Stadtmusikanten*, deren Song »Döner-Killer« auf Insiderwissen über die Morde des NSU schließen lässt. Über all das sahen Durchsuchungsbeamte in Freital großzügig hinweg.

Haben sächsische Behörden also aus dem NSU-Komplex gelernt? »Ganz klar: nein«, sagt Rechtsanwalt Hoffmann. »Im Prozess gegen die *Gruppe Freital* ist deutlich geworden, dass die Verantwortung für die schlechte und lückenhafte Ermittlung eindeutig bei der Dresdner Generalstaatsanwaltschaft lag.« Polizeibeamte der Spezialeinheit für politische Kriminalität hätten monatelang darauf gedrängt, Strukturermittlungen zu führen. Weil sie davon überzeugt waren, dass nicht Einzeltäter, sondern eine Organisation hinter den Anschlägen steckte. Darüber haben Polizeiermittler sogar lautstark mit der federführenden Staatsanwaltschaft gestritten. Ohne Erfolg. »Beamte vom OAZ haben uns in den Prozesspausen erzählt, dass viele aus der Einheit frustriert gekündigt haben«, erzählt Hoffmann.

Der Prozess gegen die *Gruppe Freital* hat ans Licht gebracht, was die sächsischen Sicherheitsorgane nicht sehen wollten: »dass es hierzulande flächendeckend militante Netzwerke gibt, in denen NPD-Leute, Kameradschafter und andere Neonazis anlassbezogen und niedrigschwellig zusammenarbeiten«, sagt Hoffmann. »Bei der *Gruppe Freital* handelte es sich nicht um eine klassische Kameradschaftsstruktur, sondern um eine bestens vernetzte terroristische Kleingruppe.« Ein NPD-Lokalpolitiker lieferte Namen und Anschlagsziele, Neonazis von der *Kameradschaft Dresden*

Schlagkraft und logistische Hilfe bei der Planung des Anschlags auf das alternative Wohnprojekt. Für Anwalt Hoffmann ist eine wichtige Erkenntnis, dass rechtsextreme Netzwerke bisweilen kontinuierlich seit zwanzig Jahren zusammenarbeiten. Da werden Dresdner Aktivisten innerhalb der rechten Szene weiter »SSS« genannt, obwohl die Neonazi-Kameradschaft *Skinheads Sächsische Schweiz* längst verboten ist. Auch NSU-Unterstützer tauchen in den Akten auf. »Die Namen der Organisationen wechseln, aber das rechtsextreme Personal ist seit Jahren aktiv«, so Anwalt Hoffmann. Ohne die Bundesanwaltschaft wäre das Netzwerk der Freitaler Terroristen unsichtbar geblieben.

Diese rechtsextremistischen Netzwerke sind längst nicht nur in Sachsen aktiv, sondern bundesweit. Welche Bedrohung von ihnen ausgeht und wie schwer sich der Staat tut, sie zu entschärfen, zeigen die Ermittlungen gegen die sogenannte Gruppe *Nordkreuz* in Mecklenburg-Vorpommern. In der Chatgruppe haben sich die Mitglieder über einen »Tag X« ausgetauscht. Jenen Tag, an dem angeblich die staatliche Ordnung zusammenbricht. Unter den Teilnehmern der Chatgruppe waren – das macht es so brisant – auch etliche Polizisten. Sie waren sich einig über die angeblich katastrophale Flüchtlings- und Zuwanderungspolitik der Bundesregierung. Als Folge dieser Politik erwarteten sie Destabilisierung und Chaos. [71]

Auf den Tag des Zusammenbruchs bereiteten sich die Männer vor, die in der Szene aufgrund ihrer Vorkehrungen für den Katastrophenfall als Prepper bezeichnet werden. Aber nicht nur, indem sie sich mit Lebensmitteln und Pflegebedarf eindeckten. Sondern indem sie etwa diskutierten, sichere Rückzugsorte einzurichten. Sogenannte »Safe Häuser«. Oder darüber, ob man auf Lastwagen der Bundeswehr Menschen abtransportieren könne. Zumindest einige dieser Prepper sollen noch weitergehende Pläne gehabt haben: nämlich die Liquidierung politischer Gegner aus dem linken Spektrum. Auf einer handgeschriebenen Materialliste, die Ermittler fanden, sind Leichensäcke und Löschkalk verzeichnet, der in Massengräbern die Verwesung bewirken soll. Reporter vom *Redaktionsnetzwerk Deutschland* haben das enthüllt. Es spricht viel dafür, dass es bei *Nordkreuz* nicht um harmlose Prepper-Fantasien geht, sondern um Planspiele für Massenerschießungen und den politischen Umsturz des Rechtsstaats und der parlamentarischen Demokratie. Mittendrin in dem unheimlichen Szenario: diverse Elitepolizisten.

Im August 2017 ließ der Generalbundesanwalt in Mecklenburg-Vorpommern mehrere Wohnungen durchsuchen. Für die Razzien verzichteten die Ermittler auf heimische Polizisten und griffen stattdessen auf Kräfte der Bundespolizei zurück. Zu groß war offenbar das Risiko, dass die Verdächtigen vorab gewarnt werden könnten. Seither ermitteln die Bundesanwälte wegen des Verdachts der Vorbereitung einer schweren staatsgefährdenden Straftat. Kurz gesagt: wegen Terrorverdachts. Die Beschuldigten sind ein Rostocker Anwalt und ein Kriminalpolizist. Trotz des gravierenden Vorwurfs beließ die AfD den Beamten in einer Arbeitsgruppe zur inneren Sicherheit.

Bei den Durchsuchungen wurde eine Namensliste mit 25.000 Personen gefunden. Das hat die Bundesregierung auf eine Kleine Anfrage der Links-Fraktion bestätigt. [72] Das Bundeskriminalamt hat bestritten, dass es sich dabei um sogenannte »Todes«- oder auch nur »Feindeslisten« handelt. Für eine konkrete Gefährdung der Betroffenen gebe es keine Anhaltspunkte. Gleichwohl hat das Landeskriminalamt in Mecklenburg-Vorpommern im Juli 2019 angekündigt, 1200 Personen und Institutionen zu informieren. Keine Feindesliste also? Die Einschätzung der Behörden ist befremdlich. Denn das Muster ist seit Langem bekannt: Rechtsextremisten sammeln und verbreiten persönliche Daten über erklärte Feinde. Was gewaltbereite Neonazis aus den Informationen machen, bleibt ihnen überlassen. »Anti-Antifa« nennt sich das Konzept. Der NSU verfügte über eine sogenannte Zehntausenderliste mit den Namen politischer Hassobjekte. Was bitte sollen Listen mit den Namen politischer Feinde denn anderes sein als Feindeslisten?

Mecklenburg-Vorpommerns Innenminister Lorenz Caffier (CDU) versuchte zu beschwichtigen und führte eine »größere Verunsicherung« in der Bevölkerung auf eine »unzutreffende Bewertung« dieser Datensammlungen in den Medien zurück. Im Klartext: Nicht die systematische Erfassung politischer Gegner durch Rechtsextremisten bereitet Sorgen, sondern wie darüber berichtet wird. Eine befremdliche, ja gefährliche Sichtweise. Im Gegenteil ist erstaunlich, dass es keinen landesweiten Aufschrei gibt, wenn sich einige Polizisten und Soldaten in kleinen, radikalen Zirkeln auf einen politischen Umsturz und beabsichtigte Hinrichtungen vorbereiten. Denn genau diesen Verdacht hat die Bundesanwaltschaft: Die beiden Beschuldigten sollen »den von ihnen befürchteten Krisenfall als Chance gesehen haben, Vertreter des politisch linken Spektrums festzusetzen und mit ihren Waffen zu töten«.[73] Dabei wird immer unwahrscheinlicher, dass es nur um isolierte Einzelfälle geht.

Zwei Jahre nach dem Beginn der Ermittlungen durch die Bundesanwaltschaft rückten nämlich erneut Polizeibeamte zu Razzien in Mecklenburg-Vorpommern aus. Die Staatsanwaltschaft Schwerin erließ im Juni 2019 Haftbefehl gegen drei aktive und einen ehemaligen Polizeibeamten, von denen einige früher beim Spezialeinsatzkommando (SEK) des Landeskriminalamts waren. Wie der Gründer und Administrator der Chatgruppe *Nordkreuz*, Marco G., den das Landgericht Schwerin im Dezember 2019 zu einer Bewährungsstrafe verurteilte, wegen Verstoß gegen das Waffengesetz, das Sprengstoff- und das Kriegswaffenkontrollgesetz. Rechtsradikale Chat-Inhalte hielt das Gericht für irrelevant.

Bei den Razzien wurden Waffen und mehrere Tausend Schuss Munition gefunden, die auch aus Polizeibeständen stammten. Die drei noch aktiven Polizeibeamten wurden vom Dienst suspendiert. Innenminister Caffier setzte eine Kommission ein, um zu klären, was da eigentlich in seiner Polizei-Eliteeinheit los ist.

Im November 2019 stellte die Kommission ihre Ergebnisse vor. Demnach konnte sich beim SEK eine Gruppierung »merklich abschotten« und ein »Eigenleben« entwickeln, so der Minister. Die Kommission kritisierte eine Führungskultur, die eine rechtsextreme Subkultur zuließ. Die Auswertung von Chatgruppen und Zeugenaussagen hätten sowohl rechtsextremes und fremdenfeindliches Verhalten als auch Bezüge zur Prepper-Szene bestätigt. Die Einstellungen waren anderen Kollegen zwar aufgefallen, offenbar aber nicht den Vorgesetzten gemeldet worden. Gegen mehrere Beamte wurden nach Angaben der unabhängigen Experten um den ehemaligen Verfassungsschutz-Präsidenten Heinz Fromm inzwischen Disziplinarverfahren eingeleitet, einige seien vom Dienst suspendiert, keiner arbeite mehr beim SEK. Als Reaktion auf den Bericht versetzte Caffier zwei ranghohe Polizeibeamte, darunter den bisherigen Chef vom LKA.

Die Bundesanwaltschaft, die zwar seit geraumer Zeit ermittelt, muss sich fragen lassen, warum sie nicht längst alle Verfahren an sich gezogen und wegen des Verdachts einer terroristischen Vereinigung ermittelt hat. Denn wenn mehr als zwei Personen an Terrorplanungen beteiligt sind, handelt es sich juristisch gesehen nicht mehr um Einzeltäter, sondern um eine Gruppe.

Nordkreuz ist indes weder regionales Phänomen noch ein Einzelfall. Ähnliche Chatgruppen soll es auch im Süden, Osten und Westen gegeben haben. Reporter der *taz* haben ausführlich über rechtsextremistische Netzwerke in der Bundeswehr berichtet. [74] Im Mittelpunkt steht eine Person, die sich »Hannibal« nennt. Ein ehemaliger Elitesoldat beim Kommando Spezialkräfte (KSK) der

Bundeswehr. In der Süd-Gruppe des Chat-Netzwerks ging es der *taz* zufolge ebenfalls um Vorbereitungen auf den Tag X.

Zu der von »Hannibal« administrierten Süd-Gruppe soll auch Franco A. gehört haben. Jener ehemalige Bundeswehrsoldat, der sich als syrischer Flüchtling ausgegeben hatte und registrieren ließ. Dessen krude Abschlussarbeit im Studium, die ein unabhängiger Historiker später als einen pseudowissenschaftlichen »radikalnationalistischen, rassistischen Appell« wertete, zog nicht das Ende seiner Karriere bei der Bundeswehr nach sich. Die Bundesanwaltschaft hat ihn angeklagt, einen Terroranschlag geplant zu haben. Getarnt als Asylbewerber aus Syrien, um den Verdacht auf Migranten zu lenken. Der Bundesgerichtshof (BGH) hatte den Haftbefehl gegen den Oberstleutnant zwar aufgehoben und seine Freilassung erwirkt. Dennoch ging der Generalbundesanwalt weiter von einem hinreichenden Tatverdacht aus. Im November 2019 ließ der BGH schließlich die Anklage gegen Franco A. wegen Vorbereitung einer schweren staatsgefährdenden Gewalttat zu. Der Soldat muss sich vor dem Frankfurter Oberlandesgericht verantworten. [75] Die Hürden für eine Verurteilung sind jedoch hoch. Denn für geplante Straftaten kann man nur dann verurteilt werden, wenn die Planung konkret und bereits weit fortgeschritten ist. Es kann also sein, dass Polizeibeamte und Soldaten, die bereit sind, Terroranschläge zu verüben oder an einem Tag X Menschen in Lager zu sperren oder zu ermorden, vom Strafrecht dafür nicht belangt werden können.

Das heißt im Umkehrschluss aber nicht, dass ihre Gedankenspiele und Aktivitäten harmlos sind. Im Gegenteil. *Nordkreuz* und »Hannibal« zeigen, dass in deutschen Sicherheitsorganen unbehelligt Milieus entstehen konnten, in denen mit dem gewaltsamen Umsturz unseres demokratischen Rechtsstaats geliebäugelt wird. Mehr noch, die sich konkret und auf kriminelle Weise auf diesen herbeigesehnten Tag X vorbereiten. Indem sie beispielsweise Waffen und Munition horten. Wenn sich Polizeibeamte und Bundeswehrsoldaten, denen besondere Verantwortung und Waffen übertragen werden, gegen diesen Staat und die Gesellschaft stellen, wird es gefährlich. Nein, ganz sicher ist ein Generalverdacht nicht angebracht. Natürlich sind es nur wenige in den Sicherheitsbehörden, die so agieren. Aber es wäre grundfalsch, die demokratiegefährdenden Umtriebe in Polizeibehörden und bei der Bundeswehr zu bagatellisieren. Sie als Einzelfälle abzutun oder sich gar aus falsch verstandenem Korpsgeist nachsichtig vor jene zu stellen, die den Rechtsstaat destabilisieren oder gar gewaltsam beseitigen wollen.

Nur wenige Jahre nach dem Ende des NSU-Terrors lautet der dramatische Befund: Im Zuge der gesellschaftlichen Radikalisierung geht die Gefahr nicht mehr nur von rechtsterroristischen Kleingruppen aus dem Neonazi-Milieu aus. Es gibt Feierabend-Terroristen, die wie in Freital durchaus bei dem einen oder anderen Mitbürger oder gar Beamten auf Milde und Verständnis zählen können. Darüber hinaus gibt es auch in staatlichen Institutionen offenbar zu Gewalt und Terror bereite Rechtsextremisten. Das Problem ist massiv unterschätzt worden. Das hat auch das Bundeskriminalamt (BKA) verstanden. Mittlerweile hat das Bundesinnenministerium angekündigt, künftig zentral gegen die grassierende, politisch motivierte Hasskriminalität vorzugehen. [76] So wie seit Langem gegen Kinderpornografie vorgegangen wird. Dazu sollen Hunderte neue Stellen geschaffen werden. Auch um ein realistischeres Lagebild zu gewinnen. Während die Behörden etwa siebenhundert islamistische Gefährder im Blick haben, soll es angeblich nur rund vierzig rechte Gefährder geben. Bei rund 12.500 gewaltbereiten Rechtsextremisten. Kaum zu glauben. Trotz der Erfahrungen mit dem NSU ist die Gefahr von rechts weiter systematisch unterschätzt und verharmlost worden.

Mit Strafrecht und Repression allein ist die Bedrohung aber

nicht zu beseitigen. Auch nicht nur mit dienstrechtlichen und disziplinarischen Maßnahmen. Es braucht eine bessere Ausbildung mit einer effektiven Verpflichtung auf die Grundsätze des demokratischen Rechtsstaats, geschärfte Sensibilität bei Einstellungen und größere Konsequenz bei antidemokratischem Fehlverhalten. Denn eins ist klar: Die Demokratie muss sich gegen Angriffe von innen wehren. Wer den demokratischen Rechtsstaat ablehnt, egal ob als Reichsbürger oder als Prepper, der die nationale Revolution oder einen Bürgerkrieg vorbereitet, darf weder Polizist noch Soldat oder Richter sein.

Pegida und die Folgen

Es kursiert eine durchaus populäre öffentliche Erzählung über Pegida. Sie geht in etwa so: Nur durch die Medien, die Pegida-Demonstranten angeblich pauschal als »Nazis« und »Rassisten« hinstellten, habe sich die Bewegung verstetigt und radikalisiert. So ähnlich hat es vor allem der aus Bayern stammende Dresdner Politikprofessor Werner Patzelt immer wieder dargestellt. Ich halte diese These für falsch. Sie verkennt, wer und was Pegida von Beginn an war.

Richtig ist, dass in der Frühphase von Pegida im Jahr 2014 unter Journalisten große Unsicherheit herrschte, womit man es eigentlich zu tun hat. Der damalige nordrhein-westfälische Innenminister Ralf Jäger (SPD) nannte die Demonstranten in Dresden »Neonazis in Nadelstreifen«. Diese viel zitierten markigen Worte waren irreführend und völlig ungeeignet, um das Phänomen zu verstehen. Denn zwar liefen bei den »Abendspaziergängen« in Dresden auch Rechtsextremisten mit, aber die allermeisten Demonstranten waren keine. Soziologisch betrachtet trafen sich da Kleinbürger, vor allem Angestellte und Selbstständige. Also kaum Neonazis und schon gar keine Nadelstreifen. Schließlich wurde es üblich, das Bündnis »islamkritisch« und später »islamfeindlich« zu nennen oder von einer »Anti-Islam-Bewegung« zu sprechen. Auch das sind unscharfe Beschreibungen, die den Kern von Pegida nur streifen.

Pegida ist aus einer nicht öffentlichen Facebook-Gruppe hervorgegangen und wurde von zwölf Personen gegründet, die dann im Herbst 2014 das »Orga-Team« bildeten. [77] Darunter waren selbstständige Kleinunternehmer wie Lutz Bachmann, der Vereinsvorsitzender wurde. Die Kundgebungen begannen mit einem Bekenntnis »gegen Glaubenskriege, Fanatismus und für Meinungsfreiheit«. Aber Pegida war von Beginn an nicht nur Ausdruck von Protest gegen Islamismus und religiös motivierten Terror. Bereits im sperrigen Namen »Patriotische Europäer gegen die Islamisierung des Abendlandes« steckt der radikale Kern: der Rückgriff auf das mythologisch aufgeladene »Abendland«, das in der Weimarer Republik schon Oswald Spengler in seinem rechten Kulturpessimismus untergehen sah. Der Historiker und Autor Volker Weiß hat herausgearbeitet, dass »Abendland« von der christlich-jüdischen Herleitung bis zur Reichsidee ganz verschiedene Deutungen ermöglicht. Allen Vorstellungen gemein ist aber die scharfe Abgrenzung, ja Unvereinbarkeit mit dem Fremden, genauer gesagt mit der muslimischen Welt. »Das von Dresdner und Leipziger Redebühnen verteidigte Abendland ist tatsächlich nichts als ein Kampfbegriff«, so Weiß. »Von einem ethnokulturellen Konzept getragen, dient es zur Verbrämung eines neu aufgelegten ›Rassenkampfes‹.« [78]

Die angeblich drohende »Islamisierung« imaginiert Pegida als eine Form der kulturellen »Überfremdung«, wie Plakate, Reden und Aussagen von Pegida-Demonstranten belegen. Diese ist aber wie bereits gezeigt ein rassistisches Konstrukt. Es behauptet einen Zustand der homogenen Reinheit, der durch »kulturfremde« Menschen und deren Lebensgewohnheiten angeblich bedroht und zerstört wird. Der Historiker und Rassismus-Forscher Christian Geulen hält die Vorstellung, »dass *wir* verschwinden, wenn *sie* hierhin kommen«, für Rassismus im engeren Sinne: ein biologisch oder »zumindest bevölkerungstheoretisch begründeter

Wunsch nach Selbsterhaltung«, der stets eine Abwertung und Anfeindung des Fremden beinhaltet. [79] Gründer Lutz Bachmann schied vorübergehend aus der Pegida-Führung aus, nachdem bekannt wurde, dass er auf Facebook Geflüchtete und Asylbewerber als »Dreckspack«, »Viehzeug« und »Gelumpe« bezeichnet hatte. Für diese menschenverachtenden Hassbotschaften wurde der mehrfach vorbestrafte Bachmann später wegen Volksverhetzung zu einer Geldstrafe von 9 600 Euro verurteilt. [80] Die dem zugrunde liegende Geisteshaltung ist eindeutig. »Pegida hat das Ressentiment salonfähig gemacht«, analysiert der Politikwissenschaftler Hans Vorländer von der TU Dresden. Abwertung und Abgrenzung vom vermeintlich Fremden, zeigte sich bei Pegida-Demos immer wieder auf Schildern und Plakaten: »Sachsen bleibt deutsch«. »Alibaba und die 40 Dealer – Sofort abschieben«. Oder auch: »Kartoffeln statt Döner«.

Die Sozialforschung hat sich vor allem mit der sozialen Herkunft und den Motiven der Pegida-Anhänger beschäftigt. Demnach waren die Demonstranten anfangs zumeist männlich, mittelalt und konfessionslos. Etwa die Hälfte wählte AfD. Etwa ein Drittel war fremdenfeindlich eingestellt, die meisten waren jedoch grundsätzlich unzufrieden mit der demokratischen Praxis und den Medien. Die Studienergebnisse sind umstritten, weil viele, die angefragt wurden, keine Auskunft geben wollten. Bei aller Vorsicht sprechen die empirischen Befunde aber dafür, dass Muslime stellvertretend als »Projektionsfläche für die Ablehnung des Unbekannten, des Neuen und ganz Anderen dienten«, wie es Vorländer ausdrückt. Die klassische Sündenbock-Funktion also. Der Politikwissenschaftler beurteilte die selbst ernannten Abendlandretter schon bald so: »Pegida ist eine rechtspopulistische Empörungsbewegung, die fremdenfeindliche und islamkritische Ressentiments mobilisiert und dabei grundsätzliche Vorbehalte gegenüber den politischen und medialen Eliten zum Ausdruck bringt.«[81] Pegida habe zur Enthemmung und Verrohung des Diskurses beigetragen. Mehr noch: Pegida hat die Grenzen des Sagbaren ins Unsägliche verschoben. Bevor die AfD diffuse Wut, Demokratieskepsis und Vorurteile gegen Minderheiten für sich nutzen konnte, hat Pegida das rechte Lager mobilisiert und geeint, Feindbilder etabliert und eine Wut entfesselt, die sich nicht nur in verbalen Entgleisungen entlud.

Pegida ist die Geschichte eines rasanten Aufstiegs. Um die Jahreswende 2014/15 wuchs die Teilnehmerzahl binnen weniger Wochen auf 25.000 an. Der beispiellose Aufstieg war begleitet von Feindseligkeiten gegen Politiker und Journalisten. Der oft zu hörende Ruf »Volksverräter« leitet sich vom Straftatbestand »Volksverrat« aus dem Nationalsozialismus ab. »Lügenpresse« ist zwar kein Begriff, den Nazis exklusiv verwendeten, gehörte jedoch durchaus zum Vokabular von Joseph Goebbels. Stern-Reporterin Nora Gantenbrink hat beschrieben, wie sie auf einer frühen Pegida-Demo als »linksintellektuelle Prostituierte« beleidigt wurde. [82] Wie ihr erging es in Dresden vielen Kollegen. Sie wurden beschimpft und bedroht. Während Kanzlerin Angela Merkel in einer Neujahrsansprache vor Pegida warnte, wurde es in Sachsen zu einem geflügelten Wort, die »berechtigten Sorgen und Ängste der Bürger« ernst zu nehmen. Als die Teilnehmerzahlen rasant anstiegen, kündigte der sächsische Innenminister Markus Ulbig (CDU) an, bei der Polizei eine Spezialeinheit zur Verfolgung krimineller Asylbewerber zu schaffen. Die offizielle sächsische Reaktion war also Verständnis und Entgegenkommen. Währenddessen gründeten sich bundesweit diverse Ableger: Legida in Leipzig. Bärgida in Berlin. Kögida in Köln. Um nur einige zu nennen. Aber keiner erreichte die Größe des Dresdner Originals. Vorländer nennt als Besonderheit für Dresden »kollektive Selbstbezogenheit« und eine »Politik der sächsischen Selbstbehauptung« seitens der dauerregierenden CDU inklusive »zur Schau gestelltem Stolz auf die eigene Vorreiterrolle« in Ostdeutschland.[83] Sächsischer Chauvinismus also.

Wie unterschiedlich die Reaktionen auf die Pegida-Bewegung jedoch auch innerhalb Sachsens waren, zeigt ein Vergleich zwischen Dresden und Leipzig. Während in Dresden Ministerpräsident Stanislaw Tillich erklärte, Gegendemonstrationen seien nicht der richtige Weg und stattdessen beklagte, dass die Pegida-Organisatoren ihm einen Dialog verweigerten, setzte sich in Leipzig Oberbürgermeister Burkhard Jung (SPD) an die Spitze des Protests. An einem Januarabend 2015 demonstrierte erstmals der Ableger namens Legida in Leipzig, dessen Positionspapier vereinzelt in rechtsextremistischem Duktus formuliert war. Das Bündnis versammelte etwa viertausend Anhänger auf dem Parkplatz vor der Red-Bull-Arena. Aber auf dem nahe gelegenen Waldplatz und in den umliegenden Straßen stellten sich ihnen fünfunddreißigtausend Leipziger entgegen. An diesem Abend traf ich unter den Gegendemonstranten Freunde und Bekannte. Familien waren mit ihren Kindern gekommen. Junge, hippe Großstadtmenschen, aber auch alteingesessene Leipziger. Oberbürgermeister Jung bezog in seiner Rede deutlich Position und wurde dafür von allen, die gekommen waren, beklatscht. Kirchen, Gewerkschaften und Uni-Rektoren hatten sich zuvor ebenfalls eindeutig für Vielfalt und gegen Ausgrenzung ausgesprochen. Dieser erste Abend von Legida war ein Kräftemessen. Journalisten hatten es sich angewöhnt, über die Demos in Sachsen zu berichten wie Sportreporter. Teilnehmerzahlen wurden zur harten Währung. Das Ergebnis war eindeutig.

An diesem Januarabend hat die Leipziger Bürgerschaft klargemacht, wofür sie auf der Straße einsteht. Und wogegen. Beeindruckend war nicht nur, wie geschlossen die Leipziger dafür eintraten, sich nicht spalten zu lassen. Sondern auch, mit welcher Geste sie es taten. Als die Legida-Demonstranten nach etlichen

Verzögerungen durch das gutbürgerliche Waldstraßenviertel mit seinen reich verzierten Gründerzeitfassaden zogen und »Wir sind das Volk!« riefen, öffneten etliche Anwohner die Fenster ihrer Altbauwohnungen und beschallten die Demonstranten mit Beethovens neunter Symphonie, der »Ode an die Freude«. Ein Bürgerverein hatte dazu aufgerufen. Viele machten mit, drehten die Anlagen auf, standen mit ihren Kindern in den Fenstern. Sie ließen den fahnenschwenkenden, parolenrufenden Nationalismus nicht einfach über sich ergehen, sondern schleuderten ihm entgegen: »Alle Menschen werden Brüder«. Ein vielstimmiger Protestchor. Wenn ich in einer Szene den Unterschied zwischen Dresden und Leipzig beschreiben müsste – dann in diesen denkwürdigen Minuten jener Leipziger Januarnacht.

Es folgten viele Montage im Ausnahmezustand. Hubschrauber kreisten. Straßen waren stundenlang gesperrt, wenn Legida demonstrierte. Und fast immer hielten deutlich mehr Leipziger dagegen. Von den vielen Montagen, an denen ich dunkel gekleidete Legida-Anhänger und bunte Gegendemonstranten beobachtet habe, ist mir eine Begegnung besonders in Erinnerung geblieben. Am Augustusplatz hörten Legida-Anhänger dem neurechten Publizisten Jürgen Elsässer zu, der sie »für die Verteidigung Deutschlands« und »für die deutsche Souveränität« mobilisierte. Ich stand hinter Absperrgittern an der Leipziger Uni, davor Polizisten in Kampfanzügen, bei den Gegendemonstranten, die »Haut ab!« riefen und »Say it loud, say it clear, refugees are welcome here«.

Neben mir standen zwei Männer, beide klein, mindestens Ende sechzig, mit ergrauten Haaren und farblosen Anoraks. Um sie herum Studenten. Männer mit Vollbärten. Frauen mit kurzen Haaren oder Rastafrisuren. Die beiden Männer fühlten sich sichtlich unwohl. Sie hatten sich verlaufen. Offenbar wollten sie auf die andere Seite der Absperrung, zu Legida. Jetzt standen sie hier, bei den anderen. Die Männer begannen sich zu unterhalten. So laut, dass man sie hören konnte. Und wohl auch sollte. »Alle ab ins Lager«, verstand ich. »Von denen hat doch noch keiner richtig gearbeitet.« Ein junger, kräftiger Mann mit Vollbart wurde auf die pöbelnden Alten aufmerksam. Das mit dem Lager habe er gehört. Sie sollten einfach nach Hause gehen. Er begann zu schieben und zu schubsen, dabei wurde er immer aggressiver. Ich ging dazwischen und forderte ihn auf, die beiden in Ruhe zu lassen, was er dann auch tat. Danach standen wir schweigend nebeneinander, die Alten und ich. Einer der beiden zupfte mich am Ärmel, um sich leise zu bedanken. Ich fragte ihn, warum er denn da drüben demonstrieren wolle. Ob er wisse, dass da Neonazis stünden. Er habe überhaupt nichts gegen Ausländer und Asylanten, flüsterte er zurück. Er wolle nur, dass endlich wieder auf das Volk gehört werde. Sein Freund und er hätten vierzig Jahre gearbeitet. Darum seien sie hier. Offenbar war er unzufrieden mit seiner Rente. Ich fragte, warum er sich dann nicht die richtige Demo für sein Anliegen suche. Er tätschelte meine Schulter und sagte, wir sollten gut miteinander bleiben. Gerade hatte er Studenten noch ins Lager gewünscht, das für Diktatur, Folter, Erniedrigung und Tod steht. Aber Streit wollte er nicht. Kurz danach gingen die beiden. Vielleicht haben sie es noch zu Legida geschafft. An diesem Abend ist es übrigens 4 400 Polizisten nicht gelungen zu verhindern, dass ein schwarz gekleideter Straßenkämpfer an der Spitze der Legida-Demo einen Reporter jagen und zu Boden treten konnte.

Allen Bekundungen der Organisatoren zum Trotz, die sich vehement gegen eine politische Einordnung verwahrten, wurde Pegida schnell zum Agitationsraum der Neuen Rechten. Damit werden gemeinhin jene Akteure bezeichnet, die mit Referenz auf die sogenannte »Konservative Revolution« der Weimarer Republik die radikale politische Rechte modernisieren. Seit Ende der Siebzigerjahre hat vor allem die französische *Nouvelle Droite* um

Alain de Benoist und Pierre Krebs die Entrümpelung der diskreditierten rechtsradikalen Ideologie betrieben. Die durch die Nazis auf monströse Weise diskreditierte Kategorie »Rasse« ersetzten sie durch »Kultur« und »Volk«. Statt Reinrassigkeit forderten sie nunmehr ein »Recht auf Verschiedenheit«. Das Konzept nannten sie Ethnopluralismus. Völker und Kulturen sollen in diesem Konzept homogen und unvermischt nebeneinander existieren. Auch wenn diese Homogenität vordergründig kulturell und nicht biologisch begründet wird, ist die Konsequenz dieser nur vermeintlich toleranten Ideologie: Ausländer raus. Denn wer zulässt, dass »Kulturfremde« die Reinheit der Völker und Kulturen zerstören, betreibt der neurechten Ideologie zufolge einen Genozid am eigenen Volk. Mit dem Ethnopluralismus lassen sich Diskriminierung und »ethnische Säuberungen« bis zum Völkermord rechtfertigen. Denn ethnische Homogenität lässt sich, wenn überhaupt, nur mit Zwang und Gewalt herstellen.

Die Neue Rechte hat darüber hinaus eine neue politische Strategie entwickelt. Deren Vordenker setzen mit ihrer Orientierung an dem italienischen Philosophen Antonio Gramsci auf Metapolitik. Derzufolge kann die politische Macht nur dann errungen werden, wenn zuvor die »kulturelle Hegemonie«, also die Hoheit über gesellschaftliche Einstellungen und Werte, errungen wird. Dazu gehört, universalistische Menschenrechte zu verneinen, und der Kampf gegen *political correctness*, die angeblich eine »Meinungsdiktatur« geschaffen habe. Viele Jahre wirkte die Neue Rechte in Deutschland als pseudoelitärer Zirkel nahezu unter Ausschluss der Öffentlichkeit. Deren Vertreter wie Armin Mohler, der den Begriff der »Konservativen Revolution« prägte, um rechte Wegbereiter der Weimarer Republik wie Carl Schmitt mit ihrer ideologischen und biografischen Nähe zu den Nazis wegzudeuten, waren nur den wenigen Anhängern und Experten ein Begriff. Das hat sich geändert. Neurechte Kampfbegriffe wie »Umvolkung« und ein angeblich drohender »Volkstod« treffen die Ängste und Befindlichkeiten der Milieus von Pegida und AfD. Internetportale wie pi-news befeuern den Kampf gegen eine behauptete »Islamisierung« und liefern Lesern, die Journalisten für Lügner halten, immer neue angebliche Belege.

Als wichtigster Spin doctor der Neuen Rechten in Deutschland gilt der aus Schwaben stammende Publizist und Verleger Götz Kubitschek. Immer wieder fahren Reporter nach Sachsen-Anhalt auf dessen »Rittergut in Schnellroda«, um von dort eine Homestory mitzubringen. »Der dunkle Ritter Götz« titelte der Spiegel. Kubitscheks Auftritte bei Pegida und Legida haben dessen Popularität in der neuen sozialen Bewegung von rechts erhöht und ihn damit als Titelhelden für raunende Porträts noch attraktiver gemacht. Pegida war für Kubitschek eine willkommene Plattform, um seine Ideologie in eine größere Öffentlichkeit zu tragen. Und nebenbei seinen publizistischen Nischenprodukten, dem Verlag Antaios und dem Magazin Sezession, zu größerer Bekanntheit zu verhelfen. Am 3. Oktober 2016 wurden Angela Merkel und die anderen Ehrengäste des Festakts zum Tag der Deutschen Einheit in Dresden von Pegida-Anhängern verhöhnt, beleidigt und als »Volksverräter« beschimpft. Auf der Pegida-Bühne variierte Götz Kubitschek die zentrale rechtsextreme Verschwörungstheorie vom »großen Austausch«. Er würde den »hohen Repräsentanten unseres Staates« gern diese Frage stellen: »Ist dieses Schiff noch dasselbe Schiff? Ist Deutschland noch immer Deutschland, wenn das deutsche Volk ersetzt und ausgetauscht wird?« Das war keine sachliche Kritik an der Asylpolitik, sondern gründete auf der großen neurechten Erzählung vom drohenden Ende der Deutschen, die Thilo Sarrazin mit seinem 2010 erschienenen Buch begonnen hat. Bei Pegida traten diverse Propheten dieser Katastrophenerzählung als Redner auf. So auch Martin Sellner, Chef der rechtsextremen Identitären Bewegung in Österreich. Mit Jürgen Elsässer,

Chefredakteur des rechten *Compact*-Magazins, und Götz Kubit-schek, dessen »Institut für Staatspolitik« als wichtige Denkfabrik der Neuen Rechten in Deutschland gilt, hat Pegida jenen Politaktivisten eine Bühne geboten, die ein radikal anderes Land wollen. Beide dokumentierten ihre Reden anschließend in den eigenen Onlinemedien *compact-online* und *Sezession*, wo sich jene informieren können, die »Mainstream-Medien« als »Lügenpresse« schmähen. Ein geschlossenes System.

Pegida ist auch die Geschichte einer Entgrenzung. Auf der Straße und im Netz, wo die Fanpage mit 160.000 Gefällt-mir-Angaben früh ein Vielfaches der Demonstrationen erreichte. [84] Da konnten jederzeit hemmungslos Wut und Empörung gegen vermeintliche Feinde der Bewegung gerichtet werden. Auch auf der Straße radikalisierte sich Pegida weiter. Der Schriftsteller Akif Pirinçci wurde für seine Rede im Oktober 2015 wegen Volksverhetzung verurteilt. Er hatte Muslimen eine »krankhafte Beschäftigung« mit allem unterstellt, was nach »Ficken« und »Gewalt« rieche. Die zwischenzeitliche Pegida-Frontfrau Tatjana Festerling sagte im Januar 2016 auf der Bühne von Legida in Leipzig: »Wenn die Mehrheit der Bürger noch klar bei Verstand wäre, dann würden sie zu Mistgabeln greifen und diese volksverratenden, volksverhetzenden Eliten aus den Parlamenten, aus den Gerichten, aus den Kirchen und aus den Pressehäusern prügeln.« Viele verstanden das als unverhohlene Gewaltandrohung gegen Parlamentarier, Staatsanwälte, Richter, Geistliche und Journalisten. Mithin auch als die Vision eines politischen Umsturzes. Der Vorsitzende des Deutschen Journalisten-Verbandes Frank Überall zeigte Festerling wegen Volksverhetzung an. Die Staatsanwaltschaft Leipzig stellte das Verfahren ein, weil aus der Aussage angeblich nicht klar hervorgehe, wer gemeint sei und was genau mit den Angefeindeten passieren solle. Auch der sächsische Verfassungsschutz sah in der gewaltaffinen Botschaft weiterhin keinen Anlass, Pegida und Legida zu beobachten. Ebenso wenig in dem kleinen Galgen auf einer Pegida-Demo, an dessen Schlingen Schilder mit der Drohung hingen: »Reserviert Siegmar ›das Pack‹ Gabriel« und »Angela ›Mutti‹ Merkel«. Der Hersteller aus dem Erzgebirge machte daraus sogar ein Geschäft und bot die makabren Hasssymbole für 18,95 Euro zum Verkauf an. Auch das blieb juristisch ungeahndet.

Seit dem Beginn von Pegida wurden etwa zweihundert Ermittlungsverfahren gegen Teilnehmer der Demos eingeleitet. Ermittelt wurde, weil verbotene Waffen getragen wurden, wegen gefährlicher Körperverletzung gegen Journalisten oder Gegendemonstranten, aber auch wegen tätowierter Hakenkreuze und gezeigter Hitlergrüße. Die Entgrenzung und Verrohung im Zuge von Pegida äußert sich in Worten, Symbolen und Taten. Als Gründungsmitglied Siegfried Däbritz im Juli 2018 auf der Bühne über die Hilfsorganisation *Mission Lifeline* als »unserer herzallerliebsten Dresdner Schlepper-Organisation« sprach, die gerade wieder im Mittelmeer versuchte, Menschenleben zu retten, stimmten Teilnehmer den Ruf an: »Absaufen, absaufen.« Ein Jahr später äußerten Pegida-Demonstranten gegenüber ARD-Reportern Verständnis für den Mord an dem Kasseler CDU-Politiker Walter Lübcke. Alle zwei, drei Jahre ein Mord aus Hassgründen sei »relativ normal«, sagte einer. Ein anderer sah in der mutmaßlich rechtsterroristischen Tat »eigentlich bald« eine »menschliche Reaktion«. Nach fast fünf Jahren ideologischer Aufladung und ritualisierter Widerstandsrhetorik rechtfertigen einige Anhänger sogar politischen Mord.

Dass im Zuge der Pegida-Bewegung nicht nur verbale Schranken gefallen sind, sondern auch Grenzen zwischen radikalem Protest und gewaltbereitem Rechtsextremismus durchlässiger wurden, zeigt der organisierte Angriff auf den Leipziger Szenestadtteil Connewitz am 11. Januar 2016. Connewitz mit seinen Cafés, Bühnen, kleinen Läden und Bars, vor denen abends junge Leute mit einem Bier auf Gehwegen sitzen, ist in der rechten Szene geradezu ein Schimpfwort. Die Bewohner im Leipziger Süden stehen mit ihren alternativen, ökologischen, feministischen, antifaschistischen oder vegetarischen Einstellungen und Lebensentwürfen für alles, was dem rechten Lager verhasst ist.

Während an jenem Winterabend Legida am Naturkundemuseum demonstrierte, zogen zwei- bis dreihundert Neonazis und Hooligans aus Ostdeutschland schwarz gekleidet durch den Leipziger Süden. Zunächst als linke Spontandemo getarnt. Auf Kommando vermummten sich die Männer dann, von denen etliche mit Eisenstangen, Axtstielen und Holzlatten bewaffnet waren. Die Gewalttäter griffen Passanten und insgesamt fünfundzwanzig Geschäfte an, zerstörten achtzehn Autos, warfen Steine und Sprengsätze.

Das Stadtmagazin *Kreuzer* hat dokumentiert, wie Neonazis und Hooligans unter anderem aus dem Umfeld von *Dynamo Dresden* und *Lok Leipzig* in den Tagen zuvor über WhatsApp und SMS bundesweit ihre Gesinnungsgenossen für diese Machtdemonstration gegen die verhassten Linken mobilisiert hatten. [85] In einem Aufruf wurde der Angriff damit begründet, die Antifa halte Patrioten davon ab, für die »patriotische Bewegung Legida« zu demonstrieren. »Gemeinsam für Deutschland«, hieß es in einem Post: »massiv intern mobilisieren!« Aktivisten teilten die Aufrufe, darunter Kampfsportler, Berliner Neonazis, Mitglieder der *Freien Kameradschaft Dresden* und Kameraden aus Thüringen. Sie erschienen schwarz gekleidet, ohne szenetypische Marken wie Thor Steinar, um nicht sofort aufzufallen. Der Angriff auf die symbolträchtige Hochburg des bunten Leipzigs war generalstabsmäßig geplant. Er zeigt, wie moderne rechtsextremistische Netzwerke kurzfristig und anlassbezogen eine schlagkräftige Truppe aus Straßenkämpfern mobilisieren können. Und dass sie sich als Teil einer rechten Bewegung sehen, zu der sie eben auch die selbst ernannten Abendlandretter zählen.

Eigenen Angaben zufolge beteiligten sich an dem Gewaltexzess auch junge Männer, die sonst regelmäßig als Demonstranten bei Legida mitliefen. Im Mai 2019 saß ich im Saal 200 des Leipziger Amtsgerichts und habe den Prozess gegen zwei junge Männer verfolgt, die laut Anklage dabei waren: Die Leiharbeiter Philipp S., mit schwarzen Ohrringen und Schnurrbart, sowie Jens E., gestutzter Vollbart und schwarze Brille, mit auffallend muskulösem Körper. Beide aus Halle. E. gab an, dem »Fußball-Klientel« anzugehören und montags üblicherweise bei Legida demonstriert zu haben. Der Prozess gegen sie lief ab wie schon viele zuvor. Der Anwalt von Philipp S. teilte dem Gericht nach Verlesung der Anklageschrift mit, dass sein Mandant an einer »Verfahrensverständigung« interessiert sei. Also an einem Deal. Das Leipziger Amtsgericht machte das angesichts der Vielzahl der Prozesse zum Muster: Wer ein Geständnis ablegte und Angaben zum Ablauf machte, wurde zwar wegen schweren Landfriedensbruchs verurteilt, kam aber mit einer Bewährungsstrafe davon. Die Verhandlung wurde unterbrochen. Danach verkündete die Richterin, bei einem Geständnis werde ein Strafmaß von einem Jahr und acht Monaten nicht überschritten. Bewährung sei möglich. Der Anwalt von E. erklärte, sein Mandant bekenne sich schuldig, dabei gewesen zu sein und einen Stein in ein Musikgeschäft geworfen zu haben.

Dann schilderte S. die Vorgänge jenes Abends. Anfangs zögerlich, erkennbar darum bemüht, so wenig wie möglich preiszugeben. Nach hartnäckigem Nachfragen der Vorsitzenden Richterin gab er einiges zu, ohne allzu viel zu verraten. Er sei auf der Arbeit angesprochen worden: »Um zu zeigen, dass wir auch noch da sind. Die sogenannten Rechtsradikalen.« Also sei er mit einem Kollegen zu dem vereinbarten Treffpunkt gefahren. Absprachen seien über das Handy erfolgt. Treffpunkt war ja der Parkplatz Naunhof an der A 14, wie die Richterin bemerkte. Da trafen sich gegen achtzehn Uhr mindestens zweihundert Neonazis, auch aus anderen Bundesländern. Die Richterin fragte, woher denn der Stein stammte, den Philipp S. später in das Geschäft schleuderte. Antwort: »Der wurde mitgebracht.« Die Richterin war zunehmend genervt. »Wurde, wurde, wurde«, wiederholte sie die ausweichenden Worte des Angeklagten. Sie fühlte sich »verhohnepipelt«. Schließlich gab der Leiharbeiter zu, dass die Bewaffnung schon auf dem Parkplatz an der Autobahn erfolgt war: »Da gab es 'ne Tüte mit Steinen, die wurde aus den Autos mitgebracht.« Man sei dann Kolonne nach Leipzig gefahren. Geparkt wurde neben einem Friedhof. Beim Marsch durch Connewitz hätten einige Holzlatten getragen. Die meisten hätten sich auf Kommando vermummt. Ja, es habe Anführer gegeben, aber die kenne er nicht. Kurze Zeit nach dem Gewaltausbruch wurden die Angeklagten E. und S. mit über zweihundert anderen Neonazis von den alarmierten Polizeieinheiten in einer Seitenstraße festgesetzt. Bei der Verhaftung habe es kaum Widerstand gegeben, wunderte sich seinerzeit ein Polizeisprecher. Die Neonazis hatten es offenkundig auf die verhassten Linken abgesehen, nicht auf die Polizei.

Der Prozess vor dem Leipziger Amtsgericht war Routine. Die Richterin sprach den Angeklagten ins Gewissen, aber die Verhandlung lieferte keinerlei Erkenntnisse über Anführer und Netzwerke hinter dem Überfall. Ob beispielsweise die Planung und Mobilisierung durch eine feste rechte Struktur erfolgte, wurde nicht ermittelt. Deutlich wurde nur, dass die Angreifer es nicht nur auf Fensterscheiben und Sachbeschädigung abgesehen hatten. Ein zweiunddreißigjähriger Zeuge schilderte in der Verhandlung, wie er am Computer saß, als er den Tumult auf der Straße hörte. Wie er ans Fenster trat und sah, wie schwarz bekleidete Vermummte Feuerwerkskörper auf die Häuser ringsum abfeuerten. In dem Moment sei ein Geschoss durch sein eigenes Fenster geschlagen und habe ihn am Arm getroffen. Er erinnerte sich noch gut an das Brandloch in seinem Pullover. Danach habe er unter Schock gestanden. »Das Ding hätte mich am Kopf treffen können«, sagte der Zeuge. Auf der Straße habe es danach ausgesehen »wie nach dem Krieg«. Das war die unmissverständliche Botschaft der Täter: Ihr seid nirgendwo sicher. Nicht mal in Connewitz.

Ein Jahr nach dem Neonazi-Angriff gab Legida in Leipzig auf, während Pegida in Dresden mit einem harten Kern unbeirrt weitermacht. Montag für Montag. Obwohl die Bewegung in der AfD längst ein neues Zuhause gefunden hat. Die Wirkung von Pegida ist indes kaum zu überschätzen. Ressentiments wurden aus den Köpfen auf die Straße getragen und fanden einen aggressiven, ungehemmt tabubrechenden Ausdruck. Das Bündnis mit dem komischen Namen hat wohl auch deshalb in beispielloser Weise von Beginn an gesellschaftliche Aufmerksamkeit erfahren. Schon wenige Wochen nach den ersten Demos hat die sächsische Landeszentrale für politische Bildung Anhänger zu Dialogveranstaltungen eingeladen. Die politischen Signale der Regierenden in Dresden und Berlin waren widersprüchlich und wenig prinzipienfest. Es war ja durchaus richtig zu versuchen, mit jenen ins Gespräch zu kommen, deren diffuse Kritik und Unbehagen gegenüber der demokratischen Praxis nur ein Ventil suchte. Die Entfremdung von der parlamentarischen Demokratie zu ergründen und abzubauen, bleibt das drängende ungelöste Problem für die demokratischen Parteien. Aber in der öffentlichen Debatte hätte es weniger um Dialog und mehr um Diskurs gehen müssen. Also nicht bloß um einen Meinungsaustausch und ein gegenseitiges Zu-Wort-kommen-Lassen, sondern um eine Absage an die Überfremdungsideologie und ein klares Bekenntnis zur Vielfalt.

Gegen antidemokratische Elitenverachtung, Pressefeindlichkeit und die Kultivierung des Feindbildes vom Fremden als kriminellem Kulturzerstörer wäre klarer und auch symbolträchtiger Widerspruch nötig gewesen. Doch allen voran sächsische Regierungspolitiker der CDU scheuten sich, Rassismus und völkisch argumentierende Gesellschaftskritik als solche zu benennen und ihnen eine kategorische, mit pluralistischer Demokratie argumentierende Absage zu erteilen. Stattdessen distanzierte man sich von den Protagonisten, wobei Kritik an Lutz Bachmann gern an dessen Vorstrafen oder einzelnen Rednern festgemacht wurde und weniger an Inhalten. In der öffentlichen Debatte ist zu oft offen geblieben, was denn nun eigentlich »berechtigte Ängste und Sorgen der Bürger« sind und was Rassismus. Mit der Phantomangst einer angeblich drohenden »Überfremdung« beschäftigen sich Politiker von Linke bis CDU im Osten lieber nicht, um nicht den Furor derer zu wecken, die Angst schüren und Wut als Stilmittel kultivieren.

Pegida hat einem Denken den Weg geebnet, das ethnokulturelle Homogenität anstrebt und Verachtung für demokratische Akteure und Prozesse für eine gesunde Einstellung hält. Rechtsextreme Narrative wie »großer Austausch«, »Überfremdung«, »Lügenpresse« und ein vom »System Merkel« angeblich missachteter »Volkswille« sind mittlerweile weitverbreitet. Das bleibt nicht folgenlos. In diesem politischen Klima fällt es Alltagsrassisten leichter, Menschen ganz offen rassistisch zu beleidigen. Rechtsextreme Straftäter fühlen sich eher ermutigt, radikalen Worten durch Hass motivierte Taten folgen zu lassen. Politisch profitiert die AfD. Auf die Mischung aus offen zur Schau gestellter Wut, angstschürender Ideologie, Verschwörungstheorien (»Umvolkung«, »großer Austausch«) und Anmaßung (»Wir sind das Volk«) haben Demokraten zu lange keine überzeugenden Antworten gegeben.

Der Rechtsausleger

Seit es Pegida gibt, ist er allgegenwärtig. Werner Patzelt, Politikprofessor an der TU Dresden, inzwischen im Ruhestand, formal jedenfalls. Vor Pegida kannte ihn kaum jemand außerhalb von Dresden und der Politikwissenschaft. Heute kennt ihn hierzulande jeder, der sich für Politik interessiert. Seit den ersten »Abendspaziergängen« hat Patzelt in unzähligen Interviews, Livesendungen und eigenen Beiträgen erklärt, analysiert und bewertet, was da in Dresden los ist. Er wurde zum Lieblingsexperten von ARD, ZDF, Zeitungen und Radiosendern. Sogar der Kinderkanal KiKA ließ ihn erklären, wer und was Pegida ist. Kritiker haben ihm das Etikett »Pegida-Versteher« verpasst. Sie werfen ihm vor, nicht wie ein Wissenschaftler, sondern als Aktivist aufzutreten. Dagegen wehrt sich Patzelt immer wieder wortreich.

Mit seiner vielfach verbreiteten Meinung hat er die Berichterstattung über Pegida maßgeblich beeinflusst. Er ist der omnipräsente Gegenbeweis der eigenen These, wonach es eine mediale Einheitsfront gegen Pegida gebe. Keiner durfte das Phänomen häufiger beurteilen als Patzelt. Er hat dessen Legitimation wortreich begründet und den zivilgesellschaftlichen Protest dagegen scharf attackiert. Mittlerweile ist der Politikwissenschaftler in vielen Rollen unterwegs. Er ist Mitglied der *WerteUnion*, einem rechtskonservativen Verein von Unionsmitgliedern. Für die sächsische CDU hat er am Wahlprogramm für die Landtagswahl mitgewirkt. Von der sächsischen Landtagsfraktion der AfD hat er einmal den Auftrag für ein Gutachten angenommen, das er bei einer internen Klausurtagung in einem Forsthaus vorstellte. Politikberatung für die AfD also. Patzelt selbst nannte das, als es einige Jahre später publik wurde, »ganz normale politikwissenschaftliche Arbeit«. [86]

Wofür steht also die barock anmutende Persönlichkeit mit dem leichten bayerischen Zungenschlag, die viele meiner Journalistenkollegen lieben, weil sie Patzelt jederzeit anrufen und sicher sein können, spontan geschliffene, eloquent formulierte Antworten ins Mikro gesprochen zu bekommen? Für Linke ist er eine Reizfigur. Für Linksextremisten ein Hassobjekt. Im Jahr 2017 verübten linke Gewaltstraftäter einen Brandanschlag auf sein Auto. Patzelt kündigte an, sich davon nicht einschüchtern zu lassen. [87] Früh hat er Studien über Pegida-Demonstranten vorgelegt. [88] Problematisch sind nicht seine empirischen Befunde, sondern deren Auslegung. Es ist seine Erzählung von Pegida, die fragwürdig ist. Die er stets mit einem Gestus präsentiert, als besäße er die Deutungshoheit, weil er montags in Dresden vor Ort war wie kaum ein anderer. Es geht bei der Frage nach der Rolle des Professors zunächst um Ursache und Wirkung von Pegida. Um die Frage, was eigentlich der ideologische Kern der selbst erklärten Abendlandretter ist. Welche Rolle Fremdenfeindlichkeit und Rassismus spielen. Ja, Professor Patzelt hat Pegida verharmlost, wenn auch ein wenig anders, als manche Kritiker es ihm vorwerfen.

Mehr als zehn Jahre lang saß ich mit dem Professor regelmäßig auf einem Podium. In der Jüdischen Synagoge in Dresden, zweimal im Jahr. Da haben wir beim »Politischen Quartett« zu viert vor Publikum über politische Sachbücher diskutiert. Über die Globalisierung und soziale Gerechtigkeit. Über Ian Morrisons *Wer regiert die Welt* und Navid Kermanis *Zwischen Koran und Kafka*.

Über Völkermord, Europa, Finanz- und andere Krisen. Lange war Nora Goldenbogen, die Vorsitzende der Jüdischen Gemeinde, mit ihren klugen Reflexionen dabei. Martin Dulig, beim ersten Quartett noch einfacher Landtagsabgeordneter der SPD, stieg im Laufe der Jahre im Quartett zum stellvertretenden Ministerpräsidenten auf. Wir diskutierten über die Weltlage und immer wieder den Stand der Deutschen Einheit. Sprachen über Wolfgang Englers *Die Ostdeutschen als Avantgarde*, lange bevor dessen These von der ostdeutschen Vorreiterrolle populär wurde. Es ging bei uns leise und nachdenklich zu, streitlustig und laut. Immer respektvoll.

Mit Patzelt habe ich mir leidenschaftliche Wortgefechte geliefert, die wir bald als unser ganz eigenes Ritual zelebrierten. Er, der aufgeklärte Konservative in der Pose des professoralen Welterklärers. Belesen, sprachgewaltig und sich seiner rhetorischen und analytischen Stärke gewiss. Ich in der Doppelrolle als Moderator und moralischer Bedenkenträger, der antritt, um die behaupteten letzten Wahrheiten mit sozialen, liberalen oder ökologischen Argumenten zu erschüttern. Sein Lieblingstrick war, sich als Realist zu inszenieren, der sagt, was ist, so hart das auch sein mag. An vielen Abenden kultivierten wir unser Rollenspiel. Genossen gebannte und amüsierte Reaktionen der Zuhörer auf unser intellektuelles Armdrücken.

Ich habe Werner Patzelt als scharfsinnigen Analytiker kennengelernt. Nahm ihm sein überbordendes Selbstbewusstsein ebenso wenig übel wie er mir die im Wortsinn unverschämte Widerrede. Nur einmal nahm er mich danach kurz beiseite, um mir zu sagen, dass es ihm nicht behage, von mir derart in die rechte Ecke gestellt zu werden. So dünnhäutig kannte ich ihn bis dahin nicht. Eins war ihm immer wichtig. Ja, er ist seit Langem CDU-Mitglied. Aber er legt großen Wert darauf, nicht als Ideologe wahrgenommen zu werden. Konservativ, aber marxbelesen. Als ich Patzelt nach meinem Abschied vom Quartett immer häufiger vor einer Fernsehkamera sah, seine Einschätzungen über Pegida hörte oder las, war ich erstaunt. Ich erkannte einerseits den brillanten Rhetoriker, der voller Überzeugung in bisweilen manieriertem Ton sagt, wie es ist. Aber die Art, mit der Patzelt Medien und Politikern immer und immer wieder pauschal vorwarf, Pegida irreführend als »Zusammenrottung von Rassisten und (Neo-)Nazis«[89] zu beschreiben, empfand ich als platt und unseriös. Sie passte nicht ins Bild des scharfzüngigen, aber differenzierten Beobachters, das ich von ihm hatte.

Bereits im Februar 2015 legte Patzelt seine erste Studie über Pegida vor.[90] Darin kam er zu dem Ergebnis, dass Pegida zu zwei Dritteln aus »besorgten Gutwilligen« bestehe. Zwar seien die Demonstranten weit rechts von der Mitte zu verorten, jedoch nicht mehrheitlich »Rechtsradikale, Rechtsextremisten, Faschisten oder Nazis«. Das wurde der Kern seiner Botschaft: »Die meisten Pegida-Demonstranten sind besorgte und empörte Bürger.« Zwar gebe es ein Drittel »rechtsnationale Xenophobe«. Aber die seien eben nicht die Mehrheit. Schon die Kategorie Xenophobie ist völlig ungeeignet, weil sie Rassismus und Fremdenfeindlichkeit zu einer Phobie erklärt. Die Abwertung anderer Menschen ist jedoch keine Angststörung. Man fürchtet Menschen nicht wie Spinnen. Niemand wird als Rassist geboren. Jeder kann sich jederzeit dafür entscheiden, Menschen als gleichwertig anzusehen. Doch das ist nur ein semantisches Detail. Entscheidend ist, welche Schlüsse Patzelt aus seinen empirischen Befunden ableitet. »Xenophobie« und »Islamophobie« erklärte er zu »Kristallisationspunkten gemeinsamer Empörung«. Das eigentliche Motiv der Anhänger sei aber ein ganz anderes: »Unzufriedenheit mit Politik, Parteien und Medien«.[91]

Diese Argumentation verharmlost Pegida und entlässt die Teilnehmer aus der Verantwortung für das, was bei den Demos geschah und was sie bewirkten. Patzelt hat die Fremdenfeindlichkeit der Demonstrationen nie bestritten, aber er hat sie zur Nebensache erklärt. Denn die Abwertung von Fremden war ja seiner Ansicht nach nicht der eigentliche Grund, auf die Straße zu gehen, sondern lediglich das Ventil der überwiegend »Gutwilligen«, um ihre Unzufriedenheit zu artikulieren. Was auch immer »gutwillig« genau heißen soll. »Fremdenfeindlichkeit zu bekunden« war demnach »nicht das zentrale Anliegen«, antwortete er auf seine zahlreichen akademischen Kritiker. Als ob es weniger schädlich wäre, Menschen anderer Herkunft abzuwerten, wenn man dafür andere Gründe vorgibt. Diese merkwürdige Argumentation blendet aus, dass Rassismus immer auch eine psychologische Funktion hat, nämlich das eigene Selbstwertgefühl durch Abwertung des Fremden aufzuwerten. Der Sozialpsychologe Ernst-Dieter Lantermann hat diesen Mechanismus eindrucksvoll beschrieben. [92] Ja, es kann guttun, hemmungslos alles rauszulassen: Vorurteile, Aggressionen, Wut. Die eigene Anspannung auf dem Rücken von Sündenböcken abzubauen, ist jedoch zu Recht ein gesellschaftliches Tabu. Im Übrigen ist es vollkommen egal, ob jemand überzeugter Rassist ist oder mithilfe rassistischer Erklärungen nur sein fragiles Ego stabilisiert. Die Wirkung ist nämlich gleich. Es wird verbal Hass erzeugt, ein Nährboden für Gewalt.

Der Chefdramaturg des Dresdner Staatsschauspiels Robert Koall hat Pegida häufig besucht und über seine Eindrücke ein Buch geschrieben. [93] Nach einem Jahr Pegida bilanzierte er in einem Interview, wie sich die Stadt verändert hat: Durch die Demos sei »ein Klima entstanden, in dem die Hemmschwelle so weit abgesunken ist, dass die konkrete Gewalt zunimmt«. Diese »betrifft Freunde und Kollegen, ich rede davon, dass Knochen gebrochen werden auf offener Straße. Und das ist ein Klima, das man kaum noch aushält.« [94] Tätliche rassistische Übergriffe in Dresden hat auch Patzelt nie bestritten. Im Gegenteil hat er sie ausdrücklich verurteilt. Aber für die enthemmende Wirkung der Reden, Plakate und Rufe Pegidas zeigt er sich auf verstörende Weise unempfindlich. Genauso wie für den Tabubruch, Seite an Seite mit Neonazis zu demonstrieren. Im Februar 2015, als noch viele Tausend Menschen zu den »Abendspaziergängen« kamen, argumentierte Patzelt, Pegida bestehe ja »bloß zu einem kleinen Teil aus Nazis (nach Polizeischätzungen sechs- bis achthundert Personen)«. [95] Theaterdramaturg Koall war dagegen schockiert, »dass die Leute keine Berührungsängste mehr haben, mit solchen Verfassungsfeinden auf derselben Demonstration zu laufen«. Patzelt schien der Schulterschluss nicht zu beunruhigen, weil die »Gutwilligen« ja mehr waren. Entscheidend ist aber, was wütende Normalbürger und Neonazis zusammenführte: eine rassistische Homogenitätsideologie mit dem gemeinsamen Feindbild der »Überfremdung«.

Während Patzelt nicht müde wurde, die mehrheitlich angeblich integren Motive der Anhänger zu betonen, hat er bei Pegida durchaus Redner »von teils der übelsten Sorte« ausgemacht. Den Organisatoren attestierte er bereits im Januar 2015, ein »jämmerliches Bild« abzugeben und »jämmerliche Reden« zugelassen zu haben. Er forderte sie nach entsprechenden Vorfällen sogar auf, Volksverhetzung zu unterlassen. Aber in einer Bilanz nach vier Jahren Pegida fokussierte er sich weiterhin auf die vermeintlichen Anliegen derer, die erst Pegida und nun der AfD zuneigten: »die Drosselung des Zuwanderungsgeschehens« und den »Versuch unerwünschten Kulturwandels in Deutschland« zu stoppen, den Pegida eben »Islamisierung« nenne. [96] Pegida ist aber keineswegs nur für konkrete Änderungen in der Migrationspolitik auf die Straße gegangen, wie noch in einigen der neunzehn Punkte aus einem frühen Positionspapier. Stattdessen ist von ihren Bühnen wie beschrieben neurechte Ideologie verbreitet worden, beispielsweise von Götz Kubitschek. Tatjana Festerling hat Geflüchtete als »Invasoren« angefeindet und ein apokalyptisches Schreckensszenario durch »Horden von Eindringlingen« heraufbeschworen.[97] All das ist von vermeintlich »gutwilligen« Bürgern begeistert beklatscht worden. Und die Parolen »Lügenpresse« und »Volksverräter« waren eben nicht der verzweifelte Ruf nach Aufmerksamkeit, wie Patzelt es darstellt, sondern antidemokratische und antipluralistische Kampfansage. Wer Pegida an Worten, Taten und Wirkungen misst, kommt zu anderen Ergebnissen als der Professor.

Ja, auch Patzelt hat bei Pegida durchaus eine Radikalisierung wahrgenommen. Aber weder die dort zu beobachtende Begeisterung für hetzerische Reden noch neurechte Verschwörungstheorien oder die drastische Zunahme der Gewalt gegen Migranten und Geflüchtete veranlassten ihn, sich zu korrigieren. Als längst Hassbotschaften üblich waren, publizierte er unbeirrt »neun unorthodoxe Thesen zu Pegida«.[98] Demonstrieren bei Pegida mittlerweile vor allem Demokratiegegner? »Nein, denn über drei Viertel meinen weiterhin, Demokratie sei – alles in allem – etwas Vorteilhaftes.« Sind die Pegidianer überwiegend Rassisten? »Nein, obwohl es unter ihnen knapp ein Zehntel Rassisten gibt.«[99] Neurechte Redner, Hetze, rassistische Feindbilder, Hassprache, enthemmende Wirkung – das alles prallte letztlich an der These von den besorgten »Gutwilligen« ab. Statt sich in Selbstkritik zu üben, attackierte Patzelt politische Korrektheit und beklagte eine intellektuelle Hegemonie von »Schiedsrichtern und politisch Korrekten«. Dem zivilgesellschaftlichen Protest warf er frühzeitig vor, Feindbilder zu pflegen. Etliche Kollegen von der TU Dresden widersprachen entschieden. In einer Petition erklärten sie die Notwendigkeit, für Weltoffenheit und Toleranz zu demonstrieren. Der Senat der Universität hatte ausdrücklich dazu aufgefordert, sich dem breiten Bündnis unter dem Motto »Dresden für alle« anzuschließen. Die Forscher empfanden es geradezu als »Hohn«, angesichts des ungewöhnlich starken medialen Echos eine Ausgrenzung von Pegida zu beklagen, während gleichzeitig die Übergriffe auf Migranten und Geflüchtete deutlich zunahmen.

Rechte Akteure unterstellen hartnäckig angebliche Denk- und Sprachverbote durch einen behaupteten »PC-Tugendterror«. Um es deutlich zu sagen: Solche von einer *political correctness* angeblich verhängten Denk- und Sprechverbote existieren nicht. Die Existenz von Pegida mit allen verbalen Verrohungen ist der beste Beweis. Allerdings gibt es kein Recht auf Zustimmung, wohl aber eines zu widersprechen. Im Diskurs dient der Kampf gegen die *political correctness* häufig dazu, jedes missliebige Argument als übertrieben moralisch zu diskreditieren. Patzelt behauptet, durch die Ausgrenzung rechter »Denkfiguren und Interessen« sei eine »Repräsentationslücke« entstanden. Auf diese Theorie ist er so stolz, dass er sie beständig wiederholt. Diese Lücke, die eine nach links gerückte CDU im demokratischen Spektrum hinterlassen habe, füllten nunmehr eben Pegida und AfD. Das klingt erst mal plausibel, folglich wird die These in Interviews nicht hinterfragt. Zumal sie sich gut mit den unter Merkel vernachlässigten Konservativen in der CDU verträgt. Tatsächlich beruht die schmissige Theorie von der »Repräsentationslücke« aber auf einem fragwürdigen, weil statischen Verständnis des Parteienspektrums. Es unterstellt einen Normalzustand, zu dem quasi natürlich auch Parteien gehören, die für rechte Politik stehen. Diesen Normalzustand gibt es aber nicht. Gesellschaften und damit auch Parteienlandschaften verändern sich nämlich. Vor Pegida gab es keine relevante gesellschaftliche Gruppe, die das fremdenfeindliche Ressentiment auf die Straße und in den öffentlichen Diskurs getragen hat. Nationalistische und rassistische Einstellungen hat es immer gegeben, aber sie wurden abseits der rechtsextremen NPD in den Volksparteien gebunden. Sehr lange haben die Themen Arbeit, Rente, Bildung, Soziales und Finanzen darüber entschieden, welche Partei gewählt wird. Die überwältigende Mehrheit hatte schlicht kein Bedürfnis nach einer rechtsradikalen Partei oder Bewegung. Pegida und AfD stehen also nicht für eine gesellschaftliche Normalisierung, sondern sind das Ergebnis einer gesellschaftlichen Radikalisierung.

Angesichts der medialen Dauerpräsenz von Werner Patzelt konnte man den Eindruck gewinnen, dass er für diese Themen überhaupt der einzige Experte ist. Das ist fatal, denn wie er auslegt, was sich im rechten Lager tut, ist unter wissenschaftlichen Beobachtern eine Außenseiterposition. [100] Weil Patzelt gut und vor allem auch sehr gern redet, wurde er zum medialen Selbstläufer. Denn er bedient das Anforderungsprofil von Fernsehredaktionen nahezu perfekt. Er formuliert flüssig; ohne sich zu verhaspeln, liefert er schmissige O-Töne und funktioniert bestens in Talkshows. Dass er so oft angefragt und eingeladen wird, kann man ihm nun wirklich nicht vorwerfen. Redaktionen neigen dazu, auf die immer gleichen bewährten Köpfe zu setzen. Die mediale Überdosis Patzelt in Interviews, Liveschaltungen und Polit-Talkshows ist aber auf verzerrende Weise zu viel. Sie beruht auf Routinen und mangelnder Reflexion in den Redaktionen. Pegida und unkritische Medien haben Patzelt einen späten Karriereschub beschert. Doping für ein ohnehin großes Ego.

Dass er bei Pegida-Sympathisanten beliebt ist, spricht nicht per se gegen Patzelt als Interviewpartner. Wohl aber dafür, dass seine Beschreibung des rechten Lagers dem Selbstbild der Anhänger sehr nahekommt. Das muss wissen und berücksichtigen, wer ihn dazu journalistisch befragt. Und darf andere, kritische Stimmen nicht ignorieren. Mittlerweile machen seine Rollenkollisionen Werner Patzelt als politischen Beobachter zunehmend unglaubwürdig. Frühere Politikberatung für die AfD, Wahlhelfer für die CDU, Aushängeschild für die *WerteUnion*. Trotzdem laden ihn TV-Redaktionen weiter als Politikwissenschaftler in Talkrunden ein. Dort darf er dann Prozesse bewerten, an denen er als Akteur prominent beteiligt ist. Längst gefällt sich Patzelt auch als Provokateur. In einer Kolumne für die *Sächsische Zeitung* hat er NS-Propagandaminister Joseph Goebbels zitiert, um seine Argumentation zu veranschaulichen. Und dies hinterher damit gerechtfertigt, dass andernfalls niemand über seine Kolumne gesprochen hätte. [101] Für ein wenig Aufmerksamkeit ist er zum diskursiven Tabubruch bereit. Das sagt viel darüber aus, wie und wo der Professor die Grenzen des Sagbaren nicht nur nicht sieht, sondern selbst verschiebt.

Wofür Werner Patzelt steht, hat er mit seinem Beitritt zur *WerteUnion* unmissverständlich klargemacht. Sie hat ein »Konservatives Manifest« verfasst, in dem es heißt: »Als dicht besiedeltes Industrieland ist Deutschland ungeeignet zur Aufnahme von Asylbewerbern und Flüchtlingen.« Mehr noch, deren Aufnahme sei sogar »ethisch unvertretbar«. Deutschland solle sich stattdessen daran beteiligen, sie »in ihrer Heimat oder heimatnah« zu schützen. [102] Wie bitte? Menschen vor Tod und Verfolgung zu retten, soll moralisch verwerflich sein? Das Grundrecht auf Asyl ist eine bundesdeutsche Lehre aus dem Nationalsozialismus. Es ist im Grundgesetz verankert. Mehr noch: Diese Selbstverpflichtung ist fester Bestandteil unseres Selbstbildes als Staat. Wer das ändern will, will ein ganz anderes Deutschland. Wer dieses Land für kategorisch unvereinbar mit Asylbewerbern und Geflüchteten hält, steht weit rechts. Einen großen Abstand zu selbst ernannten Abendlandrettern kann ich nicht erkennen. Manchmal sagt das, was erklärte Konservative für »ethisch unvertretbar« halten, mehr aus als alle Interviews von Werner Patzelt.

Das Leben der anderen

Der Rassismus, auf den ich im Osten treffe, hat viele Gesichter. Laute, beiläufige, unterschwellige, gewalttätige. Organisierte und spontane. Manchmal ist es nur ein wie selbstverständlich eingeworfener »Fidschi«, wenn mir jemand davon erzählt, dass in seinem DDR-Betrieb auch Vertragsarbeiter aus Vietnam beschäftigt waren. Mal ist es ein schwarzer Fußballprofi, der in den Stadien mit Affenlauten zermürbt wird. Es ist ganz und gar nicht so, dass Rassismus in meinem Alltag allgegenwärtig ist. An Supermarktkassen und in Restaurants in Leipzig gibt es ein selbstverständliches Miteinander. Deutsche, Vietnamesen und Syrer kommen miteinander klar, gehen freundlich und respektvoll miteinander um. Aber mir ist klar, dass ich die Erfahrungen eines weißen, mittelalten Mannes mache. Dass dieses Leipzig sehr anders erlebt, wer schwarze Haare und eine dunkle Hautfarbe hat. Eine Sozialarbeiterin vom Verein *RAA Sachsen*, die Opfer rechter Gewalt berät, berichtete mir von einem Algerier, der vor einem Einkaufszentrum mit einer Schusswaffe bedroht wurde, weil er Ausländer ist. Tagsüber, nicht nachts. Sie erzählte von ausländischen Studenten, die im Park als »scheiß Juden« beschimpft werden.

Mein Kollege Tarek vertraut mir an, was er neulich von seinem syrischen Freund erfahren hat. Bei ihm wurde vor Kurzem in seiner Wohnung im Leipziger Stadtteil Paunsdorf geklingelt. Ein Mann sagte, er sei von der Polizei, und bat darum, die Haustür aufzumachen. Der Syrer öffnete und wartete an der Wohnungstür. Doch es kamen nicht wie erwartet Polizisten die Treppe hoch, sondern vermummte Männer, die ihn mit einer Schusswaffe bedrohten und in seiner Wohnung randalierten. Bevor sie gingen, zerschlugen sie Teile der Einrichtung. Gestohlen haben sie nichts. Kurz zuvor war die Frau des Syrers per Familiennachzug nach Leipzig gekommen. Sie trug einen Schleier, war also für jeden als Muslima erkennbar. Tareks Freund erstattete Anzeige gegen unbekannt. Einige Tage nach dem Vorfall sprach ihn ein unbekannter Mann in der Straßenbahn an und sagte, dass er beim nächsten Mal nicht so glimpflich davonkomme. Danach hat der Syrer alles darangesetzt, Leipzig zu verlassen. Mithilfe der Opferberater ist es ihm gelungen wegzuziehen. Er wohnt mit seiner Familie nun in einem Bundesland im Westen. Die militanten Rassisten haben ihn erfolgreich aus Leipzig vertrieben.

Rassismus-Forscher Christian Geulen zufolge existierte in der DDR ein ähnliches Selbstbild wie in der alten Bundesrepublik, das sich so beschreiben lässt: »Wir sind die Deutschen, und andere Menschen gehören hier nicht her.« [103] Demnach hat sich die Sehnsucht nach ethnischer und kultureller Homogenität in Ost und West nach 1945 gar nicht so sehr unterschieden. »Dieses nationale Homogenitätsideal hat sich durch alle späteren Systeme hindurch erhalten«, so Geulen. Allerdings konnten und mussten sich die Deutschen im Westen vielerorts an Menschen verschiedener Herkunft und kulturelle Differenz gewöhnen, während der Anteil von Migranten im Osten sich zwar seit dem Ende der DDR vervielfachte, aber weit hinter dem im Westen zurückblieb. Unter dem Hashtag #Metwo haben Tausende ihre Rassismuserfahrungen geteilt. Ihre Erlebnisse spielen im Osten und im Westen. Rassismus ist also kein exklusives Ostproblem, aber fehlende Alltagserfahrungen mit kulturellen Unterschieden haben hier das Ideal einer homogenen Gesellschaft verfestigt. Rassismus wurde nie problematisiert. Auch nach dem Pogrom von Rostock-Lichtenhagen nicht. Anstatt über Rassismus sprach man über »perspektivlose Jugendliche«. All das hat Teile der ostdeutschen Gesellschaft unempfindlich gegen Diskriminierung, Ausgrenzung und eben auch Gewalt gegen Minderheiten gemacht.

Vor zehn Jahren habe ich bei einer Reportage Herrn Khoi kennengelernt. Einen kleinen, freundlichen Mann, der mit starkem Akzent sprach. Der vietnamesische Händler war im Oktober 1989 in die DDR gekommen, kurz vor deren Ende. Nachdem die Textilfabrik, in der er arbeitete, abgewickelt worden war, fuhr er von Stadt zu Stadt und verkaufte Blusen und Schmuck vor Supermärkten. Irgendwann kam er in einen kleinen Ort bei Torgau in Sachsen und eröffnete ein Textilgeschäft. Da empfing er mich nun und zeigte auf eine Stelle auf dem Boden zwischen zwei Kleiderständern: sein Schlafplatz. Seit einem halben Jahr legte er sich jeden Abend dort auf eine dünne Matte, aus Angst um seine Familie. Denn seit zwei Jahren wurde sein Geschäft immer wieder von jungen Männern in schwarzen Kapuzenpullis angegriffen. Nachts hörte Herr Khoi sie rufen: »Deutschland den Deutschen! Ausländer raus!« Siebenmal zerstörten die Angreifer seine Fensterscheiben. Beim letzten Überfall zählte er dreizehn Wurfgeschosse und sieben Angreifer. Wie immer rief er die Polizei. Wie immer konnten die Täter entkommen.

Weil er fürchtete, sie würden irgendwann nicht Steine, sondern Brandsätze werfen, ging er zum Schlafen abends nicht mehr zu seiner Frau ins Schlafzimmer, sondern legte sich zwischen die Kleiderständer. Horchte, wachte, bis er endlich unruhigen Schlaf fand. »Meine Frau und meine Töchter haben immer Angst«, erzählte er mir. Erst nach meinem Besuch gelang es der Polizei, einen Einundzwanzigjährigen als ersten Tatverdächtigen festzunehmen. Es dauerte fast zwei Jahre, bis der Gemeinderat endlich über die rassistische Gewalt gegen die Familie diskutierte. Bis im Amtsblatt Solidarität mit den vietnamesischen Mitbürgern bekundet und der Plan gefasst wurde, Vereine und Schulen für das Thema zu sensibilisieren. Bis die Polizei ankündigte, an den Wochenenden verstärkt Streife zu fahren.

Von Herrn Khoi habe ich erfahren, wie alltäglich für seine Familie beides war: gute Nachbarschaft und ständige Angst. Jugendliche, die seine siebzehnjährige Tochter im Bus als »Fidschi« und »Schlampe« beschimpften. Herr Khoi impfte seiner Familie ein: Verhaltet euch ruhig, bloß nicht auffallen. Er selbst ging nicht mehr wie früher zum Fußball. Aus Angst, dieselben jungen Männer zu treffen, die nachts sein Geschäft und sein Leben zerstörten. Nach den nächtlichen Angriffen kamen Nachbarn und Stammkunden vorbei. Sie brachten Blumen und spendeten Geld. Kleine Gesten der Menschlichkeit. Aber das sichtbare öffentliche Zeichen, dass es in dem kleinen Ort nicht geduldet wird, einen Mitbürger zu terrorisieren, blieb viel zu lange aus. Es kam weder von der Polizei noch aus dem Rathaus. Zwei Jahre lang wurde die Familie mit dem Straßenterror alleingelassen.

Erstaunlicherweise hat der NSU-Komplex die Aufmerksamkeitsschwelle für rassistische und rechtsextreme Gewalt eher noch heraufgesetzt. Weil viele Redaktionen nur dann ausführlich berichtet haben, wenn ein direkter Bezug zum NSU erkennbar war. Dadurch blieb der gewalttätige Alltagsrassismus unterhalb des allgemeinen Radars. Nicht mal ein Sprengstoffanschlag garantierte volle Aufmerksamkeit. Im Mai 2012, ein halbes Jahr nach der Selbstenttarnung des NSU, ging ich im sächsischen Geithain mit dem dreißigjährigen Mohammad in dessen Pizzeria *Bollywood* über Glasscherben zu einer zerstörten Vitrine. Ringsum Spuren der Verwüstung. Nachts war ein Sprengsatz vor dem Imbiss explodiert. Der Gastronom erzählte, dass schon in den Wochen zuvor junge Männer Steine geschmissen hatten. Ein Mitarbeiter schilderte, wie er bedroht wurde: »Du bist Ausländer. Du musst aus Geithain weggehen. Wenn du die Pizzeria wieder aufmachst, dann machen wir dich und deinen Chef tot.« Das war eine Woche vor dem Sprengstoffanschlag. Während ich mit seinem Arbeitgeber in dem zerstörten Lokal sprach, hielt ein dunkler BMW mit abgedunkelten Scheiben vor dem Eingang. Als Mohammad versuchte, das Nummernschild zu erkennen, gab der BMW Gas und fuhr los. Die Botschaft: Es ist nicht vorbei. Wir haben dich im Blick.

An diesem Tag begleitete mich eine Frau ins *Bollywood*, deren jugendlicher Sohn zwei Jahre zuvor von einem Neonazi lebensgefährlich verletzt worden war. Der nun dauerhaft ein Stück Metall im Kopf tragen musste. Seitdem engagierte sich die Mutter im Bündnis *Weltoffenes Geithain*. Damit sich etwas ändert. Weil sie beinahe ihren geliebten Jungen verloren hätte. Ihr Sohn hat die Stadt inzwischen verlassen. Seine Mutter kümmerte sich in den Tagen nach dem Anschlag um Mohammad. Der Leipziger *Erich-Zeigner-Verein* organisierte eine Solidaritätsveranstaltung für ihn, bei der fast tausend Euro gesammelt wurden. Der Polizeipräsident versprach eine härtere Gangart gegen rechtsextreme Gewalttäter. Aber der Anschlag auf das *Bollywood* konnte nie aufgeklärt werden. Einige Medien berichteten über den Anschlag, aber nur wenige über die rechtsextremen Strukturen im Ort. Leitfigur der rechten Szene war ein junger NPD-Stadtrat, der auf Demos für »nationalen Sozialismus« agitierte, der auf dem »Weg der Revolution erkämpft« werden müsse. Als ich im Rathaus die Bürgermeisterin Romy Bauer (CDU) interviewte, fand sie offene Worte. Anfangs habe sie sich, wie so viele Bürgermeister, in deren Gemeinde es Probleme mit Neonazis gibt, um den guten Ruf der Stadt gesorgt. Gefürchtet, Geithain werde als braunes Nest stigmatisiert. Jetzt wollte sie nichts mehr schönreden. »Das war ein Prozess bei mir«, sagte sie. »Vor drei Jahren hatte ich noch nicht den Arsch in der Hose, so offene Worte zu finden.« Sie nannte das

Problem beim Namen. Rechtsextremismus. Freie Kräfte. Die Gewaltbereitschaft der jungen Neonazis im Ort sei so »unverfroren hemmungslos«.

Durch ihre Haltung geriet die gläubige Christin selbst ins Visier. Unbekannte demolierten ihr Auto. Im Internet kursierte ein Bild von ihr mit einem Einschussloch im Kopf. Im Ort war das *Freie Netz Geithain* aktiv, deren Mitglieder die Straftaten gegen den pakistanischen Chef des *Bollywood* als »Märchenstunde« verhöhnten. Die mutige Bürgermeisterin wurde nach sieben Jahren abgewählt. Die mutige Mutter zog sich resigniert zurück. Rechtsextremisten sind in Geithain bis heute aktiv. Ihre Verleumdungen und Verhöhnungen des Gewaltopfers haben gewirkt. Das mobile Beratungsteam gegen Rechtsextremismus hat dokumentiert, was deren Sozialarbeiter in Gesprächen mit Bürgern in Geithain über den Sprengstoffanschlag auf das *Bollywood* zu hören bekamen. Einer habe von einem »Bandenkrieg« gesprochen. Ein anderer behauptete: »Es ist nachgewiesen, dass der Mann das selber war, um seine Versicherung zu bescheißen, das wurde nie öffentlich gemacht.« [104] Wie in vielen anderen Orten ist es auch in Geithain nicht gelungen, rechte Gewaltstraftäter zu stellen, gesellschaftlich zu isolieren und Solidarität mit einem angegriffenen ausländischen Mitbürger zu organisieren.

Seit 2015, dem Jahr, als die vielen Geflüchteten kamen und die Stimmung im Land nach der Kölner Silvesternacht kippte, haben die ostdeutschen Beratungsstellen für Opfer rechter Gewalt einen dramatischen Anstieg vor allem rassistischer Gewalt registriert. Der Aufstieg der AfD wird seither begleitet von zunehmend entgrenzter Gewalt. Der *Verband der ostdeutschen Opferberatungsstellen* (VBRG) registrierte für 2018 im Vergleich zum ohnehin hohen Niveau der Vorjahre einen weiteren Anstieg rechter Gewalttaten um acht Prozent. In den ostdeutschen Ländern einschließlich Berlin zählten die Vereine 1212 rechte, rassistische und antisemitische

Angriffe. [105] Also mehr als drei pro Tag. Bei zwei Drittel der Taten war Rassismus das Motiv. Betroffen waren 1789 Menschen, darunter mehr als 250 Kinder und Jugendliche. Die Organisationen, die Opfer rechter Gewalt beraten und betreuen, zählen seit Jahren deutlich mehr Fälle als offiziell erhoben. Das Bundeskriminalamt stellte im gleichen Zeitraum nur 871 rechte Gewaltstraftaten fest. Bundesweit. »Das ist nur ein kleiner Ausschnitt der wahren Bedrohung durch rechte Gewalt«, sagt der Soziologe Matthias Quent, Direktor des Instituts für Demokratie und Zivilgesellschaft in Jena. Das hat auch damit zu tun, dass sich viele Opfer gar nicht mehr trauen, Taten anzuzeigen. Auch weil sie die Erfahrung machen, dass die Polizei ihnen nicht hilft.

Theresa Lauß von der Thüringer Opferberatung *ezra* sagt, dass Polizisten auf dem Land den Opfern rassistischer Gewalt immer wieder davon abraten, Anzeige zu erstatten. Es komme sogar vor, dass Beamte es ablehnen, eine entsprechende Anzeige aufzunehmen. Sie erzählt von einem jungen Mann, der aus rassistischen Motiven in einem Club in Nordthüringen angegriffen wurde. Der Täter brach ihm den Kiefer. Anschließend musste das Opfer zusammen mit dem Täter im Einsatzwagen seine Aussage machen. Er musste im Beisein des Schlägers seinen Namen und seine Adresse nennen. Der Täter erfuhr also, wo er wohnt. Mittlerweile stellen gewalttätige Rassisten auch systematisch Gegenanzeige, um die persönlichen Daten ihrer Gewaltopfer zu erfahren. Denn bei einer Strafanzeige wird die Anschrift des Opfers in der Ermittlungsakte vermerkt, ist also immer auch dem Anwalt des Täters bekannt. Theresa Lauß kennt zudem Fälle, in denen letztlich gar nicht mehr gegen den Täter, sondern aufgrund von Gegenanzeigen nur noch gegen das Opfer ermittelt wird. Soziologe Quent erkennt eine gesellschaftliche »Erlaubnis zu hassen«. Die wirkt sich mittlerweile auch auf die Arbeit von Polizei und Justiz aus. Rechte Täter sind nach Erkenntnissen des BKA nicht mehr nur organisierte Neonazis, sondern zunehmend solche, die bisher nicht als Straftäter aufgefallen sind. Der entgrenzte Hass ermutigt zunehmend auch Alltagsrassisten dazu, Gewalt anzuwenden.

Mein Kollege Tarek zeigt mir im Büro ein Video, das ein Libyer einige Tage zuvor in seiner Wohnung in Dresden aufgenommen hat. Darauf zu sehen ist ein Riss in der Wohnungstür, die Glasscheibe ist zerbrochen. Zu hören ist eine Stimme von draußen. »Du kommst aus Kanakenland«, sagt die Stimme. »Ich mach dich kalt, Alter.« Es ist der Nachbar des Libyers: Thomas F. Kurz darauf wird die Klinge einer Machete durch das Loch in der Tür gesteckt. In einem weiteren kurzen Video, das der Libyer mit seinem Smartphone aufnahm, hört man ein Sprühgeräusch. Kurz darauf ist eine Flamme zu sehen. Der deutsche Nachbar hatte versucht, die Tür anzuzünden, nachdem er ein großes blaues Hakenkreuz darauf gesprüht hatte. Tarek fuhr nach Dresden, um mit dem Opfer zu sprechen. Und mit dem Täter. Den traf er vor dem Haus, obwohl der Mann vom Gericht nach der Tat die Auflage bekommen hatte, aus seiner Wohnung auszuziehen. Thomas F. zeigte Tarek seine Tätowierung. Auf den Fingern der linken Hand steht »Hass«. Die beiden letzten Buchstaben sind SS-Runen. Ein Nazi will Thomas F. aber nicht sein. Er habe einfach »schwarzgesehen«, weil sein Nachbar immer so laut gewesen sei. Er sei »fix und fertig« gewesen. [106]

Als Tarek vor dem Haus mit dem Neonazi sprach, der keiner sein wollte, mischten sich andere Nachbarn in das Gespräch ein. Der Thomas könne gar nichts für das, was er getan habe, sagten sie. Er habe das ja angekündigt. Schuld sei der Libyer, weil er zu laut war. Eine Frau stellte fest, dass sich in Deutschland schließlich alle an Regeln zu halten hätten. Auch Libyer. Ein Neonazi greift zur Machete und versucht, die Wohnung eines Ausländers anzuzünden. Seine Nachbarn haben dafür Verständnis. Weil es ja Regeln gibt. Dresden im Sommer 2019. Der Fall zeigt, wie die rassistische Mobilisierung die Grundlagen des Zusammenlebens zerstört: Anstand, Respekt, zivilisierte Streitkultur. Machete, versuchte Brandstiftung, Hakenkreuz – in den Augen der Nachbarn in dem Dresdner Mehrfamilienhaus sind das keine Regelverletzungen, von Delikten ganz zu schweigen. Rassisten, die keine Rassisten sein wollen und Gewalt entschuldigen. Ein gewalttätiger Neonazi, der sich als Opfer inszeniert. Genauso verstörend wie die Tat selbst ist die Abwesenheit jeglichen Mitgefühls mit einem Menschen, dessen Wohnung brennen sollte.

VBRG-Vorstand Judith Porath mahnt angesichts dieser Zustände »eine neue Kultur der Solidarität« mit den Opfern an. Es ist ein einsamer, verzweifelter Hilferuf. Die Realität sieht anders aus.

Menschen wie der Libyer sind auf sich allein gestellt. Nach den Wahlerfolgen für die AfD bei den Landtagswahlen in Sachsen, Brandenburg und Thüringen, in denen die Partei jeweils zweitstärkste politische Kraft wurde, rechnen die Opferberatungen mit einer weiteren Eskalation der Gewalt. »Aus rassistischen Worten folgen fast zwangsläufig Taten«, sagt Judith Porath. Die Erfahrung zeigt, dass nach rechten Wahlerfolgen und erfolgreicher Mobilisierung durch Demos rassistische Gewalt zunimmt. Weil die Hemmschwelle zur Gewalt weiter sinkt. Was den organisierten Neonazi und den Gelegenheitstäter eint, ist der »rassistische Homogenitätswahn«, wie Porath es nennt. Angesichts der eskalierenden Gewalt richtet sie einen eindringlichen Appell an die Regierungen in Bund und Ländern, endlich zu handeln. Opfer besser zu schützen, etwa durch ein humanitäres Bleiberecht für Gewaltopfer. Damit der Staat nicht auch noch mit Abschiebungen den Willen der Rassisten exekutiert. Und sie fordert eine konsequentere Strafverfolgung. Durch schnellere Verfahren, aber auch indem rechte Tatmotive überhaupt berücksichtigt werden. Dazu müssten die Innenministerien der Länder auch den Hinweisen auf institutionellen Rassismus in den Reihen von Polizei und Justiz nachgehen. Das ist nicht in Sicht.

Die Terrorserie des NSU, Brandanschläge auf Asylunterkünfte, Ausschreitungen wie in Heidenau oder Chemnitz, Morddrohungen gegen Lokalpolitiker und Flüchtlingshelfer, der Mord an Walter Lübcke, Feindeslisten, Mord an zwei Passanten in Halle nach dem gescheiterten Versuch, ein Massaker an Juden zu verüben – immer hieß es danach: Das ist eine neue Qualität. Die Politik muss handeln. Passiert ist nicht viel. Im Gegenteil ist sogar die bestehende Struktur von mobilen Beratungsteams gegen Rechtsextremismus und flächendeckender Opferberatung bedroht. Zwar hat das Bundesfamilienministerium die Projektförderung finanziell aufgestockt, entfristet und damit durchaus die Grundlage für eine kontinuierliche Arbeit gelegt. Aber um auch die Dachverbände, die diese wichtigen Hilfsangebote evaluieren und weiterentwickeln, weiter fördern zu können, braucht es eine gesetzliche Grundlage. Sonst stehen sie vor dem Aus. Ein solches Demokratiefördergesetz ist in der Großen Koalition in Berlin schon einmal an der CDU gescheitert. Als ich Familienministerin Franziska Giffey (SPD) am Rande einer Fachtagung darauf anspreche, kündigt sie einen neuen Vorstoß dazu an. Der dann wieder am Unwillen des Koalitionspartners scheitern dürfte.

Wer sich im Osten für kulturelle Vielfalt, Pluralismus und Demokratie einsetzt, wird vielerorts selbst zum Außenseiter, nicht selten bedroht und sogar angegriffen. Ich fahre zum *Netzwerk für Demokratische Kultur*, das alle nur NDK nennen, nach Wurzen. In das urige Haus am Domplatz, wo der Verein seit vielen Jahren arbeitet. Ingo Stange kenne ich von diversen gemeinsamen Veranstaltungen. Auf der kleinen Bühne im Keller habe ich schon gelesen und moderiert. Als der Verein 1999 mit Geldern der Stiftungen von *Stern* und *Zeit* und jungen Leuten, die nicht rechts sein wollten, loslegte, galt Wurzen als »national befreite Zone«.

Stange hielt mit seinen Kollegen dagegen. Bis heute organisieren sie Ausstellungen, Zeitzeugengespräche in Schulen und Diskussionsrunden. Als 2015 viele Menschen in Deutschland Zuflucht suchten, hat das auch Wurzen erschüttert. Von der Opferberaterin Lena Nowak erfuhr ich seinerzeit, dass junge Einheimische in Wurzen regelmäßig die Wohnungen von Geflüchteten im Erdgeschoss attackierten. Nicht nur mit aggressiven Parolen, auch mit Steinen und Pyrosprengsätzen. Durch gezielte Angriffe auf deren Rückzugsräume sollten diese Menschen offenbar vertrieben werden. Nur ein Drittel dieser Angriffe werde aufgeklärt, so die Sozialarbeiterin damals. Ingo Stange erzählt, dass in dieser Zeit aber auch erstmals ältere Wurzener zum NDK kamen, um mitzumachen. Noch immer geben sie Sprachkurse oder helfen bei Schriftverkehr mit den Behörden. Es seien gute Freundschaften und Projekte entstanden.

Neonazis gab es in Wurzen immer, sagt Stange, aber nach den Neunzigerjahren spielte sich vieles im Privaten ab. »In den letzten drei Jahren sind die Neonazi-Strukturen hier wieder sehr spürbar geworden.« Mittlerweile sei eine neue Generation herangewachsen, die bis zu sechzig Leute mobilisieren kann. Viele sind nicht älter als sechzehn Jahre, aber der harte Kern pflege enge Kontakte zu älteren Neonazis und Hooligans. Die Gruppe nenne sich selbst 808. Das H als achter Buchstabe im Alphabet steht bei Neonazis wechselweise für »heil« und »Hitler«. Das NDK ist bei den jungen Männern verhasst. »Mit denen ist zu rechnen«, sagt Stange. Zwei Wochen vor unserem Treffen wurde das Vereinshaus angegriffen. [107] Nach dem Fußballspiel des heimischen ATSV gegen den linken Leipziger Verein *Roter Stern* zogen dreißig rechtsextreme Hooligans vom Bahnhof zum Domplatz, an den Sitz des NDK. »Obwohl viel Polizei in der Stadt war, konnten sie ungehindert hier aufmarschieren«, sagt Stange. Die Angreifer warfen Steine und Flaschen auf das Vereinsgebäude, einige zerstörten eine Überwachungskamera. Frage: Wie lange hat es gedauert, bis die Polizei eingeschritten ist? »Es ist ja keine Polizei eingeschritten«, sagt Stange. »Gott sei Dank war an dem Tag keiner von uns da.« Nachbarn haben ihn informiert. Überwachungskameras zeichneten auf, was geschah.

Seit dem Angriff ist die Angst zurück. Stange und seine Kollegen verabreden sich jetzt wieder, damit keiner allein im Vereinshaus ist. Nach Veranstaltungen gehen sie abends zu zweit oder alle zusammen. Stange stammt aus einem Nachbarort, ist hier zur Schule gegangen, mittlerweile ist er ein Mann mittleren Alters. Neonazis, die ihn von früher kennen, beschimpfen ihn manchmal auf der Straße. Neulich habe er auch wieder weglaufen müssen wie früher, weil ihm einer nachgerannt sei. In die wenigen Kneipen im Ort würde er nicht reingehen, um ein Bier zu trinken, weil er fürchtet, da nicht wieder heil rauszukommen. Er erzählt das wie eine Selbstverständlichkeit. Nicht weiter erwähnenswert.

In den neuen Stadtrat ist nicht nur die AfD eingezogen, sondern auch ein sogenanntes »Neues Forum für Wurzen«, das sich in die Tradition der DDR-Bürgerrechtsbewegung stellt, aber via Facebook mitunter massiv gegen junge Männer aus Afrika und dem Orient Stimmung macht. Und gegen das NDK. Nach dem Angriff durch mutmaßlich rechtsextreme Hooligans wurde das Gerücht verbreitet, Stange und seine Kollegen hätten die Attacke fingiert. Der Plan sei gewesen, »die Ruhestätte der Faulunken allenfalls kosmetisch zu beschädigen«. Worte voller Hohn und Hass. Das NDK warf dem Forum-Vorsitzenden Christoph Maik Dietel daraufhin Verleumdung vor. Aber viele Wurzener verunsichern die Gerüchte. Vielleicht ist ja doch was dran. Für das »Neue Forum für Wurzen« wurde auch Benjamin Brinsa in den Stadtrat gewählt, Kampfsportler mit dem Kampfnamen »The Hooligan« und Chef des »Imperium Fight Teams« in Leipzig. Im Juni 2019 hat ein Zwanzigjähriger, der bei dem Team in Leipzig trainiert hat, zusammen mit einem anderen Leipziger Hooligan auf Mallorca einen schwarzen Türsteher brutal zusammengeschlagen. So die Darstellung der Polizei. Brinsa sagte gegenüber dem MDR, es gelte die »Unschuldsvermutung«. [108] Ingo Stange weiß, dass etliche junge Männer aus Wurzen in Leipzig Kampfsport trainieren. Für viele männliche Jugendliche in der Region sei die rechte Szene wieder attraktiv, auch wegen Kampfsport und Fußball. Egal, ob die Jungs aufs Gymnasium oder die Oberschule gehen.

Wie unverhohlen Neonazis mittlerweile wieder in Wurzen auftreten, zeigt das Video von einer Antifa-Demo im August 2019. [109] Ein Jugendlicher läuft neben der Demo her und ruft: »Ihr Juden.« Und: »Macht die Gaskammern wieder auf für die.« Bis er von drei Polizeibeamten abgeführt wird. Die Polizei stellte an diesem Tag zahlreiche Straftaten fest, darunter die Leugnung des Holocaust. Mit seinen Angeboten für Toleranz und gegen Rassismus steht Ingo Stanges *Netzwerk für Demokratische Kultur* in Wurzen jetzt häufig wieder allein da. Oberbürgermeister Jörg Röglin (SPD) lobt die Arbeit des Vereins als »vielschichtig und wertvoll«. Die Stadt arbeite mit dem NDK »eng und vertrauensvoll zusammen«. Er bekennt sich zu der jährlichen finanziellen Förderung in Höhe von vierzehntausend Euro. Das sei immerhin die Hälfte aller Gelder für Vereine. Nach den Angriffen befragt, verurteilt er »jede Art der Gewalt«. Ihn macht die Menschenverachtung jenes Demotages »sprachlos«. Aber die wiedererstarkte rechtsextremistische Szene im Ort hält er gar nicht für das größte Problem: »Mir machen vielmehr die ungefestigten Mitläufer Sorgen. Diejenigen, die, ohne nachzudenken, einfach auch dagegen sind.« Was also tun? Politische Bildung sei in den Schulen zu lange vernachlässigt worden, so der Bürgermeister. Das Versäumnis sei nicht mal eben mit dem üblichen Unterricht zu korrigieren. Jugendliche müssten vielmehr erleben, »wie klar Lehrer in ihrer demokratischen Position sind«. Sie müssen beteiligt werden, um zu erkennen, »dass und wie unsere Demokratie funktioniert«.

Nur wie? Ingo Stange ist davon überzeugt, dass viele Schüler mit ihrer rechten Einstellung auch gegen die Lehrer rebellieren. Was in dem Alter ja auch ihr gutes Recht sei. Seine Arbeit ist so wichtig wie lange nicht mehr, aber sie trifft auf so viel Feindseligkeit wie damals Ende der Neunziger, als sie die »scheiß Zecken« waren. Er wird weiter kritisieren, wenn es im Ort rassistisch und antisemitisch zugeht: »Das ist unser Job.« Wohl wissend, dass er dafür immer wieder offen oder verdeckt als Nestbeschmutzer hingestellt werden wird. Stange macht sich keine Illusionen darüber, dass es eher härter wird. Macht einfach weiter. Wir verabschieden uns. Es hat nicht lange gedauert, bis das Vereinsheim nach meinem Besuch in Wurzen nachts erneut angegriffen worden ist.

Es gibt eine kollektive Gewalterfahrung im Osten, über die niemand spricht. Es ist die Geschichte einer Jugend auf der Flucht vor rechten Schlägern. Ingo Stange hat sie erlebt, mein Freund Karsten und dessen bester Freund. Und die Psychologin Friederike, die ich in Dresden kennenlernte, als sie Geflüchtete betreute und Hilfe für die Flüchtlingshelfer organisierte. Friederike erzählte mir von ihrer Jugend in Brandenburg in den Neunzigerjahren. Sie kommt aus einer christlichen Familie, in der immer über Politik gesprochen wurde. Die erste große Party, die sie mit vierzehn besuchte, wurde von Neonazis überfallen. Scheiben gingen zu Bruch, ein Junge mit Irokesenschnitt wurde im Hausflur zusammengeschlagen. Als sie in der evangelischen *Jungen Gemeinde* eine Reise nach Israel vorbereiteten, kam ein stadtbekannter Neonazi rein und bedrohte sie mit einem Baseballschläger. Häufig wurde sie mit ihren Freunden von Neonazis in Autos gejagt. Lange Zeit rannte Friederike abends weg, sobald sie neben sich rote Bremslichter sah. Rot hieß Gefahr. Nazis. Gewalt. Die Angst hat sich ihr eingebrannt. Sie war auf Flucht konditioniert.

Für meinen Freund Karsten, bis heute Punk im Herzen, war es in den Neunzigerjahren in seiner Heimatstadt Chemnitz völlig undenkbar, bestimmte Stadtteile zu betreten. Als er einmal seine Oma besuchte, wurde er im Treppenhaus von einem Neonazi gepackt und an die Wand gedrückt. Weil die Oma eingriff, passierte nichts Schlimmeres. Karstens bester Freund hat auf Facebook seine Erinnerung an die gemeinsame Jugend in Chemnitz aufgeschrieben. Er erinnert sich daran, wie er wegen seiner bunten Haare und den Löchern in der Hose ständig beleidigt wurde. Dass überall Gefahr lauerte: in der Unterführung, im Schwimmbad, um die Ecke. Wegzulaufen war ganz normal. Nie vergessen wird er den Abend, als er mit Freunden im Bus in die Chemnitzer Innenstadt fuhr. »Wir wurden hinten zwischen den Fahrgästen aus dem Bus gezerrt.« Draußen wurde zugeschlagen. »Irgendwann, der Bus war bestimmt schon wieder abgefahren, kam ich auf dem Boden zu mir, vielleicht auch Glück, wegen der Ohnmacht ließ man von mir ab. Ich ging damals in die achte oder neunte Klasse. Am nächsten Tag war alles wieder normal. Ohne Arzt. Ohne Eltern. Ohne Polizei.«

Später ist dieser Freund von Karsten aus Chemnitz weggezogen. Heute wundert er sich über seine Jugend in der Stadt, wie normal ihm Gewalt erschien. »Und das in Deutschland, wo bei jedem Pieps die Polizei gerufen wird.« Zwei Dinge beschäftigen ihn bis heute: »Erstens war meine Jugend in Chemnitz voller rechter Gewalt, und zweitens hat es niemanden interessiert. Weder Lehrer haben nachgefragt noch Eltern, Politiker gleich gar nicht.« Ja, so war das in Chemnitz zwischen 1992 und 2001, bestätigt Karsten. Es wird angemahnt, dass über die Nachwendezeit gesprochen werden muss. Über erlittene Demütigungen und Unrecht. Zu Recht. Aber dazu gehört auch, endlich die Gewalterfahrungen einer Generation zu erzählen, wie sie Betroffene unter dem Hashtag #baseballschlaegerjahre begonnen haben aufzuschreiben.[110]

Die stillschweigende Akzeptanz rechter Gewalt. Die Abwesenheit von Empathie und Solidarität für alle, die nicht konform aussehen. Die unerträgliche Normalität einer Jugend auf der Flucht.

Im Mai 2019 fuhr ich nach Bautzen, um am Tag vor den Kommunalwahlen Annalena Schmidt bei ihrem letzten Auftritt im Straßenwahlkampf zu beobachten. Die junge Frau, groß, mit Pferdeschwanz und Brille, wurde bundesweit bekannt, weil sie zunächst bei Twitter und dann in einem Blog die Zustände in Bautzen kritisiert hat. Annalena Schmidt stammt aus Hessen. 2016 kam sie aus Marburg nach Bautzen, wo sie eine Stelle als Historikerin am Sorbischen Institut annahm. Als sie ankam, brannte das Hotel Husarenhof ab, das als Asylbewerberheim vorgesehen war. Passanten klatschten Beifall. Die Täter wurden nicht ermittelt. Die Historikerin begann, sich für zwei geflüchtete Familien zu engagieren. Auf dem Bautzener Kornmarkt kam es immer wieder zu Auseinandersetzungen zwischen jungen Geflüchteten und jungen Einheimischen. Im September erlebte sie dann jene Eskalation, die sich ihr eingeprägt hat. Und über die deutschlandweit berichtet wurde: junge Männer, die in der Bautzener Innenstadt Jagd auf eine Gruppe Geflüchteter machen und fremdenfeindliche Parolen grölen.

Schmidt war dabei, als es begann. Sie erinnert sich, wie sie mit Geflüchteten auf dem Kornmarkt saß. Wie sie ringsum von Hunderten schwarz gekleideten Männern umringt wurden. Wie die Polizei schließlich Platzverweise aussprach. Aber nicht gegen die Belagerer, sondern gegen die »refugees«, wie sie sagt. Gegen die sogar Schlagstöcke und Pfefferspray eingesetzt wurde. »Dann rannten alle. Nazis jagten Geflüchtete.« Auch Annalena Schmidt musste wegrennen und hinter einer Säule Schutz suchen: »Eine Situation, von der ich dachte, dass man sie nie wieder in Deutschland erleben muss.« Annalena Schmidt wurde zur Chronistin dieser hässlichen Seite von Bautzen.

Sie wurde als Botschafterin für Toleranz geehrt, in Bautzen aber massiv angefeindet. Weil sie rassistische Parolen und Gewalt öffentlich machte. Weil sie die Kontakte des CDU-Vizelandrats Udo Witschas zu einem ehemaligen NPD-Funktionär kritisierte. Und den heimischen Unternehmer Jörg Drews, der als Großspender der AfD bekannt wurde und in Bautzen mit seiner Firma *Hentschke Bau* eine feste Größe ist. Der Bürgermeister lud Drews und Schmidt daraufhin in die Maria-und-Martha-Kirche zu einer Diskussion unter dem Motto »Zurück zur Sachlichkeit«. An diesem Abend wurde der heimische Unternehmer gefeiert und die zugezogene Kritikerin angefeindet. Drews warnte vor einer multikulturellen Gesellschaft und sprach von »Zersetzung«. Er hatte ein Heimspiel. Als Annalena Schmidt Beleidigungen zitierte, die sie auf Facebook erhalten hatte, erntete sie höhnisches Gelächter. Eine ältere Frau forderte sie auf: »Gehen Sie wieder!« Die *Süddeutsche*-Reporterin Antonie Rietzschel schrieb, der Altarraum wurde »zum Schauplatz für ein regelrechtes Tribunal«. [111] In Bautzen traf ich eine Frau, die den Abend in der Kirche miterlebt hat. »Ich war erschrocken, als ich das gesehen habe. Es war beschämend«, sagte sie. Nach der Veranstaltung gingen einige ältere Bautznerinnen zu Annalena Schmidt, um ihr zu sagen, dass sie es unanständig fanden, wie mit ihr umgegangen wurde.

Die junge Frau hat sogar noch Schlimmeres erlebt. Auf WhatsApp wurde sie regelrecht gestalkt. Einer drohte ihr mit einem Säureanschlag. »Klar macht das was mit einem«, sagt sie. Bei meinem Besuch im Mai 2019 traf ich eine erschöpfte Frau, die ihre letzten Kraftreserven mobilisierte. Am Rand des Kornmarkts baute sie vor einer Einkaufspassage mit Kollegen den Wahlkampfstand auf. Sie trat bei der Kommunalwahl für die Grünen an. Ihr gegenüber der Wahlkampfstand der AfD. Während lange keiner, der vorbeikam, einen Flyer von der AfD mitnehmen wollte, ließen sich immer wieder Passanten von Annalena Schmidt in ein

Gespräch verwickeln. »Hi, ich bin die Annalena aus Bautzen.« Ein Vater mit Sohn meinte mit Blick auf den benachbarten Stand, Nachbarn könne man sich ja schließlich nicht aussuchen. Ein anderer versprach im Vorbeigehen grinsend, sie sowieso zu wählen. Mit einer blonden Mutter, schwarze Brille, die blauen Turnschuhe passend zum T-Shirt, sprach sie lange über Verkehrskonzepte und darüber, wie Bautzen grüner werden könne.

Neulich kamen beim Straßenwahlkampf noch viele »Besorgte« an ihren Stand, wie Annalena Schmidt sie nannte. Ältere Männer, die nicht diskutieren wollten, nur pöbeln: »Sie sind Antifa. Sie sind eine Extremistin.« Immer wieder. Eine halbe Stunde lang. Sie verhinderten erfolgreich, dass sie mit anderen Bürgern ins Gespräch kommen konnte. Daher hat sie diesmal gar nicht angekündigt, wo sie ihren Stand aufbaut. Das war wohl der Grund, warum diesmal keiner kam, um zu stören. Nur viele Männer, die vorbeiliefen, ohne sie auch nur anzusehen. An diesem Samstagvormittag konnte man den Eindruck gewinnen, Bautzen sei eine grüne Hochburg. Wohlwollende Gespräche, großes Interesse. Am nächsten Tag wählten fast viermal so viele Bautzener die AfD wie die Grünen.

Als ich Annalena Schmidt an diesem Tag mit dem Auto mitnahm, wirkte sie kraftlos, müde, erschöpft wie nach einem Langstreckenlauf. Eigentlich hätte sie im Bett bleiben sollen, ihre Erkältung auskurieren. Aber so ist sie nicht. Am nächsten Tag wurde sie in den Stadtrat von Bautzen gewählt. Das konnte sie da aber noch nicht wissen. Nach diesem letzten Wahlkampftag wusste sie überhaupt nicht, wie es weitergehen soll. Sie hatte erlebt, wie ihr in der Kirche geballte Verachtung entgegenschlug. Ahnte es vorher, wollte sich trotzdem stellen: »An dem Abend wollte ich nur ruhig bleiben und funktionieren. Ich hatte mich auf Schlimmeres eingestellt.«

Es gibt viele in Bautzen, die sie ganz offen verachten. Für die sie links ist, Wessi, multikulti. Einige teilen ihr das ungefragt mit, wenn sie durch die Stadt geht. Aber es gibt auch diejenigen, die sich bei ihr bedanken und sie ermutigen weiterzumachen. Auszusprechen, was unerträglich ist. Es ist kein Zufall, dass sie im Osten damit aneckt, was sie im Westen als demokratische Selbstverständlichkeiten gelernt hat: sich einmischen, teilhaben, Hakenkreuze und rechte Gewalt kritisieren. Auch wenn es wehtut. Aber im Kern dreht sich der Streit um ihre Person, nicht um Ost gegen West, sondern um fundamental unterschiedliche Gesellschaftsmodelle. Die einen wollen in einer homogenen Gemeinschaft ethnisch und kulturell vermeintlich gleicher Menschen leben und wehren sich aggressiv gegen Abweichler und Fremde. Für die anderen ist es selbstverständlich, dass Menschen vielfältig sind und Respekt sowie gleiche Behandlung verdienen. Die einen sind bereit, auf einfache Lösungen autoritärer Politik zu vertrauen, die anderen akzeptieren, dass demokratische Prozesse kompliziert sind und halten unterschiedliche Interessen aus. Das ist der große Riss.

Annalena Schmidt hat sich ihre Rolle in Bautzen nicht bewusst ausgesucht. Sie hat nur einen Schritt nach dem anderen gemacht. Die Twitter-Meldung über die Menschenjagd. Bloggen über rechtsextreme Vorfälle. Kandidatur für den Stadtrat. Für das große rechte Lager ist sie eine Zumutung. Manchmal sogar für den Bürgermeister von der SPD. Alexander Ahrens hat Annalena Schmidt scharf kritisiert, als sie für ihr Engagement mit dem bundesweiten Demokratiepreis ausgezeichnet wurde. [112] Einsatz gegen Rechtsextremismus sei ja durchaus gut, so das Stadtoberhaupt. Aber es ärgert ihn, »wenn Bautzen immer wieder pauschal als braunes Nest oder Ähnliches dargestellt wird«. Als hätte sie das je getan. Als würden Aktionen wie die der *Identitären Bewegung* nicht genug Anlass zur Sorge bieten. Deren Anhänger sind mal bei der langen Einkaufsnacht mit einem Plakat gegen Migration zur Stelle, ein andermal werden am Protschenberg in Bautzen nachts Holzkreuze mit den Namen von Menschen aufgestellt, die von Ausländern getötet wurden. Zwar verurteilte Oberbürgermeister Ahrens diese Aktion scharf, forderte aber eben auch die soeben für ihr Engagement ausgezeichnete Annalena Schmidt auf, »am Faktor Toleranz« zu arbeiten.

Dass sie mit ihrer Haltung mit dem Rücken zur Wand steht, sagt mehr über den gesellschaftlichen Konsens in Bautzen aus als über mangelnde Toleranz von Annalena Schmidt. Es gibt Momente, in denen muss sie sich sehr einsam fühlen. Wenn etwa eine verstellte Stimme am Telefon androht: »Wir werden dich vergiften. Du wirst langsam und qualvoll sterben.« Oder wenn ein Foto im Internet kursiert, das eine schwarz gekleidete Person mit der Maske des Film-Bösewichts Darth Vader zeigt, die den Flyer für eine rechtsextreme Demo vor einen Briefkasten hält. Es ist der Briefkasten von Annalena Schmidt. Ab und zu warten Neonazis vor ihrem Wohnhaus an der Spree. Machen nichts. Stehen nur rum. Zeigen: Wir sind da. Und wissen, wo du wohnst.

Wo sie Gras über monströse Geschichte wachsen lassen

Ich konnte es zunächst nicht glauben. Ein vergessenes Konzentrationslager? Mitten in Deutschland? Sachsenhausen sagte mir was, aber Sachsenburg? Bei einer Recherche war ich zum ersten Mal auf das ehemalige KZ Sachsenburg gestoßen. Das in der Nähe von Chemnitz gelegene Lager war als zukünftige Gedenkstätte ausgewiesen, so hatte es der sächsische Landtag schon 2012 per Gesetz beschlossen. Ich nahm mir fest vor, da mal hinzufahren, aber es brauchte den Anstoß durch eine E-Mail, bis ich mich schließlich auf den Weg machte. Mein zunächst anonymer Hinweisgeber schrieb, es gebe da eine junge Lehrerin, die sich seit Langem dafür einsetzt, dass Sachsenburg eine offizielle Gedenkstätte wird – gegen große Widerstände der zuständigen Stadt Frankenberg und des Landes Sachsen.

Mein erster Eindruck, als ich an einem malerischen kleinen Fluss, der Zschopau, entlang bis zu einem Parkplatz fuhr: Was für eine Idylle! Auf den Wiesen hielten Radler für ein Picknick. Hinter einem Wehr dann ein großer beigegrauer Fabrikkomplex, auf dem stand: Sachsenburg-Werke. In dieser ehemaligen Baumwollspinnerei hatten die Nazis bereits im Mai 1933 ein frühes Konzentrationslager errichtet. [113] Bis 1937 war es zunächst das größte, schließlich das einzige Konzentrationslager in Sachsen mit mehreren Tausend Gefangenen. [114] Bevor die meisten Häftlinge und auch SS-Wachleute in das große neue Lager Buchenwald bei Weimar verlegt wurden. Anna Schüller erwartete mich an der Gaststätte *Fischerschänke* vor dem Eingang des ehemaligen Lagers. Eine zurückhaltende, unaufgeregte junge Frau, die eine Mappe mit Dokumenten bei sich trug. Ihre Beharrlichkeit habe ich erst später kennengelernt.

Die junge Lehrerin nahm mich mit auf einen ersten Rundgang. Viele weitere sollten folgen. Jedes Mal, wenn ich hierherkam, erfuhr ich neue grausame Details. Etwa von der Tortur des jüdischen Journalisten und sozialdemokratischen Politikers Max Sachs, den SS-Wachmänner im Jahr 1935 in eine Fäkaliengrube warfen, den sie mit Schrubbern folterten und an den Füßen über eine Treppe schleiften, dass sein Kopf auf die Stufen aufschlug. Den sie schließlich aus einer Schubkarre auf den Appellplatz kippten. Max Sachs war letztlich an den Folgen der Folter gestorben. Die Stadt Frankenberg und das Land Sachsen haben den historischen Ort dieser Nazi-Folterstätte verfallen lassen. Die längst beschlossene Gedenkstätte lässt weiter auf sich warten. Trotz eindringlicher Appelle von Historikern hält die Stadt unbeirrt am Abriss einer Villa fest, in der SS-Kommandanten wie Karl-Otto Koch residiert hatten, dessen Frau Ilse später als »Hexe von Buchenwald« berüchtigt wurde. Die Geschichte des ehemaligen Konzentrationslagers Sachsenburg erzählt viel über erinnerungspolitische Verantwortungslosigkeit. Und darüber, wie engagierte Demokraten in Sachsen bewusst entmutigt werden. In einer Region, in der Neonazis die Demokratie frontal angreifen.

Auf den ersten Blick sieht das Areal der ehemaligen Baumwollspinnerei wie eine gewöhnliche Industriebrache inmitten einer grünen Oase aus. Nichts erinnert an die typische KZ-Architektur mit Tor, Wachtürmen und Stacheldraht, wie man es aus Buchenwald kennt. Auf einer Insel zwischen der Zschopau und einem Graben befindet sich vielmehr ein merkwürdiges Ensemble. Die große Fabrikhalle, in der zu DDR-Zeiten wieder Baumwolle produziert wurde, steht leer. Die Fassade bröckelt. Das Gebäude gehört wie die meisten anderen hier dem hessischen Unternehmer Marcel Hett, dessen Familie das Areal nach der Wende gekauft hat. In den riesigen entkernten Etagen waren ab 1933 mehrere Hundert Gefangene gleichzeitig zusammengepfercht, in dicht gestellten Etagenbetten. Zunächst vor allem Kommunisten und Sozialdemokraten, später auch Gewerkschafter, kritische Priester, Juden, Homosexuelle. Insgesamt wurden in Sachsenburg mehrere Tausend Häftlinge drangsaliert. Hinter dem Hof, den die Nazis als Appellplatz nutzten, steht die alte Villa, in der ab 1934 der jeweilige Lagerkommandant der SS wohnte. Dahinter liegt der Sportplatz. Wo der heimische Fußballverein heute seine Spiele austrägt, wurde damals die sogenannte Sportkompanie mit sadistischen Übungen gequält. SA-Wachleute ließen die Insassen »Häschen« machen – Hockstrecksprünge bis zur totalen Erschöpfung. Wer entkräftet zusammenbrach, wurde weiter misshandelt. Neben der großen Fabrik, durch die man das ehemalige Lager betritt, befindet sich ein unscheinbarer Flachbau, in dem noch die Einzelzellen mit den alten Holztüren erhalten sind. Hier wurden Häftlinge verhört, gefoltert und tagelang in den schmalen, dunklen Zellen eingesperrt.

Ich erinnere mich, wie ich mit Anna Schüller zum ersten Mal die Zellen betreten habe. Das quadratische Loch mit den Eisenstäben in der Wand sah, durch das kaum Licht fiel. Wie ich im Schein der Taschenlampe die dünnen, mit Bleistift geschriebenen Inschriften entzifferte: »23. September 24 Tage«. Der heimliche Kalender eines Häftlings. Nichts war hier vor dem Verfall gesichert, nichts restauriert. Seit der sächsische Landtag vor fünf Jahren den Aufbau einer Gedenkstätte beschlossen hatte, war lediglich das Dach über dem Zellentrakt notdürftig repariert worden. Mehr nicht.

Der Eigentümer hat der Stadt Frankenberg den Zellentrakt sogar geschenkt. Das Grundstück, auf dem die Villa steht, kaufte ihm die Stadt ab. Aber nicht, um die zur Ruine verfallene Villa zu restaurieren und als Ausstellungsraum herzurichten, sondern um sie abzureißen. Für den heimischen Fußballverein wurde derweil dahinter ein neues Vereinsheim gebaut. Das Areal am ehemaligen Konzentrationslager ist ein beliebtes Ausflugsziel. Am Fluss sitzen Angler, hinter dem Fußballplatz gehen im Sommer Familien mit Luftmatratzen ins Freibad, und Radfahrer in Sportbekleidung fahren in den angrenzenden Wald. In den Nebengebäuden links und rechts der großen Fabrik leben Menschen. Das ehemalige Konzentrationslager ist zugleich Wohnort, Industriebrache und Naherholungsgebiet. Zu DDR-Zeiten gab es in einem kleinen Raum eine offizielle Gedenkstätte, die nach der Wende wie alle abgewickelt wurde. Geblieben ist eine Gedenktafel und ein Denkmal mit einer kryptischen Aufschrift: »Und setzet ihr nicht das Leben ein, nie wird euch das Leben gewonnen sein.« Eine offizielle Gedenkstätte gibt es seit dem Ende der DDR nicht.

Anna Schüller war selbst noch Schülerin, als sie für ein Projekt zum ersten Mal nach Sachsenburg kam. Sie war erschrocken, dass es in ihrer Region ein Konzentrationslager gab, von dem kaum einer wusste. Mit Freunden gründete sie die Jugendinitiative Klick, lernte ehemalige Gefangene wie Karl Stenzel kennen und interviewte die wenigen Zeitzeugen, die noch lebten. Zusammen mit der »Lagerarbeitsgemeinschaft«, in der sich vor allem Angehörige von ehemaligen Häftlingen engagieren, begann sie Führungen und Workshops zu organisieren. Ließ für Schüler sogar mal Dixiklos aufstellen, weil es in vielen Räumen bislang weder Toiletten noch Strom gibt. »Es ist wichtig, diesen Ort jetzt zu zeigen und nicht zu warten, bis eine Toilette da ist«, sagt Anna Schüller. »Die Schülerinnen und Schüler wollen jetzt wissen, was hier war, und nicht erst in fünf oder sechs Jahren.«

Immer wieder geht die Lehrerin mit Anwohnern und Interessierten auf Spurensuche. Führt sie zum Hang unterhalb des alten Schlosses, wo 1933 die ersten Gefangenen inhaftiert wurden, bevor die leer stehende Fabrik als Lager hergerichtet war. Anna Schüller zeigt an einem heißen Sommertag auf eine Felswand, die von Sträuchern und kleinen Bäumen überwuchert ist. Die kleine Besuchergruppe betrachtet schweigend die bewachsene Felswand. Erst auf den zweiten Blick erschließt sich, dass der Berg hier eine Schneise aufweist. Die kleine Lichtung ist der ehemalige Steinbruch, in dem Häftlinge täglich bis zur totalen Erschöpfung schuften mussten. Im Rahmen eines Schülerprojekts hat Anna Schüller hier große Felsbrocken ablegen lassen. Um den Ort kenntlich zu machen. Weil sonst vollends Gras über die grausame Geschichte wachsen würde.

Sachsenburg hat die junge Frau seit ihrem ersten Besuch nicht mehr losgelassen. In ihrer Freizeit hat sie unzählige Stunden in den Archiven der Region verbracht. Sie ist darauf gestoßen, dass viele Handwerksbetriebe aus der Umgebung ein gutes Geschäft mit dem KZ gemacht haben – beispielsweise als Lieferanten von Decken oder Töpfen. Die Kommune übte Kritik, als das Lager 1937 geschlossen wurde. Anna Schüller hat auch mehrere Hundert Namen von Wachleuten der SA und SS recherchiert. [115] Sie hat herausgefunden, dass Täter und Opfer oft aus denselben Orten kamen. Und dass sich das Lagersystem zunehmend bürokratisierte und in seiner Brutalität steigerte. Aber der Terror hatte sofort nach der Machtübernahme durch die Nazis begonnen. SA-Männer, die ihre Gegner schon auf den Straßen brutal misshandelt hatten, bekamen in den frühen Konzentrationslagern offiziell die Macht über die verhassten »Schutzhäftlinge«, wie die willkürlich Verhafteten zynisch bezeichnet wurden. In Sachsenburg wurden Foltermethoden wie der Prügelbock erprobt. Der Standort war ab 1934 auch Ausbildungslager für die SS. Hier begannen monströse Karrieren, die in den großen Vernichtungslagern fortgesetzt wurden. Wie es endete, ist bekannt. Wie es begann, eher nicht.

Für Anna Schüller zeigt Sachsenburg, das Konzentrationslager gleich nebenan in der Nachbarschaft, »wie schnell sich eine Demokratie in eine Diktatur verwandeln kann, wie fragil eine Demokratie ist. Wie schnell kurz nach der Machtübernahme der Nazis Menschen dafür eingesperrt wurden, dass sie politisch anders gedacht haben.« Der Lehrerin geht es nicht nur um die Vergangenheit, sondern auch um Gegenwart und Zukunft. Sie lebt im nahe gelegenen Chemnitz, wo 2018 nach dem Mord an Daniel H. Migranten gejagt und verletzt wurden, wo auf Demos Neonazis und Hooligans rechtsextreme Parolen skandierten und in den Wochen nach der rassistischen Mobilisierung die Gewalt gegen Migranten und ausländische Gastronomen sprunghaft anstieg.

»Die Ausbrüche von Gewalt machen mir Angst«, sagt Anna Schüller. »Da werden Räume eröffnet, um Gewalt auszuüben. Mir macht auch große Angst, dass auf einmal bestimmte Dinge kein Tabu mehr sind. Man kann sich rassistisch äußern und wird zum Teil noch beklatscht. Mir bereitet Sorge, dass sich Grenzen langsam aufweichen und schon überschritten sind.« Die junge Lehrerin sagt, sie sei eine Optimistin. Aber Geschichte könne sich wiederholen, wenn rassistischem Hass und Gewalt keine Grenzen gesetzt werden. Dann werde möglich, was »man nie wieder für möglich gehalten hätte«. Auch deshalb setzt sie sich dafür ein, dass in Sachsenburg eine offizielle Gedenkstätte entsteht. Sie wünscht sich einen praktischen Lernort, an dem für Schüler erfahrbar wird, wohin Rassismus, Autoritarismus und die Abschaffung liberaler Grundrechte führen.

Sachsenburg hat alles, was es braucht, damit hier ein authentischer Gedenkort entstehen kann, an dem für Schüler und Interessierte nachvollziehbar wird, wie, wo und warum der NS-Terror begann. Erhaltene Architektur. Einen Eigentümer, der bereit ist, ganze Fabriketagen als Ausstellungsfläche und Begegnungsstätten zur Verfügung zu stellen. Ehrenamtliche wie Enrico Hilbert und Gisela Heiden von der *Lagerarbeitsgemeinschaft*, die seit Jahren mit Gedenkveranstaltungen, Lesungen und Führungen verhindern, dass der Ort vollends in Vergessenheit gerät. Gisela Heiden, die gerne offen sagt, was sie denkt, hat mir in langen Gesprächen von den wenigen Wochen erzählt, in denen ihr Opa in Sachsenburg eingesperrt war. Von den Narben auf dem Rücken, den Folterspielen in der »Sportkompanie« und den Panikattacken, die ihn noch viele Jahre später überfielen, als ihn die Bilder von damals heimsuchten. Ich durfte dabei sein, wenn Gisela Heiden Besuchern auf Rundgängen nüchtern erklärte, was ihr Opa ihr über den Lageralltag anvertraut hatte: die Erinnerung an Verächtlichkeit, Sadismus, Willkür, Gewalt.

Die Stadt Frankenberg und das Land Sachsen haben einen Ort von überregionaler historischer Bedeutung, wie der Dresdner Historiker Mike Schmeitzner vom *Hannah-Arendt-Institut* ausdrücklich feststellt. Sie haben zivilgesellschaftliche Partner, die bereit sind, zu helfen und mitzugestalten. Aber anstatt mit deren Hilfe endlich eine offizielle Gedenkstätte fertigzustellen, wird auf Zeit gespielt. Die Engagierten werden immer wieder wie Unruhestifter behandelt. Der größte Teil des Areals bleibt in der Planung außen vor. Die Fabrik wird weiter in Privatbesitz sein, die Villa soll abgerissen werden.

Seit vielen Jahren beteiligen sich die Stadt Frankenberg und die sächsische Gedenkstättenstiftung zwar am »Sachsenburger Dialog«, einem Veranstaltungsformat mit Vorträgen und Gesprächen. Aber die Bilanz zur geplanten Gedenkstätte ist nach vielen Jahren desaströs. Das Areal verfällt weiter. Ein Eröffnungstermin für die Gedenkstätte ist auch sieben Jahre nach dem Beschluss des Landtags nicht in Sicht. Monika Grütters, Bundesbeauftragte für Kultur und Medien, hat einen Förderantrag der Stadt Frankenberg abgelehnt. Die Expertenkommission der Kulturbeauftragten stellte ausdrücklich fest, dass es sich in Sachsenburg »um ein so komplex nirgendwo anders erhaltenes, herausragendes Zeugnis der frühen Konzentrationslager unter dem NS-Regime handelt«. Aber so wie beantragt sei das Projekt nicht förderfähig. Der Bund wollte den geplanten Abriss der Villa nicht mittragen. Außerdem sei das eingereichte Konzept nicht hinreichend wissenschaftlich fundiert, der dauerhafte Betrieb nicht gesichert. Die Absage ist eine Ohrfeige für die Stadt Frankenberg, die unbeirrt am Abriss der Villa festhält. Für die *Stiftung Sächsische Gedenkstätten*, die das Konzept abgesegnet hat. Und für die langjährige Wissenschaftsministerin Eva-Maria Stange (SPD), die sich zwar immer verbal für die Gedenkstätte starkmacht, den quälenden Entstehungsprozess aber nie beschleunigt hat.

Lehrerin Anna Schüller hat zwar im Auftrag der Stadt das Konzept erarbeitet. Aber sie konnte sich nicht mit ihrem wichtigsten Anliegen durchsetzen, das Gelände vollständig als Gedenkstätte zu erschließen – einschließlich der großen Fabrik und der Villa. Immer wieder hat sie dafür geworben, eine Dauerausstellung in der Fabrik einzurichten, wo die nackten Betonwände der riesigen Etagen nicht nur beklemmende Enge und zugleich Verlorenheit der Häftlinge in den ehemaligen Schlafsälen anschaulich machen, sondern wo auch genug Platz für Workshops oder Lesungen ist. Immer wieder hat sie dafür geworben, die verfallene Villa zu sanieren und an dem Ort, wo die SS-Offiziere einst feierten, eine Ausstellung über die Täter einzurichten. Immer wieder ist ihr vorgeworfen worden, maßlos zu sein, mit ihren ambitionierten Plänen die gesamte Gedenkstätte zu gefährden und mit ihren Vorstellungen von einer großen Gedenkstätte allein dazustehen.

Stadt und Land haben sich stattdessen für die kleinstmögliche Variante entschieden: eine Dauerausstellung in den kleinen

Räumen über den Arrestzellen. Die politisch Verantwortlichen behandeln die künftige Gedenkstätte wie eine lästige Pflichtaufgabe. In der Dokumentation, die ich mit meinem Kollegen Ben über Sachsenburg gedreht habe, begründet Frankenbergs Bürgermeister Thomas Firmenich (CDU) die Planung so: »Der Ort muss so betrachtet werden, wie er ist. Es ist ein Ort der Naherholung, auch des Sports und des angenehmen Wohlbefindens. Dazu kommt die Gedenkstätte. In diesem Kontrast, ja auch Spannungsfeld muss jeder, der den Ort aufsucht, das sehen. Die Gedenkstätte wird sich, so wie sie jetzt konzipiert ist, sehr gut einordnen in diesen Ort.« [116] Die monströse NS-Geschichte soll in Sachsenburg möglichst wenig Aufsehen erregen. Die Idylle nicht zerstört werden. Gedenken im Miniaturformat. Anna Schüller hat als Vorsitzende des Vereins Geschichtswerkstatt Sachsenburg die Kooperation mit der Stadt beendet. In Gesprächen mit dem Bürgermeister seien Vorwürfe und Drohungen laut geworden, sie und ihren Verein künftig ganz außen vor zu lassen. Ihr Engagement werde vom Bürgermeister »in keiner Weise unterstützt«, klagt sie.

Sichtbares Ergebnis der bisherigen Zusammenarbeit ist ein Pfad der Erinnerung, an dem Anna Schüller mitgearbeitet hat: An wichtigen Stationen innerhalb des ehemaligen Lagers wie den Arrestzellen stehen mittlerweile Infotafeln. Aber Bürgermeister Firmenich, ein ehemaliger Berufssoldat aus dem Rheinland, macht keinen Hehl daraus, dass er vieles für wichtiger hält als die Gedenkstätte. Auf Nachfrage teilt er zwar mit, er bedaure die Entwicklung, die zum Bruch mit Anna Schüller geführt hat, sehr, müsse jedoch feststellen, dass die Vorstellungen über die Gedenkstätte weit auseinanderliegen. Er erwarte, dass die demokratischen Entscheidungen des Stadtrates akzeptiert werden. Also auch der Abriss der Villa. Statt auf historische Bausubstanz setzt die Stadt für eine Täterausstellung auf »moderne Medien«. Der Bürgermeister kündigt an, im nächsten Jahr beim Bund einen überarbeiteten Förderantrag für das übernächste Jahr stellen zu wollen. In der *Fischerschänke* soll ein provisorisches Dokumentationszentrum eingerichtet werden. Provisorien und Spiel auf Zeit. Nach all den Jahren.

Anna Schüller hat an die Landesregierung geschrieben, aber: »Unsere Briefe bleiben unbeantwortet.« Derweil geht der Verfall in Sachsenburg weiter. Was aus dem leer stehenden Fabrikkomplex wird, ist völlig offen. Der Eigentümer erhält immer wieder Angebote. Ein Investor wollte gern einen »Sauna-Club« eröffnen. Sex im ehemaligen KZ. Marcel Hett lehnte das ab. So wie Bund und Land es abgelehnt haben, ihm das Gebäude mit den Schlafsälen der Häftlinge abzukaufen. Sachsenburg bleibt eine unendliche Geschichte erinnerungspolitischer Verantwortungslosigkeit. Ein bedeutendes Konzentrationslager mitten in Deutschland, das seit mehr als dreißig Jahren ohne Gedenkstätte ist. Das ist die traurige Bilanz.

In den zwei Jahren, als ich immer wieder über Sachsenburg recherchiert habe, gab es denkwürdige Momente. Da ist die erste Interviewanfrage an Bürgermeister Firmenich, die mit der Begründung abgelehnt wurde, man werde zu gegebener Zeit mitteilen, wie es weitergehe. Da ist das »Dialogforum«, das Anna Schüller mit der *Geschichtswerkstatt* organisiert hat, um Bürger der Region in die Planung einzubeziehen. Der hessische Eigentümer ist gekommen, die *Lagerarbeitsgemeinschaft* mit Enrico Hilbert und Gisela Heiden. Einige Bürger aus Frankenberg. Wer nicht kommt, ist der Bürgermeister. Dessen Frau, ebenfalls CDU, wirft den Ehrenamtlichen daraufhin in einer Landtagsdebatte vor, »übermotiviert« zu sein. [117] Also zu engagiert.

Bemerkenswert auch die Premiere unseres Dokumentarfilms über das vergessene KZ im Sächsischen Landtag. Noch während des Abspanns empörte sich der Geschäftsführer der *Stiftung Sächsische Gedenkstätten* lautstark über den Film. Dass Anna Schüller darin so prominent zu Wort kommt. Und darüber, dass die Stiftung im Film nicht auftaucht. Dabei war er der Einzige, der eine Interviewanfrage unbeantwortet gelassen hat. Es gab eine Informationsveranstaltung für interessierte Bürger in der Aula des Frankenberger Gymnasiums, in der Anna Schüller noch einmal ruhig, besonnen und eindringlich dafür warb, die geplante Gedenkstätte zum interaktiven Lernort zu entwickeln. An diesem Abend hat Bürgermeister Firmenich in seiner Rede stolz verkündet, bei einem Besuch in Dresden finanzielle Zusagen in Millionenhöhe erhalten zu haben. Nicht für die Gedenkstätte, sondern für das baufällige Schloss nebenan. Es blieb der Eindruck: Für wichtigere Projekte ist Geld da. Für die Gedenkstätte nicht. Wenig später platzte die beantragte Kofinanzierung durch Bundesmittel.

Nach der Veröffentlichung meiner ersten Reportage über Sachsenburg auf *Spiegel Online* schrieb mir Julian Aicher eine Mail, der Neffe von Sophie Scholl. [118] Die Geschichte habe ihn bewegt. Ob er helfen könne. Ich schlug eine gemeinsame Lesung mit der engagierten Lehrerin in Sachsenburg vor, die der Leipziger Verein *Lauter Leise* dann organisierte. [119]

Anna Schüller las aus den Interviews, die sie mit Zeitzeugen führen konnte, bevor sie verstarben. Julian Aicher las aus dem Buch *Die weiße Rose*, mit dem seine Schwester die Widerstandsgruppe von Sophie und Hans Scholl weltberühmt gemacht hat. Aicher erzählte, wie damals in seiner Heimat in Baden-Württemberg bezweifelt wurde, ob denn der Obere Kuhberg in Ulm tatsächlich ein Konzentrationslager gewesen sei oder doch eher so was wie ein »KZle«. Erst die offizielle Gedenkstätte habe diese zynische Diskussion beendet. Auch in Sachsenburg wurde nach der Wende öffentlich angezweifelt, ob das denn wirklich ein KZ gewesen sei, so ganz ohne typische Lager-Optik mit Stacheldraht und Baracken. Man hätte einiges lernen können an diesem

Abend, aber außer den üblichen Engagierten waren nur wenige gekommen.

Nach der Lesung saßen wir noch in kleiner Runde in der *Fischerschänke*. Ich kam mit einem Mann am Nachbartisch ins Gespräch. Als ich das Konzentrationslager erwähnte, korrigierte er mich: »Du meinst Arbeitslager.« Der Ton wurde rau, geradezu aggressiv: »Ach, willst du mir etwa sagen, dass hier wer vergast worden ist?« Als ich vom Leid der Häftlinge sprach, entgegnete er, das seien doch »Asoziale und Pädophile« gewesen. Hier wurden Menschen gefoltert, wandte ich ein. Seine Antwort: »Asoziale und Pädophile.« Dieses Gespräch hat sich mir eingeprägt. Es zeigt, wie sehr es in Sachsenburg eine Gedenkstätte braucht. Und fachkundige Botschafter wie Anna Schüller.

Sie will weitermachen. Trotz allem. Bei Rundgängen die Plätze des Lagerterrors zeigen, Workshops und Tagungen organisieren, Fragen beantworten, weitergeben, was sie in den Archiven herausfindet. In dem Wissen, dass sie weder von der Landesregierung noch vom Bürgermeister Unterstützung erwarten kann. Anwohner ermutigen sie, nicht aufzugeben. Es sei wichtig, was sie tut. Ihre historische und demokratische Graswurzelarbeit. Ich habe mich oft gefragt, wie sie es schafft, so ruhig und besonnen zu bleiben. Woher sie die Kraft nimmt. Vielleicht von Momenten wie diesem: An einem regnerischen Herbsttag begleitet sie die Schüler des Frankenberger Gymnasiums, die freiwillig bei einem Projekt über das Lager mitgemacht haben, nach Sachsenburg. Sie gehen von Station zu Station und halten kurze Referate für ihre Mitschüler. Anna Schüller hört heute nur zu. Aufmerksam, zufrieden.

Eine Schülerin berichtet vor einem kleinen Waschraum in der Fabrik von den schlechten hygienischen Zuständen im Lager. Wo es nur wenige Toiletten und Waschbecken für die vielen Hundert Häftlinge gab. Eine andere Schülerin stellt die Villa vor, von wo die Lagerkommandanten den Appellplatz im Blick hatten. Die Villa, die es nach dem Willen der Stadt schon bald nicht mehr geben soll. Am Ende der Tour sagt ein Schüler, man denke bei Konzentrationslagern immer sofort an Buchenwald oder Auschwitz. Man vergesse dabei leicht, dass der Nationalsozialismus auch hier in der Region verwurzelt gewesen ist. Er findet es wichtig, einen Bezug zum Heute herzustellen. Indem man daran erinnert, was hier fast in Vergessenheit geraten ist. Es klingt so einfach, so selbstverständlich. In Sachsen ist es das nicht.

AfD – Völkische Volkspartei im Osten?

Nach den Landtagswahlen in Sachsen und Brandenburg im Herbst 2019 war beides groß: Entsetzen und Erleichterung. Zwar hat sich die AfD in beiden Ländern als zweitstärkste Kraft etabliert, in Sachsen sogar mit dem Rekordergebnis von 27,5 Prozent. Aber sowohl der SPD in Brandenburg als auch der CDU in Sachsen ist es ganz knapp gelungen, den ersten Platz zu behaupten. Entsprechend erleichtert reagierten die Amtsinhaber Dietmar Woidke (SPD) und Michael Kretschmer (CDU), die mit erfolgreicher Mobilisierung ihrer Wähler im Endspurt eine Niederlage gegen die AfD noch gerade so abwenden konnten. In den Analysen war danach von einem blauen Auge für die Regierungsparteien die Rede.

In Thüringen gewann Ende Oktober der beliebte Ministerpräsident Bodo Ramelow von der Linken mit dem Rekordergebnis von 31 Prozent die Wahl. Doch fast ein Viertel der Wähler (23,4 Prozent) gaben ihre Stimme der AfD von Björn Höcke, der nach einem Urteil des Verwaltungsgerichts Meiningen als Faschist bezeichnet werden darf. Die lag damit vor der dramatisch abgestürzten CDU (–11.7 %) und den weit abgeschlagenen Sozialdemokraten und Grünen mit jeweils einstelligen Ergebnissen. Es dauerte nicht lange, bis der Thüringer Fraktionsvize der CDU, Michael Heym, die AfD nach der Wahl als »konservative Partei« verharmloste und siebzehn seiner Parteifreunde in einem Positionspapier ergebnisoffene Gespräche mit der Partei von Höcke anregten. Damit rebellierten sie offen gegen einen Parteitagsbeschluss der Bundes-CDU, der jegliche Zusammenarbeit mit der AfD ausschließt. Die Zerreißprobe der Konservativen hat begonnen. [120]

Auch nach diesen drei Wahlen blieb Protest das beliebteste Erklärungsmodell für die AfD-Erfolge. Doch jede Begründung, die ausblendet, wer und was die AfD ist, verharmlost die Partei und entlässt deren Wähler aus der Verantwortung. Nein, das war nicht vorrangig Protest. Die AfD ist keine Protestpartei, auch wenn das oft behauptet wird. Wer sie wählt, entscheidet sich bewusst für völkischen Nationalismus, Rassismus und Verachtung der parlamentarischen Demokratie und ihrer Repräsentanten. AfD zu wählen mag sich aus vielen Gründen speisen, aber jeder Wähler nimmt zumindest billigend in Kauf, eine Partei zu stärken, deren wichtige Repräsentanten ethnische und kulturelle Homogenität predigen, Machtergreifungsfantasien hegen und den Nationalsozialismus mindestens relativieren. Mit Björn Höcke, Jörg Urban und Andreas Kalbitz galten alle drei Spitzenkandidaten der Landesverbände Thüringen, Sachsen und Brandenburg als Vertreter des »Flügels« in der AfD – den Radikalsten unter den Radikalen. Zu dritt zogen sie beim vom »Flügel« ausgerichteten sogenannten Kyffhäusertreffen mit Fahnenträgern zu schwülstiger Musik in die Halle ein. Zelebrierter Personenkult, der an die Ästhetik faschistischer Bewegungen erinnert.

Auch nach diversen Radikalisierungsschüben tun sich viele Medien weiterhin schwer, die AfD treffend zu kategorisieren und halten am Label »rechtspopulistisch« fest, mit dem die Partei schon unter dem 2015 weggeputschten Parteichef und Euro-Gegner Bernd Lucke etikettiert wurde. Eine Moderatorin vom MDR rechnete die Partei gar in der Wahlsendung dem »bürgerlichen« Lager zu. Pseudokritisch fragen Reporter bisweilen in Interviews schon mal, ob sich die AfD denn ausreichend von Rechtsextremisten distanziere. Genauso wichtig wie die Frage nach der Zusammenarbeit mit Personen aus klassischen rechtsextremistischen Milieus ist, wofür die AfD selbst steht. Was sie vorhat, wenn sie könnte, wie sie will. Der ideologische Kern und die Ziele lassen sich aus den Reden von Björn Höcke oder Alexander Gauland ablesen, aus den radikalen Botschaften bei den Kyffhäusertreffen des »Flügels«, aus Facebook-Einträgen und der politischen Praxis auf Straßen und in Parlamenten. All diese Mosaiksteine ergeben das Bild einer Partei, die im Osten gerade deswegen zur Volkspartei aufgestiegen ist, weil sie die bestehende Demokratie mit einem völkischen, zumeist ethnopluralistischen Gesellschaftsmodell und autoritären, antipluralistischen Vorstellungen attackiert. Dass unter den Kandidaten auch solche wie der Leipziger Stadtrat Jörg Kühne von den »Christen in der AfD« sind, widerspricht dem nicht. Vielmehr ist alarmierend, dass der radikale Rechtskurs der AfD im Osten auch von jenen mitgetragen wird, die sich selbst mitten in der Gesellschaft verorten. Etwa als Christen oder Polizisten.

Allzulange sind Tabubrüche von AfD-Politikern als »Provokation« abgetan worden, als Stöckchen, über das man als Journalist nicht springen dürfe, um den vermeintlichen Provokateuren nicht die gewünschte Aufmerksamkeit zu verschaffen. [121] Diese auf den gewünschten populistischen Aufmerksamkeitseffekt reduzierte Sicht hat eine simple, aber notwendige Einsicht verhindert: Björn Höcke, Alexander Gauland und Andreas Kalbitz meinen, was sie sagen. Es ist überfällig, sie beim Wort zu nehmen. Die Scharfmacher nicht in vorauseilendem Gehorsam zu entschärfen, wenn sie verhöhnen, drohen oder wie Joseph Goebbels sprechen. Und ihnen nicht jede halbherzige Ausrede durchgehen zu lassen, wie das immer wieder in den politischen Talkshows geschieht. Der Politikwissenschaftler Hajo Funke hat vor den Wahlen im Osten in einem analytischen Appell eindringlich davor gewarnt, die AfD zu wählen. [122] Über die drei Spitzenkandidaten der ostdeutschen Landtagswahlen 2019, Höcke, Kalbitz und Urban, sagt Funke in seiner Analyse, alle drei seien »rechtsextrem, teils neonationalsozialistisch und wollen eine Zerstörung des Ganzen, des Systems«. Alle drei marschierten am 1. September 2018 beim sogenannten Trauermarsch der AfD in Chemnitz mit Pegida-Leuten, dem rechtsextremen Bündnis Pro Chemnitz, gewaltbereiten Hooligans und organisierten Neonazis. Funke wirft dem Trio eine Mobilisierung im »Sinne faschistischer Bewegungen« vor, mit »Führerkult« um Höcke und dem Versuch einer Mobilisierung der Massen. Auf einem AfD-Wahlplakat heißt es entsprechend: »Der Osten steht auf.« Obwohl die meisten Spitzenpolitiker der AfD wie Gauland (obwohl in Chemnitz geboren), Höcke und Kalbitz aus dem Westen kommen, ist es kein Zufall, dass sie im Osten erfolgreich sind. Auch nicht, dass wichtige Wegmarken auf dem Kurs der Partei nach ganz rechts im Osten liegen.

Björn Höcke hat diesen Kurs bereits im Januar 2017 in seiner Rede im Dresdner »Ball- und Brauhaus Watzke« ausgelotet, indem er wohlkalkuliert die Grenzen verschoben hat. Er hat die AfD zunächst wie gewohnt zur letzten Rettung Deutschlands stilisiert und Demokraten pauschal als »Altparteien-Politiker« diffamiert, sie zu »erbärmlichen Apparatschiks« erklärt. Es folgte eine Warnung: »Die AfD ist die letzte evolutionäre, sie ist die letzte friedliche Chance für unser Vaterland.« Höcke spricht es nicht aus, aber nach der Evolution kommt nur noch Revolution. In einer Demokratie ist eine Partei jedoch kein Heilsbringer, um im Alleingang einen herbeifantasierten Bürgerkrieg zu vermeiden, sondern immer nur ein Mitbewerber, der sich um ein zeitlich begrenztes Mandat bewirbt. Höcke aber hat angekündigt, »wir werden uns unser Deutschland Stück für Stück zurückholen«. Als Ziel hat er einen »vollständigen Sieg« gefordert: »Dieses Land braucht einen vollständigen Sieg der AfD.« In einer Demokratie gibt es das aber nicht. Selbst eine absolute Mehrheit gilt nur bis zur nächsten Wahl. Um die angestrebte Macht zu erreichen, sieht Höcke die AfD als »Bewegungspartei«, die nicht nur Stimmen in den Parlamenten gewinnen, sondern auf der Straße permanent Stimmung machen will. [123]

In Dresden hat Höcke auch die berüchtigte »erinnerungspolitische Wende um hundertachtzig Grad« ausgerufen und das Holocaustmahnmal in Berlin ein »Denkmal der Schande« genannt. Seitdem muss sich die AfD, die Höcke daraufhin eben nicht aus der Partei ausgeschlossen hat, an dessen Radikalität messen lassen. Die Bundesrepublik hat die Lehren aus NS-Herrschaft und Schoa zur Staatsräson erhoben. Wer diesen Kurs um hundertachtzig Grad ändern will, kündigt den politischen Grundkonsens auf. Der ehemalige Parteichef Alexander Gauland hat die Herrschaft der Nationalsozialisten als »Vogelschiss« verharmlost. Auschwitz und der Holocaust werden relativiert. Was sind schon »zwölf Jahre« im Vergleich zu »unserer über tausendjährigen Geschichte«. Ginge es nach der AfD, wäre Schluss mit Erinnerungskultur und Auschwitz als bleibender Mahnung und Verantwortung. Der Bundestagsabgeordnete Jens Maier, ebenfalls aus dem Westen für die AfD im Osten erfolgreich, hat folgerichtig den angeblichen »Schuldkult« der Deutschen für »endgültig beendet« erklärt. Politikwissenschaftler Funke attestiert dem AfD-Führungspersonal eine »Anerkennung von Wehrmacht und NS«. [124] Während Gaulands »Vogelschiss«-Rede breit rezipiert wurde, ging beinahe unter, dass er beim Kyffhäusertreffen 2017 das Recht eingefordert hat, »stolz zu sein auf die Leistungen deutscher Soldaten in zwei Weltkriegen«. Also unterschiedslos auf die Kriegstaten deutscher Soldaten im Ersten und Zweiten Weltkrieg. Die Wehrmacht hat Hitlers Vernichtungskrieg mit Millionen Toten geführt, ohne den es den organisierten Völkermord an den europäischen Juden so nicht gegeben hätte. Für diese »Leistungen« Stolz einzufordern verherrlicht den Nationalsozialismus.

Während AfD-Politiker sich regelmäßig als Opfer stilisieren, denen grundlos mit der »Nazi-Keule« eine Nähe zum Nationalsozialismus unterstellt werde, fällt Björn Höcke immer wieder durch entsprechende Wortwahl auf wie beim Kyffhäusertreffen 2018: »Heute lautet die Frage: Schaf oder Wolf. Und ich, nein, wir entscheiden uns in dieser Lage, Wolf zu sein.« Auch Joseph Goebbels hat das Bild von Wolf und Schaf verwendet. »Wir kommen nicht als Freunde, auch nicht als Neutrale. Wir kommen als Feinde. Wie der Wolf in die Schafherde einbricht, so kommen wir!« Sich metaphorisch an Joseph Goebbels anzulehnen, geschieht weder unwissend noch zufällig, zumal als Geschichtslehrer.

Das von der AfD propagierte Gesellschaftsmodell ist im Kern völkisch-nationalistisch. Schon die mittlerweile abgewählte Parteichefin Frauke Petry hatte dafür plädiert, den Begriff »völkisch« wieder positiv zu besetzen. Es gibt aber keine demokratische völkische Tradition. »Völkisch« ist mit dem Grundgesetz nicht kompatibel, weil dieses Homogenität propagierende Abstammungsprinzip individuelle Freiheitsrechte durch kollektiven Zwang ersetzt. Was bedeutet, dass nicht das Individuum über Familiengründung und kulturelle Präferenzen frei entscheiden darf. Vielmehr haben Volksangehörige das deutsche Volk und die deutsche Kultur gehorsam zu reproduzieren. Das letzte völkische Gesellschaftsmodell in Deutschland war die nationalsozialistische Volksgemeinschaft. Die AfD orientiert sich am Ethnopluralismus der Neuen Rechten, was aber letztlich ebenfalls bedeutet, dass eine ethnische, kulturelle und in der Konsequenz eben doch biologische Homogenität unter allen Umständen bewahrt beziehungsweise hergestellt werden soll. Der sächsische AfD-Chef Jörg Urban behauptet, ein Volk könne nur dann seine Freiheit bewahren, wenn es »weitgehend homogen« bleibt. Auch Alexander Gauland variiert in Reden das Ideal ethnischer Homogenität und beschwört die Gefahr einer »ethnisch-kulturellen Vereinheitlichung«: »Wir sollen uns als Volk und Nation in einem großen Ganzen auflösen. Wir haben aber kein Interesse daran, Menschheit zu werden. Wir wollen Deutsche bleiben.« [125] Gauland, langjähriger Herausgeber der *Märkischen Allgemeinen* in Potsdam, wird immer noch als »gemäßigt« verharmlost und kommt in vielen Medien mit einer Strategie der »Selbstverharmlosung« als »bürgerliche« Partei durch. Aber es war Gauland, der seine Anhänger bei einer Wahlkampfveranstaltung im thüringischen Eichsfeld dazu anstachelte, die damalige Integrationsbeauftragte der Bundesregierung Aydan Özoğuz (SPD) einzuladen, und dazu aufrief, sie anschließend »in Anatolien« zu »entsorgen«. Diese rassistische Gewaltfantasie brachte ihm Ermittlungen wegen des Verdachts der Volksverhetzung ein. Gaulands Gesellschaftsideal ähnelt durchaus dem von Björn Höcke, der dem pauschal diffamierten »Altparteienkartell« unterstellt, »dass die Deutschen verschwinden sollen«. Höcke fabuliert von einer »kulturellen Kernschmelze« und einem »bevorstehenden Volkstod durch Bevölkerungsaustausch«. Er verwendet damit die ultimative rechtsextremistische Verschwörungstheorie, die den Mörder von Christchurch zu seinem Attentat auf Muslime verleitete.

Bei derartigen Schreckensszenarien erscheint die Bedrohung so gewaltig, dass jedes Mittel zum Widerstand gerechtfertigt ist. Wohlgemerkt besteht die angebliche Bedrohung aus Menschen mit ihrer jeweiligen Kultur. Letztlich bedeutet diese radikale Homogenitätsideologie wieder: Blut und Boden. Und dass Kinder in die Welt zu setzen, wieder zu einer kollektiven Mission werden soll. Kinder zu bekommen ist aber die ureigenste Entscheidung von Eltern. Wer mit wem eine Familie gründen will, geht nur die beiden Menschen etwas an, die sich lieben. Nimmt man AfD-Politiker beim Wort, dann sprechen sie den Menschen genau das ab: ihre freie individuelle Entscheidung. Stattdessen wird Fortpflanzung zu einem eugenischen, völkisch-nationalistischen Projekt. In Leipzig hat die AfD vor der Landtagswahl wieder mit folgendem Plakat geworben: Zu sehen ist eine schwangere Frau mit Babybauch. Darüber der Spruch: »Neue Deutsche? Machen wir selber.« Nicht zwei Verliebte machen das, sondern »wir«. Der in Konstanz lehrende Historiker Christian Geulen sagt dazu: »Da braucht man den Begriff Rasse gar nicht, um es dennoch mit klassischer rassistischer Propaganda zu tun zu haben.« Was heute unter Rechtspopulismus in Deutschland firmiere, repräsentiert für ihn »die radikalste Form von Rassismus, die ich in den letzten dreißig Jahren hierzulande gesehen habe«. [126] Ein Gutachten, das die AfD selbst in Auftrag gab, warnt offenbar davor, »extremistische Reizwörter« wie »Umvolkung«, »Überfremdung« und »Volkstod« zu verwenden, um einer drohenden Beobachtung durch den Verfassungsschutz zu entgehen. [127] Der beauftragte Staatsrechtler gab der Partei demnach sogar Handlungsempfehlungen: Unbedingt zu unterlassen seien pauschale Diffamierungen von Flüchtlingen und Muslimen. [128] Würde die AfD all diese Warnhinweise befolgen, bliebe nicht mehr viel von ihr übrig.

Die angestrebte völkisch-nationalistische Gesellschaft ist ohne Zwang und Gewalt nicht zu erreichen. In seinem Interviewbuch *Nie zweimal in denselben Fluss* deutet Björn Höcke, Star der ostdeutschen AfD-Wahlkämpfe, an, was er vorhat. [129] Nämlich ein »großangelegtes Remigrationsprojekt«, [130] also die Abschiebung von Menschen, die er für nicht deutsch genug hält. So würden einige Millionen Menschen willkürlich zu Fremdkörpern erklärt und entrechtet. Dazu sei eine »Politik der wohltemperierten Grausamkeit« notwendig. Das lässt sich so verstehen, dass diese ihrer Rechte beraubten Menschen notfalls gewaltsam aus Deutschland deportiert werden sollen. Wohin auch immer. Dies käme einer Vertreibung oder »ethnischen Säuberung« gleich, wie der gängige Euphemismus lautet. »Wenn einmal die Wendezeit gekommen ist, dann machen wir Deutschen keine halben Sachen«, so Höcke drohend. [131] Der Historiker Götz Aly hält dessen Pläne für »Fantasien zur Machtergreifung«. Die gehen sogar noch weiter und lassen erahnen, was politischen Gegnern unter einer AfD-Regierung drohen würde. Höcke will ein »neues Kapitel unserer Geschichte« aufschlagen: »Auch wenn wir leider ein paar Volksteile verlieren werden, die zu schwach oder nicht willens sind, sich der fortschreitenden Afrikanisierung, Orientalisierung und Islamisierung zu widersetzen.« [132] Götz Aly hält Höckes Planspiele für einen »eindeutig verfassungsfeindlichen Aufruf, Waffen zu vergraben und Nächte der langen Messer vorzubereiten«. [133]

Im Vorfeld der ostdeutschen Landtagswahlen hat sich die AfD erfolgreich als Kümmerer und Versteher ostdeutscher Befindlichkeiten inszeniert. In Brandenburg waren ganze Orte mit AfD-Plakaten vollgehängt, die dazu aufforderten: »Wende 2.0 – Vollende die Wende«. Bürgerrechtler wie Marianne Birthler warfen der AfD daraufhin vor, die friedliche Revolution zu missbrauchen. Doch bei vielen Wählern verfing offenkundig die dreiste Behauptung, in der Tradition der friedlichen Revolutionäre zu stehen. Dass die Revolution 1989 von mutigen Aktivisten wie Gesine Oltmans in Leipzig getragen wurde, deren Botschaft »für ein offenes Land mit freien Menschen« den emanzipatorischen und liberalen Kern der Bürgerrechtler transportierte, hat der infamen Kampagne nicht geschadet. Ebenso wenig wie Reden Björn Höckes, der auftrat, als hätte er, der westdeutsche Geschichtslehrer, selbst die traumatische Wendezeit im Osten erlebt. Deren Wähler ließen dem westdeutsch sozialisierten AfD-Personal Höcke und Kalbitz die dreiste Anbiederung an ostdeutsche Befindlichkeiten durchgehen.

Nicht einmal die langjährigen Aktivitäten des Spitzenkandidaten Andreas Kalbitz in der rechtsextremistischen Szene hinderten über 23 Prozent der brandenburgischen Wähler daran, für die AfD zu stimmen. Ein bemerkenswerter Dammbruch. Denn Kalbitz, in München geboren, war mehr als fünfundzwanzig Jahre lang immer wieder in einschlägigen Rollen und Organisationen aktiv: Mitglied in der Schüler-Burschenschaft *Saxonia-Czernowicz*, die eng mit der rechtsextremistischen *Burschenschaft Danubia München* verbunden ist. Mitglied der rechtsextremen Republikaner. Autor für den »Witikobrief« des völkischen *Witikobundes*. Autor für die Mitgliederzeitung *Fritz* der rechtsextremistischen Vereinigung *Junge Landsmannschaft Ostpreußen*. Im Jahr 2007 nahm Kalbitz an einem Pfingstlager der neonazistischen *Heimattreuen Deutschen Jugend* (HDJ) teil, die zwei Jahre später verboten wurde. 2014 wurde er für ein Jahr Vorsitzender des rechtsextremistischen Vereins *Kultur- und Zeitgeschichte, Archiv der Zeit*, der von einem ehemaligen SS-Hauptsturmführer und NPD-Vorstand gegründet wurde. [134] Nach diesen Aktivitäten befragt, rechtfertigte sich Kalbitz in Interviews mit Jugendsünden und bloßer Neugier. Diesen Ausflüchten muss man allerdings nicht glauben. Niemand stolpert zufällig in ein konspiratives Lager im Stil der Hitlerjugend. Und Vorsitzender des rechtsextremistischen Vereins war Kalbitz, als er schon für die AfD im Landtag saß.

Auch Kalbitz hat wie Höcke gedroht, die AfD sei »die letzte evolutionäre Chance für unser Land«. Er fügte hinzu: »Danach kommt nur noch Helm auf.« Man kann das als Anspielung auf einen Bürgerkrieg verstehen. Dass dieser Politiker angesichts einer »antidemokratischen und NS-verherrlichenden Vita« mit seinen Ausreden durchkomme, sei ein »furchtbares Armutszeugnis« der Medien, so Politologe Hajo Funke. [135] Doch auch die *Spiegel*-Enthüllung kurz vor der Wahl, wonach Kalbitz im Jahr 2007 mit NPD-Funktionären bei einem Neonazi-Aufmarsch in Athen teilgenommen hat, schreckte viele Wähler nicht ab. Der Erfolg der AfD in Brandenburg zeigt eindeutig, dass im Osten für mindestens ein Fünftel der Wähler selbst Rechtsextremismus keine rote Linie mehr markiert. Auch Björn Höcke nahm im Jahr 2010 an einer rechtsextremistischen Demo in Dresden teil. AfD-Aussteigerin Franziska Schreiber aus Dresden hat in ihrem Buch offengelegt, wie üblich es in der Jugendorganisation *Junge Alternative* (JA) war, mit Aktivisten der rechtsextremistischen *Identitären Bewegung* (IB) und auch der NPD zu verkehren. [136]

Die AfD ist eingebunden in eine radikale rechte Kampfgemeinschaft. Der Thüringer AfD-Chef Höcke pflegt wie auch andere AfD-Politiker den Kontakt zum Vordenker der Neuen Rechten, Götz Kubitschek. Auf einer Veranstaltung von dessen »Institut für Staatspolitik« hielt Höcke im Jahr 2015 seine zutiefst rassistische Rede über einen von ihm so bezeichneten afrikanischen »Ausbreitungstyp«, der eine »Reproduktionsstrategie« verfolge, die »auf eine möglichst hohe Wachstumsrate abzielt«. Auch dieser krude pseudowissenschaftliche Rassismus hat den Aufstieg Björn Höckes in der AfD und den seiner Partei im Osten nicht gestoppt. Was daran liegt, dass sich die vermeintlich »gemäßigte« Parteispitze um Alexander Gauland, Alice Weidel und Jörg Meuthen mit Höcke solidarisiert hat. Ob aus ideologischer Überzeugung oder taktischem Kalkül ist dabei unerheblich. Für über ein Viertel der ostdeutschen Wähler ist selbst kruder Rassismus kein Ausschlusskriterium für wichtige politische Funktionen mehr.

In den ostdeutschen Wahlkämpfen des Jahres 2019 ist die AfD sowohl radikal als auch zahm aufgetreten. Eine überaus erfolgreiche Doppelstrategie. Zwei Tage vor der Landtagswahl in Sachsen habe ich den Auftritt des Leipziger AfD-Kandidaten Jörg Kühne beim sechzigsten und letzten sächsischen Wahlforum in der Kuppel der *Leipziger Volkszeitung* beobachtet. Kühne war bei der friedlichen Revolution dabei und vierzehn Jahre lang im evangelischen Beirat der Leipziger CDU, bevor er 2014 in die AfD wechselte. Seine Zeit in der CDU betrachtet er mittlerweile als Fehler. Über Höckes Rassentheorie vom »afrikanischen Ausbreitungstyp« möchte er nicht richten. Er selbst rechnet sich zwar nicht dem »Flügel« um Höcke zu, äußert aber Wertschätzung für jeden, der ihm angehört. [137]

In der neunzigminütigen Diskussion mit den anderen Direktkandidaten fiel er mal durch die moderate Aussage auf, dass Migranten mit Bleiberecht und guter Qualifikation gern hier »einsteigen« sollen. Mal wandte er sich gegen Kuschelpädagogik an den Schulen, fragte sich aber selbst, wie weit man mit einer »harten Hand« wohl kommt. Kühne forderte mehr Härte gegen Drogendealer und mehr Rücksichtnahme im Straßenverkehr. Bei einer Abstimmung unter den Kandidaten glaubte er nicht, dass der Mensch den Klimawandel beeinflussen kann. Und Schüler sollten nicht »ideologisiert« werden, was wohl gegen Lerninhalte wie Demokratie und Toleranz im Unterricht gerichtet war. Die Droge »Crystal« nannte der AfD-Kandidat an diesem Abend beharrlich »Kristall«, was ihm den Spott der jugendlichen Besucher einbrachte. Kühne fand zwar einige markige Worte, trat aber nicht als ideologischer Hardliner auf. In einigen Themenbereichen wie Verkehr und Drogenpolitik wirkte er geradezu ahnungslos. Es sind Kandidaten wie Jörg Kühne, die der AfD das Image einer Partei von Normalbürgern aus dem Volk ermöglichen. Aber es sind eben auch Politiker wie er, die kein Problem mit dem Ideologen Björn Höcke haben. Nicht die Kühnes geben in der AfD die Richtung vor, sondern Höcke und Co.

Radikale Botschaften wurden im Wahlkampfjahr 2019 zwischen der Forderung nach mehr Landärzten, Bekenntnissen zum Handwerk und Leugnung des Klimawandels eingestreut. Aber sie waren durchaus für jeden sichtbar. An Straßenlaternen waren sie als moderne Werbebotschaften verpackt. »Messestadt hat Messer satt«, lautete etwa der Slogan eines AfD-Plakats in Leipzig. »Messer« dient dabei als Code für Kriminalität von Migranten. Fraktionschefin Alice Weidel hat im Bundestag gegen »alimentierte Messermänner« gehetzt. Neben moderaten gab es im Wahlkampf auch extrem scharfe bis hetzerische Töne. »Die Jagdsaison ist eröffnet«, erklärte der sächsische Generalsekretär Jan Zwerg. Der Brandenburger Direktkandidat und Hundetrainer Oliver Czajkowski kündigte auf der Wahlkampfbühne an, mit politischen Gegnern wie mit seinen Hunden verfahren zu wollen: »Ich arbeite nonverbal. Ich versetze mich in den Kopf des Hundes rein und drehe ihn um hundertachtzig Grad. Und das verspreche ich euch: Solltet ihr mich in den Landtag wählen, versetze ich mich so in die Köpfe der roten Suppe, dass ich die um hundertachtzig Grad drehe.« Was sich wie Satire anhört, war ernst gemeinte Allmachtsfantasie. Absurd, aber kein Einzelfall.

Eine kaum verhohlene Drohung sprach Björn Höcke gegen einen ZDF-Reporter aus. Der hatte den Thüringer AfD-Politiker in einem Interview damit konfrontiert, dass dessen Parteifreunde nicht sagen konnten, ob ihnen vorgelesene Zitate aus Höckes Buch oder aus Hitlers *Mein Kampf* stammen. Höcke oder Hitler – selbst AfD-Politiker konnten das nicht auseinanderhalten. Höcke brach das Interview mit dem ZDF ab. Mit dem vielsagenden Hinweis an den Journalisten, er sei ja auch nur ein Mensch und man wisse nicht, was kommt. »Und was könnte kommen?«, fragte der Reporter. Woraufhin Höcke raunte: »Vielleicht werde ich auch mal eine interessante persönliche, politische Person in diesem Lande. Könnte doch sein.«[138] Frank Überall, Vorsitzender des *Deutschen Journalisten-Verbandes*, befand: »Herr Höcke hat die Schwelle von der Demokratie zu faschistischen Fantasien überschritten.« Für seine Drohung wurde Höcke im Internet von seinen Anhängern gefeiert. Das sagt viel über die Zustimmung zum

Radikalismus einer Partei, deren schwer gestörtes Verhältnis zum demokratischen Pluralismus schon jetzt politische Praxis ist. Indem deren Fraktionen beispielsweise in den Parlamenten »Kleine Anfragen« stellen, um die Zahl von Behinderten, Sinti und Roma oder Homosexuellen im Land feststellen zu lassen. Was böse Erinnerungen an eine »Volksgemeinschaft« weckt, aus der ausgeschlossen wird, wer willkürlich als schwach und fremd stigmatisiert wird. Oder wenn die AfD kritischen Journalisten den Zugang zu Parteitagen verwehrt. Oder indem sie Internetportale zur Denunziation kritischer Lehrer einrichtet.

Die AfD trifft im Osten einen Nerv. Nur welchen und bei wem? In Sachsen und Brandenburg waren es wie üblich vor allem Männer, diesmal aber auch besonders viele junge, die AfD gewählt haben. In Sachsen lag die AfD bei den unter Neunundzwanzigjährigen sogar vorn. Vor allem in ländlichen Regionen mit hohem Altersdurchschnitt wählen viele junge Männer die AfD. Laut infratest-dimap fühlen sich 78 Prozent der AfD-Wähler in den beiden Bundesländern als Bürger zweiter Klasse, weil sie Ostdeutsche sind. Für die so Denkenden war der Aufruf zu einer »Wende 2.0« attraktiv. Auffällig ist auch der deutlich stärkere Zuspruch auf dem Land verglichen mit den Städten sowie der hohe Wähleranteil unter Arbeitern. Das spricht dafür, dass viele, die von der Transformation der Arbeitswelt betroffen sind, etwa in den Braunkohleregionen Brandenburgs, in der AfD einen Schutzschild gegen die fortschreitende Moderne suchen.

Der Politikberater Johannes Hillje konnte in einer Studie zeigen, dass in AfD-Hochburgen oftmals ganz konkrete Verlusterfahrungen gemacht werden. Busfahrpläne werden ausgedünnt, Läden und Postschalter geschlossen. In strukturschwachen Regionen machen viele die Erfahrung, dass demokratische Wahlen die Gemeinschaftseinrichtungen und ihr soziales Leben nicht verbessern, ja geradezu ohne jeden Effekt bleiben. Der AfD gelingt es im Osten, diverse Einstellungen, Gefühle und Unzufriedenheiten zu kanalisieren: das Gefühl, Bürger zweiter Klasse zu sein genauso wie diffuse Zukunftsängste und erlebte Effizienzmängel demokratischer Prozesse. All das kann die AfD zu Wählerstimmen machen. Bemerkenswert ist auch, dass viele, die für die AfD gestimmt haben, vorher Nichtwähler waren. Hier gibt es eine auffällige historische Parallele. Auch die NSDAP schaffte es nämlich, bis dahin unpolitische Nichtwähler zu mobilisieren. Der Historiker Davide Cantoni konnte zudem zeigen, dass die AfD in jenen Orten besonders erfolgreich ist, wo auch die NSDAP stark war. Politische Familientraditionen sind offenbar ein relevanter Faktor. Cantoni hält diese regionalen rechten Kontinuitäten für ähnlich wichtig wie kursierende Erklärungsmodelle rund um abgehängte Regionen und das Thema Zuwanderung. [139]

Wahlanalysen neigen dazu, die Motive der Wähler mit den Absichten der AfD gleichzusetzen. Und dabei zu vergessen, wie die Gefühle von Zurücksetzung, Unsicherheit und Perspektivlosigkeit kompensiert werden: mit einer Stimme für autoritäre, antipluralistische und rassistische Lösungsmodelle. Verschiedene Milieus und Motive eint offenkundig der rechtsradikale Inhalt der AfD. Die Wählerschaft der Partei verortet sich studienbelegt seit Jahren immer weiter rechts. Die AfD kanalisiert die weitverbreitete Einstellung, das Land sei »überfremdet«, die da oben täten nichts für »das Volk«, und es brauche wieder eine starke politische Hand anstelle mühsam ausgehandelter unterschiedlicher Interessen. Darum wirkt es auf die Wählerschaft auch nicht abschreckend, wenn AfD-Politiker wie seinerzeit Markus Frohnmaier bei einer Rede in Erfurt mit politischen Säuberungen kokettieren: »Ich sage diesen linken Gesinnungsterroristen, diesem Parteienfilz ganz klar: Wenn wir kommen, dann wird aufgeräumt, dann wird ausgemistet, dann wird wieder Politik für das Volk und nur für das Volk gemacht – denn wir sind das Volk, liebe

Freunde.« In AfD-Stimmen drückt sich eben nicht nur diffuse Unzufriedenheit, sondern auch eine autoritäre Sehnsucht nach Homogenität aus. Theodor W. Adornos Analyse der autoritären Persönlichkeit, die sich einerseits durch die Ermächtigung autoritärer Politiker, andererseits durch die Abwertung von Minderheiten stabilisiert, ist aktueller denn je.

Das politische Klima, das die AfD befähigt, wie in Sachsen fast jede dritte Wählerstimme zu gewinnen, zeigt sich in Alltagserfahrungen. Bei einem Familienfest auf einem urigen Dreiseitenhof unweit von Leipzig habe ich erfahren, wie sich völkisches Denken ausbreitet und normal wird. Es gab Thüringer Würste, Salat, Kuchen, Wein und einen grandiosen Blick auf eine Streuobstwiese. Ein schönes Fest, wie in einer Werbung für französischen Weichkäse, mit milder Septembersonne und leichten Plaudereien. Bis das Gespräch in kleiner Runde auf die sächsische Politik kam. Ein Arzt aus Leipzig erzählte, dass er neuerdings immer häufiger komische Begegnungen mit Patienten hat. Neulich habe sich ein Mann in seiner Sprechstunde so vorgestellt: indem er Vornamen und Nachnamen nannte. Und hinzufügte: Deutscher. Ein anderer Patient beantwortete die Frage des Arztes, ob er gegen irgendwas allergisch sei, mit »Ja, gegen Ausländer«. »Wie bitte?«, habe er nachgefragt. Da kam dann von dem Patienten nichts mehr. Er hatte ja bereits gesagt, was ihm wichtig war. In der Erwartung, mit seiner Ausländerfeindlichkeit auf das Wohlwollen eines Gleichgesinnten zu treffen. Es sind diese Stimmungen, aus denen Stimmen für die AfD werden. Nicht nur dem Leipziger Arzt machen sie Angst.

Wenn Polizisten, Staatsanwälte und Richter nicht tun, was sie sollten

Kritik an den rechtsstaatlichen Institutionen ist heikel, weil sie leicht in den Verdacht gerät, deren Autorität zu beschädigen. Der stellvertretende sächsische Ministerpräsident Martin Dulig, SPD, hat eine Debatte darüber angeregt, ob die Sympathien von Polizeibeamten für Pegida und AfD größer sind als im Bevölkerungsdurchschnitt. Und wurde dafür mit geballter Entrüstung aus den Reihen des Koalitionspartners CDU abgestraft. Er habe sich bedingungslos vor die Beamten zu stellen, bekam er zu hören. Die Debatte folgte einem bekannten sächsischen Reflex: Abwehr statt Aufarbeitung. Anstatt sachlich über demokratiefeindliche Einstellungen in den Sicherheitsbehörden zu diskutieren, wurden dem Kritiker Nestbeschmutzung und mangelnde Loyalität vorgeworfen.

Zweifellos nimmt der Druck auf die demokratischen Institutionen bundesweit zu. Demokratiefeinde wie die wachsende Reichsbürger-Szene greifen sie frontal an und stellen deren Legitimität infrage. Institutionen und seine Repräsentanten müssen also vor ungerechtfertigten Angriffen geschützt werden. Gerade deshalb ist aber auch überfällig, institutionellen Rassismus und den Einfluss demokratiefeindlicher Einstellungen auf die Arbeit in den Sicherheitsbehörden zu untersuchen. Rechtsradikales Gedankengut macht nicht vor Beamten halt. Vorurteile zeigen auch dort Wirkung. Was Ermittler verfolgen und Gerichte verurteilen, wird auch von gesellschaftlichen Übereinkünften beeinflusst, wie das Beispiel der NSU-Mordserie drastisch zeigt, wo nach ausländischen Killern von »Döner-Morden« gesucht wurde, nicht nach fanatischen Rechtsterroristen. Wird rechter Hass als Motiv bei Gewaltstraftaten nicht ermittelt, indem bei Verdächtigen beispielsweise Nazimusik und Propagandamaterial nicht sichergestellt wird, kann eine politische Straftat nicht angeklagt und letztlich auch nicht verurteilt werden. Und wer jeden dunkelhäutigen Mann für einen »Messermigranten« hält, wird Menschen aufgrund ihres Aussehens wie potenzielle Straftäter behandeln.

Für die Ignoranz gegenüber Hasskriminalität reicht es aus, wenn bei Polizei, Staatsanwaltschaft und Richtern eine einzige Ebene das handlungsleitende Tatmotiv vernachlässigt. Dann spielen mögliche rassistische oder sozialdarwinistische Einstellungen von Tätern schon bei Hausdurchsuchungen keine Rolle oder Staatsanwaltschaften ignorieren für die Anklage entsprechendes Beweismaterial. Gerichte können sich dann mörderische Gewaltexzesse nicht erklären. Was nicht angeklagt wird, wird auch nicht verurteilt. Der gern bemühte Verweis auf die Integrität der Institutionen mit einwandfreien Ermittlungen und Gerichtsurteilen, mit dem Politiker und Juristen gern auf Kritik reagieren, ändert nichts an dem Befund: Die blinden Flecken in den Sicherheitsbehörden haben System und wirken sich massiv auf die Strafverfolgung aus. Dies transparent zu machen und Korrekturen einzufordern ist ein überfälliger Schutz für demokratisch-rechtsstaatliche Institutionen. Allen korpsgeistgeleiteten Abwehrreflexen zum Trotz.

Der NSU-Terror war gerade erst aufgeflogen, als vor der Jugendschöffenkammer des Leipziger Landgerichts der Prozess gegen fünf junge Männer begann. Sie waren angeklagt, den fünfzigjährigen Obdachlosen André K. im sächsischen Oschatz mit

Schlägen und Tritten getötet zu haben. Einem weiteren wurde wegen unterlassener Hilfeleistung der Prozess gemacht. An einem Freitagmorgen saß ich im Saal 14 des Landgerichts und sah die Angeklagten. Drei eher schmächtige Jugendliche und zwei junge Männer Mitte zwanzig. Ich hörte krude Geschichten und beobachtete kurze Momente der Aufrichtigkeit. Nach und nach ergab sich ein Bild von der angeblich so unerklärlichen Tat. Warum fünf junge Männer einen schlafenden, wehrlosen Mann an einem Wartehäuschen mit Tritten weckten, warum sie ihn hemmungslos schlugen und zusammentraten, anschließend mit Bier übergossen und den röchelnden, blutenden Mann schwer verletzt liegen ließen. Wie der Haupttäter Ronny S. verhinderte, dass die anderen einen Krankenwagen riefen. Stattdessen gingen sie nach der Gewaltorgie zurück in eine Wohnung und tranken weiter Bier, als wäre nichts gewesen. André K. ist später im Krankenhaus an den massiven Verletzungen verstorben.

Der sechzehnjährige David O. legte an diesem Prozesstag zwar ein Geständnis ab, aber er tischte dem Gericht eine absurde Geschichte auf. Das Opfer André K. habe Schulden bei Ronny S. gehabt. Daher sollte er eine Abreibung kriegen. Aber wer leiht schon einem Obdachlosen Geld? Vor Gericht wurden noch weitere merkwürdige Motive erörtert. Einer Version zufolge soll André K. die Scheune des Opas von Ronny S. angezündet haben. Das Gericht stocherte lange im Nebel, bis der Anwalt von Sebastian B., der währenddessen schweigend durch seine kastenförmige Brille auf den Tisch vor ihm starrte, eine Erklärung seines Mandanten verlas. In jener Nacht, als sie den wehrlosen Mann überfielen, hatte B., dessen Schullaufbahn nach der neunten Klasse endete, ein Samuraischwert mitgenommen. Er schlug damit während des Angriffs so heftig zu, dass die Klinge abbrach. Der junge Mann räumte ein, dass die Sache mit den angeblichen Schulden nur ein Vorwand war: »Es gab sicher keinen Anlass, gegen Herrn

K. vorzugehen.« Im Suff habe man sich einen sinnlosen Grund herbeigeredet.

Was aber trieb die jungen Männer an? Warum suchten sie sich ausgerechnet den obdachlosen André K. als Opfer aus? Nach der Tat wurden auf Antifa-Seiten im Internet zwei Fotos veröffentlicht. Das eine zeigt den Haupttäter Ronny S. am Rande einer Demo neben einem Transparent, auf dem NPD und JN steht. JN steht für *Junge Nationalisten*, die Jugendorganisation der NPD. Das zweite Foto zeigt ihn unter einer Reichskriegsflagge sitzend. Die Nebenklage-Anwältin, die vor Gericht die Angehörigen von André K. vertrat, ließ die Fotos im Gerichtssaal verteilen. Ein Bekannter von Ronny S. bestätigte, dass das Foto mit der Reichskriegsflagge in dessen Wohnung aufgenommen worden war. Ronny S. wurde von den Mitangeklagten als Wortführer in jener Gewaltnacht bezeichnet. Er habe die anderen dazu angestiftet, das Opfer anzugreifen. Er sei es auch gewesen, der zwei von ihnen nach dem Gewaltausbruch davon abhielt, wenigstens einen Krankenwagen zu rufen. Die Fotos wiesen auf eine rechtsextremistische Gesinnung des Haupttäters hin. Und lieferten ein mögliches Tatmotiv: nämlich Hass auf das vermeintlich minderwertige Leben eines als asozial verachteten Menschen. Sozialdarwinismus also. Doch die Staatsanwaltschaft hielt diese Beweismittel nicht für relevant. In der Prozessakte fehlten die Fotos. Der Antrag der Nebenklage, die Fotos in den Prozess einzuführen, wurde mit der Begründung abgewiesen, sie seien für das Verfahren unerheblich. Auf Nachfrage teilte die Staatsanwaltschaft mit, bei den Ermittlungen hätten sich keine Hinweise auf ein rechtsextremistisches Tatmotiv ergeben. Dabei ist ein typisches Merkmal von Hassgewalt die entgrenzte, scheinbar unerklärliche Brutalität. Wie im Fall von André K., dem seine Peiniger noch ins Gesicht traten, als er sich schon vor Schmerzen röchelnd auf dem Boden krümmte.

Das Gericht verurteilte die fünf Angeklagten schließlich zu

teilweise langjährigen Haftstrafen. Die beiden Haupttäter Ronny S. und Sebastian B. wurden zu dreizehn beziehungsweise zehn Jahren Haft verurteilt. Allerdings nicht wegen Mordes, sondern wegen Totschlags. Sowohl die Staatsanwältin als auch der Vorsitzende Richter betonten die außerordentliche Brutalität der jungen Männer. Aber weder erkannten sie das Mordmerkmal der Heimtücke, obwohl der wehrlose Mann mit Tritten aus dem Schlaf gerissen worden war, noch konnten sie sozialdarwinistisch motivierten Hass als politischen Tatgrund wahrnehmen. Einstellungen, die sich nicht in der Tat ausdrückten, seien nicht zu bestrafen, urteilte der Richter. Die Staatsanwaltschaft schloss ein rechtes Motiv aus, weil man bei Hausdurchsuchungen keine Nazi-Devotionalien gefunden habe. Motiv und Hintergründe hätten im Verlauf der Ermittlungen nicht eindeutig geklärt werden können. Die Nebenklage-Anwältin kommentierte das in einer Prozesspause so: »Wie immer. Rechte Gewalt darf es nicht geben.« Am Ende blieb das Bild einer angeblich völlig unbegreiflichen Tat. Ein Fall, bei dem betrunkene Leute losziehen zu einem Gewaltexzess und sich hinterher fragen, was das soll, wie die Staatsanwältin bemerkte. Zur Schau gestellte Ahnungslosigkeit. Weil das Naheliegende sehenden Auges ignoriert wurde: Dass André K., den ein Zeuge als liebenswürdigen Menschen beschrieb, sterben musste, weil fünf junge Männer sein Leben für nicht lebenswert hielten.

Dass sich an der ignoranten juristischen Praxis bis heute nichts geändert hat, zeigt der Fall von Christopher W., der im April 2018 im sächsischen Aue von vermeintlichen Freunden in einem zwanzigminütigen Gewaltexzess erschlagen wurde. Obwohl auf Empfehlung des NSU-Untersuchungsausschusses des Bundestages im Jahr 2015 der Paragraf 46 StGB erweitert wurde, der die Strafzumessung regelt. Ausdrücklich berücksichtigt werden sollen seither die Beweggründe und Ziele des Täters, »besonders auch rassistische, fremdenfeindliche und sonstige menschenverachtende«. Staatsanwälten und Richtern steht damit ein präzises Instrumentarium zur Verfügung, um Hasskriminalität explizit als solche zu verurteilen. Wenn sie denn als solche anerkannt würde.

Vor dem Chemnitzer Landgericht wurden drei Männer, die Christopher W. im sächsischen Aue unter anderem mit einer Tür und einer Eisenstange malträtiert hatten, zu vierzehn beziehungsweise elf Jahren Haft verurteilt. Wegen Totschlags, nicht wegen Mordes. Noch in einer Grube, die sie sonst zum Pinkeln benutzten, schlugen sie auf ihr Opfer ein, bis der junge Mann starb. Wie schon im Fall des Obdachlosen André K. konnten Staatsanwaltschaft und Gericht auch hier kein Motiv erkennen, obwohl sogar das sächsische Innenministerium den Fall als politisch rechts motiviertes Tötungsdelikt in die Statistik aufgenommen hatte. Die Opferberater vom Verein *RAA Sachsen* haben den Prozess beobachtet und früh darauf hingewiesen, dass Hass auf Homosexuelle eine entscheidende Rolle bei der Tat spielte. [140] Denn Christopher W. war bekennender Schwuler und wurde dafür von seinen vermeintlichen Freunden verachtet. Eine Gewaltorgie mit entgrenzter Brutalität ergebe sich bei »vorurteilsbasierten Taten« daraus, dass das Opfer als nicht gleichwertiger Mensch abgewertet werde, so die Opferberater. Entsprechende Ideologien der Ungleichwertigkeit, mithin der Kern des Rechtsextremismus, seien bei den Angeklagten im Prozess eindeutig sichtbar geworden.

taz-Reporterin Steffi Unsleber hat den Fall aufwendig rekonstruiert und mit dem Staatsanwalt, dem psychiatrischen Gutachter, Bekannten von Tätern und Opfer, den Anwälten sowie den Opferberatern gesprochen. [141] Als Ergebnis der Recherche stellt sie die beunruhigende Frage: »Will sich das Gericht überhaupt mit einer politischen Motivation befassen?« Die Reporterin hat viele Hinweise zusammengetragen, die Ermittler und Richter nicht berücksichtigt haben: Demnach hat sich einer der Täter im Vorfeld drastisch schwulenfeindlich geäußert. Am Tattag hörte er offenbar noch Songs der Rechtsrockband *Blitzkrieg*. Auf seinen Händen sind Triskelen tätowiert, Symbole rechtsextremer Gesinnung. Zur Urteilsverkündung erschien der Angeklagte mit einem Shirt von *Thor Steinar*, einer in der rechtsextremen Szene beliebten Marke. Noch am Vorabend der tödlichen Gewalt hatte der Angeklagte einer Zeugin zufolge Streit mit Christopher. Er sagte dem späteren Opfer, dass er ein großes Problem mit dessen Homosexualität habe. In dem Streit soll er gedroht haben: »Ich schlage dir deinen Kopf ab.« Einmal zerschnitt er mit einem Messer den Arm des Mannes, dessen Sexualität er nicht akzeptieren wollte.

Steffi Unsleber zufolge wurde Christopher W. in dem vermeintlichen Freundeskreis nur geduldet, weil er sich als Opfer anbot. Die jungen Männer hätten ihn wie einen Sklaven behandelt, dem sie den Wohnungsschlüssel wegnahmen und die Krankenkassen-Karte zerschnitten. Die Reporterin hat beschrieben, dass vor Gericht vom Staatsanwalt und den Anwälten immer wieder zu hören war: »Pack schlägt sich, Pack verträgt sich.« Als wäre gar nicht klar, wer Opfer und wer Täter war. Doch Christopher W. schlug niemanden, sondern er wurde geschlagen. Er demütigte niemanden, sondern wurde gedemütigt. Am Ende misshandelten sie ihn so brutal und mitleidlos, dass er starb. Prozessbeobachterin Unsleber bilanziert, am Ende hatten nach eigenen Angaben weder der Staatsanwalt noch der psychiatrische Gutachter oder die Richterin eine Ahnung, warum Christopher W. sterben musste. Sowohl im Fall des jungen Homosexuellen in Aue als auch in dem des fünfzigjährigen Obdachlosen André K. in Oschatz wäre das Mordmerkmal der niedrigen Beweggründe erfüllt gewesen, wenn das menschenfeindliche Tatmotiv erkannt worden wäre. Hass auf Schwule und Hass auf Obdachlose. Die Täter wären dann möglicherweise zu lebenslangen Haftstrafen verurteilt worden. Für die Gesellschaft ist ebenfalls bedeutsam, wie mörderischer Hasskriminalität begegnet wird: mit großem Erstaunen über vermeintlich sinnlose und unerklärliche Brutalität oder mit der unmissverständlichen Botschaft, dass besonders hart bestraft wird, wer tötet, weil er einen Menschen für minderwertig hält. Wenn Staatsanwälte und Richter so wenig über die Mechanismen von Hasskriminalität wissen, braucht es flächendeckende Fortbildungsangebote. Vor allem anderen braucht es jedoch den politischen Willen, diese Aussetzer bei der Strafverfolgung überhaupt aufzuspüren und zu beheben.

Das gilt erst recht, wenn es sich bei Tatverdächtigen um Polizeibeamte handelt. In Sachsen-Anhalt hat es die Justiz versäumt, den Tod von Oury Jalloh rückhaltlos aufzuklären. Der Mann aus Sierra Leone war im Januar 2005 in einer Gewahrsamszelle des Polizeireviers in Dessau verbrannt. Obwohl er an Händen und Füßen gefesselt war, hielten Staatsanwälte und Richter im Laufe der juristischen Auseinandersetzung an der offiziellen Version fest, dass Jalloh selbst die Matratze entzündet habe, auf der er fixiert war. Der damalige Dienstgruppenleiter wurde 2012 wegen fahrlässiger Tötung zu einer Geldstrafe verurteilt, weil er zugelassen hatte, dass der Inhaftierte nicht permanent überwacht wurde. Die Initiative *Gedenken an Oury Jalloh* (IGOJ) hat diese Version stets als abwegig bestritten, neue Ermittlungen gefordert und eigene Gutachten in Auftrag gegeben. Die legten nahe, dass Jalloh schon vor Ausbruch des Feuers handlungsunfähig war. Im Oktober 2019 wies das Oberlandesgericht Naumburg gleichwohl ein Klageerzwingungsverfahren ab, das der Bruder des Opfers angestrengt hatte. Wenig später wurden die Ergebnisse eines neuen Gutachtens bekannt, das die Initiative bei dem Frankfurter Radiologen Boris Bordelle in Auftrag gegeben hatte. [142] Der Gutachter kam aufgrund von Bilddateien einer Computertomografie vom Leichnam Oury Jallohs zu dem Ergebnis, dass dieser vor seinem Tod nicht nur wie bislang bekannt einen Nasenbeinbruch, sondern auch einen Schädel- und einen Rippenbruch erlitten hatte. Es spricht also viel dafür, dass Jalloh schwer misshandelt wurde, bevor er in der Zelle verbrannte. Damit wird noch unwahrscheinlicher, dass der gefesselte Mann seine Matratze selbst anzünden konnte. Für den Bochumer Strafrechtsprofessor Tobias Singelnstein besteht damit mehr denn je der Verdacht, »dass hier Polizisten einen Menschen in Gewahrsam getötet haben«. Da trotz der sensationellen neuen Erkenntnisse nicht mit weiteren Ermittlungen der Staatsanwaltschaft zu rechnen sei, forderte der Kriminologe einen parlamentarischen Untersuchungsausschuss, um die vielen offenen Fragen zu klären. [143] Zu denen auch zwei weitere Todesfälle gehören. Schon in den Jahren 1997 und 2002 waren in Dessau zwei Männer, einer im Polizeigewahrsam und einer kurz nach seiner Entlassung, verstorben. Es ist überfällig, die Vorgänge rund um das Dessauer Revier endlich juristisch und politisch aufzuklären.

Seit den Ermittlungen im Umfeld der Gruppe *Nordkreuz* in Mecklenburg-Vorpommern ist offenkundig, dass es ein ernsthaftes Problem mit rechtsextremen Demokratiefeinden bei den Sicherheitsorganen gibt. Und das bundesweit. Das zeigen auch die Morddrohungen gegen die türkischstämmige Anwältin Seda Başay-Yildiz und ihre Tochter in Hessen, unterschrieben vom »NSU 2.0«. Die Einträge der Anwältin im Melderegister wurden mutmaßlich von einer Polizeibeamtin eines Frankfurter Reviers abgefragt, ohne dienstlichen Anlass. Dieselbe Beamtin soll mit Kollegen einen Chat bei WhatsApp unterhalten haben, in dem Hitlerbilder und Hakenkreuze kursierten. [144] Vorbereitungen auf Rechtsterrorismus an einem Tag X, Waffensammlungen, Morddrohungen – innerhalb der Polizeibehörden existiert ein demokratiegefährdendes Dunkelfeld, das bislang wenig zu befürchten hatte. Auch weil es keine funktionierenden Mechanismen interner Fehlerkorrektur und Meldesysteme gibt. Stattdessen herrscht ein »Code of Silence«, ein Gesetz des Schweigens. »Kameradenverrat« gelte als »Todsünde«, so Polizeiwissenschaftler Rafael Behr. [145]

Bei der sächsischen Polizei gab es in den vergangenen Jahren eine Reihe von Skandalen, die Weckrufe hätten sein können. In keinem Fall lösten sie jedoch ernsthafte Debatten über die Frage aus: Was stimmt da nicht? Geschweige denn über notwendige Reformen und Kurskorrekturen. Im Dezember 2017 kursierten in sozialen Netzwerken Fotos von einem Logo, mit dem die Sitze eines neuen Polizeipanzers in Leipzig verziert worden waren. Der neue »Survivor R«, ein dreizehn Tonnen schweres Hightech-Fahrzeug vom *Spezialeinsatzkommando Sachsen*, war vom Hersteller mit einem Fantasiewappen geschmückt worden, das Zweige in der Form stilisierter Adlerschwingen zeigte. Dazu Löwen und eine Krone sowie eine gebrochene Schrift, wie sie auch Neonazis verwenden. Betrachter fühlten sich an Naziästhetik erinnert und kritisierten Anleihen an das Wappen des früheren Königreichs Sachsen. Beides völlig inakzeptabel. Unvereinbar mit Traditionslinien einer demokratischen Polizei. Ein Sprecher des Landeskriminalamtes (LKA) konnte die ganze Aufregung seinerzeit nicht verstehen. Sechsundzwanzig Jahre lang habe sich niemand an einem ähnlichen Logo in Baden-Württemberg gestört, an dem man sich orientiert habe. Das Emblem sei zudem eine wichtige »identitätsstiftende Maßnahme« für die Truppe. Wichtig war ihm, dass die sächsische Polizei nicht in die rechte Ecke gestellt wird. In die stellten sich zwei SEK-Beamte ein Jahr später selbst, als sie sich in eine Liste für den Staatsbesuch des türkischen Präsidenten Erdoğan in Berlin eintrugen. Für einen Kollegen verwendeten sie den Tarnnamen »Uwe Böhnhardt« – so hieß bekanntlich einer der NSU-Terroristen. Das LKA leitete ein Disziplinarverfahren ein. Die beiden Beamten wurden vom Dienst suspendiert. [146] Die wichtigste Frage blieb aber offen: Welcher Geist herrscht in einer Eliteeinheit der Polizei, wenn Beamte mit einem rechtsterroristischen Mörder sympathisieren?

Unterhalb der Schwelle offenkundig rechtsextremistischer Tendenzen bei der Polizei gibt es ein großes Problem, über das öffentlich nicht gesprochen wird: Rassismus. Der ehemalige Polizeischüler Simon Neumeyer hat dieses Schweigen gebrochen. Von September 2016 bis Mai 2017 machte der junge Mann aus Köln seine Ausbildung an der Polizeifachschule in Leipzig. Wo er zum Außenseiter wurde, weil er es wagte, rassistische und rechtsextreme Aussagen zu kritisieren. Daraufhin wurde er von Mitschülern als »Linker« abgetan, beim Sport fand er keinen Klassenkameraden, der mit ihm üben wollte. Neumeyer hat gewagt, was als Todsünde gilt. Er hat geredet. Den Rassismus bei der sächsischen Polizei öffentlich gemacht. Mit ganz konkreten Beispielen. Er veröffentlichte das Chatprotokoll einer WhatsApp-Gruppe, in der ein Mitschüler schrieb: »Wir sind aus Cottbus. Und nicht aus Ghana. Wir hassen alle Afrikaner.« Bis zu zehn seiner dreißig Mitschüler hätten regelmäßig rassistische oder rechtsradikale Sprüche gemacht. Einer tönte, lieber braun als grün zu wählen.

Fremdenfeindlich äußerten sich jedoch nicht nur Mitschüler, sondern auch Ausbilder. Neumeyer hat in Interviews von drei Lehrern berichtet, die sich unangemessen verhielten. Einmal habe ein Lehrer bei einer Schießübung sinngemäß geäußert, sie sollten gut schießen lernen, schließlich seien ja sehr viele Gäste nach Deutschland gekommen. Das ist mehr als eine flapsige Bemerkung, sondern offenbar mancherorts Praxis, mit der Polizeischülern rassistische Stereotype eingeflößt werden. Der Ethik-Lehrer habe im Unterricht verkündet, dass er sich aufgrund laut feiernder Ausländer in seiner Heimat nicht mehr wohl- und sicher fühle. Einige Monate lang hat der junge Mann solche Sprüche ertragen. Aus Angst vor Repressionen vertraute er sich keinem Ausbilder an. Bei den Mitschülern war er unten durch. Isoliert. Schließlich sah er keinen anderen Ausweg mehr für sich und brach die Ausbildung ab. Danach wurde er in sozialen Netzwerken als »Schwuchtel« beschimpft, der zu weich für die Polizei sei. Simon Neumeyer hat erklärt, warum er das Schweigen über seine Erfahrungen an der Leipziger Polizeischule gebrochen hat. Er will, dass sich was ändert in Sachsen. Was er formuliert, sollte eigentlich eine Selbstverständlichkeit sein, ist es aber nicht: »Wer sich rassistisch äußert, sollte nicht Polizist werden und erst recht keine Polizistinnen und Polizisten ausbilden.«

Der ehemalige Polizeischüler hat eine ebenso nüchterne wie alarmierende Bilanz gezogen: Rassistische Sprüche seien zwar nicht an der Tagesordnung gewesen: »Sie waren aber salonfähig.«

Was er erlebt hat, lässt sich nicht als Einzelfall abtun. Ich habe zwei ehemalige sächsische Polizistinnen kennengelernt, die beide freiwillig aus dem Dienst ausgeschieden sind. Die eine studiert mittlerweile an der Uni einer Großstadt. Sie sagt, dass die meisten ihrer damaligen Kollegen von der Bereitschaftspolizei Sympathien für Pegida und die AfD hegten. Nur wenige, mit denen sie zusammengearbeitet hat, würde sie nicht als stramm rechts bezeichnen. Unwahrscheinlich, dass sich solche Einstellungen nicht auch auf Einsätze auswirken, zumal rechtsradikale Akteure immer unverhohlener versuchen, die Polizei zu instrumentalisieren. Der Fernsehreporter Arndt Ginzel ist auf rechten Demos mehrfach von Ordnern aufgefordert worden, sich auszuweisen. Und traf auf Polizeibeamte, die es als ihre Aufgabe ansahen, pressefeindliche Einschüchterungsversuche zu exekutieren. Solche Entwicklungen können nur durch klare Anweisungen von der Einsatzleitung gestoppt werden, die vor Demos klarstellen muss, dass eine wichtige Aufgabe der Polizei darin besteht, Pressefreiheit zu gewährleisten. In einem Klima, in dem die Schmähung »Lügenpresse« vielerorts salonfähig geworden ist, braucht es dafür die eindeutige politische Direktive aus den Innenministerien.

Auch die zweite Aussteigerin fühlt sich nach ihrem Ausscheiden bei der sächsischen Polizei weiter an das unausgesprochene Gesetz des Schweigens gebunden. Nie würde sie namentlich über ihre Zeit als Beamtin sprechen. Sie ging, weil sie es nicht mehr aushielt. Die »Verächtlichkeit«, wie sie es nennt. Wenn sie mit Kollegen zu einem Einsatz gerufen wurde und im Vorfeld ein ausländisch klingender Name fiel, sei der Einsatz garantiert anders abgelaufen als bei offenkundig Deutschen. Sie selbst habe ihren Job immer so verstanden, dass es darum geht, Menschen zu helfen, egal welcher Herkunft. Mit diesem Selbstverständnis geriet sie immer wieder mit ihrem Vorgesetzten aneinander. Sie sei schließlich keine Sozialarbeiterin, bekam sie zu hören. Die langjährige Beamtin ging im Frust. Heute ist sie froh, nicht mehr bei der Polizei zu sein.

Der Polizeiwissenschaftler Rafael Behr hat beschrieben, wie sich rassistische Muster in die tägliche Arbeit einschleichen. Streitfall: *Racial Profiling*, also Kontrollen aufgrund äußerer Merkmale. Wenn ein Beamter regelmäßig gezielt junge Migranten mit tiefer gelegten Autos kontrolliere, werde er hin und wieder auch Drogen finden. Somit könne er dann behaupten, sein Vorgehen beruhe auf polizeilicher Erfahrung. »Selbstreferenzielle Verdachtsschöpfung« nennt Behr das. [147]

In solchen Grauzonen entstehen selbsterfüllende Prophezeiungen, die vorhandene Vorurteile verfestigen und sich auf künftige Einsätze auswirken. Diese Anfälligkeiten müssten intern angesprochen und problematisiert werden. Doch solche Gesprächsräume und Supervisionen gibt es abgesehen von Auswertungen der Einsätze kaum. Stattdessen sind Polizisten nach der Ausbildung weitgehend sich selbst überlassen. Nicht die Ausbildung,

sondern das »anschließende Loslassen« der Beamten hält Behr
für problematisch. [148]

Vor allem konservative Politiker missverstehen bedingungs-
lose Solidarität mit »der« Polizei als oberstes Gebot staatspoliti-
scher Verantwortung. Das ist nicht nur undifferenziert, sondern
auch gefährlich, weil es Abweichungen von der rechtsstaatlichen,
demokratischen Norm mindestens verharmlost, wenn nicht entschuldigt. Als ich Ministerpräsident Kretschmer auf das Problem
demokratiefeindlicher Tendenzen in der sächsischen Polizei an-
sprach, war seine größte Sorge ein »Generalverdacht« gegen
seine Beamten. Es ist aber keine Geringschätzung für die harte
und gefährliche Arbeit derer, die Demos und Fußballspiele unter
Einsatz ihrer Gesundheit absichern, wenn Missstände offen angesprochen werden. Auch kein Generalverdacht gegen Beamte, die
korrekt arbeiten. Denn nur so lassen sich Fehlentwicklungen korrigieren und Gefahren entschärfen.

Die Innenpolitiker von Bündnis 90/Die Grünen haben konkrete Maßnahmen gefordert, um rechtsextremistische Tendenzen in der Polizei aufzuspüren und zu bekämpfen: »Wo Polizistinnen und Polizisten als Träger des staatlichen Gewaltmonopols die
freiheitlich demokratische Grundordnung von innen heraus angreifen, ist der Rechtsstaat in Gefahr.« Sie fordern, verfassungs-
feindliche Einstellungen bei der Polizei wissenschaftlich zu erheben und zu messen. Derzeit kann niemand seriös sagen, wie groß
das Problem ist. Verstöße sollen systematisch erfasst werden. Zudem fordern die Grünen, unabhängige Beschwerdestellen beim
Bund und in den Ländern einzurichten. [149] Der Fall des ehemaligen Leipziger Polizeischülers zeigt zudem, dass es auch gravierende Defizite in der Ausbildung gibt. Da reicht es nicht aus, auf
die freiheitlich demokratische Grundordnung hinzuweisen. Polizeischüler müssen auf den Konflikt zwischen Erfahrungen mit
Ausländerkriminalität und daraus resultierenden Vorurteilen vor-

bereitet werden. Rassismus sollte beim Namen genannt werden. Das alles setzt voraus, dass sich auch konservative Regierungen zu der Erkenntnis durchringen: Ja, wir haben ein Problem in den Sicherheitsbehörden. Und nein, Kontrolle heißt nicht, den vielen pflichtbewussten Polizisten zu misstrauen, die in einer radikalisierten Gesellschaft täglich den Kopf hinhalten. Eine wehrhafte Demokratie muss seine Institutionen vielmehr auch gegen Angriffe von innen verteidigen.

Chemnitz und die Folgen

Auf einmal war er da: ein Elefant im Raum, *the elephant in the room*, wie es im Englischen heißt. Eine Offensichtlichkeit, die jeder sieht, aber keiner ausspricht. Neonazis, Hassparolen, Gewalt – alles da, aber in der öffentlichen Debatte wie weg. Nachdem der Chemnitzer Daniel H. in der Nacht zum 26. August 2018 erstochen worden war, folgten rechtsextreme Demos mit gezielten Gewaltausbrüchen und Straftaten. Die Stadt war im Ausnahmezustand. Doch irgendwann drehte sich im medialen Diskurs alles nur noch um die Frage: Gab es Hetzjagden – oder nicht? Der damalige Verfassungsschutz-Präsident Hans-Georg Maaßen, dessen Aufgabe es eigentlich gewesen wäre, vor der rechtsextremistischen Eskalation zu warnen, hat Verschwörungstheorien befeuert und dadurch die Gefahr von rechts in unverantwortlicher Weise verharmlost.

Indem er zunächst Zweifel an jenem berühmt gewordenen Video säte, in dem eine Frau ihren Partner davon abhält, sich an der Jagd auf einen Migranten zu beteiligen: »Hase, du bleibst hier.« Das Video zeigt einen Mann, der einem Flüchtenden einige Meter hinterherrennt. Zu hören ist rassistische Aggression: »Was ist denn, ihr Kanaken?« Und: »Da könnt ihr rennen, ihr Fotzen.« [150] Anstatt die aufziehende Terrorgefahr in jenen Tagen zu analysieren, raunte Maaßen via *Bild-Zeitung* über »gezielte Falschinformation«, um »möglicherweise die Öffentlichkeit von dem Mord in

Chemnitz abzulenken«. Eine krude Verschwörungstheorie. Der oberste Verfassungsschützer löste damit eine Regierungskrise aus. Schließlich musste er gehen. Bezeichnenderweise durfte er, der vom Ausmaß der rechtsextremen Mobilisierung abgelenkt hatte, später vor der sächsischen Landtagswahl 2019 für mehrere CDU-Kandidaten Wahlkampf machen. Wo er auftrat, gewann übrigens meistens die AfD das Direktmandat.

Am Tag nach jener tödlichen Gewaltstraftat, die Chemnitz derart in Aufruhr versetzte, gab es nicht nur die kurze, durch das »Hase-Video« bekannt gewordene Menschenjagd. André Löscher von der Opferberatung *RAA Sachsen* hat bestätigt, dass er an diesem Sonntag von sechs rassistischen Angriffen erfahren habe, davon fünf mit Körperverletzungen. So seien am Stadthallenpark Menschen verfolgt worden, die für Ausländer gehalten wurden. Ein Migrant habe es nicht geschafft zu flüchten und wurde zusammengeschlagen: »Menschen wurden geschlagen und getreten. Letztlich ist völlig egal, ob und wie lange sie vorher weglaufen mussten.« Beim ersten Protestzug durch die Innenstadt am Tag nachdem Daniel H. erstochen worden war, skandierte ein Teilnehmer: »Für jeden toten Deutschen, einen toten ...« Das Ende der Parole in einem Videoschnipsel ist unverständlich – Ausdruck einer Pogromstimmung ist das in jedem Fall. Bereits am darauffolgenden Tag bestätigte die Chemnitzer Polizeipräsidentin erste Strafanzeigen von Menschen, die Opfer von Übergriffen geworden waren. Allein an den ersten beiden Tagen hat die Polizei insgesamt hundertvierzig Ermittlungsverfahren eingeleitet.

Die unselige Hetzjagd-Debatte hat von der Mobilisierung von rechts abgelenkt. Davon, dass ein von Ausländern begangenes Tötungsdelikt in kürzester Zeit einen Flächenbrand auslösen konnte. Der dazu führte, dass aufgebrachte Bürger bereit waren, gemeinsam mit Neonazis gegen Fremde auf die Straße zu gehen. Sie trafen dort auf eine an mehreren Tagen gefährlich unterbesetzte Polizei, die nicht in der Lage war, die enthemmte rechte Gewalt wirksam zu unterbinden. Zwischenzeitlich wurde rechtsextremen Hooligans die Macht über die Straße überlassen. Der Schulterschluss von Neonazis und beunruhigend vielen Bürgern sowie eine durch staatliches Zurückweichen ermöglichte Gewaltspirale haben letztlich die mutmaßlichen Terroristen von *Revolution Chemnitz* ermutigt, Pläne für den politischen Umsturz zu schmieden und entsprechend aktiv zu werden. Diese gefährliche Eskalation ging in der Scheindebatte um den Begriff Hetzjagd unter. Genauso wie die lange Kontinuität rechtsextremer Netzwerke in der Region: vom NSU-Unterstützerumfeld bis zu den Mitgliedern der verbotenen Kameradschaft *Sturm 34*. Es knallte da, wo die Terroristen des NSU untertauchen konnten und Neonazis seit Jahren gut vernetzt sind.

Die Situation in Chemnitz im Sommer 2018 hatte alle Zutaten für jenes Szenario, das die rechtsextreme Szene seit Jahren herbeisehnt: Rassenhass, bürgerliche Solidarisierungseffekte, anarchische Straßengewalt, staatliche Ohnmacht. Die Tage im Ausnahmezustand haben die Stadt tief gespalten. Bis heute äußern Bürger Verständnis für jene Demos, auf denen offen Sympathie für Adolf Hitler zur Schau gestellt wurde und Teilnehmer rechtsextremistische Parolen riefen: »Deutschland den Deutschen – Ausländer raus«, »Widerstand« und »Frei. Sozial. Und national«. Auf die rassistische Mobilisierung folgte eine Welle rechter Gewalt. Migranten haben die Stadt danach verlassen, weil ihre Familien die rassistischen Anfeindungen nicht mehr ertragen haben. Wie die syrische Familie, die meine Kollegen Christian und Tarek in Chemnitz trafen, nachdem sie sich aus Angst vor Übergriffen zehn Tage lang nicht mehr aus dem Haus getraut hatten. Die sich jetzt in Hamburg heimisch fühlen, weil sie da frei und ohne Angst leben können.

Die Justiz hat derweil versucht aufzuklären, was in jener Nacht zum 26. August 2018 in Chemnitz geschah, als Daniel H. erstochen wurde. Mittlerweile ist ein vierundzwanzigjähriger Syrer wegen Totschlags und gefährlicher Körperverletzung zu neuneinhalb Jahren Haft verurteilt worden. Rechtsfrieden hat das Urteil des Chemnitzer Landgerichts, das aus Sicherheitsgründen in Dresden verhandelt hat, aber nicht schaffen können. Die Verteidigung hat Revision eingelegt. Prozessbeobachter haben von widersprüchlichen Zeugenaussagen und der dünnen Beweislage gegen den Verurteilten berichtet. [151] Ein zweiter Verdächtiger ist seit der Tat auf der Flucht. An der unversöhnlichen Polarisierung in Chemnitz hat das Gerichtsurteil nichts geändert.

Der Tabubruch besteht darin, dass seinerzeit für eine Straftat Ausländer, Migranten und Fremde kollektiv verantwortlich gemacht wurden. Nicht nur von Neonazis, sondern auch von etlichen »Normalbürgern«. Schuld ist aber immer individuell. Sündenbockgewalt ist seit dem Ende des Nationalsozialismus gesellschaftlich geächtet. Der Konsens darüber ist eine zentrale zivilisatorische Errungenschaft in unserer Gesellschaft. In Chemnitz wurde diese Grenze aufgeweicht. Als Politiker Verständnis für die Reaktionen in der Stadt äußerten, war oft nicht klar, worauf sich das bezog. Etwa die Äußerung von Bundesinnenminister Horst Seehofer (CSU), er wäre als Bürger auch auf die Straße gegangen, wenn er kein Minister wäre. War das Verständnis für Trauer? Für Wut? Aber auf wen? Der Erfolg der rechtsextremistischen Akteure besteht darin, rassistische Aggressionen bisweilen wie verständliche, beinahe zwangsläufige Reaktionen erscheinen zu lassen. Dabei zogen bereits am zweiten Tag nach dem Mord viele organisierte Neonazis durch die Stadt. Eine syrische Familie hat aus ihrer Wohnung gefilmt, wie Männer riefen: »Wir sind die Fans. Adolf Hitler Hooligans.« Ein Demonstrant, der in ihre Richtung blickte, deutete mit der Hand einen Schnitt durch die Kehle an. Das war kein Trauerzug, sondern organisierter Hass.

Die sächsische Integrationsministerin Petra Köpping (SPD) hat mit etlichen Chemnitzern gesprochen, die sich diesen Demos trotzdem angeschlossen haben. Ihr könnt doch nicht bei denen mitlaufen, habe sie zu diesen Bürgern gesagt. Als Antwort bekam sie zu hören: »Na, wo hätten wir denn sonst hingehen sollen?« Die Chemnitzer Oberbürgermeisterin Barbara Ludwig (SPD) hat in den Tagen nach dem gewaltsamen Tod von Daniel H. das Bedürfnis in der Bevölkerung unterschätzt, Betroffenheit und Trauer auszudrücken. Es hätte öffentliche Räume gebraucht, wo man abseits der rechten Szene Anteilnahme bekunden kann. Dieses Vakuum haben Pro Chemnitz und andere gefüllt und instrumentalisiert. Diejenigen, die sich anschlossen, hatten keine Berührungsängste, als Mitläufer Seite an Seite mit gewaltbereiten Hooligans und Neonazis loszuziehen.

Um die Dynamik jener Tage zu verstehen, ist es notwendig, den Beginn zu betrachten. Die anwachsenden Demos sind nicht aus spontanen Trauerbekundungen hervorgegangen, sondern durch Mobilisierung von rechts entstanden. Dem war eine Falschmeldung vorausgegangen. Das Boulevardportal Tag 24, ein Ableger der Morgenpost Sachsen, hatte falsch berichtet, vor dem Mord an Daniel H. sei eine Frau belästigt worden. Damit war das Gerücht über sexuell übergriffige Ausländer in der Welt. Obwohl die Polizei die Meldung umgehend richtigstellte, hat es sich schnell verbreitet und die Stimmung in der Stadt zusätzlich angeheizt. Am Tag nach der Tatnacht, Sonntag, den 26. August, hat dann die Chemnitzer Ultra-Gruppierung Kaotic Chemnitz aus der Fanszene des Chemnitzer FC im Internet Gleichgesinnte für einen Protestzug mobilisiert. Um zu zeigen, »wer in der Stadt das Sagen hat«. Nämlich Deutsche. Mehrere Hundert Menschen folgten dem Aufruf, darunter Familien mit Kindern, aber nach Schätzungen der Polizei eben auch fünfzig Gewaltbereite. Die überrannten die wenigen Polizisten, die sich ihnen in den Weg stellten, einfach und ga-

ben den Ton an. Eine Parole: »Raus, raus, raus aus unserer Stadt.«
Der Hass richtete sich offenkundig nicht gegen Straftäter, sondern gegen alle Migranten. Der freie Journalist Johannes Grunert
hat beschrieben, wie Teilnehmer des Umzugs später auf »mehrere
Personen« eintraten, [152] junge Männer verfolgten potenzielle Opfer auf einen Parkplatz.

Nach dem ersten lokalen Aufruf mobilisierte die rechtsextremistische Szene bundesweit ihre Sympathisanten zu Demonstrationen. Einen Tag später, am Montag, den 27. August, warnten
auf Twitter szenekundige Journalisten vor einem massiven Aufmarsch gewaltbereiter Neonazis aus ganz Deutschland am selben
Abend und forderten Politik und Polizei auf, die Demos von Pro
Chemnitz sowie die angemeldete Gegendemo in ausreichender
Stärke abzusichern. Am Ende standen trotzdem nur sechshundert
Polizisten etwa sechstausend rechten Demonstranten gegenüber,
darunter zahlreiche aggressive und kampferprobte Hooligans.
Der freie Journalist Hendrik Merker war dabei, als rechtsextreme
Demonstranten losstürmten und versuchten, die Polizeikette zu
durchbrechen. Ministerpräsident Kretschmer hat später behauptet, der Einsatz habe Sicherheit gewährleistet. Wer dabei war,
hat das anders erlebt. Reporter Merker wurde beim Ansturm der
rechten Gewalttäter von einer Flasche am Kopf getroffen. Seiner
Meinung nach waren an jenem Tag in gefährlicher Weise viel zu
wenig Polizeikräfte vor Ort. Zwischen den beiden Demozügen
gab es große Lücken, die nicht konsequent voneinander getrennt
wurden. Er schätzte die Situation als »durchweg unkontrolliert
und gefährlich« ein. Ein Eindruck, den auch die Süddeutsche-Re-
porterin Antonie Rietzschel bestätigt hat. Sie hat beobachtet, wie
Neonazis immer wieder ungehindert auf die Seite der Gegendemonstranten wechseln konnten.

Merker hat an jenem Abend weitere Kollegen mit Platzwun-
den getroffen. Kamerateams wurden angegriffen, obwohl sie von

Security-Leuten begleitet wurden. An vielen Straßenecken lauerten rechte Kampfgruppen Opfern auf. Der freie Journalist Raphael Thelen hat der Polizei vorgeworfen, sie habe die gewalttätigen Neonazis gewähren lassen: »Die konnten machen, was sie wollten.« Er selbst hat beobachtet, wie rechte Straßenkämpfer eine Treppe hochstürmten, einen Gegendemonstranten von der Balustrade zerrten und zusammenschlugen. Die vier herbeieilenden Polizisten hätten die Schläger nur die Treppe runtergedrängt. Ein Zugriff erfolgte nach Angaben des Reporters nicht. Wie schon bei den Ausschreitungen in Heidenau war die sächsische Polizei auch in Chemnitz massiv unterbesetzt. Dieser staatliche Kontrollverlust war absehbar und vermeidbar. Zumal das niedersächsische Innenministerium nach eigenen Angaben zusätzliche Polizeieinheiten zur Verstärkung angeboten hat. Die Hilfe wurde aber in Dresden abgelehnt. Allen Warnungen zum Trotz. Ein fataler Fehler.

Am Samstag, den 1. September, war ich selbst bei der Kundgebung von *Pro Chemnitz* am Karl-Marx-Monument, das alle nur »Nischel« nennen. Parallel hatte die AfD zu einem »Trauermarsch« aufgerufen. Es gab die Auflage, dass sich die beiden Demos nicht vereinigen dürfen. Noch war es friedlich an diesem Nachmittag. Zumeist schwarz gekleidete junge Männer standen in kleinen Gruppen neben älteren Männern. Dunja Hayali vom ZDF versuchte umringt von Demonstranten, mit ihnen ins Gespräch zu kommen. Auf der Bühne wiesen Redner empört den Vorwurf zurück, sie seien Nazis. Neben mir pöbelte ein Mann einen Fernsehreporter an, er sei »Lügenpresse«.

Der Chefordner von *Pro Chemnitz* empfahl den Zuhörern vor der Bühne: »Meinetwegen bindet euch den rechten Arm an.« Sie sollten also auf den Hitlergruß verzichten. Wenig später kippte abrupt die Stimmung. Der Redner sagte ins Mikrofon, sie seien freie Bürger. Man werde die Kundgebung jetzt auflösen, um sich entgegen der Auflage der AfD anzuschließen. An die Versammlungsbehörde richtete er die Warnung, sie habe selbst in der Hand, ob es an diesem Tag noch knallt. Die unausgesprochene Drohung: Sollte die Polizei sie aufhalten, könne er für nichts garantieren. Die Menge geriet in Aufruhr, unverzüglich liefen die Ersten in jene Richtung los, die offiziell untersagt war. Die wenigen Mannschaftswagen der Polizei setzten sofort zurück und gaben den Weg frei. Ich lief an der Seite mit, Polizeieinheiten waren nur ganz vereinzelt zu sehen, bis sich die Demonstranten dem AfD-Zug angeschlossen hatten.

Wo die beiden Gruppen zusammenkamen, wurden Deutschlandfahnen geschwenkt. Die Menge skandierte »Lügenpresse«. Ich beobachtete, wie aus allen Richtungen immer weitere Teilnehmer dazukamen. Darunter sportlich wirkende, zumeist schwarz gekleidete Männer. Vor allem aber ganz normale Leute. Rentner und schick angezogene Paare, die aussahen, als wären sie auf dem Weg ins Restaurant oder Kino. Keiner von ihnen schien sich an den jungen Männern mit den dunklen Sonnenbrillen um sie herum zu stören. Ein Foto der Rechercheplattform *Exif* legt nahe, dass auch der mutmaßliche Mörder des Kasseler Regierungspräsidenten Walter Lübcke, Stephan E., mit der Menge von *Pro Chemnitz* auf dem Weg zur AfD-Kundgebung war. [153]

An diesem Tag vollzog die AfD den Schulterschluss mit Pegida und organisierten Neonazis aus ganz Deutschland. In der ersten Reihe des sogenannten »Trauermarschs« liefen die ostdeutschen AfD-Größen Björn Höcke, Andreas Kalbitz und Jörg Urban, effektheischerisch ausgestattet mit weißen Rosen, dahinter Pegida-Gründer Lutz Bachmann, kampferprobte Hooligans und Neonazis. WDR-Recherchen zufolge waren auch mindestens drei der mutmaßlichen Rechtsterroristen der Gruppe *Revolution Chemnitz* dabei. Obwohl die Polizei diesmal mit einem massiveren Aufgebot vor Ort war und immer wieder Gewalttäter aus der Menge herausgriff und festsetzte, kam es am Abend erneut zu massiven Angriffen durch Neonazis. Opfer wurden gejagt und attackiert. Der freie Reporter Arndt Ginzel hat bestätigt, dass er mit seinem Kamerateam mehrmals wegrennen musste: »Vorne lief die AfD. Weiter hinten in den Seitenstraßen jagten organisierte Hooligans alle möglichen Leute, darunter viele Journalisten.« [154]

Der sächsische Ministerpräsident Michael Kretschmer hat demonstrativ bekräftigt, der Rechtsstaat sei in Chemnitz erfolgreich verteidigt worden. Augenzeugenberichte, Bildmaterial und polizeiinterne Berichte zeigen etwas anderes: Der Rechtsstaat ist in Chemnitz zurückgewichen. Er hat Rechtsextremisten zeitweilig die Kontrolle über die Straße überlassen. Die Öffentlichkeit wurde nach den rechtsextremistischen Exzessen auch nicht über das volle Ausmaß der Gewalt in der Stadt informiert. In einem internen Lagefilm der Polizei ist früh von vermummten Rechten die Rede, die sich mit Steinen bewaffnen und gezielt nach Ausländern suchen. Und es ist die Rede vom Angriff auf das jüdische Restaurant *Schalom* am 27. August. Der Gastronom wurde vor seinem Lokal von einer Gruppe Neonazis mit Flaschen und Steinen beworfen und als »Judensau« beschimpft. Ein schwerer Stein traf ihn an der Schulter. Obwohl die Polizei frühzeitig über diese gravierende antisemitische Tat Bescheid wusste, hat das sächsische Innenministerium die Presse darüber nicht informiert.

Der Rechtsstaat ist in Chemnitz weder konsequent gegen NS-Propaganda und Gewalt eingeschritten, noch wurde das ganze Ausmaß des Angriffs auf die Demokratie offen dargelegt. Die Videosequenz eines Reporters zeigt, wie sich ein rechter Demonstrant aus der Menge langsam an eine Polizeikette rantastet und einem Beamten provokativ mit der Faust vor das Visier schlägt. Es passierte: nichts. Kein Zugriff. Sinnbild staatlicher Ohnmacht. Die Polizei hat später argumentiert, diverse Straftaten wie der verbotene Hitlergruß seien erst nachträglich mithilfe von Videobelegen verfolgt worden. Der Preis für diese Deeskalationsstrategie war hoch. Die Bilder, dass in einer deutschen Stadt wieder offen und unbehelligt der Hitlergruß gezeigt werden kann, gingen um die Welt. Die rechtsextreme Szene hat diese polizeitaktische Zurückhaltung als Schwäche des demokratischen Rechtsstaats interpretiert. Als Fanal, um zuzuschlagen. Einige hielten sogar den lange ersehnten Tag X für gekommen. Den Tag, an dem das verhasste demokratische System gestürzt wird. So ist die Gründung der mutmaßlichen Terrorgruppe *Revolution Chemnitz* zu erklären, die im Umfeld der Demonstrationen zusammenfand. Mindestens zwei Angeklagte sollen Ordner bei *Pro Chemnitz* gewesen sein.

Die acht Männer schlossen sich den Ermittlungen des Generalbundesanwalts zufolge spätestens zehn Tage nach dem sogenannten »Trauermarsch« der AfD zusammen, um »effektive Schläge gegen Linksparasiten, Merkel-Zombies, Mediendiktatur und deren Sklaven« durchzuführen. [155] Das verabredeten sie in einer Chatgruppe des Messenger-Dienstes Telegram. Demnach planten sie einen symbolträchtigen Anschlag für den 3. Oktober 2019 in Berlin. Der Tag der Deutschen Einheit sollte also der Tag X sein, um bürgerkriegsähnliche Zustände zu provozieren und einen »Systemwechsel« herbeizuführen. Dazu wollten die mutmaßlichen Terroristen Schusswaffen organisieren und den Anschlag offenbar so inszenieren, als hätten ihn Linke begangen. Die Bundesanwaltschaft ist davon überzeugt, dass die Aktion nur als Auftakt zu weiteren Anschlägen gedacht war, »die dem Sturz der Regierung und der Beseitigung des demokratisch verfassten Rechtsstaats dienen sollten«. Die Ermittler machten Christian K. als Rädelsführer aus. Die anderen Mitglieder seien »aufgrund ihrer herausgehobenen Position in der entsprechenden Szene ausgewählt« worden. Einer von ihnen: der ehemalige Kopf der Kameradschaft *Sturm 34*, Tom W. Auch drei weitere mutmaßliche Rechtsterroristen sollen aus dem Umfeld der verbotenen Kameradschaft stammen, darunter auch Christian K., den die Ermittler für den Kopf der Zelle halten.

Als Vorbereitung für die Aktion in Berlin machten einige Mitglieder mit anderen Rechtsextremisten im Anschluss an eine Demo von *Pro Chemnitz* einen »Probelauf« an der Schlossteichinsel in Chemnitz. Einheitlich in militantem Schwarz uniformiert und mit Quarzsandhandschuhen bewaffnet, marschierten sie auf und attackierten zunächst eine Gruppe von Jugendlichen. Der Kampftrupp trat als »Bürgerwehr« auf, umringte den Freundeskreis und begann, junge Männer zu schubsen, die aber flüchten konnten. Daraufhin zogen die Angreifer weiter zu einer Gruppe, die zusammen grillte, zu der auch ein Pakistaner und ein Iraner gehörten. Einige Angreifer brüllten: »Ausländer raus!«, einige hielten abgebrochene Bierflaschen in der Hand. Als sich die Polizei näherte, schmissen sie Flaschen auf ihre Opfer. Der Iraner wurde am Hinterkopf getroffen und ging mit einer blutenden Platzwunde zu Boden.

Nach diesem Angriff, der an die »Skinhead-Kontroll-Runden« erinnert, mit denen die Kameradschaft *Sturm 34* seinerzeit die Region terrorisiert hat, wurde der mutmaßliche Kopf der Terrorbande, Christian K., festgenommen. Zwei Wochen später rückten auf Weisung des Generalbundesanwalts mehr als hundert Polizeibeamte aus, um sechs weitere mutmaßliche Mitglieder von *Revolution Chemnitz* festzunehmen. Die Ermittler gehen davon aus, dass die Terrorgruppe auf Dauer angelegt war. Demnach gab es ein gemeinsames Ziel, das Einverständnis der Mitglieder und eine Hierarchie. Der Terrorakt in Berlin sollte einen »Stein ins Rollen bringen«. Das verhasste »Regime« sollte »stürzen«. Im September 2019 begann vor dem Oberlandesgericht Dresden der Prozess gegen acht Tatverdächtige wegen Bildung und Mitgliedschaft in einer terroristischen Vereinigung und besonders schweren Landfriedensbruchs. Ein Sprecher der Bundesanwaltschaft erklärte, die Schwelle zur Strafbarkeit sei nicht erst dann überschritten, wenn ein Anschlag verübt wurde. Schon wenn sich mehr als zwei Personen zur Vorbereitung zusammenschließen, begründe das eine terroristische Vereinigung. Er verwies auf die Planungen, sich Waffen zu beschaffen und den brutalen »Probelauf« am Schlossteich. Damit wiesen die Ankläger durchsichtige Unterstellungen zurück, bei dem Prozess würden keine Straftaten, sondern rechte Gesinnung verfolgt.

Chemnitz sucht nach der Erschütterung nach Normalität und wirbt für sich, um wieder als Kultur- und Universitätsstadt wahrgenommen zu werden. Die Stadt wird aber immer wieder darauf gestoßen, dass sie ein ernstes Problem hat. Der *Chemnitzer FC*, der zuvor selbst noch eine Trauerbekundung für einen verstorbenen Rechtsextremisten zugelassen hatte, trennte sich von seinem Kapitän Daniel Frahn wegen angeblicher Nähe zu rechtsradikalen Fans. Daraufhin wurden Verantwortliche des Vereins unter anderem als »Judensau« beleidigt. Hooligan-Experte Robert Klaus erkennt ein massives Problem in der Fanszene des Vereins. Anhänger der rechtsextremen Gruppierungen *Kaotic* und *NS-Boys*, die seit Jahren Stadionverbot haben, dominierten nach wie vor die Kurve. Im Gegensatz zu anderen Vereinen fehlen in Chemnitz Initiativen, die sich deutlich gegen Rassismus und Rechtsextremismus positionieren. [156] *Kaotic* hatte nach dem gewaltsamen Tod von Daniel H. die rechte Szene mobilisiert.

Ein Jahr danach war ich in Chemnitz auf einem Festival, das klarmachen sollte: Wir sind mehr. Überall in der Stadt waren Bühnen aufgebaut. Am Karl-Marx-Monument, wo vor einem Jahr dazu aufgerufen wurde, den rechten Arm anzubinden, sang eine junge schwarze Sängerin darüber, dass Liebe stärker ist als Hass. Auf einer kleinen Bühne im Park nebenan staunten Kinder über die Kunststücke eines Zauberers. Oberbürgermeisterin Barbara Ludwig schlenderte durch die Stadt und sah dabei sehr zufrieden aus. Zehntausende waren gekommen, hörten Musik, saßen im Gras und auf Gehwegen, setzten ein Zeichen. Abends spielte Herbert Grönemeyer auf der Hauptbühne und stellte unter dem Beifall seiner zumeist jungen Zuhörer fest, man werde »keinen Millimeter nach rechts« rücken. Es war ein friedliches, entspanntes Fest, junge Leute tanzten in den Straßen. Doch ich sah vor den Bühnen nur wenige mittelalte oder ältere Chemnitzer. Das Festival war ein wichtiges Signal für Vielfalt und gegen Rassismus, aber am Lebensgefühl vieler Bürger ging es offenbar vorbei.

Viele Chemnitzer fühlen sich durch die Berichterstattung in den Medien in ein falsches Licht gerückt. Kritik an Rassismus und Rechtsextremismus wird als Verunglimpfung der ganzen Stadt missverstanden. Ein Mechanismus der Verarbeitung, wie er seinerzeit auch in Mügeln zu beobachten war. Der nachvollziehbare Wunsch, nicht als rechte Hochburg wahrgenommen werden zu wollen, darf indes nicht dazu führen, dass wichtige Lehren nicht gezogen werden. Angst vor Stigmatisierung ist kein guter Ratgeber und führt zu fragwürdiger Solidarität mit denen, die ein grausames Gewaltverbrechen instrumentalisiert haben. Chemnitz hat gezeigt, wie der organisierte Rechtsextremismus versucht, aus Ereignissen wie einem Totschlag jene bürgerkriegsähnlichen Zustände herbeizueskalieren, um den demokratischen Rechtsstaat zu destabilisieren. Politiker müssen jedem Versuch entschieden entgegentreten, individuelle juristische Schuld auf ein Sündenbockkollektiv zu richten. Die Gewalteskalation bis zur Entstehung von Rechtsterrorismus verdeutlicht: Weicht der Staat zurück, ermutigt das Neonazis. Mit drastischen Folgen.

Die langfristige Wirkung der Grenzverletzungen ist überregional kaum noch wahrgenommen worden. Die Mobilisierung von rechts hat in Chemnitz zu einer regelrechten Explosion rassistischer Gewalt geführt. Ministerpräsident Kretschmer hatte die ganze Härte des Rechtsstaats gegen die Täter angekündigt. Es blieb bei der Ankündigung. Opferberaterin Andrea Hübler vom Verein *RAA Sachsen* kritisiert, es sei nur zu wenigen Verurteilungen wegen Körperverletzungen gekommen, obwohl es innerhalb einer einzigen Woche bereits fünfzig Angriffe auf Geflüchtete, Gegendemonstranten und Journalisten gegeben habe. Viele Verfahren endeten ohne Verurteilung. Für Migranten ist das Leben in Chemnitz gefährlicher geworden. Die allermeisten Anfeindungen und Übergriffe wurden nicht geahndet. So hat die Staatsanwaltschaft Chemnitz die Ermittlungen zu Angriffen auf die persischen Restaurants *Schmetterling* und *Safran* eingestellt. Der Inhaber des *Safran* war mit Gegenständen beworfen und verletzt worden. Sozialarbeiterin Hübler sieht in ausbleibender Strafverfolgung ein doppelt fatales Signal. Den Opfern werde vermittelt: Ihr seid nicht so wichtig. Und den rechten Tätern: Eure Taten haben keine Folgen. Chemnitz zeigt nicht nur, wie Radikalisierung im Zeitraffer abläuft, sondern auch, wie friedliches Zusammenleben dauerhaft zerstört wird, wenn Tätern mit ihrer menschenverachtenden Ideologie nicht die Grenzen aufgezeigt werden.

Beschwichtiger und Hoffnungsträger

Chemnitz war für den seit Ende 2017 amtierenden sächsischen Ministerpräsidenten Michael Kretschmer (CDU) die große Bewährungsprobe. Das darauf folgende politische Beben rund um die Causa Maaßen hat auch das politische Berlin schwer erschüttert. Zwischenzeitlich sah es so aus, als würde die Große Koalition an der daraus resultierenden Regierungskrise zerbrechen. Einmal mehr gingen beunruhigende und beschämende Bilder aus Sachsen um die Welt. Hitlergrüße, Neonazigewalt. Kretschmer, der ein Dreivierteljahr zuvor Nachfolger von Stanislaw Tillich als Ministerpräsident geworden war, stand massiv unter Druck – die richtigen Worte und die richtige Haltung zu finden.

Sein Krisenmanagement sagt viel über die politischen Zustände in dem Bundesland, in dem Pegida und auch die AfD so groß wurden wie sonst nirgends. Kretschmer versucht seither einen mitunter unmöglichen politischen Spagat. Klare Kante gegen Rechtsextremismus kombiniert mit einigen geradezu populistischen Positionen. Demonstrative Rückendeckung für die Chemnitzer gegen vermeintliche Angriffe von außen verbunden mit dem Signal, nichts kleinreden zu wollen. Alles vor dem Hintergrund einer weiter erstarkenden AfD. Das geht nicht ohne offenkundige Widersprüche.

Kretschmer und die CDU haben letztlich die folgende Landtagswahl im Spätsommer 2019 knapp gegen die AfD gewonnen.

Von Chemnitz bis zum Wahlsieg ein Jahr später hat der junge Ministerpräsident zu einer erstaunlich eindeutigen Haltung gegen die AfD gefunden. Weniger eindeutig waren seine Botschaften direkt nach Chemnitz. Klare Worte gingen einher mit Verharmlosung. Der Versuch, sich schützend vor seine Landsleute zu stellen, hat mitunter einen Ton gesetzt, der es jenen leicht machte, die aus den Ereignissen in Chemnitz eine mediale Inszenierung machen wollten. Dafür hat er sich auch nicht gescheut, massive Medienkritik zu üben, die wenig mit konkreten medialen Fehlleistungen und viel mit demonstrativer Solidarität für das wunde Chemnitz zu tun hatte. [157] Sein Weg zum Wahlsieg zeigt beeindruckende Lerneffekte genauso wie unbelehrbares Festhalten an fragwürdigen sächsischen Sonderwegen.

In einer Regierungserklärung wenige Tage nach dem sogenannten »Trauermarsch« der AfD hat der sächsische Regierungschef eine bemerkenswerte Doppelstrategie eingeläutet. Deutlich wie keiner seiner Vorgänger stellte Kretschmer fest: »Ich bin der Überzeugung, dass Rechtsextremismus die größte Gefahr für unsere Demokratie ist.« Ein denkwürdiges Eingeständnis. Doch schon seine Mahnung zur Differenzierung, wonach die ausfällig gewordenen Demonstranten »weder allesamt Chemnitzer noch in der Mehrheit« waren, lenkte von den einheimischen Mitläufern der Neonazis ab. Seine Unterscheidung, wonach diejenigen, die aus Wut über den Messerangriff auf die Straße gegangen seien, nicht rechtsextrem seien und der Kampf nur den Gewalttätern zu gelten habe, blendete den Kern des Problems aus: dass die Gewalt von rassistischer Wut getragen wurde. Die Mitläufer haben erst den Rahmen geschaffen, in dem sich organisierte und politisch motivierte Gewalttäter als Teilnehmer einer vermeintlich bürgerlichen Protestbewegung tarnen und dann zuschlagen konnten. Neonazis konnten sich als ausführender Arm eines bürgerlichen »Volkszorns« aufspielen. Trotz des Eingeständnisses, dass es in

Sachsen noch nicht gelungen sei, die gesellschaftliche Mitte als Verbündeten für den Kampf gegen Rechtsextremismus zu gewinnen, blieb am Ende ein einziger Satz seiner Rede als viel zitierte Bilanz übrig: »Klar ist: Es gab keinen Mob, es gab keine Hetzjagd, und es gab keine Pogrome in dieser Stadt.« Kretschmer gab mit seiner Regierungserklärung zu verstehen: Die Berichterstattung über Chemnitz war übertrieben.

Wurde die Stadt also Opfer einer Medienkampagne? Und gab es das – Mob, Hetzjagden und Pogrome? Mob ist eine abfällige Bezeichnung für eine ungesteuerte Ansammlung von Menschen, die destruktive Ziele verfolgen. Vom ersten Tag an wurden in Chemnitz fremdenfeindliche Parolen skandiert, Migranten und Journalisten wurden an mehreren Tagen gezielt angegriffen und verletzt, die Polizei wurde attackiert. Das ist unstrittig. Das Wort »Hetzjagd« ist dagegen ein unscharfer Begriff, weil jeder damit etwas anderes verbindet. Der Chefredakteur der *Chemnitzer Freien Presse* hat argumentiert, warum sein Blatt den Begriff nicht verwendet hat. Weil nämlich Migranten, Polizisten und Linke in Chemnitz nur »über kurze Distanz« verfolgt wurden, schlug er stattdessen den Begriff »Jagdszene« vor. Das klingt aber mehr nach feudaler Zerstreuung bei einer Landpartie zu Pferde als nach gewalttätigem Angriff. Treffender ist: Menschenjagd. Viel wichtiger als die absurde Frage, über wie viele Meter Opfer verfolgt wurden, bevor sie geschlagen und getreten wurden, ist aber die unbestreitbare Tatsache rassistischer und rechtsextremistischer Gewalttaten rund um die Demos. Kretschmer hat Verfassungsschutz-Chef Maaßen mit seiner Rede die Vorlage zu der unsäglichen Hetzjagd-Debatte geliefert. Pogrom wiederum meint gewalttätige Ausschreitungen gegen ethnische oder religiöse Minderheiten. Der Begriff ist bislang für außergewöhnliche Exzesse wie die tagelangen Ausschreitungen 1992 in Rostock-Lichtenhagen reserviert geblieben. Kein relevanter Politiker oder Redakteur hat im Zusammenhang mit Chemnitz von Pogromen gesprochen, auch wenn es wie beschrieben gezielte Gewalt gegen Migranten, Drohungen und fremdenfeindliche Parolen, also durchaus eine Pogromstimmung, gab. Die Absage an die drei umstrittenen Begriffe war ein Ablenkungsmanöver des sächsischen Ministerpräsidenten. Wichtiger als zu sagen, was es angeblich alles nicht gab, wäre gewesen, die explosive Mischung aus Empörung, rassistischen Reflexen und Gewalt selbst präzise zu benennen. Die bürgerliche Solidarisierung mit Neonazis als Tabubruch zu problematisieren. Stattdessen hat sich Kretschmer für Medienkritik entschieden und »pauschale oder falsche« Urteile über Chemnitz beklagt. Doch nicht die Berichterstattung war skandalös, sondern was sich in jenen Spätsommertagen in den Straßen von Chemnitz ereignet hat.

Kurz nach der Eskalation in Chemnitz hatte ich die Gelegenheit, Michael Kretschmer in einem langen Interview zu seiner Medienkritik und den Polizeieinsätzen zu befragen. [158] An einem heißen Tag in Dresden habe ich einen Ministerpräsidenten erlebt, der sichtlich um eine eindeutige Haltung zu rechtsextremistischen Grenzverletzungen bemüht war. Der aber weiterhin Vorwürfe gegen Journalisten erhob, ohne sie konkret mit Beispielen untermauern zu können. Er habe den Eindruck, in Zeitungen und Fernsehberichten sei pauschalisiert worden: »Die Frage ist, wie das auf die Menschen in Chemnitz wirkt. Wie es auf die Sachsen oder auf die Ostdeutschen wirkt.« Wieder mal ging es also um die kollektive Befindlichkeit und vermeintlich falsche Vorwürfe von außen, aus dem Westen. Dabei haben auch überregionale Formate wie das ZDF-Magazin *Frontal 21* mit versierten Reportern aus dem Osten wie Arndt Ginzel wichtige investigative und sachgemäße Beiträge produziert. Das WDR-Politmagazin *Monitor* hat gezeigt, dass zum sogenannten »Trauermarsch« der AfD bekannte Neonazis aus ganz Deutschland angereist waren. Die Medienkritik des Ministerpräsidenten hatte wenig Substanz. Als ich ihm von Kollegen erzählte, die in Chemnitz gejagt und attackiert wurden, und darauf hinwies, dass es doch Aufgabe der Polizei ist, auf jeder Demo Pressefreiheit zu gewährleisten, schien ihn das nachdenklich zu machen. Kollegen haben anschließend von einer rechten Demo in Dresden berichtet, bei der die Polizei spürbar darum bemüht war, Drohungen gegen Reporter frühzeitig zu unterbinden.

Bei seiner Bewertung der Polizeieinsätze in Chemnitz verharmloste Kretschmer die Lage: Trotz enormer Mobilisierung von rechts seien Sicherheit und Ordnung gewährleistet worden, auch wenn es an jenem Montag nach der Tat besser gewesen wäre, zweihundert Beamte mehr zur Verfügung zu haben, wie er einräumte. Gemessen an den Augenzeugenberichten etlicher Reporter, die blutende Kollegen und nicht verfolgte Hooliganbrutalität beobachtet haben, ist diese Behauptung eine Farce. Kretschmer hat in Kenntnis der Lageeinschätzung der Polizei, die einem internen Lagefilm zufolge von ausschwärmenden rechten Gewalttätern auf der Suche nach ausländischen Opfern ausgingen, weiter an der offiziellen Darstellung festgehalten. Er hat Kontrolle suggeriert, obwohl der selbst verschuldete Kontrollverlust für alle, die es erlebt haben, offensichtlich war. Und er hat an jener Erzählung festgehalten, die Mitläufer entschuldigt: »Es gibt eine klare Trennung zwischen denen, die straffällig geworden sind, und den anderen.« Nicht Wut und Empörung gegen unschuldige Sündenböcke zu richten, sah Kretschmer bereits als Grenzverletzung an, sondern erst strafbare Volksverhetzung und Körperverletzungen.

Der durchaus nachvollziehbare Versuch, jenen eine Brücke bauen zu wollen, die nicht aus ideologischen Gründen, sondern aus Empörung über ein tödliches Gewaltverbrechen auf die Straße gingen, drückt sich um die notwendige Erkenntnis, dass die gefährliche Zuspitzung der Situation unterhalb einer strafrechtlich relevanten Schwelle begann. Es ist nicht verboten zu rufen: »Raus aus unserer Stadt.« Oder: »Widerstand.« Aber es trägt zur Eskalation bei. Verwerflich waren nicht nur das Zeigen des Hitlergrußes und Schläge gegen Unschuldige, sondern bereits jene aggressive Stimmung, die bewirkte, dass sich Migranten nicht mehr aus der eigenen Wohnung trauten. Gewalttätige Neonazis konnten aus der Deckung heraus agieren, die ihnen bürgerliche Mitläufer boten, und die Hemmschwelle für Alltagsrassisten wurde drastisch herabgesetzt. Migranten haben beispielsweise berichtet, dass muslimischen Frauen auf der Straße das Kopftuch weggerissen wurde. Die Solidarität mit Opfern und Betroffenen, die ja auch Chemnitzer sind, kam im Krisenmodus viel zu kurz, auch wenn Kretschmer in unserem Gespräch eine junge Chinesin erwähnte, die jahrelang friedlich in Chemnitz gelebt hatte, bevor sie in jener enthemmten Phase von einem Rassisten angegriffen wurde. »Dem muss man sich entgegenstellen«, sagte er. [159]

In dem Interview habe ich den Ministerpräsidenten damit konfrontiert, dass weder Polizei noch das Innenministerium die Öffentlichkeit über den Angriff auf das jüdische Restaurant *Schalom* informiert haben. Sollte verhindert werden, dass antisemitische Gewalt bekannt wird?

Als Antwort lobte Kretschmer ausweichend die Beamten vor Ort. Deren vorbildliches Auftreten sei typisch für das Zusammengehörigkeitsgefühl der Stadt. Ich hakte nach. Es gehe doch nicht an, einen massiven antisemitischen Angriff einfach zu verschweigen. Kretschmer wand sich. Er kündigte an, die Täter dingfest zu machen. Ich fragte noch ein weiteres Mal nach, ob denn wenigstens jetzt untersucht werde, warum die Öffentlichkeit nicht informiert wurde. Antwort: »Warum keine Pressemitteilung rausgegangen ist, kann ich nicht sagen.« [160] So offen sich der Ministerpräsident auch der Kritik stellte, so sehr machte er bei diesem

Skandal dicht. Hier ging es nicht um lückenlose Aufklärung, sondern allein um Schadensbegrenzung.

Nach unserem Interview, das ein hartes Ringen um Tatsachen und Einschätzungen war, blieben wir noch eine Weile vor dem Café im Schatten sitzen. Ich übergab dem Ministerpräsidenten die Kopie einer Reportage, die ich vor einigen Jahren über den attackierten jüdischen Gastronomen geschrieben hatte. [161] Damals hatte der mir anvertraut, dass er über alles Statistik führt. Gäste, geöffnete Kronkorken, servierte Hühnerbrüste. Auch über antisemitische Straftaten. Als wir seinerzeit in seinem Restaurant miteinander sprachen, hatte er schon 1492 Drohanrufe gezählt. Einmal fand er morgens einen Schweinekopf vor seiner Tür. Der dann von der Polizei nicht im kriminaltechnischen Labor untersucht, sondern vernichtet worden war. Ebenso wie etwaige Spuren. Das war, lange bevor zugereiste Neonazis in Chemnitz mitmarschierten. Michael Kretschmer las kurz in die Geschichte rein, faltete das Papier und steckte es sich ins Jackett, bevor er zu seinem nächsten Termin aufbrach.

Als Strategie für den Landtagswahlkampf ein Jahr später hatte Kretschmer zwei Optionen. Alles offenhalten oder klare Kante gegen die AfD zeigen. Es würde ein Kopf-an-Kopf-Rennen geben, so viel war klar. Der neu gewählte sächsische CDU-Fraktionschef Christian Hartmann hatte eine Koalition mit der AfD ausdrücklich nicht ausgeschlossen und das mit Respekt vor den Wählern begründet. Offenkundig gibt es in der sächsischen CDU gewichtige Stimmen für eine Annäherung an die AfD. Kretschmer hat der Partei, die alle demokratischen Mitbewerber als »Altparteien« schmäht, eine klare Absage erteilt. Er schloss eine Koalition mit der AfD für seine Person kategorisch aus. Aus taktischen Überlegungen, aber auch aus Überzeugung. Für die richtige Strategie lieferte CSU-Chef Markus Söder die Vorlage. Nachdem Söder zeitweise selbst wie ein Rechtspopulist aufgetreten war, besann er sich vor der bayerischen Landtagswahl im Oktober 2018 auf einen moderaten liberalkonservativen Kurs. Damit führte er die CSU trotz schmerzhafter Verluste souverän zum Sieg und verwies die zuvor so kraftstrotzende AfD mit für sie enttäuschenden 10,2 Prozent deutlich in die Schranken. Söder hat es vorgemacht: Nicht Anbiederung ist das Erfolgsrezept gegen die AfD, sondern selbstbewusste Abgrenzung – formal und auch inhaltlich.

Die Entscheidung von Michael Kretschmer, einem Bündnis mit der AfD eine deutliche Absage zu erteilen und sie als härtesten politischen Gegner zu behandeln, hat aber auch ganz persönliche Gründe. Immer wieder erzählt Kretschmer, wie er selbst von Sympathisanten der Partei in Dresden als »Volksverräter« angepöbelt worden ist. Mit jenem Begriff also, der an Volksverrat, Volksgerichtshof und den NS-Richter Roland Freisler denken lässt. Wenn Kretschmer davon erzählt, ist ihm die Empörung anzumerken. Wie sehr ihn das verletzt und auch geprägt hat. Schon in seiner Regierungserklärung nach Chemnitz hat er klargemacht, dass sich außerhalb der Rechtsordnung stelle, wer so etwas ruft. Er warf der AfD vor, mitverantwortlich für die Radikalisierung der Gesellschaft zu sein. »Dem werden wir uns entgegenstellen«, sagte er. Wenn ihn Bürger dafür kritisiert haben und ihm vorwarfen, undemokratisch zu agieren, weil er die AfD ausgrenzt, warf Kretschmer seine ganze Persönlichkeit in die Waagschale. Mit mir nicht, so die Botschaft. Dafür stehe er. Andere mögen das anders sehen.

Bis zuletzt blieb offen, ob seine Strategie aufgeht. Am Wahltag lag seine CDU im September 2019 mit 32,1 Prozent immerhin 4,6 Prozentpunkte vor der AfD, der viele bereits den Sieg prophezeit hatten. Das Ergebnis eines kraftzehrenden Wahlkampfs, vor allem aber auch von glaubwürdiger Standhaftigkeit. Denn Kretschmer hatte sich eindeutig festgelegt. Hätte die CDU bei einem Wahlsieg der AfD für Zusammenarbeit votiert – dem Ministerpräsidenten wäre als persönliche Konsequenz nur der Rückzug geblieben.

Inhaltlich setzt Michael Kretschmer auf klassische konservative Themen wie Sicherheit und versucht, dem Zeitgeist folgend, wie viele andere auch den Begriff Heimat für die CDU zu vereinnahmen. Zu seinem Amtsantritt trat er für »deutsche Werte« ein, wobei nicht ganz klar ist, was genau er damit meint. Immer wieder hat Kretschmer deutliche Signale an rechte Wähler ausgesendet. In der Asylpolitik plädierte er für eine rigorose Abschiebepraxis. Der von ihm angeregte »Volkseinwand«, mit dem parlamentarisch beschlossene Gesetze per Volksentscheid verhindert werden könnten, wirkt wie eine Verbeugung vor einem Populismus, der gewählte Volksvertreter permanent als Gegenspieler eines vermeintlich wahren Volkswillens diskreditiert. Der Politikwissenschaftler Hans Vorländer hält den angeregten »Volkseinwand« für gefährlich, »weil er die Axt an unser parlamentarisches System legt«. [162] Jedes Gesetz stehe damit unter dem Damoklesschwert, nachträglich zu den Akten gelegt werden zu können.

Dass Kretschmer durchaus versucht, populäre Stimmungen aufzunehmen und ihnen eine schmissige Stimme zu geben, hat er mit seiner Forderung nach einem Ende der Sanktionen gegen Russland gezeigt. Das war eine ungewöhnliche Wortmeldung für einen Landespolitiker, die sich aus ostdeutschen Sympathien für Putin und Russland erklären lässt. Im Osten gebe es eine eigene Meinung dazu, so Kretschmer. Er selbst habe eine »große positive Zugewandtheit zu Russland«. Eine Haltung, die auch viele AfD-Anhänger teilen. [163] Kretschmer scheut sich nicht, der AfD zuneigende Wähler anzusprechen.

Auf der anderen Seite hat er partnerschaftlich mit der SPD von Martin Dulig zusammengearbeitet. Die Politiker sind beinahe gleich alt, vor einer gemeinsamen Veranstaltung in der Alten Leipziger Handelsbörse amüsierten sie sich über die Humorlo-

sigkeit des konservativen Urgesteins Edmund Stoiber. Kretschmer hat parteiinternen Versuchen widerstanden, sich als Reaktion auf die AfD auf einen konsequenten Rechtskurs zu begeben.
Während mehrere Parteifreunde wie der sächsische Landtagspräsident Matthias Rößler den ehemaligen Verfassungsschutz-Präsidenten Hans-Georg Maaßen im Wahlkampf auftreten ließen,
stellte Kretschmer klar: »Ich habe Herrn Maaßen nicht eingeladen.« Durch ihn habe sich die Debatte um die Ausschreitungen in
Chemnitz verlängert. Sachsen habe das geschadet. Klare Worte.
Die Kretschmer allerdings erst fand, als keine weiteren Wahl-
kampftermine mit Maaßen mehr anstanden. Man kann das pragmatisch, wendig und flexibel nennen, aber auch inkonsequent
und schwach. Mit dem starken rechtskonservativen Teil der eigenen Partei will er es sich offenkundig nicht verderben.

Michael Kretschmer bewegt sich innerhalb einer großen in-
haltlichen Bandbreite. Er setzt sich für vieles ein: Schluss mit
dem Lehrermangel, Aufwertung des Handwerks und technischer
Berufsausbildungen, Digitalisierung, schnellere Abschiebungen,
stärkere Polizei, mehr direkte Demokratie. Bislang war er so mit
der AfD beschäftigt, dass nicht unbedingt zu erkennen war, wie
genau der Konservatismus aussieht, den er sich vorstellt. Und das
Sachsen, das ihm vorschwebt. Wie die Menschen in das Land passen, die hier leben, aber nicht in Sachsen geboren wurden. Was er
ihnen anzubieten hat. Kretschmer hat gezeigt, dass er ein guter
Zuhörer ist, ein Kämpfer und Erklärer. Das wird künftig nicht reichen. Die Spannungen werden eher noch zunehmen. Viele in der
sächsischen CDU fremdeln mehr mit den Grünen als mit der AfD.
Im dritten Wahlgang wurde der AfD-Kandidat André Wendt zum
Vizepräsidenten des Landtags gewählt. Er bekam zwölf Stimmen
mehr als die AfD Abgeordnete hat. Wendt nahm kurz darauf an
einer Kundgebung von Pegida teil, bei der Lutz Bachmann davon
sprach, Linke und Grüne in einen Graben werfen und diesen zu-

schütten zu wollen. AfD-Politiker Wendt hat danach zwar Morddrohungen und Aufrufe zur Gewalt verurteilt. Der Vizepräsident des Sächsischen Landtags wollte aber trotzdem nicht ausschließen, erneut bei Pegida mitzulaufen. [164] Diesen Politiker haben wohl auch Christdemokraten in sein hohes Amt gewählt. Für die CDU werden viele weitere Versuchungen durch die AfD folgen.

Die Aufgabe von Kretschmer besteht nicht nur darin, mit den in seiner Partei so ungeliebten Roten und Grünen eine Regierung zu organisieren, die stabil bleibt. Er muss auch eine übergeordnete Idee für Sachsen entwickeln. Ein Gegenmodell zu den völkischen Vorstellungen der AfD. Eine seiner Antworten: »Viel mehr auf den Bürger hören.« Sein Schluss aus der grassierenden Wut über demokratische Prozesse und Parteien ist mehr Bürgerbeteiligung. Egal, ob es um Klima-Pakete oder CO_2-Steuern geht. Die Bürger sollen mitreden und mitentscheiden. Das kann sinnvoll sein, auch wenn Beispiele wie der Brexit zeigen, dass Volksentscheide kein Allheilmittel sind und zu populistischen Manipulationen neigen. In jedem Fall entlässt Kretschmers Gespür für Stimmungen von Bürgern ihn nicht aus der Pflicht, zu sagen, was er denn selbst will. Ein guter Moderator zu sein wird nicht reichen. Er ist jetzt als Innovator gefragt. Auf die CDU und die Konservativen wird es maßgeblich ankommen, ob und wie es mit der AfD weitergeht. Ob sie durch ihre Mithilfe schleichend normalisiert oder durch überzeugende Alternativen zurechtgestutzt wird. Sachsen kann zum Modell werden. So oder so. Michael Kretschmer hat es in der Hand.

Der Beobachter

Kein Film hat mich so tief in die DDR blicken lassen wie *Gundermann* des Regisseurs Andreas Dresen. Ich saß in der ersten Reihe des kleinen Leipziger Passage-Kinos. Vor mir auf der Leinwand tat sich monströs die Tristesse der Lausitzer Braunkohleödnis auf. Und mit ihr die Besessenheit, Melancholie, der Idealismus und Verrat des »singenden Baggerfahrers«, wie der Liedermacher Gerhard Gundermann in der DDR genannt wurde. Es war nicht die melancholische Musik und auch nicht das grandiose Spiel des Hauptdarstellers Alexander Scheer, die es mir antaten. Was mich mehr als alles andere in den Bann zog, war, dass ich wie selten zuvor erahnen konnte, was mir schon so oft über das Leben in der DDR erzählt wurde: eine Komplexität, die Menschen nicht so einfach in schuldig oder unschuldig, für oder gegen einteilen lässt. Das Leben eines überzeugten Sozialisten, der sich auf der Arbeit mit den großen Genossen anlegt. Aus Idealismus. Der für die Stasi spitzelt, ohne sich bewusst zu machen, wie sehr er anderen damit schaden kann. Der sich später im wiedervereinigten Deutschland weigert, wie gewünscht billige Asche auf sein Haupt zu kippen, weil er vor sich selbst bestehen muss, nicht vor den anderen. Dem man abnimmt, dass ihn die Liebe zu seiner Freundin Conny und zur Gitarrenpoesie stärker in Anspruch nahm als seine Tätigkeit als Stasispitzel.

Regisseur Andreas Dresen erzählt mit Drehbuchautorin Laila

Stieler sehr subjektiv von individuellen Verstrickungen und Schuld. Er tut das, ohne seinen Protagonisten darauf zu reduzieren und zugleich ohne dessen Schuld zu relativieren. Das macht seinen Blick so besonders. Im Film bleibt Gundermann der Poet, Träumer und unangepasste Sturkopf – der aber eben auch gespitzelt hat und bespitzelt wurde. Der in den Neunzigerjahren genauso fassungslos vor seiner eigenen Verdrängung steht wie der Zuschauer. Ich habe das Kino seinerzeit mit dem Gefühl verlassen, ein reiches Leben kennengelernt zu haben. Mitten in der beigebraunen Lausitzer Tristesse. Mit jenen Widersprüchen und Zerrissenheiten, von denen ich oft gehört, die ich aber kaum je so gut nachempfinden konnte. An diesem Abend saßen wir noch lange im kleinen Kreis in der Küche, tranken Wein und teilten unsere Eindrücke. Katrin, die Freundin aus dem Osten, sprach über das, was sie schmerzhaft wiedererkannte. Ich über das, was ich entdeckt zu haben glaubte.

Den Regisseur Andreas Dresen kannte ich von dessen Filmen *Halbe Treppe*, *Sommer vorm Balkon* und *Als wir träumten*, der Verfilmung des gleichnamigen Romans des Leipziger Schriftstellers Clemens Meyer. Dresen ist ein Meister der großen kleinen Geschichten. Über Menschen, die verzweifelt lieben, sich sehnen, in ihren Unsicherheiten gefangen bleiben, aufbrechen oder sich langweilen. Der Stil des Regisseurs wird gern als realistisch und quasidokumentarisch beschrieben, auch wenn er selbst sein Werk nicht gern authentisch nennt, weil ja alles von ihm inszeniert und komponiert ist. Mich beeindruckt an seinen Filmen die Behutsamkeit und wie nah er seinem Personal kommt, wie leise und unaufgeregt er von menschlichen Dramen erzählen kann. Knallige Effekte und irrwitzige Wendungen braucht Dresen nicht, weil er darauf vertraut, dass jeder mit seinen Sehnsüchten, Schwächen und Eigenheiten genügend Dramatik produziert. Sein filmischer Blick ist ungeschönt. Er hält drauf, auch wenn es für seine Figuren peinlich wird. Ich war daher sehr neugierig, als ich ihn für ein Interview treffen konnte. [165] Dresen inszenierte gerade in München an der Oper Puccinis »La fanciulla del West«, und ich hatte die Gelegenheit, ihn nicht nur danach zu befragen, sondern auch nach seiner Sicht auf den Osten. Nach den verstörenden Gewalttagen von Chemnitz. Wie blickt dieser feinfühlige Beobachter, geboren im thüringischen Gera, aufgewachsen in Schwerin, auf seine ostdeutsche Heimat? Sorgt er sich so ähnlich wie ich?

Ich traf Andreas Dresen in einem Kaffeehaus in Potsdam, wo er seit Langem lebt. Er war der erwartet angenehme Gesprächspartner – bescheiden, reflektiert und nachdenklich. Ein Filmregisseur, der von der Kunstwelt Oper mit ihren Erfindungen und Überhöhungen schwärmt. Und von seiner Inszenierung, mit der er Puccinis Goldgräbergeschichte in einen universellen Stoff über Scheitern, Selbstjustiz und Gewalt verwandeln wollte. Wir begannen thematisch in Brandenburg und landeten bei den ganz großen Fragen. Heutzutage gebe es zwar viele Demokratien, so der Regisseur: »Allerdings ist der Schritt zur Barbarei leider näher, als wir denken, wie uns das sogenannte Dritte Reich gezeigt hat.«

Es war ein spannendes, anregendes Gespräch, bei dem sich Dresen darauf einließ, über seinen aktuellen beruflichen Ausflug in die Welt der Oper hinaus auch über seine Tätigkeit als Laienrichter am Brandenburger Verfassungsgericht zu sprechen. Die Beschäftigung mit den eingereichten Verfassungsbeschwerden gewährten ihm »einen tiefen Einblick in das Räderwerk der Demokratie«, wie er sagte. Dresen erzählte auch von seinem Dokumentarfilm *Herr Wichmann von der CDU*, für den er den Hinterbänkler Henryk Wichmann ein Jahr lang bei seiner mühsamen und oft trostlos erscheinenden politischen Graswurzelarbeit in der Uckermark begleitet hat. Er redete offen. Bemüht, auch für schwierige Fragen tiefgründige Antworten zu finden.

Nur einmal wurde Dresen während unseres Gesprächs übellaunig und reagierte genervt. Als ich ihn nämlich nach dem Rechtsruck im Osten fragte. Nach Chemnitz. Da machte er klar, dass er sich nicht als der große Osterklärer sieht. Ich war ganz offensichtlich nicht der Erste, der ihn danach fragte. Er hat dann doch geantwortet. Anders, als ich gehofft hatte. In diesen wenigen Minuten, in denen es um den Rechtsruck im Osten ging, wurde mir bewusst, wie unterschiedlich wir auf das blickten, was ganz Deutschland bewegte. Ich hatte das Gefühl, dass wir für einen Moment in Rollen fielen, die wir beide nicht wollten. Der aus dem Westen mit den Fragen, die nach Vorwurf klingen. Und der aus dem Osten, der sich für etwas rechtfertigen soll, das er gar nicht zu verantworten hat. In dem, was uns trennte und worauf wir uns einigen konnten, lassen sich Schnittmengen und Grenzen dessen skizzieren, was wir deutsch-deutsch auszuhandeln haben.

»Erschreckt Sie, was gerade in Ostdeutschland passiert?«, habe ich ihn gefragt. »Durchaus«, antwortete Dresen. »Aber ich sehe auch furchtbar viele Klischees über Ostdeutschland.« Ja, das war ein großer Aufmarsch von Rechten in Chemnitz, räumte er ein. Die teilweise aber auch aus anderen Regionen angereist waren. Darin waren wir uns einig, auch wenn das nichts an der Mobilisierung innerhalb der Stadt änderte. Dresen wies darauf hin, dass es überall im Osten auch eine funktionierende Zivilgesellschaft gebe: »Mir ist es auch zu einfach, alle Beteiligten solcher Demonstrationen immer gleich als rechten Mob zu stigmatisieren. Damit macht man die Sache nur noch schlimmer und treibt die Menschen in die Hände der AfD.« Das wiederum erschien mir zu einfach. In Chemnitz war ja erschreckend, dass sich viele aus freien Stücken bei Demonstrationen einreihten, auf denen rechtsextremistische Parolen gerufen und der Hitlergruß gezeigt wurden. Ein Schulterschluss von Bürgern mit organisierten Neonazis, ohne Berührungsängste. Ich hatte mir für unser Gespräch einen Konsens gewünscht, eine deutliche Aussage wie »Das geht nicht«. Darin sind wir uns einig. Aber einen so simplen gemeinsamen Nenner fanden wir nicht.

Trotzdem endete unser Dialog nicht unversöhnlich, sondern mit dem Versuch einer Verständigung. Dresen erzählte, wie es im brandenburgischen Cottbus zu Konflikten kam. Wo sich junge, geflüchtete Männer in der Innenstadt langweilten, wo es Streit mit einheimischen Jugendlichen gab und ältere Cottbuser sich bedroht fühlten. »So kippte nach und nach die Stimmung in Richtung Konfrontation«, erklärte Dresen. Er warnte bei dem komplexen Thema Migration vor einfachen Parolen und Schuldzuweisungen und warb dafür, sowohl die Ängste der Bürger als auch die der Geflüchteten, die mit berechtigten Hoffnungen zu uns kämen, ernst zu nehmen. Letztlich lagen wir gar nicht so weit auseinander. Mein Verständnis endet aber dann, wenn Stimmung gegen Minderheiten gemacht wird. Dresen tritt dafür ein, die Ursachen solcher Stimmungen nicht zu ignorieren. Er beschrieb ein Gefühl, das viele im Osten teilen und das die reflexhaften Abwehrreaktionen auf Ereignisse wie Chemnitz erklärt: »Alle Ostdeutschen werden generalisiert in Haft genommen für ein paar Bekloppte, und das vergrößert diese Mauern, die es sowieso schon gibt.« An dieser Stelle hätte ich gern laut widersprochen. Nein, Kritik an Mitläufern meint nicht alle Ostdeutschen. Ich halte das für falsch verstandene Solidarität. In der deutsch-deutschen Debatte wäre schon viel gewonnen, wenn berechtigte Kritik an einigen nicht immer sofort auf das eigene Kollektiv bezogen würde. Aber ich war als Interviewer nach Potsdam gekommen, nicht zum Streitgespräch, und meine Fragen nach Chemnitz verstand Dresen offenkundig nicht wie erhofft als Suche nach einem gemeinsamen Nenner, sondern als Versuch, ihm ein Bekenntnis abzunötigen. Also habe ich auf Widerspruch verzichtet.

Auch Andreas Dresen zufolge sind ostdeutsche Fremdenfeindlichkeit und Ablehnung der Demokratie in der Nachwendezeit begründet. Er sei ja weder Politiker noch Soziologe, aber seiner Meinung nach wurden ostdeutsche Sichtweisen zu lange ignoriert. Aus vielen Gesprächen kennt er die weitverbreitete Überzeugung, Bürger zweiter Klasse zu sein. Gerade in der älteren Generation gebe es viele, die das Gefühl hätten, ihre Jahre in der DDR seien quasi nichts wert. Und diejenigen, die sich inzwischen mühsam etwas erarbeiten konnten, hätten eine »Art Protektionismus dem eigenen Leben gegenüber entwickelt«. Eine Erklärung, die so ähnlich schon der Dresdner *Spiegel*-Korrespondent Steffen Winter gab. Das Häuschen, das Auto, der Garten – das kleine Glück, das man gefährdet sieht. Durch den drohenden Verlust von Arbeitsplätzen, Flüchtlinge, wodurch auch immer. Offen bleibt bei dieser Erklärung immer, wo die Grenze verläuft. Wann aus der Sorge um das Eigene die kategorische Ablehnung des Fremden wird und was daraus folgt.

Im Rückblick auf das Interview mit Andreas Dresen scheint es mir, als hätten wir im Zeitraffer den großen deutschen Riss behandelt. Mit allem Unverständnis, Gegensätzen, aber auch Möglichkeiten der Verständigung. Mir hat es durchaus zu denken gegeben, wie anders dieser sensible Beobachter mit seiner ostdeutschen Biografie auf die Gefahr von rechts schaut. Wie schnell wir in diesem diskursiven Minenfeld zurückfallen in Ost gegen West. Die Begegnung hat mich daran erinnert, wie anstrengend und doch notwendig die Suche nach Lösungen ist. Dass wir andere Sichtweisen aushalten müssen, Kompromisse oftmals Millimeterarbeit sind. Und dass wir in dieser polarisierten Zeit nicht auf schnelle Übereinkünfte hoffen können, so dringend wir eine Verständigung über Gemeinsamkeiten und deren Grundlagen auch brauchen.

Schluss mit dem Appeasement!

Der Osten hat immer mal wieder Konjunktur in den überregionalen Medien – sie folgt periodisch auf Erschütterungen durch rechte Auswüchse: Pegida, Heidenau, Freital, Chemnitz, AfD-Wahlerfolge. Die anlassbezogene Krisenberichterstattung hat einen doppelten Effekt: Im Osten wird die notwendige Skandalisierung gern als Pauschalangriff auf »den Osten« und »die Ostdeutschen« missverstanden. Und in Leitmedien wie *Spiegel* und *Stern* folgt nach den alarmierenden Berichten oft wieder das große Schweigen. Was auch damit zu tun hat, dass etliche Redaktionen in den vergangenen Jahren Regionalbüros im Osten dichtgemacht haben, wie etwa der *Spiegel* in Erfurt und Schwerin. FAZ-Korrespondent Stefan Locke kritisiert, über den Osten sei zu lange »bipolar« berichtet worden. [166] Also entweder Plattenbau, Neonazis, Arbeitslosigkeit, Pegida – oder Wendegewinner und regionale Leuchttürme wie Leipzig und Potsdam. Unterbelichtet blieben jene Grauzonen, in denen sich viele Ostdeutsche von der Demokratie entfremdet haben und nach rechts rückten, ohne dem Klischee des Abgehängten zu entsprechen. Es fehlten Zwischentöne und leise Geschichten über unauffällige Menschen und den Widerspruch zwischen wirtschaftlichen Erfolgen und innerer Distanz zum politischen System.

Die westdeutschen Medien haben in Bezug auf Ostdeutschland ein Aufmerksamkeitsdefizit konserviert, das sie nach jedem neuen Aufreger von Neuem fragen lässt: Wie tickt der Osten? Was ist da los? Was läuft schief? Weil zu wenige Redaktionen kontinuierlich wie Seismografen den Haarrissen im Osten nachspüren, sondern vor allem dann hinschauen, wenn es knallt. Auf Krawalle folgen krawallige Schlagzeilen. Journalistische Schwarz-Weiß-Erzählungen haben aber einen fatalen Effekt. Viele im Osten finden sich und ihr Leben darin nicht wieder. Auch deshalb dümpeln die Auflagen der überregionalen Medien seit Langem auf niedrigem Niveau vor sich hin. Dem Osten sind die Medien aus dem Westen fremd geblieben.

Bezeichnenderweise werden selbst differenzierte Analysen ostdeutscher Journalisten in Berliner oder Hamburger Redaktionen gern mit einem westdeutschen Filter grell überzeichnet. So erklärt sich der *Spiegel*-Titel mit einem Pepita-Hütchen in Schwarz-Rot-Gold, eine Anspielung auf den Dresdner »Hutbürger«, der auf das ZDF-Team losging. Dazu die provokante Zeile: »So isser, der Ossi.«[167] Autor Steffen Winter, selbst Thüringer und als Leiter des Dresdner *Spiegel*-Büros seit vielen Jahren als Reporter in den neuen Bundesländern unterwegs, spürt in der Titelgeschichte im Sommer 2019 einfühlsam ostdeutschen Befindlichkeiten nach und versucht die Abwehrreflexe gegen Geflüchtete mit den Umbrüchen nach 1989 zu erklären. Der Artikel selbst ist also durchaus aus ostdeutscher Perspektive geschrieben. Aber das hämische Titelbild plus Unterzeile musste Leser im Osten abschrecken. Welcher Ostdeutsche soll sich angesichts dieser herablassenden Ansprache angesprochen fühlen und im Text wiederfinden? Welcher Leser erwartet sensible und tiefgründige Analyse angesichts solcher Klischeebilder auf dem Titel?

Das sind die eklatanten westdeutschen Fehler im journalistischen Blick auf den Osten: von oben herab, spöttisch im Ton. Was fatalerweise dazu führt, dass fundierte und notwendige Kritik an Missständen als polemischer Angriff aus dem Westen abgetan werden kann. »Sachsen-Bashing« eben. Beispielhaft zu sehen am *Stern*-Titel »Sachsen, ein Trauerspiel«, der im Herbst 2016 den Finger in die Wunde legte: demokratiefeindliche Einstellungen bei der Polizei, obrigkeitsstaatliche Selbstgefälligkeiten der dauerregierenden CDU. [168] Aber schon im fett gedruckten Vorspann wird eine »Abrechnung« mit dem selbst erklärten Musterland des Ostens angekündigt. Als Einstieg in den Text wählt der Autor eine unfassbare Anekdote: Polizeibeamte, denen nach eigenen Angaben eine Maschinenpistole bei einem Einsatz an einer Tankstelle in Leipzig abhandenkommt. Die Behörden lobten daraufhin eine Belohnung für den Finder aus. Eine ernste Angelegenheit. Durchaus denkbar, dass Demokratiefeinde in den Besitz der Dienstwaffe gelangten. Der *Stern*-Autor stellte diesen außergewöhnlichen Vorfall allerdings als typisch für Sachsen hin. Damit setzte er den höhnischen Ton, mit dem er die folgende Kritik an institutionellen Defekten von vornherein ihrer Wirkung beraubte. Wer höhnisch abrechnen will, wird nicht als seriöser Kritiker wahrgenommen. Chance vertan. Mal wieder.

Auf der anderen Seite geht der Rechtsruck im Osten mit gefährlichen Anpassungserscheinungen in den Redaktionen einher, die sich auf eine einfache Formel bringen lassen: Appeasement. Beschwichtigung. Der Versuch, die Befindlichkeiten der Ostdeutschen zu verstehen, führt in ostdeutschen Redaktionen bisweilen zu einem grotesken Verständnis. Sogar für Rechtsextremismus. In einem Leitartikel der *Leipziger Volkszeitung* kritisierte der Autor, es sei leicht, auf Rechtsextreme zu schimpfen, auf ihren Ruf nach Vereinfachung: »Auch auf ihren zutiefst kindlichen Wunsch, voraussetzungslos aufgenommen zu werden in eine Gemeinschaft – einfach schon deshalb, weil man so aussieht, wie man aussieht, und weil man dort geboren ist, wo man geboren ist. Doch Hand aufs Herz, ist dieser Wunsch nicht auch zutiefst menschlich?« [169] Wie bitte? Rechtsextremismus erscheint in dieser kitschigen Banalisierung keine antidemokratische Ideologie und Praxis, die zur Herstellung ethnischer Homogenität und autoritärer Herrschaft individuelle Menschenrechte, Pluralismus und Parlamentarismus bekämpft, sondern wie ein menschliches Grundbedürfnis. Nein, Rechtsextremismus ist nicht nur ein Schrei nach Liebe, wie *Die Ärzte* sangen. Um sich daran zu erinnern, reicht der Hinweis auf Demos mit Schlachtrufen wie: »Wenn wir wollen, schlagen wir euch tot.« Oder: »Ein Baum, ein Strick, ein Pressegenick.« Der Leitartikel mag die Entgleisung eines unreflektierten und kategorisch unbedarften Autors sein, aber mit seinem überbordenden Verständnis für rechte Radikalisierung steht er nicht allein.

In den publizistischen Beiträgen über den Osten hat sich ein Modewort durchgesetzt: Avantgarde. Seit der Soziologe Wolfgang Engler in seinem 2002 erschienenen Buch die Ostdeutschen zur Avantgarde erklärt hat, beten Journalisten das gern nach. Basierend auf dem richtigen Befund, dass sich im Osten Entwicklungen zeigen, die möglicherweise auf zukünftige Probleme in ganz Deutschland verweisen. Nachlassende Parteienbindung, wachsendes Stadt-Land-Gefälle, Demokratiemüdigkeit. Aber der Begriff der Avantgarde behauptet noch mehr. Er spricht den Ostdeutschen eine Art gesamtdeutsche Vorreiterrolle für Lösungen zu und suggeriert außerdem, dass die politische Entwicklung geradezu vorbestimmt ist. Aber AfD zu wählen ist eben keineswegs zwangsläufig, sondern hat im Osten auch viele spezifisch ostdeutsche Gründe. Wer das Erstarken der AfD mit den Begleiterscheinungen explodierender rechter Gewalt und alltagsrassistischer Gewöhnungseffekte als Ergebnis von Avantgarde verklärt, entlässt die Wähler aus der Verantwortung für ihre Wahl. Eigentlich werden mit dem Begriff Avantgarde politische und künstlerische Bewegungen beschrieben, die am Fortschritt orientiert sind. Die rechte Radikalisierung im Osten ist aber mit rückschrittlichen

Ideologien wie Rassismus und völkischem Nationalismus verbunden. Avantgarde klingt modern und hip, aber im Diskurs um Entwicklungen im Osten entschuldigt und verfestigt sie mehr, als sie erklärt. Wer den Begriff benutzt, lenkt von den Folgen ab: von Hass und Gewalt gegen Minderheiten, Angriffen auf die pluralistische Gesellschaft und die parlamentarische Demokratie.

Kaum ein Medium beschäftigt sich so intensiv mit Ostdeutschland wie *Die Zeit*. Allerdings erscheint die *Zeit im Osten* nur als mehrseitige Regionalausgabe für die fünf ehemals neuen Länder innerhalb der Wochenzeitung. Im Westen findet der Osten medial nach wie vor meistens online statt. In der *Zeit im Osten*, in der auch mein Essay über das laute Schweigen erschienen ist, hat sich nicht nur das Verständnis vom Osten als Avantgarde verselbstständigt. Mittlerweile gibt der Leipziger Büroleiter Martin Machowecz auch den Ton für die Deutung der AfD und ihrer Wahlerfolge an. Kern seiner Analysen ist die Überzeugung, »dass wer die AfD ausgrenzt, auch ihre Wähler ausgrenzt – und jene, die darüber nachdenken, vielleicht mal ihre Wähler zu werden«. [170] Und »Ausgrenzung« hält er »für ungesund in einer Demokratie«. Eine im Osten populäre, aber fragwürdige Meinung. Der *Zeit*-Redakteur verwechselt Ursache und Wirkung. Zwar räumt er vage ein, dass sich die AfD mehr und mehr radikalisiert. Aber aus vielstimmigen Machtergreifungsfantasien und Drohungen, »aufzuräumen« und »auszumisten«, »zu jagen« und sich »Land und Volk zurückzuholen«, folgert Machowecz nicht etwa, dass sich die AfD selbst in die ganz rechte Ecke stellt und isoliert. Stattdessen plädiert er für Verständnis: »Unsere Weltsicht ist nicht die einzige, die es gibt.« Journalisten empfiehlt er, »Offenheit für andere Positionen aufzubringen, selbst wenn sie unseren auch noch so sehr widerstreben«. [171] Völkischen Nationalismus, Rassismus und Verächtlichkeit gegenüber demokratischen Prozessen und Akteuren festzustellen, ist aber eben keine »Frage des Blickwinkels«, wie Machowecz suggeriert, sondern ergibt sich aus politikwissenschaftlichen Kategorien und historischer Erfahrung. Die Behauptung, die AfD habe »nur das Gefühl einer Gruppe von Bürgern aufgegriffen und zu Politik gemacht« [172], ist gefährliche Verharmlosung. Nein, die AfD ist nicht nur eine Anti-Flüchtlings-Partei. Wer wie Björn Höcke die »erinnerungspolitische Wende um hundertachtzig Grad« fordert und eine ethnisch homogene Gesellschaft anstrebt, verfolgt sehr wohl ganz eigene ideologische Ziele. Die AfD nicht auszugrenzen, um wütende rechte Wähler nicht noch wütender zu machen, ist eine absurde Forderung. Eine Partei, die gewählt werden möchte, um Hand an die liberale Demokratie anzulegen, grenzt sich selbst aus. Schon heute missachtet die AfD demokratische Spielregeln, wenn sie etwa Journalisten willkürlich von Landesparteitagen ausschließt.

Unmittelbar vor den Landtagswahlen in Brandenburg und Sachsen schrieb Machowecz die absehbaren Wahlerfolge der AfD schon mal vorab schön. »Hurra, wir sind politisiert« nannte er seinen Essay, in dem er darlegte, warum ein Erfolg der AfD »keine Katastrophe« sein müsse. [173] Die 27 Prozent für die AfD bei der Bundestagswahl 2017 in Sachsen hießen nicht, dass knapp ein Drittel der Sachsen Neonazis sind, sondern seien »schlicht ein sichtbares Zeichen dafür, dass die Kommunikation in diesem Land gestört ist«. [174] Ein ärgerlicher Kurzschluss. Nein, man muss kein Neonazi sein, um AfD zu wählen. Aber für rechtsradikale Inhalte zu stimmen ist auch dann falsch, wenn man kein Neonazi ist. AfD zu wählen ist längst nicht nur Ausdruck gestörter Kommunikation, sondern auch das Einverständnis mit deren Rhetorik gegen »Altparteien«, das »Merkel-System« und die »Messer-Migration«. Mithin der Einklang mit einer Partei, in der hetzerische Reden frenetisch bejubelt werden. Wie die des ehemaligen AfD-Fraktionschefs von Sachsen-Anhalt, André Poggenburg, der im Februar 2018 in Deutschland lebende Türken beim

politischen Aschermittwoch der AfD im sächsischen Nentmanns-
dorf als »Kümmelhändler« und »Kameltreiber« bezeichnet hatte,
die sich »zu den Lehmhütten und ihren Vielweibern zurück an
den Bosporus« scheren sollten. Poggenburg hat die AfD mittlerweile verlassen, der Geist solcher Reden nicht, wie man auch an
hasserfüllten Posts von Anhängern im Internet sehen kann. *Spie-*
gel-Redakteur Hasnain Kazim hat getwittert, was ihm ein »bekennender AfD-Fan« schrieb: Er wolle ihm, Kazim, »die Fresse po-
lieren, bis nur noch ein Brei aus Fleisch und Blut und Knochen
bleibt«.

Anstatt die Folgen der fortschreitenden Radikalisierung aufzuzeigen, verklärt Machowecz Wählerstimmen für die AfD als
»eine Art Emanzipation«, weil sich viele, die sich bislang politisch
raushielten, damit endlich gezeigt hätten. Als Problem der AfD
nennt er nur wachsweich deren »teilweise Nähe zu harten Rechten«. [175] Als wären Höcke und Kalbitz nicht selbst »harte Rechte«.
Der *Zeit*-Redakteur kann gar diverse positive Effekte in den Wahlerfolgen der AfD erkennen. Bislang unsichtbare Unzufriedenheit
sei dadurch sichtbar geworden. Die Ostdeutschen hätten sich auf
diese Weise »Aufmerksamkeit ertrotzt«. Die möglicherweise wieder schwinde, sollte die AfD schwächer werden. Sogar eine Regierungsbildung »an der AfD vorbei« ist in den Augen des *Zeit*-Re-
dakteurs fragwürdig, weil es »eben doch eine Regierungsbildung
an der AfD vorbei« bliebe. [176] Nicht die AfD mit ihren Angriffen
auf die liberale Demokratie sieht er also als Gefahr an, sondern
die Zusammenarbeit der anderen Parteien. So zu argumentieren
diskreditiert demokratische Kompromisse und Koalitionen.

Wer derart einseitig eine »Belebung« der Demokratie im Osten bejubelt, als wäre die AfD für sie eine Art Frischzellenkur,
ignoriert, wie die Partei auftritt und was sie anstrebt. Die Freude
darüber, dass die Gesellschaft wieder stärker politisiert ist, darf
sich nicht um die Frage herumdrücken: Aber wie ist sie poli-

tisiert? Dass sich viele wieder offen rassistisch äußern und die Schwelle zu rechter Gewalt drastisch gesunken ist – das ist die hässliche und ganz spürbare Seite dieser Politisierung. Wer sich darüber freut, dass viele Nichtwähler endlich wieder wählen gehen, sollte wissen, dass auch die NSDAP großen Erfolg bei ehemaligen Nichtwählern hatte. Bei aller gebotenen Vorsicht mit Vergleichen zu Weimar gibt es eine weitere bedenkenswerte Parallele. Das heute wieder so beliebte Bild vom »heilsamen Schock«, zu dem AfD-Erfolge stilisiert werden, war auch Anfang der Dreißigerjahre eine beliebte Bewältigungsstrategie. Doch die Hinwendung zu jenen, die autoritäre Macht anstreben, heilt Demokratien nicht. Bestenfalls halten die Institutionen autoritären Selbstermächtigungsversuchen stand. Schlimmstenfalls werden Demokratien abgeschafft. Der krampfhafte Versuch von Journalisten, die Radikalisierung der vergangenen Jahre zur demokratischen Erfolgsgeschichte umzudeuten, ist eine gefährliche Verharmlosung. Immer wieder wird Zuhören mit Blick auf ostdeutsche AfD-Wähler zur wichtigsten journalistischen Tugend erklärt. Sie ernst zu nehmen heißt aber vielmehr, sie damit zu konfrontieren, wen und was sie da wählen. Auch den eigenen Onkel oder Vater. Das wäre ein spannender, noch unerzählter Diskurs in den Medien. Die große ostdeutsche Debatte, die endlich geführt werden sollte. Vorauseilendes Einknicken vor rechter Wut ist dagegen keine angemessene Reaktion. Hurrajournalismus auch nicht. Mag ein demonstrativ lässiger Umgang mit der AfD auch noch so talkshowkompatibel sein.

Auch *Spiegel*-Redakteur Stefan Berg hat viel Verständnis für rechte Reflexe gezeigt. Er attestierte den Menschen im Osten, »die keine Fremden in ihren Orten wünschen«, sehr klare Vorstellungen von Deutschland zu haben: »ohne Moscheen und ohne Viertel, die vor allem von Fremden bewohnt werden«. [177] Dem AfD-Politiker Alexander Gauland bescheinigte er gar »ein er-

staunliches Sensorium für das ostdeutsche Lebensgefühl«. [178]
Nun ist es ganz sicher so, dass auch in Bayern und Schleswig-Holstein viele Einwohner kleiner Orte lieber unter sich bleiben. Abgesehen davon, dass ich aber auch im Osten viele kenne, deren Lebensgefühl es so gar nicht entspricht, ohne »Fremde« leben zu wollen. Aber das nur nebenbei. Entscheidend ist, dass in einer liberalen Gesellschaft Dörfer, Städte und Regionen keine homogenen, abgeschlossenen Einheiten mit exklusiven Zugängen bilden. Glücklicherweise steht es in unserer Rechtsordnung jedem frei, da zu wohnen, wo er will. Auch wenn er anders aussieht oder anders glaubt als die Mehrheit. Ein Lebensgefühl, das anderen ihre Grundrechte abspricht, gilt es kritisch zu hinterfragen, nicht journalistisch zu befördern.

Während publizistisch also mitunter viel Verständnis für rechte Radikalisierung aufgebracht wird, breiten sich blinde Flecken in der Berichterstattung aus. Über den drastischen Anstieg rassistischer Gewaltstraftaten ist nicht annähernd angemessen berichtet worden. Derzeit gibt es in Ostdeutschland täglich drei bis vier Gewalttaten von rechts – zu den Opfern gehören auch Kinder und Familien. »Wir müssen mit einer weiteren Eskalation rechnen«, warnt Judith Porath, die im Vorstand des *Verbands der Beratungsstellen für Betroffene rechter, rassistischer und antisemitischer Gewalt* (VBRG) arbeitet. Das Spektrum reiche von rassistischen Gelegenheitstätern bis zu organisierten Neonazis. Sie alle eine ein »Homogenitätswahn«, so Porath, die für eine neue Kultur der Solidarität wirbt. Dazu gehört auch, das ganze Ausmaß der Bedrohung realistisch abzubilden und die Perspektive der Opfer zu zeigen. Doch anstelle erhöhter journalistischer Sensibilität, wenn Täter beispielsweise gezielt die Meldeadressen und Wohnungen ihrer Opfer heimsuchen, um deren Sicherheitsgefühl zu erschüttern, machen sich mediale Ermüdungserscheinungen breit. Die Vielzahl auch massiver Angriffe wie die beschriebene Attacke mit einem Samuraischwert und versuchter Brandstiftung in Dresden hat längst eine Gewöhnung an eine neue, rohe Normalität bewirkt. Soziologe Matthias Quent spricht von einer gesellschaftlichen »Erlaubnis, zu hassen«. Auf diese kontinuierlich und hartnäckig hinzuweisen, bleibt Aufgabe der Medien. Viele Redaktionen kommen ihr nur ungenügend nach.

Doch nur wer über den grassierenden, ideologisch aufgeladenen Hass berichtet, kann auch das Ende der Gewaltspirale nachvollziehbar machen: die Entstehung von Rechtsterrorismus. Wie im Fall des rechtsextremistischen Attentäters Stephan B., der am 9. Oktober 2019 versucht hat, in Halle ein Massaker an Juden zu verüben, die in der dortigen Synagoge das Versöhnungsfest Jom Kippur feierten. Zwar gelang es dem Täter nicht, die Tür aufzuschießen oder aufzusprengen. Auf der Straße erschoss er aber eine Frau und später einen Mann in einem Döner-Imbiss, weitere Opfer verletzte er schwer. Bewaffnet war er mit vier Schusswaffen und mehreren Sprengsätzen. Der junge Mann, der in einem kleinen Ort in Sachsen-Anhalt lebte, orientierte sich offenbar an dem Rechtsterroristen im neuseeländischen Christchurch, der in zwei Moscheen einundfünfzig Menschen erschossen und die Tat per Livestream im Internet übertragen hatte. Der wiederum dem norwegischen Rechtsterroristen und Massenmörder Anders Breivik nacheiferte.

Auch Stephan B. übertrug seinen Terror live, nämlich auf der Plattform Twitch, mit Kommentaren auf Englisch, um »weltweite Wirkung« zu erzielen, wie Generalbundesanwalt Peter Frank sagte. Selbst inszeniert wie ein Killer-Videospiel. In dem von ihm gefilmten Livestream leugnet der junge Mann zunächst den Holocaust. Dann nennt er ideologische Motive. Feminismus, Masseneinwanderung. Hinter all diesen Problemen stecke »der Jude«. Der mutmaßliche Rechtsterrorist berief sich also auf verschiedene rechtsextreme Verschwörungstheorien und Ideologiebausteine bis hin zu einem Antisemitismus, der Juden als das Böse schlechthin verteufelt. Generalbundesanwalt Frank stellte fest, der Täter sei von Rassismus und Antisemitismus durchdrungen. Die große Ratlosigkeit nach Taten wie denen von Christchurch und Halle kommt auch daher, dass bei rechtem Terror oft nur das grausame Ende betrachtet wird. Und die labile Psyche des Täters. Dann ist von einer unfassbaren Tat die Rede. Wichtig wäre aber zu zeigen, wie Hassideologien die Radikalisierung anfälliger junger Männer anheizen – offline ebenso wie online. Bundesjustizministerin Christine Lambrecht (SPD) drängte nach Halle einmal mehr darauf, »auch den Nährboden« des Terroranschlags zu durchleuchten. Wie aus hasserfüllten Worten mörderische Taten werden.

Dieser Spur sollten nicht nur Strafverfolger folgen, sondern auch Reporter. Zumal rechtsextremistische Ideologie und daraus resultierender Hass als Tatmotive von Terroristen offiziell immer wieder angezweifelt werden. Wie im Fall von Anders Breivik oder von David S., der im Juli 2016 am Münchner Olympiaeinkaufszentrum neun Menschen erschoss, die er offenbar für Ausländer hielt. Während drei Gutachter der Stadt München die Tat auch aufgrund der Opferauswahl als politische Hasskriminalität einstuften, befand ein Gutachten vom bayerischen Landeskriminalamt (LKA): Es war ein Amoklauf, aber keine rechtsextreme Tat. Nach dem Anschlag von Halle wiederum kündigte Bundesinnenminister Horst Seehofer (CSU) an, die Szene der »Gamer« stärker ins Visier zu nehmen. Wichtiger wäre sowohl für Strafverfolger als auch für Journalisten, den politischen Hass in digitalen »Radikalisierungsmaschinen« zu verfolgen, von denen die Extremismusforscherin Julia Ebner spricht.

Wie groß die Leerstellen in der öffentlichen Wahrnehmung von Hasskampagnen geworden sind, konnte ich im August 2019 bei einem Fachaustausch im Gemeindesaal der jüdischen Gemeinde in Leipzig erahnen. Zu dem Treffen waren diverse Vereine und Initiativen wie die *Amadeu-Antonio-Stiftung* gekommen, die regelmäßig zum Ziel von Hetzkampagnen werden. In ihrem Grußwort erzählte die sächsische Integrationsministerin Petra Köpping, was ihr diverse Bürgermeister und Landräte anvertraut haben, die sie über deren Bedrohungslage befragt hatte. Sie erfuhr, dass viele Kommunalpolitiker dutzendfach Hassbotschaften bis hin zu unverhohlenen Morddrohungen erhalten. Teilweise nicht mal anonym. Viele der Betroffenen zeigen das gar nicht mehr an, weil sie nicht damit rechnen, dass die Täter überhaupt bestraft werden. An diesem Tag im Ariowitsch-Haus teilten jene ihre Erfahrungen, die es täglich aushalten müssen, angefeindet und bedroht zu werden. Was dieses vergiftete gesellschaftliche Klima anrichtet, was es mit denen macht, die ihm ausgesetzt sind – das müssen Journalisten erzählen. Es ist ihre Aufgabe, den Zusammenhang zwischen verbaler Enthemmung, Homogenitätsideologien und Gewalttaten aufzuzeigen.

Ein ganz anderes Vakuum in den Printmedien ist der ausstehende Diskurs darüber, was im Osten gesellschaftlichen Zusammenhalt schaffen kann. Und zwar nicht nur unter ehemaligen DDR-Bürgern, sondern zwischen all denen, die hier leben, arbeiten, Kinder erziehen und Kultur schaffen. In diesem Debattenraum herrscht diskursive Leere. Stattdessen hat sich die *Zeit* der Vermessung der Ostidentität verschrieben. Das meint mehr, als ostdeutsche Probleme und Interessen zu thematisieren. Vielmehr wird »ostdeutsch sein« mittlerweile als identitätsstiftendes und gesellschaftspolitisches Projekt behandelt. *Zeit*-Autorin Jana Hensel hat eine fehlende »Infrastruktur für ostdeutsches Wissen oder die Erfahrung, ostdeutsch zu sein« beklagt. Sie regt »Denkzentren, Stiftungen, Institute, Museen und Archive« sowie die Förderung einer »ostdeutschen Elite« an.

So verständlich der Wunsch nach besserer Wahrnehmung

und größerer Repräsentanz auch sein mag – Ostidentität als exklusiver, auf Herkunft basierender Gruppenstatus sucht in der Vergangenheit die Lösungen für die Zukunft. Die ostdeutsche Gesellschaft ist aber längst viel weiter und ausdifferenzierter als in den Neunzigerjahren. Sie braucht Zukunftsentwürfe, die berücksichtigen, wer kam und wer ging oder auch zurückkam. Das Gefühl, Bürger zweiter Klasse zu sein, lässt sich nicht auflösen, indem man neue Klassengesellschaften durch die Behauptung einer gemeinsamen Identität schafft. Der ebenfalls im Osten geborene FAZ-Korrespondent Stefan Locke hält gar nichts davon, »publizistisch eine Ostidentität« zu befördern. Dieses starke Zusammengehörigkeitsgefühl sei ohnehin erst nach der Wende entstanden. In Abgrenzung zum Westen und als Ergebnis von ähnlichen Nachwendeerfahrungen. Der Reporter ist als Absolvent der Hamburger Henri-Nannen-Schule auch westdeutsch sozialisiert, zumindest journalistisch. Bei der *Frankfurter Allgemeinen* bringt er gleichwohl das Wissen und die Erfahrung aus dem Osten ein. Diese deutsch-deutschen Biografien und Doppelperspektiven werden zu selten in den Diskurs eingepreist. Die großen Ost-West-Debatten blicken immer wieder zurück, nicht nach vorn.

Im journalistischen Tagesgeschäft erzeugt der Rechtsruck derweil erheblichen Druck. Den bekommen vor allem die Regionalzeitungen im Osten zu spüren. Denn bei einem Viertel AfD-Wähler ist auch der Anteil in der eigenen Leserschaft entsprechend hoch. Die will man nicht verprellen. Der Lokaljournalismus ist besonders anfällig für unkritische Verlautbarungen, weil es dort üblich ist, Politikerstatements ohne Einordnung in einem Bericht zu zitieren. Das liest sich dann manchmal wie Wahlwerbung. So berichtete die *Leipziger Volkszeitung* vor den sächsischen Kommunalwahlen, die AfD wolle »nicht weniger als eine Wende für Leipzig«. [179] Extremisten sage die Partei den Kampf an, so der Autor. So solle die freie Kulturszene nur noch finanziell unterstützt werden, wenn sie sich zum Grundgesetz bekennt. Damit hat der Redakteur die Sage der AfD von der vermeintlich linksextremistischen Leipziger Kulturszene übernommen. Die Kulturschaffenden wehrten sich daraufhin vehement gegen die Unterstellung. Beispiele wie dieses verdeutlichen, dass die AfD in Lokalredaktionen längst als ganz normale Partei akzeptiert ist. Deren Politiker dürfen unwidersprochen eine »Vermüllung« der Stadt anprangern und »No-go-Gebieten« den Kampf ansagen, [180] in die sich die Polizei angeblich nicht mehr reintraut. Faktenchecks und kritische Nachfragen sind die Ausnahme, weil Lokalreporter dafür oftmals weder Zeit noch redaktionelle Rückendeckung haben.

Während Regionalzeitungen zu einer Gewöhnung an die AfD beitragen, sehen sich die Öffentlich-Rechtlichen dem permanenten Vorwurf ausgesetzt, als »Staatsmedien« parteiisch zu agieren. Auf die Pegida-Schmähung als »Lügenpresse« folgte die vielstimmige rechte Kampagne, Journalisten hätten sich »neutral« zu verhalten. Die Forderung ist durchaus populär, aber falsch. Gegenüber Angriffen auf die Demokratie und Verharmlosungen des Nationalsozialismus dürfen Journalisten nicht neutral bleiben. Ihr Auftrag ist neben dem klassischen Nachrichtengeschäft sehr wohl kritische Berichterstattung über politische und gesellschaftliche Missstände. Je größer der Missstand oder die Grenzverletzung demokratischer oder rechtlicher Standards, umso schärfere journalistische Kritik braucht es. Doch das Dauerfeuer von rechts zeigt längst Wirkung. Um sich nicht dem Vorwurf auszusetzen, die AfD unfair zu behandeln, wird im Zweifel lieber ein AfD-Politiker zu viel in eine Polit-Talkshow eingeladen oder für einen Radio- oder Fernsehbeitrag interviewt. Unsicherheit und vorauseilender Gehorsam prägen mitunter in öffentlich-rechtlichen Sendern den Umgang mit der AfD. Ganz abgesehen davon, dass die Partei seit Jahren das Agenda-Setting vieler TV-Redaktionen mitbestimmt hat: Flüchtlinge, Flüchtlinge, Flüchtlinge. Das blieb auch dann Dauerthema, als viel weniger Migranten kamen und längst ein rigideres Asylrecht beschlossen war. Journalisten sind gefragt, selbstbewusst wichtige Themen aufzuspüren und zu setzen. Und sich wieder stärker an der Relevanz als an der AfD zu orientieren.

Angesichts anhaltender Wahlerfolge der AfD und gesellschaftlicher Verrohung mit täglicher rechter Gewalt müssen sich Journalisten auf ihr Handwerk besinnen. Weder für den Osten noch für die AfD braucht es einen speziellen Journalismus. Vielmehr ist gefragt, die gesellschaftlichen Entwicklungen mit einer kritischen Grundhaltung zu verfolgen. Die sollte eigentlich selbstverständlich sein, ist es aber nicht. Übrigens sollte diese Haltung gleichermaßen für den Umgang mit der AfD wie mit CDU, SPD, Grünen oder Linken gelten. Aus Fortbildungen weiß ich, wie groß die Unsicherheit vieler Kollegen in Bezug auf rechte Akteure wie Pegida, AfD und Neue Rechte ist. Es ist an der Zeit, sich Wissen über deren Ideologie, Argumentationen und Absichten anzueignen. Nur das gibt Sicherheit und Selbstbewusstsein im Umgang mit jenen, die gern harmloser erscheinen wollen, als sie sind. Dazu müssen Sender und Verlage fachkundige Expertisen einholen, Interviewtechniken trainieren und lernen auszuhalten, dass journalistischer Widerspruch vom Publikum nicht nur beklatscht wird. Mehr denn je braucht es einen kritischen Journalismus, der die Folgen der Radikalisierung aufzeigt. Wenn Menschen täglich Opfer von Anfeindungen, Drohungen und Gewalt werden, stimmt was nicht. Dann besteht die Aufgabe nicht darin, Leser und Hörer zu beschwichtigen. Journalismus darf kein Beruhigungsmittel sein. Im Gegenteil.

Ein New Deal Ost

Es gibt weder einfache noch schnelle Lösungen, mit denen sich die Radikalisierung im Osten kurzfristig zurückdrehen ließe, kein Kaninchen, das sich aus dem Hut zaubern lässt. Würden heute die politischen Weichen richtig gestellt – es bliebe für viele Jahre ein Mammutprojekt.

Jede mögliche Strategie steht und fällt mit einer schonungslosen Bilanz. Bei den drei ostdeutschen Landtagswahlen des Jahres 2019 hat die AfD jeweils rund ein Viertel der Stimmen gewonnen. Mit Landesverbänden, die vom völkisch-nationalistischen Flügel dominiert werden, der nach den Worten des Präsidenten vom Bundesamt für Verfassungsschutz Thomas Haldenwang »immer extremistischer« wird. [181] Höchste Zeit also, den politischen und medialen Beschwichtigungen und Verharmlosungen entgegenzutreten. Rechtsradikale Wählerstimmen sind kein Ausdruck von Emanzipation und wirken ganz und gar nicht wie eine Frischzellenkur für die Demokratie. Im Gegenteil sind sie brandgefährlich, egal ob aus ideologischer Überzeugung, Enttäuschung, Missmut oder Überdruss. Auch die NSDAP wurde in den frühen Dreißigerjahren nicht nur von überzeugten Nationalsozialisten gewählt. Entscheidend ist, dass im Osten ein Viertel der Wähler für eine autoritäre, rassistische und völkisch-nationalistische Politik und damit gegen die liberale Demokratie stimmt. Das ist nicht Avantgarde, das ist existenziell bedrohlich.

Die Entwicklung im Osten markiert eine gesamtdeutsche Bewährungsprobe und Richtungsentscheidung. Hier entscheidet sich, ob in Deutschland erstmals seit 1945 wieder eine demokratiefeindliche Rechte eine Machtoption bekommt. Ob es der Mehrheit gelingt, die demokratische Gesellschaft vor dem Angriff von rechts zu verteidigen und partizipatorisch weiterzuentwickeln. Oder ob im Osten rechtsextremistische Ideologie derart normalisiert wird, dass die AfD mitregieren kann. Das wäre ein Dammbruch, der ganz Deutschland verändern würde. Niemand sollte sich der Illusion hingeben, eine Regierungsbeteiligung könne die AfD einhegen. Ihr geht es um absolute Macht, darum, Volk und Land von den verachteten Demokraten »zurückzuholen«, ethnische Homogenität und politische Säuberungen, die nicht nur Björn Höcke angedeutet hat. Der damalige Parteichef Gauland hat klargestellt, dass er Höcke nicht als Randfigur betrachtet, sondern in der Mitte der Partei verortet.

Die wichtigste politische Aufgabe der demokratischen Mehrheit ist es, standhaft gegenüber faulen Kompromissen mit Demokratieverächtern zu bleiben und stattdessen Koalitionen auch über Lagergrenzen hinweg zu organisieren. Vor allem CDU und FDP sind gefordert, sich nicht der Verantwortung zu entziehen. Konservative Vorbehalte gegenüber der Linken dürfen nicht zu einer absurden Gleichsetzung von AfD und Linken führen. Letztere muss man nicht mögen, aber als Teil des demokratischen Spektrums akzeptieren und auch so behandeln. Im Gegensatz zur AfD, die nicht regieren darf. Nirgends. Weil sie rhetorisch, ideologisch und personell rassistisch, autoritär und völkisch-nationalistisch ausgerichtet ist. Natürlich ist es notwendig, politisch und gesellschaftlich Kompromisse bei den großen Konfliktthemen, also etwa bezüglich einer Steuerung von Migration zu suchen. Doch bei der Frage, ob wir eine liberale Demokratie oder ein völkischer Staat sein wollen, kann es keine Kompromisse geben. Ein bisschen völkisch geht nicht. Daran gilt es vor allem diejenigen in den ostdeutschen Landesverbänden der CDU immer wieder zu erinnern, die sich der AfD näher fühlen als Roten und Grünen. Es sind die Konservativen, die Demokratien entweder verteidigen oder sie der radikalen Rechten ausliefern. Das galt in der Weimarer Republik, das gilt auch heute.

Nach jahrelangen medialen und politischen Rückzugsgefechten mit Verständnis für offenen Rassismus und aggressive Fremdenfeindlichkeit, für Pegida und »Asylkritiker«, müssen Politiker, Vereine, Kirchen, Gewerkschaften, Unternehmen und Kulturschaffende nun unmissverständlich klarstellen, dass unsere demokratische Gesellschaftsordnung nicht nur eine mehr oder weniger erträgliche Notlösung ist, sondern die beste und lebenswerteste der deutschen Geschichte. Eine, die es trotz aller Mängel und Defizite leidenschaftlich zu verteidigen gilt. Mit allen Möglichkeiten der Selbstverwirklichung, für alle, die hier leben. Das ist nach einer langen Epoche, in der man es sich leisten konnte, sich gesellschaftlich rauszuhalten, weil es ja irgendwie ganz gut lief, alles andere als selbstverständlich.

Für eine Reportage habe ich fünf junge und innovative Unternehmen in Dresden und Leipzig besucht. [182] Alle Führungskräfte, mit denen ich sprach, betonten, wie wichtig sie eine offene Gesellschaft finden, allein schon deshalb, weil ihre Hightech-Firmen zunehmend auch auf ausländische Fachkräfte angewiesen sind. Doch einige Gesprächspartner fanden, es sei nicht notwendig, dieses Bekenntnis zum Pluralismus offensiv nach außen zu tragen oder gar als politische Forderung zu formulieren. Nur wenige bezogen so eindeutig Stellung wie der Dresdner Firmenchef Carl Berninghausen, der mit seiner Firma *Sunfire* nachhaltigen Kraftstoff auf Wasserstoffbasis entwickelt. Im Jahr 2016 wurde *Sunfire* als eines der zehn innovativsten Energieunternehmen weltweit ausgezeichnet. In der Hochkonjunktur von Pegida äußerten ausländische Bewerber bei Einstellungsgesprächen immer wieder große Bedenken gegenüber dem Standort Dresden. Aus Angst vor Hass und Gewalt. Der aufstrebende Technologiebetrieb mit hundertdreißig Mitarbeitern ist aber darauf angewiesen, dass sich die zunehmend internationale Belegschaft in Dresden wohlfühlt. Nur so lassen sich begehrte Talente dauerhaft halten. »Sunfire positioniert sich eindeutig für Offenheit und Toleranz und lebt diese Kultur auch«, so der Firmenchef. Sein Unternehmen ist Mitglied im Verband *Wirtschaft für ein weltoffenes Sachsen*. Es ist überfällig, dass ostdeutsche Milieus von der Wirtschaft über den Sport bis zur Kultur nicht nur von Vielfalt profitieren, sondern diese auch als unverzichtbare Realität laut und vernehmlich einfordern.

Im Osten wenden sich so viele von der Demokratie ab, sind Folgeerscheinungen der Radikalisierung mit Alltagsrassismus, Gewöhnung an Diskriminierung und rechte Gewalt sowie institutionellen Ausfällen der Sicherheitsbehörden so weit fortgeschritten, dass es nicht weniger braucht als ein groß angelegtes, umfassendes politisch-gesellschaftliches Gesamtkonzept, eine Art New Deal Ost. Denn auch wenn es kein Patentrezept gegen die Rechtsdrift gibt: Wir sind dieser destruktiven Entwicklung, die vielerorts das friedliche, respektvolle Zusammenleben zerstört, keineswegs ohnmächtig ausgeliefert. Zwei große Komplexe drängen sich als Strategie für die demokratischen Parteien auf. Erstens gilt es, aus der diffusen Unzufriedenheit jene realen Ungerechtigkeiten zwischen Ost und West herauszufiltern, die korrigiert werden können und müssen. Zweitens braucht es eine Demokratieoffensive, die politische Bildung in Schulen und rechtsstaatlichen Institutionen spürbar ausbaut sowie engagierte Demokraten in Vereinen und Initiativen unterstützt und langfristig absichert.

Über diese Projekte hinaus ist ein neues Leitbild für die (ost)deutsche Gesellschaft nötig, das sich spürbar von den völkischen Sehnsüchten nach einer ethnisch homogenen, am liebsten ausländerfreien Region abhebt und auf Nationalismus und Volkstümelei verzichtet. Ein integratives Modell, das berücksichtigt, dass im Osten nicht mehr nur ehemalige DDR-Bürger leben, sondern auch Bürger aus dem Westen und aus anderen Ländern. Diese moderne Vision einer ostdeutschen Gesellschaft ist derzeit überhaupt kein Thema – weder bei Politikern noch bei Intellektuellen und Journalisten. Stattdessen kreisen die publizistischen Debatten um eine ostdeutsche Identität, die auf DDR-Herkunft und Nachwendezeit verengt bleibt. Statt nach vorn wird zurückgeschaut. Zusammengehörigkeit und Solidarität entstehen aber nicht, indem man eine neue herkunftsbezogene Exklusivität beschwört, die so tut, als wäre der Osten in den Neunzigerjahren stehen geblieben.

Wie könnte also die soziale und demokratische Offensive für einen New Deal Ost aussehen?

Wenn hier eine neue Sozialpolitik für den Osten angemahnt wird, bedarf das einer Vorbemerkung. Der Leipziger Soziologe Alexander Yendell weist darauf hin, dass Arbeitslosigkeit und niedrige Einkommen keine Gründe sind, AfD zu wählen. Wirtschaftliche Benachteiligung erklärt also nicht den Erfolg der Partei, wie beispielsweise der Soziologe Martin Schröder von der Uni Marburg anhand der Daten des Sozio-oekonomischen Panels zeigen konnte, für das Privathaushalte wiederholt repräsentativ befragt werden. »Das verbindende Element der AfD-Wähler ist Fremdenfeindlichkeit«, sagt Yendell richtigerweise. [183] Gegen soziale Ungerechtigkeiten vorzugehen, darf also nicht als politischer Taschenspielertrick herhalten, um Wähler der AfD zu besänftigen. Vielmehr sind soziale Korrekturen notwendig, weil anhaltende Ungerechtigkeit dauerhaft die Legitimität des politischen Systems schwächt.

Ein Drittel der ostdeutschen Arbeitnehmer arbeitet in Vollzeit für einen Niedriglohn. Das sind doppelt so viele wie im Westen.

Wer keinerlei Rücklagen bilden kann, ist anfällig für Existenznöte. Abstiegsängste wiederum schaffen ein Grundgefühl der Unsicherheit und befeuern Abwertungsreflexe gegen andere. Die deutlichste Ungerechtigkeit zwischen Ost und West sind die großen Gehaltsunterschiede. Einer Studie der *Hans-Böckler-Stiftung* zufolge verdienen ostdeutsche Arbeitnehmer bei gleicher Qualifikation und Berufserfahrung rund 17 Prozent weniger als ihre Kollegen im Westen. [184] Das hat auch damit zu tun, dass der Osten landesweit die geringste Tarifbindung aufweist. Schlusslicht ist ausgerechnet der selbst ernannte Wirtschaftsprimus Sachsen, wo nur 39 Prozent der Beschäftigten nach Tarif bezahlt und auch bundesweit die wenigsten durch Betriebsräte vertreten werden. Im Osten arbeiten durchschnittlich 46 Prozent der Beschäftigten mit Tarifbindung, im Westen immerhin 57 Prozent. Ungleiche Bezahlung für gleiche Arbeit fördert das weitverbreitete Gefühl, dass es hierzulande ungerecht zugeht. Mangelhafte Mitbestimmung im Job führt dazu, sich ohnmächtig zu fühlen und Entscheidungsprozesse als willkürlich zu empfinden. Aus solchen Ohnmachtserfahrungen speisen sich auch Ressentiments.

In den vergangenen Jahren sind diese sozialen Fragen durch ethnische überlagert worden und nahezu völlig aus dem Blick geraten. Viele haben ihr Ego eher durch die Abwertung von Geflüchteten und Muslimen stabilisiert, statt soziale Gerechtigkeit einzufordern. Ein wichtiger Effekt konkreter Sozialpolitik wäre, dass Probleme nicht auf Sündenböcke abgewälzt, sondern wieder richtig adressiert werden. Darauf weist die Leipziger Initiative *Aufbruch Ost* hin, deren mehrheitlich studentische Aktivisten auf Demos, Podiumsdiskussionen und mit Straßenaktionen die soziale Frage für den Osten neu stellen. Deren dezidiert linke, kapitalismuskritische Ansätze muss man nicht teilen – aber es ist richtig, der Konjunktur ostdeutscher Identitätsfixierung, die um Heimat, Stolz und Herkunft kreist, mit der Forderung nach einer solidarischen Politik zu begegnen, die sich viel stärker als bisher um die Kluft zwischen unten und oben kümmert: gleicher Lohn für gleiche Arbeit, mehr Mitsprache, höherer Mindestlohn, bessere Tarifbindung, Rentenkorrekturen für Menschen mit unterbrochenen Erwerbsbiografien. Der Osten braucht nicht mehr Scheinsicherheit durch Homogenität, sondern mehr soziale Demokratie. Die Politik hat ihre Spielräume bei diesem wichtigen Thema zu lange vernachlässigt.

Eine wichtige Voraussetzung für demokratische Legitimität ist, dass Regionen, Geschlechter und Milieus angemessen in Führungspositionen repräsentiert werden. Dreißig Jahre nach dem Beitritt zur Bundesrepublik sind Ostdeutsche in Wirtschaft, Justiz und Politik drastisch unterrepräsentiert. So kamen im Frühjahr 2019 nur drei von hundertzwanzig Abteilungsleitern in den vierzehn Bundesministerien aus Ostdeutschland. Drei Jahre zuvor haben Forscher der Universität Leipzig ermittelt, dass der Anteil ostdeutscher Führungskräfte insgesamt nur bei 23 Prozent liegt, bei 87 Prozent Bevölkerungsanteil in der Region ist das viel zu wenig. [185] Selbst bei den hundert größten Unternehmen im Osten sind nur ein Drittel der Führungspositionen mit Ostdeutschen besetzt. Folgerichtig sprechen sich über 80 Prozent im Osten einer Studie im Auftrag der *Zeit* zufolge für eine Ost-Quote in Wirtschaft und Politik aus.

Für mich steht außer Frage, dass in Parteien, Regierungen, Unternehmen und Universitäten der Anteil derer, die in der DDR gelebt haben und dort geboren wurden, erhöht werden muss. Trotzdem ist die viel diskutierte Ost-Quote der falsche Weg. Sie wäre Anfang der Neunzigerjahre richtig gewesen, heute ist sie es nicht. Weil eben auch diejenigen, die vor zehn, zwanzig oder fast dreißig Jahren hierherkamen, heute Ostdeutsche sind. Mit anderer Sozialisation zwar, aber gleichberechtigt. Weil hier Kinder aufwachsen, deren Eltern aus dem Westen und aus dem Osten stammen. Weil die Gesellschaft längst weiter und diverser ist. Das heißt wiederum nicht, dass alles bleiben kann, wie es ist. Im Gegenteil. So wie jedes kluge Unternehmen Diversität organisiert, müssen auch ehemalige DDR-Bürger und deren Kinder endlich angemessen repräsentiert werden. Jede Partei, Behörde, Forschungseinrichtung, Redaktion und Firma ist gefordert, sehr viel mehr als bisher alte, aber auch neue Ostdeutsche an die Spitze zu setzen. Medien und ostdeutsche Politiker müssen den dazu notwendigen Druck erzeugen und permanent aufrechterhalten. Das Gefühl vieler Menschen im Osten, Bürger zweiter Klasse zu sein, speist sich maßgeblich aus der anhaltend mangelhaften Repräsentation.

Doch Korrekturen zwischen Ost und West sollten auf Stereotype und falsche Konfliktlinien verzichten. Übertreibungen und Kampfbegriffe sind nicht hilfreich, um die ungleiche Machtverteilung zu beenden. Bis heute kursiert der Begriff »Kolonisation«, um zu beschreiben, dass der Westen den Osten vollständig übernommen habe. Er ist schon deshalb falsch, weil sich die DDR-Bürger in einer demokratischen Wahl mehrheitlich für die »Allianz für Deutschland« von der CDU und damit für den schnellen Beitritt zur Bundesrepublik und deren Wirtschaftsordnung entschieden haben. Richtig ist, dass Westdeutsche in allen Bereichen deutlich bessere Startchancen hatten und bis heute auch die Eliten im Osten dominieren. Aber genauso wie Millionen Ostdeutsche nach 1989 in den Westen gingen, auf der Suche nach neuer Arbeit und einem neuen Leben, kamen auch aus dem Westen längst nicht nur Geschäftemacher, Glücksritter und Abzocker in den Osten. Ich kenne zwar die Geschichten von Gebrauchtwagenverkäufern, unnötigen Versicherungen und unfähigen Chefs aus dem Westen. Als Student an der Leipziger Uni habe auch ich vereinzelt unmotivierte Dozenten erlebt, deren einzige Qualität die Herkunft aus dem Westen zu sein schien. Aber dreißig Jahre nach dem Start des vereinten Deutschlands ist es überfällig, den kursierenden Unterdrückungsmythos durch gegenseitige Fairness zu ersetzen. Menschen eben nicht nach ihrer Herkunft zu beurteilen, sondern nach ihren Fähigkeiten, Zielen, sozialem Verhalten und Engagement. Westdeutsche Erfahrung und Sozialisation ist für den Osten genauso wertvoll wie umgekehrt ostdeutsche für den Westen. Die großen Debatten der letzten Jahre kreisen zu viel darum, was trennt und erkundeten zu wenig, was uns alle verbindet: Ost- und Westdeutsche. Deutsche und Migranten.

Gesellschaftlicher Zusammenhalt entsteht, wenn es unterschiedlichen Persönlichkeiten, Interessengruppen und Milieus gelingt, Gemeinsamkeiten zu organisieren: gute Arbeitsbedingungen, modernes Lernen in Kitas und Schulen, lebenswertes Wohnen in Städten und auf dem Land. Dafür braucht es Teilhabe, die Förderung ehrenamtlichen Engagements und stabile zivilgesellschaftliche Strukturen. Bezeichnenderweise landete Sachsen in einer Studie zum gesellschaftlichen Zusammenhalt der *Bertelsmann-Stiftung* aus dem Jahr 2017 bundesweit auf dem letzten Platz.[186] Gemessen wurden unter anderem das Vertrauen in Mitmenschen und Institutionen sowie Faktoren wie Hilfsbereitschaft. Der geringste Zusammenhalt wurde übrigens in der Pegida-Hochburg Dresden gemessen. Für die demokratischen Parteien kann daraus nur folgen, künftig konsequent auf spaltende Homogenitätsbotschaften und Herkunftsfixierung zu verzichten und stattdessen solidarisches Miteinander zu organisieren. Denn Herkunft ist weder eine Lösung für soziale Ungerechtigkeiten noch für Zukunftsmodelle von modernen Kitas und Schulen oder innovativen Unternehmen, die Arbeitsplätze schaffen.

Das wichtigste Projekt gegen die fortschreitende Radikalisierung von rechts ist eine Demokratieoffensive. Nicht im Sinne blumiger, folgenloser Sonntagsreden und Absichtserklärungen, wie sie regelmäßig nach rechten Ausschreitungen und Anschlägen zu hören sind, sondern als koordiniertes präventives und repressives Maßnahmenpaket. Wie notwendig das ist, belegen allein zwei Zahlen aus der Studie für die *Zeit*: So finden 41 Prozent der Ostdeutschen, man könne seine Meinung heute nicht freier oder gar weniger frei äußern als in der DDR. 58 Prozent im Osten haben das Gefühl, heute nicht besser vor staatlicher Willkür geschützt zu sein als in der DDR. [187] Zusammen mit dauerhaft hohen Zustimmungswerten für ein Gefühl der »Überfremdung« verbunden mit starker Fremdenfeindlichkeit ist es nicht alarmistisch, festzustellen, dass die Grundlagen der Demokratie im Osten erodieren. Dieser Prozess kann nur gestoppt werden, wenn verstanden wird, dass Demokratie weder für nachfolgende Generationen noch in rechtsstaatlichen Institutionen ein Selbstläufer ist. Es ist eine schwerwiegende Hypothek des Einigungsprozesses, dass die Ostdeutschen der Bundesrepublik nur beitreten konnten, ohne selbst Verfassungsgrundsätze mitgestalten zu können. Das ändert aber nichts daran, dass das Grundgesetz der Bundesrepublik die beste Verfassung ist, die es in Deutschland je gab. Deren Grundrechte – von der unantastbaren Würde bis zur garantierten Gleichberechtigung unabhängig von der Herkunft – gegenwärtig nicht nur im Osten, da aber eben besonders radikal angegriffen werden.

Eine Demokratieoffensive muss daran arbeiten, die wachsende Diskrepanz zwischen dem hehren Verfassungsanspruch und der alltagsrassistischen Realität zu schließen. Bei Demos unter dem Motto »Unteilbar« in Leipzig und Dresden haben junge Schwarze berichtet, wie normal Schmähungen und Beleidigungen für sie sind. Sie haben eingefordert, endlich als zugehörig akzeptiert zu werden. Deren Stimmen beachtet aber kaum jemand. Weder Regierungen noch Journalisten. Opfer von Diskriminierung und rechter Gewalt werden genauso alleingelassen wie die mutigen demokratischen Einzelkämpfer in Vereinen und Initiativen, die in Orten wie Wurzen mit dem Rücken zur Wand stehen. Sie brauchen die Solidarität und Unterstützung von Bürgermeistern, Landräten, Lehrern, Trainern, Priestern, Kollegen. Und eben auch die von professionellen Helfern.

Zwar fördert der Staat seit 2001 zivilgesellschaftliche Organisationen und deren Arbeit gegen Rechtsextremismus, Rassismus und Antisemitismus. Aber auch wenn Bundesfamilienministerin Franziska Giffey (SPD) das Förderprogramm »Demokratie leben!« entfristet hat, standen im Jahr 2019 wieder mal zahlreiche bewährte Projekte vor dem Aus. In einem Offenen Brief forderten im Oktober 2019 renommierte Initiativen und Hochschulprofessoren, die Förderpolitik des Bundes grundlegend neu auszurichten und professionelle Demokratiearbeit langfristig abzusichern. [188] Bislang können nämlich nur befristete Projekte finanziell unterstützt werden und nicht die ausrichtenden Vereine und Initiativen. Organisationen müssen jedes Jahr neue Anträge stellen, sich neue Konzepte überlegen und sind stets von politischem Wohlwollen abhängig. Langfristige Planung ist derzeit unmöglich, für geförderte Modellprojekte kann nach einem Jahr wieder Schluss sein. Die bisherigen Förderrichtlinien berücksichtigen zudem zu wenig drängende Probleme wie Hass im Netz, Neue Rechte oder die mangelhafte Hilfe für Menschen, die von Rassismus, Muslimfeindlichkeit und Antisemitismus betroffen sind, so die Unterzeichner des offenen Briefes. Viele dieser Nichtregierungsorganisationen verfügen über erprobte Ansätze und Module, mit denen sie beispielsweise in Schulen pädagogische Konzepte gegen Diskriminierung oder für interkulturelle und politische Bildung anbieten. Mit einem Demokratiefördergesetz könnten nachhaltige Strukturen aufgebaut und langfristig abgesichert werden. Ohne feste Strukturen und langfristige Perspektiven drohen Ressourcen und Know-how verloren zu gehen. Immer wieder geben zermürbte Demokratiesozialarbeiter auf und suchen sich neue Berufe. Wo solche Strukturen wegbrechen, gehen sie dauerhaft verloren. In dem entstehenden Vakuum können rechte Aktivisten ihre Strukturen weiter ausbauen. Zwar hat Ministerin Giffey angekündigt, die bundesweit mittlerweile dreihundert lokalen »Partnerschaften für Demokratie« mit Vereinen und Initiativen künftig finanziell besser auszustatten. Allerdings zulasten überregionaler Modellprojekte. Eine eigene gesetzliche Grundlage zu schaffen ist ihr bislang nicht gelungen. Die Unionsparteien blockieren das.

Demokratieförderung ist aber nicht nur Sache des Bundes. Auch die ostdeutschen Bundesländer sind gefordert, ihre Förderpraxis auszubauen und zu verstetigen. Indem sie beispielsweise eigene Demokratiefördergesetze auf den Weg bringen. Die ureigenste Aufgabe der Länder ist es, politische Bildung in den Schulen zu intensivieren und neu zu justieren. Seit dem Ende der DDR wird das Thema im Osten von Politikern und Pädagogen mit Samthandschuhen angefasst. Auch um jeden Eindruck zu vermeiden, Schüler in ähnlicher Weise zu indoktrinieren wie seinerzeit das Fach Staatsbürgerkunde in der DDR. Die DDR selbst ist schon deshalb heikler und gern gemiedener Schulstoff, weil eine ganze Lehrergeneration aufgrund der eigenen Sozialisation nicht unbefangen über das SED-Regime lehren konnte. Der Geschichtsunterricht müsste es leisten, zu erklären, wie die familiären Alltagsanekdoten über das Leben in der DDR zur Diktaturengeschichte passen. Wie massiv der Staat in die Privatsphäre eingegriffen hat und was Regimegegnern drohte. So tief wollte bislang niemand in der noch jungen Geschichte bohren.

In Sachsen ist schulische Bildung zudem traditionell auf die Kernfächer fixiert. Mit jedem neuen PISA-Erfolg fühlt sich die Landesregierung in ihrem Kurs bestätigt. Nach den schockierenden Ereignissen in Chemnitz wurde das Fach Gemeinschaftskunde/Rechtserziehung/Wirtschaft (GRW) eilig von den neunten auf die siebten und achten Klassen vorgezogen. Aber vermittelt werden da vor allem formale Entscheidungsabläufe und Strukturen. In einer hochpolitischen Zeit, in der Schüler zwischen *Fridays for Future* und AfD aufwachsen, bleiben in vielen Schulen Reizthemen wie Klimaschutz, Migration oder Rassismus weitgehend außen vor. Doch es reicht nicht, Schülerwahlen abzuhalten, die in etlichen Schulen weder vorbereitet noch ausgewertet werden. Schulische Demokratieerziehung muss viel stärker als bisher als fächerübergreifende Aufgabe verstanden werden. Mit thematischen Projekttagen, Diskussionsforen und wo immer es geht auch mit praktischen Erfahrungen. Es braucht mehr länderübergreifenden Schüleraustausch, mehr Begegnungen mit Zeitzeugen, größeres Wissen um gesellschaftliche Konflikte und weniger Angst. Auch wenn die AfD Denunziationsportale schaltet, um angebliche Verstöße von Lehrern gegen das »Neutralitätsgebot« zu melden. Es war richtig, dass der Landesdatenschutzbeauftragte von Mecklenburg-Vorpommern Heinz Müller das Portal »Neutrale Schule« verboten hat. Lehrer dürften keine Angst haben, für das Grundgesetz und die darin garantierte Menschenwürde einzutreten, erklärte Müller. [189] In aufgeheizten politischen Zeiten ist die Versuchung für Lehrer und Bildungspolitiker groß, sich und die Schulen raushalten zu wollen. Aber Schule darf nicht länger nur Mathe, Deutsch und Fremdsprachen lehren. Sie muss auch ein Ort werden, wo demokratische Meinungsbildung trainiert wird und Schüler mit Wissen und gelebter Praxis gegen gruppenbezogene Diskriminierung fit gemacht werden.

Schule kann das nicht allein leisten. Externes Know-how gibt es aber nicht nur für Suchtprävention oder Medienkompetenz, sondern auch zum Thema Demokratie oder Antisemitismus. Ich war mehrmals mit den Teams des Vereins *Für Demokratie Courage zeigen* in Schulklassen unterwegs. Hörte krude Vorurteile von Schülern über Schwarze und völlig übertriebene Schätzungen, wie hoch wohl der Ausländeranteil in Sachsen sei. Vorurteile, die von den jungen Sozialarbeitern nicht verurteilt, sondern mit Rollenspielen und Fakten erschüttert wurden. Bildung wirkt. Aufgabe von Schulen ist es nicht nur, künftige Ärzte, Wissenschaftler oder Handwerker auf den Weg zu bringen, sondern auch selbstbewusste Demokraten.

Zu einem ostdeutschen Demokratiepaket gehört auch, die demokratischen Institutionen zu überprüfen und wehrhaft zu machen. Polizei und Justiz haben immensen Nachholbedarf beim Wissen um Hasskriminalität. Gruppenbezogene Menschenfeindlichkeit als Tatmotiv für Gewalt gegen Ausländer, Schwarze, Juden, Obdachlose oder Homosexuelle muss fest in der Ausbildung von Polizeibeamten, Staatsanwälten und Richtern verankert werden. Die Ermittlungen rund um die sogenannte Gruppe *Nordkreuz* in Mecklenburg-Vorpommern mit Feindeslisten, Umsturzplänen und Waffenarsenalen aktiver und ehemaliger Polizei- und Bundeswehrangehöriger zeigen zudem, dass es überfällig ist, die rechtsstaatlichen Institutionen gegen rechtsextremistische Demokratiefeinde in den eigenen Reihen zu verteidigen.

Dazu braucht es zuallererst gesicherte wissenschaftliche Erkenntnisse über demokratiefeindliche Einstellungen innerhalb der Sicherheitsbehörden. Darüber hinaus müssen flächendeckend unabhängige Beschwerdestellen eingerichtet werden, an die sich Hinweisgeber von innen und außen wenden können, um Missstände innerhalb von Behörden oder das Fehlverhalten von Beamten melden zu können. Schließlich braucht es den festen politischen Willen, rechtsextremistische Umtriebe konsequent zu ahnden und Rechtsextremisten in Uniform nicht zu dulden. Ein Beamter, der diesem Staat verpflichtet ist, kann nicht gleichzeitig auf einen Tag X hinarbeiten, um das verhasste parlamentarische System zu beseitigen. Der NSU-Terror hätte ein Wendepunkt sein müssen. Er war es nicht. Wichtige Konsequenzen wurden nicht gezogen. Das Versprechen an die Familien der Opfer, umfassend aufzuklären und daraus zu lernen, wurde durch einen weitgehend unveränderten staatlichen Umgang mit der rechten Gefahr gebrochen. Nach dem Mord an Walter Lübcke und dem mörderischen Terroranschlag von Halle kann es kein *business as usual* mehr geben.

Unterhalb der Schwelle von Rechtsterrorismus und Rechtsextremismus darf auch institutioneller Rassismus bei den Sicherheitsbehörden nicht länger geduldet werden. Wenn Opferberater aus Thüringen berichten, dass sich Polizeibeamte mitunter weigerten, nach rassistisch motivierten Straftaten überhaupt Anzeigen aufzunehmen, ist das ein handfester politischer Skandal. Opferschutz muss endlich ernst genommen werden, wozu auch gehört, konkreten Hinweisen nachzugehen, dass es in den Sicherheitsbehörden eine Hierarchie der Opfer gibt, in der Wohnungslose, Homosexuelle und Schwarze erfahrungsgemäß unten stehen. Wer rassistischer Gewalt ausgesetzt ist, kann nicht überall und jederzeit auf ein ordentliches rechtsstaatliches Verfahren hoffen. Das ist nicht hinnehmbar. Darüber hinaus muss die polizeiliche Ermittlungspraxis bei politischer Kriminalität grundsätzlich überprüft werden. Wenn beispielsweise sächsische Polizeibeamte vor Gericht erst auf mehrmalige Nachfrage einräumen, bei einer Hausdurchsuchung eine Hakenkreuzfahne gefunden zu haben, oder rechtsextremes Propagandamaterial gar nicht erst sichergestellt wird wie im Prozess gegen die *Gruppe Freital*, darf das nicht länger wie eine schrullige Petitesse behandelt werden. Politische Tatmotive und rechtsextremistische Netzwerke, die bislang viel zu oft unbeachtet bleiben, müssen systematisch bei Razzien und in den fahrlässig vernachlässigten Hasskammern des Internets aufgespürt werden.

Dazu braucht es festen politischen Willen und ein Personal, das sich ausnahmslos rechtsstaatlichen Prinzipien verpflichtet fühlt. Eines der wenigen politischen Signale für eine neue Kultur demokratischer Wehrhaftigkeit hat der Thüringer Innenminister Georg Maier (SPD) gesendet. Er drohte Beamten, die sich offen zum »Flügel« der AfD bekennen, disziplinarische Maßnahmen an. Diesem Vorstoß stimmte der Thüringer Beamtenbund zu. Dessen Vorsitzender Thomas Liebermann stellte unmissverständlich klar, dass sich jeder Beamte zum Grundgesetz zu bekennen habe. [190] Der Bundesvorsitzende der Gewerkschaft der Polizei (GdP) Oliver Malchow kritisierte Kollegen, die in Thüringen für die AfD kandidierten. Diese internen Debatten können nur der Anfang sein.

Ein neuer demokratischer Aufbruch im Osten kann allerdings nicht gelingen, wenn er politisch nur von oben ausgeht. Die wichtigste Botschaft muss von unten kommen: dass sich diese Gesellschaft nicht spalten lässt. Dass sie nicht zulässt, wenn Menschen aufgrund ihrer Hautfarbe oder Religion zu Außenseitern und als nicht zugehörig degradiert werden. Nur weil eine laute Minderheit ein Problem mit Gleichberechtigung hat, können wir nicht so tun, als wäre die Diskriminierung von Muslimen oder Schwarzen eine legitime politische Option. Oder als wäre es richtig, Lesben und Schwule dafür zu benachteiligen, wen und wie sie lieben.

Das ostdeutsche Superwahljahr 2019 hat gleichwohl nicht nur die AfD gestärkt, sondern auch eine bemerkenswerte Aufbruchstimmung erzeugt. Viele Menschen sind aufgewacht und bereit, öffentlich dafür einzutreten, dass dieses Land offen und frei bleibt. Die Künstler und Lokalpolitiker, die für das Onlineprojekt #wirbleibenhier erzählt haben, wie und warum sie für eine solidarische Gesellschaft eintreten. Die »Omas gegen rechts«, die bei Demos in Dresden und Leipzig ihr Plakat hochhielten. Die beiden Studentinnen, die in Dresden ihr Motto in bunten Lettern durch die Straßen trugen: »Solidarisch statt arisch«. Auf dieser Demo folgten im August 2019 rund vierzigtausend Menschen dem Aufruf des Bündnisses »Unteilbar« und kamen nach Dresden. Eine vier Kilometer lange Demoschlange, in der mehr Menschen über die Elbbrücken gingen und tanzten, als Pegida je mobilisieren konnte.

An diesem Tag drückten die Redner auf der Abschlusskundgebung nicht nur aus, wogegen sie sind – sondern vor allem wofür. Zwei Mitarbeiter der Firma *Teigwaren Riesa* erzählten, wie sich die Belegschaft organisiert hat und durch Streiks deutlich mehr Lohn sowie zwei zusätzliche Urlaubstage erkämpfen konnte. Wie stark das Zusammengehörigkeitsgefühl ist, das daraus erwuchs. Ein Aktivist einer Bürgerinitiative aus dem kleinen sächsischen Ort Pödelwitz, der abgebaggert werden soll, um darunterliegende Braunkohle zu fördern, warb nicht nur für den Erhalt seines Dorfes, sondern auch für Solidarität mit allen, die vom Klimawandel betroffen sind. Ein Vertreter der Dresdner Hilfsorganisation *Mission Lifeline* erklärte, dass Seenotrettung »eine Pflicht und kein Verbrechen« sei. Es ging um kleine und die ganz großen Fragen.

Die eindrucksvollsten Worte fand die Publizistin Carolin Emcke, ausgezeichnet mit dem Friedenspreis des Deutschen Buchhandels. Sie dankte denen, die gekommen waren, und erinnerte daran, dass ja alle eingeladen waren: Gläubige und Ungläubige, Konservative und solche mit Dreadlocks. Diejenigen, die irgendwann ihr Selbstvertrauen verloren, und jene, die hier erst kürzlich ein sicheres Zuhause gewonnen hätten. Oder nur ein Bett für die Nacht. Es sei gut, diese Verschiedenheiten untereinander auszuhalten. Den »Fanatikern der Reinheit« sagte die Journalistin: »Wir müssen nicht gleichartig sein, um gleichwertig zu sein. Wir müssen nicht gleich aussehen, nicht gleich lieben.« Auch nicht mit den gleichen Kinderliedern aufgewachsen sein. Wichtig sei allein, dass wir in dieser Republik leben und ihre Rechte für alle gelten und alle gleich verpflichten. Vielfalt sei keine Gefahr für die eigene Identität, auch nicht für eine stabile Gemeinschaft, so

Emcke: »Sondern Vielfalt ist.« Jeder erwartete in diesem Moment, dass sie weiterredete, aber die folgende Pause setzte sie ganz bewusst, damit sich die Worte einbrennen. Vielfalt ist. »Nichts als Realität«, schob sie nach. »Sie zu leugnen heißt, die Menschlichkeit zu leugnen.« Carolin Emcke endete mit einem Appell. Nicht im Abwehrmodus zu verharren. Wieder eigene Visionen und Utopien zu entwickeln. Darum geht es. Wir haben zu lange nur zugehört, uns von der lauten Wut beeindrucken lassen. Das hat Angst gemacht, Kraft gekostet, Kreativität unterdrückt. Es ist Zeit, das zu ändern.

Wir sind viele!

Katrin war ein Kind der DDR. Aber kein unbeschwertes. Aufgewachsen ist sie in einem kleinen Ort in Sachsen-Anhalt. Ihr El-
ternhaus stand in Sichtweite zum Grenzstreifen. Fast täglich sah
sie als Kind die Grenzer mit den Wachhunden, einmal hörte sie
sogar Schüsse. »Ich hab früh kapiert, dass die Mauer nicht dazu
da ist, uns zu schützen, sondern um uns festzuhalten.« Sie erinnert sich an tiefe Traurigkeit, die sie überkam, wenn sie aus der
Dachluke schaute und sich fragte, wie es wohl drüben, auf der anderen Seite ist. Weil sie sicher war, das nie zu erfahren.

Ihre Eltern arbeiteten wie die meisten ihrer Nachbarn im Ar-
maturenwerk. Der Vater war Konstrukteur, ihre Mutter Ingenieurin. An den Wochenenden gingen sie nicht nur in die Kirche, sondern der Vater predigte dort auch regelmäßig, wenn wieder mal
kein Pfarrer da war. Ihre Lehrer ließen sie, das Christenkind, spüren, was sie davon hielten. »Die haben keine Gelegenheit ausge-
lassen, ein Kind wie mich zu demütigen«, erinnert sich Katrin.
Die Eltern ließen sie zur Konfirmation, aber auch zur Jugendweihe gehen, um sie nicht vollends zu isolieren. Aber: »Ich habe
mich unendlich zerrissen gefühlt, nie wirklich zugehörig.« Eine
Lehrerin gab den Eltern auf der Straße, wo niemand mithören
konnte, praktische Ratschläge, wie Katrin und ihre Schwester
trotz ihres Glaubens Abitur machen konnten. In der elften Klasse
musste sich der Vater dafür einsetzen, dass eine negative Beurtei-

lung im Zeugnis von Katrin umgeschrieben wurde, die ihr alles verbaut hätte. Katrin schaffte das Abitur, aber ihre Schulzeit hat sie als aneinandergereihte Demütigungserfahrungen in Erinnerung.

Katrin ist heute Anfang fünfzig, arbeitet in der Suchtberatung in Leipzig und ist eine gute Freundin von mir. Immer wieder sitzen wir zusammen, bei Kaffee, Bier oder Wein, und erzählen uns von unseren Wegen. Entdecken, was uns trennt und verbindet. Versuchen aus unterschiedlichen Perspektiven zu ergründen, was um uns herum geschieht. Woher die Wut kommt. Was die Leute nach rechts rücken lässt. Viele ihrer Mitschüler hatten die DDR sicher weit weniger dramatisch erlebt als sie. Deren Ende empfand Katrin als pures Glück. Als aus der DDR ein Teil der Bundesrepublik wurde, hatte sie eine Ausbildung zur Gemeindediakonin absolviert und ihre erste Stelle in der Nähe von Aschersleben in Sachsen-Anhalt angetreten. Wie so viele im Osten hatte sie übergroße Erwartungen und idealisierte Vorstellungen vom anderen Teil Deutschlands. Was aus dem Westen kommt, das konnte nur gut sein. Daran glaubte sie. Doch das Glücksgefühl war schnell verflogen. Stattdessen packte sie jäh eine »ungeheure Existenzangst«. Ihre Miete wurde drastisch erhöht, das Gehalt blieb gleich. Als ihr Vater Bürgermeister wurde, bekam sie mit, wie der Versuch, vergangenes Unrecht zu korrigieren, neues schaffte. Weil plötzlich Leute, die in den Westen geflüchtet waren, zurück nach Sachsen-Anhalt kamen und in ihrem Heimatort ihren alten Besitz einforderten. »Mit großer Geste«, wie Katrin sagt. Was bei denen, die zuvor Häuser und Grundstücke gekauft hatten, »brutale Ängste« auslöste.

Katrin zog mit ihrem Mann 1992 in den Westen. In dem Jahr, als ich mich in umgekehrter Richtung nach Leipzig aufmachte. Ihr Mann trat eine Stelle als Kirchenmusiker im Rheinland an, sie konnte als Gemeindediakonin arbeiten, musste aber sehr darum kämpfen, dass ihre Abschlüsse anerkannt wurden. Von ihren Chefs bekam sie zu hören: »Mit Ihren Ostmethoden brauchen Sie uns hier nicht zu kommen.« Als sie ihr Kind mit drei Jahren in den Kindergarten geben wollte, gaben ihr Kolleginnen zu verstehen, dass das nicht üblich sei. Im Westen sei Mama für ihre Kinder da. Das habe sie ganz klein gemacht. Durch ihre offene Art hat Katrin im Rheinland viele Freunde gefunden. Sie hat versucht, die Vorurteile gegen eine Ostfrau durch noch mehr Leistung zu widerlegen, doch die Enttäuschung über den Westen blieb. In der DDR fühlte sie sich als Außenseiterin. Die Kränkungen und Demütigungen danach teilte sie mit der großen Mehrheit ihrer ehemaligen Mitbürger.

Als sie vor einigen Jahren nach Leipzig zog, hatte sie das Gefühl, sich nicht mehr ständig erklären zu müssen. Katrin hat jetzt eine Arbeit, die sie erfüllt, weil sie Menschen mit Problemen dabei helfen kann, sich zu stabilisieren. Sie bildet sich an den Wochenenden fort, um noch mehr über Sucht und die menschliche Psyche zu erfahren. Ihre Kinder haben im Ausland gearbeitet oder im Westen eine Stelle gefunden. Es war oft nicht leicht, aber sie hat es geschafft, sich eine bescheidene, und doch sichere Existenz aufzubauen. Wenn sie aber daran denkt, wie viel weniger sie im Vergleich zu Kollegen im Westen verdient, dann wird sie »blind wütend«, wie sie es ausdrückt. Weil sich die Abwertungen, die sie in ihrer Biografie erfuhr, damit wiederholten. Sie kann daher die blinde Wut im Osten durchaus nachvollziehen. Sogar die Sehnsucht, dass ein großer Retter die Dinge in die Hand nehmen soll, ist ihr in schwachen Momenten gar nicht so fremd.

Ganz fremd ist ihr allerdings, die AfD zu wählen. »Ich brauche auch keine Ost-Identität«, sagt Katrin trotzig. Man habe ja keine Wahl, wo man geboren werde. »Ich habe aber eine Wahl, wie ich mich heute verhalte. Es ist meine eigene Verantwortung, genauer hinzuschauen, Fragen zu stellen und an meiner Sprachfähigkeit zu arbeiten.« Also ihre Interessen zu vertreten und Kritik zu üben. Bei der Arbeit, in der Freizeit. Ja, auch in ihrer deutsch-deutschen Biografie gebe es schlecht verheilte Wunden und Empfindlichkeiten. Aber es sei keine Lösung, fragwürdige Heilsbringer zu ermächtigen, um eigene Ohnmachtsgefühle abzuwehren. Wenn sie bei ihrer Arbeit sprachlos zu werden droht, versucht sie sich in Abläufe und Entscheidungsprozesse einzumischen. »Das braucht es auch für die Demokratie«, sagt Katrin.

Durch sie habe ich verstanden, was so viele im Osten vom Westen und von der Demokratie entfremdet hat. Ihre schmerzhaften Erfahrungen und erlittenen Kränkungen lassen sich politisch nicht heilen. Es kann weder ein Gesetz noch ein Ministerium zur Anerkennung von Lebensleistungen geben. Doch um die deutsch-deutsche Zukunft zu gestalten, muss eines verstanden werden: wie nachhaltig das Verhältnis zur westlichen Demokratie auch bei denen erschüttert wurde, die es auf den ersten Blick geschafft und sich einen durchaus sicheren Stand erarbeitet haben. Katrins Geschichte erzählt aber auch davon, dass Abwertungserfahrungen in der Nachwendezeit keineswegs automatisch nach rechts führen. Niemand ist gezwungen, die parlamentarische Demokratie infrage zu stellen, weil ihm Ungerechtigkeit widerfahren ist oder in seinem Ort der Bus zu selten fährt. Die einzig richtige Alternative bleibt, sich mit seiner Wählerstimme oder persönlichem Engagement für die Lösung konkreter Probleme und für sinnvolle Reformen einzusetzen. Das droht im allgemeinen Bemühen um Verständnis für die Wahlerfolge der AfD im Osten bisweilen in Vergessenheit zu geraten. Autoritäre Herrschaft und ethnische Homogenität sind nichts anderes als gefährliche Scheinlösungen. Fallen, in die wir nicht tappen dürfen, weil wir wissen, wie es endet.

Das alltägliche Leben spielt sich auch im deutschen Osten sehr viel weniger in den großen, vermeintlich so relevanten Gruppenzugehörigkeiten ab. In Schulen, Betrieben und Vereinen ist eben nicht entscheidend, ob wir Deutsche, Ostdeutsche, Westdeutsche, Doppeldeutsche oder Ausländer sind, sondern ob wir gemeinsame Ziele und Interessen haben. Wir sind eben nicht nur schwarz oder weiß, sondern wir sind viele. Als Eltern, Vereinsmitglieder, in Kirchengemeinden, Freundschaften und Arbeitsbeziehungen findet das Leben in Schnittmengen statt. Mit jeweils ganz unterschiedlichen Identitäten. Auch in Leipzig, Erfurt und Rostock. In Bautzen, Wurzen und Dippoldiswalde. Das Comeback autoritären Denkens mit einer Rückbesinnung auf Herkunft als Ordnungsprinzip und identitätspolitische Kategorie ist zweifellos ein weltweiter Trend. Aber kein Naturgesetz. Die Präsidentschaft von Donald Trump in den USA und Wahlerfolge von Marine Le Pen in Frankreich oder Viktor Orbán in Ungarn sprechen zwar durchaus dafür, dass sich Menschen in einer Epoche der Transformation und des beschleunigten Wandels wieder stärker von rassistischer, autoritärer oder rechtsradikaler Politik angezogen fühlen.

Doch der Hinweis auf ähnliche Entwicklungen im Ausland oder in Westdeutschland entbindet uns nicht davon, den zerstörerischen Folgen der Radikalisierung dort besonders entschieden entgegenzutreten, wo sie wie beschrieben am stärksten spürbar sind – nämlich in Ostdeutschland. Zur Unterstützung von Opfern rechter Gewalt, engagierter Demokraten und allen, die den Verfechtern von Homogenität und Reinheit nicht deutsch genug aussehen. Bei einer Podiumsdiskussion über »Alltag und Rassismus« im sächsischen Borna meldete sich ein junges Mädchen mit schwarzem Haar und feinen Gesichtszügen zu Wort. Die Schule gefalle ihr gut, sagte sie. Nur nicht, dass sie in den Pausen ständig von Mitschülern geärgert werde. »Ausländer, Ausländer«, werde sie beschimpft. Immer wieder. Weil ihre Haut dunkler sei als die der anderen. Die Lehrer schritten zwar ein, aber wenn sie wieder weg seien, gehe es von vorn los. Sie habe durchaus Freunde in der Schule, sagte sie in akzentfreiem Deutsch. Aber für einige sei sie immer nur die Ausländerin. Neben ihr saß ihre Mutter, mit Kopftuch und modischem Wintermantel. Ich erinnere mich noch gut an diesen Moment der Scham, weil wir dem mutigen Mädchen keinen guten Rat geben konnten, keine Strategie für sie hatten. Mit dieser neuen deutschen Normalität dürfen wir uns nicht abfinden.

Bei den nicht enden wollenden medialen Appellen, wütenden und radikalisierten Wählern der AfD zuzuhören, darf eins nicht vergessen werden. Nicht diejenigen, die auf rassistische Gewalt hinweisen oder für ein respektvolles Miteinander von Menschen unterschiedlicher Herkunft eintreten, stellen die Grundlagen unseres Zusammenlebens infrage. Nicht zivilgesellschaftliche Einzelkämpferinnen wie Annalena Schmidt in Bautzen oder Ingo Stange in Wurzen. Der Riss kommt von rechts. Da wird gedroht, zu jagen und zu »remigrieren«, kursieren Umsturzfantasien und Feindeslisten, werden Morddrohungen und Beleidigungen ausgesprochen, folgen Hassworten längst Gewalttaten. Diese Enthemmung gilt es nicht zu besänftigen, sondern ihr muss konsequent die rechtsstaatliche Grenze aufgezeigt werden.

Die AfD greift den gesellschaftlichen Pluralismus nicht nur vereinzelt verbal, sondern auch ganz offiziell und programmatisch an, indem sie beispielsweise die grundgesetzlich garantierte Religionsfreiheit für Muslime abschaffen will. Bereits auf ihrem Stuttgarter Parteitag 2016 beschloss die Partei, dass Minarette verboten werden sollen, und verankerte im Grundsatzprogramm: »Der Islam gehört nicht zu Deutschland.«[191] Im Osten, wo nur wenige Muslime leben, findet diese programmatische Intoleranz viel Zuspruch. Aber Grundrechte gelten für alle. Auch für Muslime. Weder eine Partei, die Minderheiten willkürlich ihrer Rechte berauben will, noch deren Wähler können für sich Kompromissbereitschaft außerhalb des Grundgesetzes beanspruchen. Nicht diejenigen, die sich an die Regeln halten, haben zu liefern. Vielmehr stehen die von den Wütenden gewählten Politiker genauso wie alle anderen in der Pflicht, durch vernünftige politische Vorschläge zu überzeugen. Recht hat nicht, wer lauter und radikaler ist.

Entscheidend ist, dass die demokratische Mehrheit den notwendigen gesellschaftlichen Diskurs wieder nach demokratischen Regeln führt. Formal, aber eben auch inhaltlich. Ob es sinnvoll ist, Minderheiten ihrer Rechte zu berauben, oder ob Menschenrechte überhaupt für alle gelten – das darf und braucht nicht diskutiert zu werden. Natürlich gilt es auszuverhandeln, wie Zuwanderung gesteuert werden soll und welche Regeln dafür benötigt werden. Aber Rassismus und völkischer Nationalismus sind keine legitimen Meinungen, deren Vertreter einen Platz auf Podien und in politischen Talkshows beanspruchen können. Demokraten müssen so selbstbewusst sein, sich nicht weiter die Themen von rechts diktieren zu lassen, sondern selbst entscheiden, was für dieses Land und seine Gesellschaft wichtig ist: gerechte Löhne, bezahlbare Wohnungen, ausreichende Renten, menschenwürdige Pflege, weniger Gefälle zwischen Stadt und Land, Digitalisierung, moderne Kitas und Schulen, bessere Integration. So viel ist liegen geblieben. Der Riss wird uns auf absehbare Zeit begleiten. Dem Impuls, ihn durch falsche Zugeständnisse an diejenigen, die ihn vertiefen, heilen zu wollen, dürfen wir nicht nachgeben. Stattdessen müssen die nach rechts Driftenden durch rationale, soziale, solidarische Projekte überzeugt und zum Mitmachen angeregt werden. Ein irrationales, inhumanes und spalterisches Gesellschaftsmodell als mögliche Grundlage des Zusammenlebens anzuerkennen, wäre fatal. Demokraten müssen für ihre Sache werben, streiten – und sie müssen lernen, Konflikte auszuhalten.

Die Radikalisierung zerstört im Osten schon jetzt das respektvolle Zusammenleben. Menschen ziehen sich zurück oder sogar weg. Solange nicht verstanden wird, dass Mügeln, Clausnitz, Heidenau, Freital und Chemnitz nicht zufällig zu trauriger Aufmerksamkeit kamen, sondern Wegmarken einer gefährlichen gesellschaftlichen Entwicklung darstellen, wird sich daran nichts ändern. Längst geht es nicht mehr nur um eine allgemeine Verrohung oder Klimaverschärfung.

Worin besteht nun eigentlich die politische Gefahr? Wie Demokratien heutzutage ins Wanken geraten, lässt sich in jenen Ländern studieren, in denen Politiker regieren, die als rechtspopulistisch bezeichnet werden. In Polen und Ungarn haben solche Regierungen den öffentlich-rechtlichen Rundfunk unter ihre Kontrolle gebracht und von kritischen Journalisten gesäubert. Die Folge sind direkte Regierungsanweisungen an Redaktionen sowie Zensur. In Polen wurden Richter zwangspensioniert. Der Europäische Gerichtshof wertete das als Verstoß gegen EU-Recht. In Ungarn ging Viktor Orbán gesetzlich gegen Nichtregierungsorganisationen und unliebsame Hochschulen vor. Auch hier intervenierte die EU. Wo Rechtspopulisten regieren, geraten die freien Medien und demokratischen Institutionen sofort massiv unter Druck. Wenn es nicht mehr frei und fair zugeht, ist auch die Möglichkeit zum Machtwechsel deutlich erschwert. Dann ist es nur ein kleiner Schritt zur Diktatur. Moderne autoritäre Regime müssen Wahlen gar nicht abschaffen. Es reicht, die kritische Zivilgesellschaft handlungsunfähig zu machen. Das alles scheint bei uns noch weit weg zu sein, geradezu unvorstellbar.

Ist es das wirklich? Mir hat ein historischer Zeitungsartikel aus der *Frankfurter Zeitung* vom 1. November 1929 sehr zu denken gegeben, auf den ich gestoßen bin. [192] Die NSDAP war gerade erstmals mit sechs Abgeordneten in den badischen Landtag eingezogen. Der Artikel findet das Treiben der Extremen zwar »misslich«. Doch deren Wählerschaft sei »zu verschiedenartig«, um einfache Schlüsse ziehen zu können, viele Wähler der National-sozialisten seien »politisch aus dem Gleise geworfen« und »direk-tionslos« geworden. Heute würde man »abgehängt« sagen. Der Nationalsozialismus müsse für die Demokratie ein »Stachel der Selbstkritik« sein, befand der Autor. Die Republik sei nämlich »robust genug«. Er glaubte nicht, »dass die Partei die Demokratie gefährden könne«. Was für ein Irrtum! Vier Jahre später war die Weimarer Republik zerschlagen und Deutschland ein gleichge-schalteter Führerstaat. Was 1929 noch undenkbar war, ging dann ganz schnell.

Nun wiederholt sich Geschichte nie eins zu eins. Moderner Autoritarismus verzichtet heutzutage wie beschrieben darauf, of-fen diktatorisch aufzutreten. Aber die Beschwichtigungsmuster von damals ähneln denen von heute auf frappierende Weise. Da-mals wie heute neigen Beobachter dazu, von vermeintlich nur verirrten Wählern abzuleiten, dass die von ihnen gewählten De-mokratieverächter schon nicht so viel Schaden anrichten werden. Björn Höcke hat angedroht, dass »ein paar Korrekturen und Re-förmchen« nicht ausreichen werden: »Aber die deutsche Unbe-dingtheit wird der Garant dafür sein, dass wir die Sache gründlich und grundsätzlich anpacken werden. Wenn einmal die Wendezeit gekommen ist, dann machen wir Deutschen keine halben Sa-chen, dann werden die Schutthalden der Moderne beseitigt.« [193] Wenn uns die Geschichte eines lehrt, dann dies: Wir dürfen sol-chen Politikern keine Gelegenheit geben, zu zeigen, ob sie es denn auch wirklich ernst meinen.

In letzter Zeit führe ich immer häufiger Gespräche mit Men-schen, die sich auf eine Zeit »danach« einstellen. Nicht irgendwo in Ungarn, sondern hier im deutschen Osten, in Leipzig. Staats-anwälte, die fürchten, demnächst möglicherweise Anweisungen von einem AfD-geführten Justizministerium umsetzen zu müssen. Journalisten, die für den MDR arbeiten und sich fragen, ob es ihnen beim öffentlich-rechtlichen Rundfunk weiterhin möglich sein wird, kritisch zu berichten. Oder ob überhaupt. Regisseure und Intendanten, die fürchten, dass ihren Bühnen der Geldhahn zugedreht wird, wenn sie weiter moderne, gesellschaftskritische Theaterstücke aufführen. Es sind Gespräche, die ich vor einigen Jahren nicht für möglich gehalten hätte. Aus vielen spricht Angst. Doch Angst lähmt. Ja, es geht um alles. Um unsere Schulen und Gerichte, Medien und Vereine, Bühnen und Parlamente. Um unsere Art, zu leben und zu lieben, wen wir wollen. Das alles ist bedroht. Aber es ist an uns. Was wir miteinander haben, im Westen wie im Osten, ist zu wertvoll, um klein beizugeben.

Anmerkungen

.

1. Vgl. www.lvz.de/Region/Wurzen/
   19-jaehrige-Eritreerin-Ich-habe-Angst-und-moechte-weg-aus-Wurzen.
2. Vgl. www.zew.de/de/presse/pressearchiv/
   uebergriffe-auf-asylsuchende-treten-vor-allem-dort-auf-wo-es-wenig-erfahrung-mit-zuwan
   derung-gibt/.
3. Vgl. hait.tu-dresden.de/wm_2019_smgi_hassgewalt_broschuere%201 904.pdf.
4. Vgl. www.raa-sachsen.de/support/statistik.
5. Vgl. www.zeit.de/2018/14/leipzig-heimat-zugezogen-ostdeutschland-probleme.
6. Vgl. www.polizei.sachsen.de/de/MI_2017_55 718.htm.
7. Vgl. .www.verfassungsschutz.de/de/oeffentlichkeitsarbeit/publikationen/
   verfassungsschutzberichte/publikationen-landesbehoerden-verfassungsschutzbericht/
   vsbericht-sn-2018.
8. Vgl. *zur Geschichte des Heimatbegriffs*: Brockhaus, Enzyklopädie in 24 Bänden, 19.
   überarbeitete Auflage, 9. Band, Mannheim 1989, Seite 617 f.
9. Vgl. wjpatzelt.de/2019/04/19/wofuer-steht-sachsens-cdu/.
10. Vgl. www.cdu-sachsen.de/aktuelles/2018/
    gemeinsames-papier-der-s%C 3%A4chsischen-union-und-der-csu-zur-leitkultur-vorgestellt.
11. Vgl. www.uni-bielefeld.de/ikg/Handout_Fassung_Montag_1212.pdf.
12. Vgl. www.fes.de/forum-berlin/gegen-rechtsextremismus/mitte-studie.
13. Vgl. Klaus J. Bade, *Migration, Ausländerbeschäftigung und Asylpolitik in der DDR*:
    hwww.bpb.de/gesellschaft/migration/dossier-migration-ALT/56 368/
    migrationspolitik-in-der-ddr?p=all.
14. Vgl. Armin Pfahl-Traughber, *Die Entwicklung des Rechtsextremismus in Ost- und
    Westdeutschland*, Bundeszentrale für politische Bildung 2002.
15. Harry Waibel, *Die braune Saat; Antisemitismus und Neonazismus in der DDR*, Stutt-
    gart 2017.
16. Ebd., Seite 10.
17. Ebd., Seite 128.
18. Ebd., Seite 10.

19. Ebd., Seite 339.
20. Ebd., Seite 347 f.
21. Rede vom 2. November 2013, gesehen bei YouTube am 13.11.2019: www.youtube.com/watch?v=9pXEEkD_Yzc.
22. Michael Nattke, Eine neue soziale Bewegung von rechts, in: Heike Kleffner und Matthias Meisner (Hg.), *Unter Sachsen; Zwischen Wut und Willkommen*, Berlin 2017, Seite 71 f.
23. Vgl. sezession.de/51 831/widerstandsschritte-5-ernst-machen.
24. Sachsengespräche am 17. April 2019 in Löbau.
25. Vgl. Polizeiliche Kriminalstatistik Sachsen 2018: www.polizei.sachsen.de/de/dokumente/Landesportal/036XPMXPKSX2018.pdf.
26. Die Autoren der Mitte-Studie weisen auf die Probleme des Extremismuskonzepts hin und bilden Rechtsextremismus in sechs Dimensionen ab: Befürwortung einer Diktatur, Chauvinismus, Ausländerfeindlichkeit, Sozialdarwinismus, Antisemitismus und Verharmlosung des Nationalsozialismus. Vgl. Oliver Decker, Marliese Weißmann, Johannes Kiess, Elmar Brähler, Die Mitte in der Krise; Rechtsextreme Einstellungen in Deutschland 2010, Berlin 2010, Seite 10 f.
27. Zur Rekonstruktion der Ereignisse in Mügeln vgl: Britta Schellenberg, Mügeln; Die Entwicklung rassistischer Hegemonien und die Ausbreitung von Neonazis, erschienen in der Reihe »Demokratie« der *Heinrich-Böll-Stiftung*, Dresden 2014.
28. Vgl. ebd., Seite 10.
29. Ebd.
30. Ebd., Seite 19.
31. Ebd., Seite 31.
32. Zu den offenkundigen Widersprüchen zwischen der offiziellen Darstellung und dem rekonstruierten Tathergang nach Aktenlage vgl. ebd., Seite 41.
33. Die Lesung wurde vom Leipziger Erich-Zeigner-Verein organisiert, dessen Mitglieder ehrenamtlich immer wieder auch auf dem Land und an gesellschaftspolitischen Brennpunkten Podiumsdiskussionen und Lesungen veranstalten.
34. Zur Arbeit des Förderprogramms vgl: www.weltoffenes.sachsen.de/.
35. Vgl. Decker, Weißmann, Kiess, Brähler, Seite 153 f.
36. Vgl. Interview »Bleiben Sie bei Ihrer Medienkritik, Herr Ministerpräsident?«, erschienen in: *journalist.* Oktober 2018, Seite 15 ff.
37. Vgl. Interview »Das pressefeindliche Klima wird sich verschärfen«, erschienen in: *journalist*, Oktober 2018, Seite 26, 27.
38. Britta Schellenberg, Wenn der Staat versagt, Wege zum »hausgemachten« Terrorismus, in: Kark-Siegbert Rehberg, Franziska Kunz, Tino Schlinzig, *Pegida – Rechtspopulismus zwischen Fremdenangst und »Wende«-Erfahrung?*, Bielefeld 2016 , 323 f.
39. Ebd., Seite 325.
40. Vgl. Dirk Laabs, *Der deutsche Goldrausch; Die wahre Geschichte der Treuhand*, München 2012.

41. Ebd., Seite 341 f.
42. Vgl. Renate Köcher, »Ostdeutsche haben wenig Vertrauen in Staat und Demokratie«: www.faz.net/aktuell/politik/inland/
allensbach-ostdeutsche-mit-wenig-vertrauen-in-den-staat-16 002 605.html.
43. Vgl. Studie »Ost-Migrantische Analogien I«: dezim-institut.de/fileadmin/user_upload/
Projekte/Ost-Migrantische_Analogien/OstMig_Booklet_A4.pdf.
44. Vgl. zur Bedeutung von sozioökonomischen Merkmalen bei AfD-Wählern:
www.iwkoeln.de/studien/iw-kurzberichte/beitrag/
knut-bergmann-matthias-diermeier-judith-niehues-afd-ergebnis-nicht-allein-durch-abgehae
ngte-regionen-erklaerbar-392 276.html.
45. Vgl. Elmar Brähler, Oliver Decker, *Flucht ins Autoritäre; Rechtsextreme Dynamiken in der Mitte der Gesellschaft*: www.boell.de/sites/default/files/
leipziger_autoritarismus-studie_2018_-_flucht_ins_autoritaere_.pdf.
46. Vgl. Petra Köpping, *Integriert doch erst mal uns; Eine Streitschrift für den Osten*, Berlin 2018, Seite 179 ff.
47. Vgl. Norbert F. Pötzl, *Der Treuhand-Komplex; Legenden, Fakten, Emotionen*, kursbuch.edition 2019.
48. Vgl: www.tolerantes-sachsen.de/.
49. Vgl. zu Details über das Projekt Arrive: www.lauter-leise.de/arrive.html.
50. Vgl. zu Zielen und Partnern des Vereins www.welcomesaxony.de/.
51. Vgl: www.zeit.de/politik/deutschland/2019-06/
ulrich-thomas-sachsen-anhalt-cdu-afd-koalition.
52. Vgl. Interview mit Christian Giele, »Ich will verstehen, was ich nicht verstehen kann«: www.domradio.de/themen/kirche-und-politik/2017-10-14/
leipziger-pfarrer-zum-umgang-mit-der-afd.
53. Vgl. zur Reaktion des Leipziger Oberbürgermeisters Burkhard Jung auf die Morddrohungen: www.lvz.de/Leipzig/Lokales/
So-reagiert-Burkhard-Jung-auf-Drohungen-gegen-Leipziger-Kita.
54. Vgl. zu den Reaktionen der Leipziger Kulturszene: www.lvz.de/Leipzig/Lokales/
Freie-Kulturszene-wirft-Leipziger-AfD-Diffamierung-vor.
55. Vgl. zu der öffentlichen Debatte um den Fall: www.lvz.de/Nachrichten/Kultur/
Kultur-Regional/
Widerstand-gegen-Diskussionsverbot-am-Mittelsaechsischen-Theater-Freiberg.
56. Der Verein *Buntes Bürgerforum für Demokratie Limbach-Oberfrohna* wurde 2011 mit dem Sächsischen Förderpreis für Demokratie ausgezeichnet. Der Preis wird seit 2007 u. a. von der *Amadeu-Antonio-Stiftung* ausgelobt, nachdem sich die Sächsische Staatsregierung zuvor von einem gemeinsam verliehenen Demokratiepreis verabschiedet und einen neuen »Bürgerpreis« ausgelobt hatte. Für diesen Preis durften Kandidaten nur noch von Oberbürgermeistern und Landräten nominiert werden.

57. Im Laufe der Recherchen über Limbach-Oberfrohna entstanden u. a. zwei Beiträge für das MDR-Politmagazin *exakt*.
58. Die Anhörung fand im Innenausschuss des Sächsischen Landtags am 9. Februar 2012 statt.
59. Vgl. die ausführliche Prozessbeobachtung durch das antifaschistische Bündnis NSU-Watch: www.nsu-watch.info/nsu-watch/.
60. Vgl. die Stellungnahme der Nebenklagevertreter nach der Urteilsverkündung im Münchner NSU-Prozess: hwww.nsu-nebenklage.de/blog/2018/07/11/11-07-2018-presseerklaerung-von-nebenklagevertreterinnen-zum-ende-des-nsu-verfahrens/.
61. Vgl. die umfassende Darstellung der sächsischen NSU-Unterstützer in: Stefan Aust, Dirk Laabs, *Heimatschutz*, München 2014, Seite 291 ff.
62. Vgl. Stellungnahme der Nebenklagevertreter im NSU-Prozess, ebd.
63. Vgl. die Broschüre: Kulturbüro Sachsen, *Unter den Teppich gekehrt, Das Unterstützungsnetzwerk des NSU in Sachsen*, Dresden 2017.
64. Vgl. Vorläufiger Abschlussbericht des Sächsischen Staatsministeriums des Innern zum Fallkomplex »Nationalsozialistischer Untergrund«, Vorlage an den Innenausschuss des Sächsischen Landtages vom 25.6.2012: www.gruene-fraktion-sachsen.de/fileadmin/user_upload/ua/Vorlaeufiger_Abschlussbericht_zum_NSU_an_InA_3_4_2_.pdf.
65. Vgl: www.thueringer-landtag.de/fileadmin/Redaktion/1-Hauptmenue/6-Service_und_Kontakt/3-Presse/1-Pressemitteilungen/Dokumente/DRS 607 612_klein4.pdf.
66. Vgl. die Berichterstattung über den V-Mann »Primus« in der *Welt* von Stefan Aust, Helmar Büchel und Dirk Laabs, u. a: www.welt.de/politik/deutschland/article154 436 920/Protokolle-Unter-Verschluss-Ergebnisse-Geheim.html.
67. Vgl. zum Streit um den Einsatz von V-Leuten in Thüringen: https://www.zeit.de/politik/deutschland/2016-03/rechtsextremismus-thueringen-v-leute-verfassungsschutz-nsu.
68. Vgl. Bericht des Sächsischen Datenschutzbeauftragten zur Vernichtung von Akten im Landesamt für Verfassungsschutz Sachsen in den Jahren 2011 und 2012; Sächsischer Landtag, Drucksache 5/11 033.
69. Vgl. »Schlussfolgerungen und Handlungsempfehlungen« in: Abweichender Bericht der Fraktionen Die Linke und Die Grünen zum 1. Untersuchungsausschuss der 6. Legislaturperiode des Sächsischen Landtages, Seite 1137 ff.
70. Vgl. zu den Ermittlungen der Generalbundesanwaltschaft gegen die *Gruppe Freital* den Beschluss des Bundesgerichtshofs (BGH) vom 14. Juli 2016.
71. Vgl. die umfangreiche Berichterstattung zum Komplex *Gruppe Nordkreuz* in der *taz*, u. a »Auf der Feindesliste«: taz.de/Rechter-Terror-in-Deutschland/!5 608 261/.
72. Vgl. Antwort der Bundesregierung auf die Kleine Anfrage der Fraktion Die Linke, Drucksache 19/3 628.
73. Vgl. Pressemitteilung des Generalbundesanwalts vom 28. August 2017; Nr. 73/2017.
74. Vgl. u. a. »Hannibals Schattenarmee«: taz.de/Rechtes-Netzwerk-in-der-Bundeswehr/!5 548 926/.

75. Vgl. https://www.spiegel.de/politik/deutschland/
    franco-a-rechtsextremer-bundeswehroffizier-wird-nun-doch-angeklagt-a-1 297 249.html.
76. Vgl. »Maßnahmenpaket zur Bekämpfung des Rechtsextremismus und der Hasskri-
    minalität« des Bundesinnenministeriums: www.bmi.bund.de/SharedDocs/downloads/DE/
    veroeffentlichungen/2019/
    massnahmenpaket-bekaempfung-rechts-und-hasskrim.pdf?__blob=publicationFile&v=5.
77. Vgl. Hans Vorländer, Maik Herold, Steven Schäller, *Pegida, Entwicklung, Zusammen-
    setzung und Deutung einer Empörungsbewegung*, Springer VS 2016, Seite 5.
78. Vgl. zur Geschichte des Begriffs »Abendland« und dessen Gebrauch durch Pegida:
    Volker Weiß, *Die autoritäre Revolte: Die Neue Rechte und der Untergang des Abend-
    landes*, 2. Auflage, Stuttgart 2017, Seite 155 ff.
79. Vgl. Interview mit Christian Geulen in *National Geographic Plus*, Heft 1 2018,
    Seite 8 f.
80. Vgl. www.zeit.de/gesellschaft/zeitgeschehen/2016-11/
    pegida-lutz-bachmann-volksverhetzung-geldstrafe-urteil.
81. Vgl. Hans Vorländer, Pegida – Provinzposse oder Vorbote eines neudeutschen
    Rechtspopulismus, in: Karl-Siegbert Rehberg, Franziska Kunz, Tino Schlinzig, *Pe-
    gida; Rechtspopulismus zwischen Fremdenangst und Wende-Enttäuschung?*, Biele-
    feld 2016, Seite 99.
82. Vgl. Reportage »Na, du linksintellektuelle Prostituierte!«: www.stern.de/politik/
    deutschland/pegida-demo-in-dresden--was-eine-reporterin-erlebte-5 604 020.html.
83. Hans Vorländer, *Pegida – Provinzposse oder Vorbote eines neudeutschen Rechtspo-
    pulismus*, ebd., Seite 106.
84. Vgl. Stefan Scharf, Clemens Pleul, *Im Netz ist jeden Tag Montag*, in: Karl-Siegbert
    Rehhberg et al., Pegida, ebd., Seite 83 ff.
85. Vgl. die Rekonstruktion des Überfalls auf Connewitz (»Game over«) durch das Leip-
    ziger Stadtmagazin *Kreuzer*: kreuzer-leipzig.de/2018/08/15/
    connewitz-ueberfall-neonazis-nachrichten/.
86. Vgl. »Vom Auftraggeber zum Hauptgegner« in: Zeit im Osten, Nr. 4/2019, sowie:
    www.zeit.de/2019/04/werner-patzelt-politologe-beratung-afd-fraktion.
87. Vgl. Stellungnahme von Werner Patzelt zu dem Brandanschlag via TU Dresden:
    tu-dresden.de/gsw/phil/powi/polsys/die-professur/news/
    stellungnahme-von-prof-patzelt-zum-brandanschlag.
88. Bis Februar 2016 hatte Werner Patzelt bereits drei Studien mit vier Befragungszeit-
    räumen über Pegida veröffentlicht: tu-dresden.de/gsw/phil/powi/polsys/forschung/
    projekte/pegida/studie3-januar2016.
89. Vgl. dazu »Vier Jahre Pegida«, veröffentlicht auf *Patzelts Politik – Der Politikblog von
    Werner J. Patzelt*: wjpatzelt.de/2018/10/19/vier-jahre-pegida/.
90. Vgl. Werner Patzelt, »Was und wie denken Pegida-Demonstranten?«, Analyse der

Pegida-Demonstranten am 25. Januar 2015: tu-dresden.de/gsw/phil/powi/polsys/ ressourcen/dateien/forschung/pegida/patzelt-analyse-pegida-2015-01.pdf?lang=de.

91. Vgl. tu-dresden.de/gsw/phil/powi/polsys/forschung/projekte/pegida/studie1-januar2015.

92. Vgl. Ernst-Dieter Lantermann, Die radikalisierte Gesellschaft; Von der Logik des Fanatismus, München 2016.

93. Vgl. Robert Koall, Dresden: Ein Winter mit Pegida, München 2015.

94. Vgl. Interview mit Robert Koall bei Deutschlandfunk Kultur vom 13. Oktober 2015: www.deutschlandfunkkultur.de/ dresden-und-pegida-das-ist-ein-klima-das-man-kaum-noch.1013.de.html?dram:article_id=3 33 870.

95. Vgl. Werner Patzelt, »Eine fiktive Gerichtsverhandlung im Fall ›Junge Akademiker‹ gegen ›faktenfreien Pegida-Versteher‹«: www.docdroid.net/r38 l/ reaktion-auf-flugblatt-usw.pdf.

96. Vgl. Werner Patzelt, »Vier Jahre Pegida« vom 19. Oktober 2018, veröffentlicht auf Patzelts Politik, ebd.

97. Vgl. »Rhetorik des Hasses« von Alexander Sarovic vom 3. November 2015 auf Spiegel Online: www.spiegel.de/politik/deutschland/ lutz-bachmann-von-pegida-in-dresden-rhetorik-des-hasses-a-1 060 782.html.

98. Werner Patzelt, Neun unorthodoxe Thesen zu Pegida in Rehberg, Kunz, Schlinzig, ebd., Seite 69 ff.

99. Ebd., Seite 73.

100. So weisen Sozialforscher wie Oliver Decker und Andreas Zick ausdrücklich auf gesellschaftliche Radikalisierungsprozesse hin. Der Dresdner Politikwissenschaftler Hans Vorländer hat frühzeitig die radikalisierende Wirkung von Pegida angesprochen. Das Bündnis habe »das Ressentiment salonfähig gemacht« und »teilweise die Ablehnung der praktizierten Demokratie« beinhaltet. (Vorländer, ebd., Seite 108).

101. Vgl. »Professor Patzelt und der Nazi-Vergleich« von Michael Bittner auf dessen Blog vom 22. September 2016: michaelbittner.info/2016/09/22/ professor-patzelt-und-der-nazi-vergleich/.

102. Vgl. »Konservatives Manifest der WerteUnion Deutschland«: werteunion.net/ wp-content/uploads/2018/04/WerteUnion-Manifest.pdf.

103. Interview mit Christian Geulen in National Geographic Plus, ebd., Seite 7 f.

104. Vgl. Broschüre des Kulturbüros Sachsen, »Sachsen rechts unten«, Dresden 2018, Seite 24 f: kulturbuero-sachsen.de/wp/wp-content/uploads/2018/02/ Sachsenrechtsunten_Brosch%C3%BCre_WEB.pdf.

105. Vgl. Jahresstatistik des Verbandes der ostdeutschen Opferberatungsstellen (VBRG): www.verband-brg.de/pm-vbrg-jahresstatistik-2018-rechte-gewalt/.

106. Vgl. Reportage in der taz »Unter Nachbarn«: taz.de/ Rassistischer-Angriff-in-Dresden/!5 608 865/.

107. Vgl. www.ndk-wurzen.de/aktuelles/neonazis-greifen-am-sonntag-vereinssitz-des-ndk-an/.

108. Vgl. MDR *exakt* vom 19. Juni 2019.
109. Vgl. »In der Provinz sind Neonazis mächtig«, veröffentlicht am 28. August 2019 im *Zeit.de*-Blog »Störungsmelder«: blog.zeit.de/stoerungsmelder/2019/08/28/in-der-provinz-sind-neonazis-maechtig_28 908.
110. Vgl. »Baseballschlägerjahre« auf *Zeit Online* vom 6. November 2019: www.zeit.de/2019/46/neonazis-jugend-nachwendejahre-ostdeutschland-mauerfall.
111. Vgl. »Geh doch weg« vom 9. Februar 2019: www.sueddeutsche.de/politik/bautzen-ostdeutschland-stimmung-1 432 3 482.
112. Vgl. »Kritik an Demokratie-Preis« auf *saechsische.de* vom 20. Juni 2018: www.saechsische.de/kritik-an-demokratie-preis-3 959 017.html.
113. Vgl. Informationsseite über das ehemalige Konzentrationslager Sachsenburg: https://gedenkstaette-sachsenburg.de/.
114. Vgl. Sammelband Konzentrationslager Sachsenburg (1933-1937), herausgegeben von Bert Pampel und Mike Schmeitzner, Schriftenreihe der *Stiftung Sächsische Gedenkstätten* zur Erinnerung an die Opfer politischer Gewaltherrschaft, Band 16, Dresden 2018.
115. Vgl. Anna Schüller, Die SA- und die SS-Wachmannschaften des KZ Sachsenburg – Eine kollektivbiographische Studie, in: Pampel, Schmeitzner (Hg.), Konzentrationslager Sachsenburg, ebd., Seite 76 ff.
116. Vgl. »Sachsenburg – das vergessene KZ« von Benjamin Arnold und Michael Kraske, Erstausstrahlung am 29. Januar 2019 im MDR-Fernsehen.
117. Landtagsdebatte vom 25. April 2018.
118. Vgl. »Das vergessene KZ« auf *Spiegel Online* vom 2. Juli 2017: www.spiegel.de/panorama/gesellschaft/sachsenburg-bei-chemnitz-das-vergessene-kz-a-1 153 101.html.
119. Lesung in Sachsenburg vom 2. Dezember 2017.
120. Vgl. »Gespräche mit der AfD? Scharfe Kritik an Thüringer CDU-Politikern« auf *tagesspiegel.de* vom 5. November 2019: www.tagesspiegel.de/politik/steigbuegelhalter-fuer-rechtsaussen-partei-gespraeche-mit-der-afd-scharfe-kritik-an-thueringer-cdu-politikern/25 189 010.html.
121. Vgl. »Das AfD-Dilemma«, veröffentlicht im Medienmagazin *journalist* im November 2017, Seite 17 f.
122. Vgl. »AfD – Gefährlicher als die NPD – Jede Stimme ist verschenkt! Hintergrund zu den Landtagswahlen« von Hajo Funke, veröffentlicht am 10. August 2019: hajofunke.wordpress.com/2019/08/10/funke-afd-gefahrlicher-als-die-npdjede-afd-stimme-ist-verschenkt-hintergrundinformation-zu-den-landtagswahlen/.
123. Vgl. Transkript der Rede von Björn Höcke vom 17. Januar 2017 auf *tagesspiegel.de*: www.tagesspiegel.de/politik/hoecke-rede-im-wortlaut-gemuetszustand-eines-total-besiegten-volkes/19 273 518-all.html.
124. Vgl. Hajo Funke, »AfD – Gefährlicher als die NPD«, ebd.

125. Vgl. zahlreiche Belege für völkischen Nationalismus der AfD im geheimen Gutachten des Bundesamtes für Verfassungsschutz (BfV), das *netzpolitik.org* am 28. Januar 2019 veröffentlicht hat: netzpolitik.org/2019/wir-veroeffentlichen-das-verfassungsschutz-gutachten-zur-afd/.

126. Vgl. Interview mit Christian Geulen in *National Geographic Plus*, ebd., Seite 9.

127. Vgl. Bericht »Vorsicht bei ›Umvolkung‹ – Internes Gutachten warnt AfD-Politiker«, veröffentlicht auf *welt.de* am 2. November 2018: welt.de/politik/deutschland/article183 198 068/AfD-Vorsicht-bei-Umvolkung-Internes-Gutachten-warnt-Politiker.html.

128. Vgl. Berichterstattung auf *tagesschau.de*, die sich auf eine Zusammenfassung des Gutachtens stützt, die NDR, WDR und *Süddeutsche* vorliegt: www.tagesschau.de/inland/afd-verfassungsschutz-129.html.

129. Björn Höcke im Gespräch mit Sebastian Hennig, Nie zweimal in denselben Fluss, Manuscriptum 2018.

130. Ebd., Seite 254.

131. Ebd., Seite 258.

132. Ebd., Seite 257.

133. Vgl. Kommentar »Die AfD, Björn Höcke und die Gewalt« von Götz Aly, veröffentlicht in der *Berliner Zeitung* vom 15. Januar 2019: archiv.berliner-zeitung.de/politik/meinung/kommentar-die-afd--bjoern-hoecke-und-die-gewalt--31 877 518.

134. Vgl. zur Vita von Andreas Kalbitz u. a. Hajo Funke, »AfD – Gefährlicher als die NPD«, ebd., sowie Verfassungsschutz-Gutachten auf *netzpolitik.org*.

135. Vgl. Hajo Funke, »AfD – Gefährlicher als die NPD«, ebd.

136. Vgl. Franziska Schreiber, *Inside AfD – Der Bericht einer Aussteigerin*, München 2018, Seite 45–47.

137. Vgl. Porträt des Leipziger Uni-Radios *mephisto 97.6*: mephisto976.de/news/portraet-joerg-kuehne-afd-67 885.

138. Vgl. das Interview im Wortlaut wie vom ZDF dokumentiert: www.zdf.de/nachrichten/heute/das-interview-mit-bjoern-hoecke-verschriftet-100.html.

139. Vgl. Interview »Wo die NSDAP erfolgreich war, ist es heute die AfD« mit dem Historiker Davide Cantoni, Professor für Wirtschaftsgeschichte an der Universität München, vom 25. Februar 2019 auf *zeit.de*: www.zeit.de/politik/deutschland/2019-02/afd-waehler-rechtsextremismus-nsdap-gemeinden-milieu.

140. Vgl. Stellungnahme des Vereins *RAA Sachsen* »Zum Mord an Christopher W. in Aue«: www.raa-sachsen.de/support/meldungen/zum-mord-an-christopher-w-in-aue-3 937.

141. Vgl. Reportage »Warum musste er sterben?«, veröffentlicht in der *taz* vom 10. September 2019: taz.de/Homofeindliche-Gewalt-in-Aue/!5 621 565/.

142. Vgl. Report »Brüche und Entzündungen« in der *taz* vom 28. Oktober 2019 über neue Erkenntnisse im Fall Oury Jalloh: taz.de/Neue-Erkenntnisse-im-Fall-Oury-Jalloh/!5 636 402/.

143. Vgl. die Beurteilung des neuen Gutachtens im Fall Oury Jalloh durch den Bochumer

Strafrechtsprofessor Tobias Singelnstein auf *spiegel.de* vom 1. November 2019:
www.spiegel.de/panorama/justiz/
fall-oury-jalloh-strafrechtsexperte-fordert-untersuchungsausschuss-a-1294445.html.

144. Vgl. Berichterstattung der *Frankfurter Rundschau* zum hessischen Polizeiskandal,
u. a. auf *fr.de* vom 28. Juni 2019: https://www.fr.de/frankfurt/
frankfurt-polizeiskandal-hessen-polizeibeamter-festgenommen-zr-12711872.html.

145. Vgl. Interview »Kameradenverrat ist eine Todsünde« mit dem Polizeiwissenschaftler Rafael Behr auf *jetzt.de* vom 8. September 2017: www.jetzt.de/politik/
rassismus-in-der-polizei-interview-mit-dem-polizeiwissenschaftler-rafael-behr.

146. Vgl. Bericht »Sächsische SEK-Beamte nennen sich selbst Uwe Böhnhardt«, veröffentlicht auf *welt.de* vom 28. September 2018: www.welt.de/politik/deutschland/
article181695254/
Sachsen-SEK-Beamte-tragen-sich-als-Uwe-Boehnhardt-in-Dienstliste-ein.html.

147. Vgl. Interview »Kameradenverrat ist eine Todsünde«, ebd.

148. Ebd.

149. Vgl. Erklärung der Innenpolitiker von Bündnis 90/Die Grünen:
www.gruene-bundestag.de/themen/innenpolitik/
rechtsextremismus-auch-in-der-polizei-entgegentreten.

150. Vgl. das berühmt gewordene Video vom 26. August 2018: www.youtube.com/
watch?v=Eig_EHMi6q0

151. Vgl. Gerichtsreportage »Wie war es wirklich?« von Beate Lakotta, veröffentlicht am
26. April 2019 auf *Spiegel Online*: www.spiegel.de/panorama/justiz/
chemnitz-prozess-um-messerstecherei-im-august-2018-a-1264690.html.

152. Vgl. Reportage »Rechte jagen Menschen in Chemnitz«, veröffentlicht am 27. August
2018 auf *zeit.de*: www.zeit.de/politik/deutschland/2018-08/
auslaenderfeindlichkeit-rechte-chemnitz.

153. Vgl. Berichterstattung auf *tagesschau.de* vom 26. September 2019:
www.tagesschau.de/investigativ/monitor/stephan-e-chemnitz-luebcke-101.html

154. Vgl. Report »Lehren aus Chemnitz«, veröffentlicht im Medienmagazin *journalist*, Oktober 2018, Seite 24.

155. Vgl. Beschluss des Bundesgerichtshofs (BGH) vom 7. Mai 2019.

156. Vgl. MDR-Report »Chemnitz: In der CFC-Fanszene dominieren die Rechtsextremisten«: www.mdr.de/sport/fussball_rl/
chemnitz-in-der-cfc-fanszene-dominieren-rechtsextremisten-100.html.

157. Vgl. Interview »Bleiben Sie bei Ihrer Medienkritik, Herr Ministerpräsident?«, veröffentlicht im Medienmagazin *journalist*, Oktober 2018, Seite 15 ff.

158. Ebd.

159. Vgl. ebd., Seite 17–18.

160. Vgl. ebd., Seite 16.

161. Vgl. Reportage »Der ganz normale Hass«, veröffentlicht am 28. April 2010 in der

Sächsischen Zeitung: reporter-forum.de/
index.php?id=117&tx_rfartikel_pi1[showUid]=423&cHash=15aecfec335c16653ede530d59f95eb
6.

162. Vgl. Berichterstattung des MDR zur Diskussion um den sogenannten »Volkseinwand«: www.mdr.de/sachsen/michael-kretschmer-volkseinwand-vorschlag-100.html.

163. Vgl. Kommentar »Irrweg eines Ostdeutschen«, veröffentlicht am 12. Juni 2019 auf
zeit.de: www.zeit.de/politik/2019-06/
michael-kretschmer-russland-sanktionen-ministerpraesident-sachsen.

164. Vgl. zu den Reaktionen des Vizepräsidenten des Sächsischen Landtags André
Wendt (AfD) auf Kritik an seiner Teilnahme an einer Pegida-Demonstration:
www.mdr.de/sachsen/dresden/
afd-landtagsvizepraesident-wendt-stellungnahme-pegida-100.html.

165. Vgl. Interview mit Andreas Dresen, »Die Decke der Zivilisation ist verdammt dünn«,
veröffentlicht in *Max Joseph – Das Magazin der Bayerischen Staatsoper*, Heft 2/2019,
Seite 55–61.

166. Vgl. Report »Der Osten: Unbekanntes Land reloaded«, veröffentlicht im Medienmagazin *journalist*, Mai 2018, Seite 49 f.

167. Vgl. *Spiegel* vom 24. August 2019.

168. Vgl. *Stern*-Titel »Sachsen, ein Trauerspiel«: www.stern.de/politik/deutschland/
sachsen--ein-trauerspiel-7220166.html.

169. Vgl. Leitartikel »Zu viele Krisen, zu wenig Zuversicht«, veröffentlicht am 15. September 2018 in der *Leipziger Volkszeitung*.

170. Vgl. Essay »Klappe halten?«, veröffentlicht in der *Zeit* vom 14. Juni 2018, Seite 8.

171. Ebd.

172. Ebd.

173. Vgl. Essay »Hurra, wir sind politisiert«, veröffentlicht in der *Zeit* vom 29. August
2019: https://www.zeit.de/2019/36/afd-brandenburg-sachsen-landtagswahlen.

174. Ebd.

175. Ebd.

176. Ebd.

177. Vgl. Essay »Das fehlgegangene Gute«, veröffentlicht im *Spiegel* vom 22. September
2018, Seite 40–41.

178. Ebd.

179. Vgl. Bericht der *Leipziger Volkszeitung* »AfD will eine Wende für Leipzig«, veröffentlicht auf *lvz.de* am 2. Mai 2019: www.lvz.de/Leipzig/Lokales/
AfD-will-eine-Wende-fuer-Leipzig.

180. Ebd.

181. Vgl. www.spiegel.de/politik/deutschland/
verfassungsschutz-chef-afd-fluegel-wird-immer-extremistischer-a-1292170.html.

182. Vgl. Reportage »Zukunftslabor Ost«, veröffentlicht im Magazin *Chancen* der Kredit-
anstalt für Wiederaufbau, Herbst/Winter 2019, Seite 40 ff.

183. Vgl. Interview mit Alexander Yendell, »AfD-Wählern geht es wirtschaftlich gut«, veröffentlicht auf *spiegel.de* am 29. Oktober 2019: www.spiegel.de/wissenschaft/ mensch/ thueringen-wirtschaftliche-benachteiligung-erklaert-nicht-den-erfolg-der-afd-a-1 293 756.ht ml.

184. Vgl. zu Gehaltsunterschieden zwischen Ost und West und Tarifbindung von Beschäftigten die Studienergebnisse des Wirtschafts- und Sozialwissenschaftlichen Instituts (WSI) der *Hans-Böckler-Stiftung*: www.boeckler.de/14_121 984.htm.

185. Vgl. Studie der Universität Leipzig im Auftrag des MDR, »Wer beherrscht den Osten«, von 2016.

186. Vgl. Studienergebnisse der *Bertelsmann-Stiftung* zum gesellschaftlichen Zusammenhalt 2017: www.bertelsmann-stiftung.de/de/presse/pressemitteilungen/ pressemitteilung/pid/gesellschaftlicher-zusammenhalt-in-deutschland-besser-als-sein-ruf/.

187. Vgl. Report »Jetzt hört mal zu«, veröffentlicht in der *Zeit*, 41/2019, vom 2. Oktober 2019.

188. Vgl. Offener Brief an Bundesfamilienministerin Franziska Giffey vom 18. Oktober 2019: www.demokratie-mobilisieren.de/.

189. Vgl. Bericht »Datenschützer verbietet AfD-Lehrermeldeportal«, veröffentlicht auf *spiegel.de* am 13. September 2019: www.spiegel.de/lebenundlernen/schule/ mecklenburg-vorpommern-datenschuetzer-verbietet-afd-lehrermeldeportal-a-1 286 671.html.

190. Vgl. Bericht »Zweifel an Verfassungstreue: Flügel-nahe Polizisten müssen in Thüringen mit Sanktionen rechnen« auf *thueringer-allgemeine.de* vom 9. Oktober 2019: www.thueringer-allgemeine.de/politik/ zweifel-an-verfassungstreue-fluegel-nahe-polizisten-muessen-in-thueringen-mit-sanktionen -rechnen-id227 313 971.html.

191. Vgl. zum Anti-Islam-Kurs der AfD auf dem Stuttgarter Parteitag 2016: www.sueddeutsche.de/politik/ afd-parteitag-afd-beschliesst-anti-islam-kurs-mit-grosser-mehrheit-1 297 5 205.

192. Vgl. historisches E-Paper der *Frankfurter Zeitung* vom 1. November 1929: www.faz.net/aktuell/politik/historisches-e-paper/ historisches-e-paper-nsdap-erstmals-im-badischen-landtag-16 402 663.html.

193. Vgl. Björn Höcke im Gespräch mit Sebastian Hennig, Nie zweimal in denselben Fluss, ebd., Seite 257–258.